KB234167

MBC 50년, 인사이드 스토리

MBC 50년
인사이드 스토리

RADIO & THE
TELEVISION CITY

W미디어

이 책의 제목은 〈MBC 50년, 인사이드 스토리〉이다. MBC는 1961년 12월 2일 개국한 이래 50년 세월이 흘러갔다. 나는 MBC가 문을 연 지 7년 후인 1968년도에 입사해 29년간 몸담았고, 그 후에도 늘 방송 부근에서 서성거렸다. 그 이야기들을 이제 글로 남기려는 것이다.

이 책의 또 다른 이름의 부제는 〈라디오 앤 더 텔레비전 시티(Radio & the Television City)〉이다. 미국 HBO 드라마 〈섹스 앤 더 시티(Sex & the City)〉에서 패러디한 것이다. 〈섹스 앤 더 시티〉의 주 내용은 현대여성의 성(性) 문제이다. 남성에게 있어 치명성(致命性)을 주었던 섹스가 여성으로 전이(轉移)된 것이다. 남성들이 형편없을 정도로 능력이 저하된 섹스에 목을 매는 대신 권력과 출세에 매달리게 만든 것은 현대자본주의 사회의 특징이다. 총체적인 의미에서 권력이 있어야 돈도 생기고, 여성도 사귀고, 남들한테 구박받지 않고 살 수 있다. 세계 어느 나라나 같은 현상이지만, 남성이라는 개체와 권력 사이에 TV가 존재한다. 일반적인 직업에서 일하는 사람들과는 달리 방송 종사자들은 자신도 모르는 사이에 권력과 정치의 냄새를 맡게 된다. 특히 기자들은 여성에게서 풍기는 향수처럼 쉽게 권력의 향기에 익숙해지고, 쉽게 취할 수 있다. 이 와중에서 제작자들도 크건 작건 회사의 결정에 불만을 갖게 되고, 그 수위가 점점 높아지는 것이 현실이다.

그런 사회학적 접근 때문에 방송, 즉 여의도는 늘 문제와 갈등이 그치지 않는 적선지대(赤線地帶)로 오인 받을 수도 있다. 그러나 방송은 방송일 뿐이다. 전파는 국민의 것이고, 그것을 국가가 방송사에 위임하고, 방송사는 그 사용권을 다시 한시적으로 또 일시적으로 기자와 제작자들에게 맡기고 있는 것이다.

그러나 1987년 노태우 전 대통령의 '6·29 민주화선언' 이후 모든 국민들의 권리 증폭과 자유화 열망은 점점 커지고 있으며, 제작 집단들도 이 문제에 대한 욕망 수준은 계속 상승하고 있다. 더구나 근래에는 신자유주의와 자본주의 원칙들마저 마구 흔들린다. 미국을 비롯한 프랑스, 영국, 독일 등 격렬한 시위에 돌입하는 초일류국가들의 상황을 바라보면서 우리 방송은 어떤 입장을 견지해야 하는지 다시금 생각하게 된다.

최근 우리 사회는 삼권분립과 정부의 존재는 불필요한 것이며, 정치가는 무용지물인 것이지 않나 하는 혼란스러운 일들이 자주 목격된다. 그 사이에서 방송은 이런 저런 곤경을 겪고 있다. 물론 일부 사람들은 국회의원이 되고 고급관리가 되어 개인적인 덕을 보지만, 오늘날 젊은 방송인들에 의해 과거 방송담당자들은 정권과 붙어먹은 창녀 취급을 당하면서 폄하되고 있다.

그러나 한 방송사의 50년 역사를 거슬러 올라가면서 보면, 정도의 차이는 있겠지만 우리나라에서 '방송'은 정권과 분리해서 생각할 수 없음을 알게 된다. 크게 보면 여의도에 포진하고 있는 지상파 2사가 이 범주를 벗어날 수 없다. 목동으로 옮긴 SBS도 마찬가지이다. 왜냐하면 전파사용을 위임해주는 권한을 정부가 가졌기 때문이다.

일반 상거래에서는 주택이나 물건을 빌려주면 임대료나 수수료를 받는다. 그러나 전파는 국민의 것이므로 정부는 방송사에 대해서 어떤 명목의 요금도 받지 않는다. 무료이다. 대신 눈에 보이지 않는 또는 잘 만져지지 않는 무언(無言)의 통제가 발생하는 것은 일반적인 견지에서 세계 공통이다. 일부의 완전한 상업방송을 제외하고 말이다.

그러면 어쩌면 좋은가? 사원들이 방송의 경영주체가 되어야 하는가? 과거 프랑스의 한 신문과 일본의 한 방송이 그런 실험을 했지만 성공하지 못했다. 자본주의 체제에서 그것은 대단히 어려운 일이다. 방송집단이 시민단체처럼 될 수도 없다. 저널리즘의 정도(正道)를 택해야 하는데 누구도 그것이 무엇인지 정확히 알아내기 어려운 시대에 우리가 살고 있다. 방송의 '사회적 가치'가 무엇인지, 어떤 방송 시스템이 가장 합리적이고 적절한지를 고민하고 그 해답과 대안이 시급히 나와야 방송은 평화로워지고 조용히 제 갈 길을 걸어갈 것이라 여겨진다.

이 글은 창사 50주년을 맞은 MBC의 간추린 연대기일 수도 있고, 이를 통한 당시 방송 시스템에 대한 고찰일 수도 있으며, 과거이지만 문제점의 도출일 수도 있고, 한 시대의 풍정(風情)일 수도 있으며, 또한 MBC라는 이름의 조직에서 29년을 근무한 개인적인 회고담이기도 하다.

MBC는 50년 전, 서울 종로구 인사동에서 탄생과 유아기를 거쳐 회사 축성(築城)을 다졌고, 정동 사옥에서 라디오의 전성기와 TV의 소년기를 경험하고, 여의도에서 TV의 당당한 청년기를 보내고 있으며, 이제 중·장년기에 접어든 것이다.

나는 지금까지 이 회사의 과거와 현재에 대해 스스로 곰곰이 따져본 적도 없고, MBC라는 방송사가 어떤 의미를 지니고 있는지에 대해서도 고찰한 바가 없다. 하지만 30여 년의 거침없는 삶을 영위토록 해준 MBC에 대해 고마움을 느끼면서, 그 길고 긴 망각의 세월을 더듬어보는 것도 적지 않은 의미가 있을 것으로 생각한다. 필자가 근무하던 시절은 많을 땐 2,200명의 사원이 근무했고, 현재 퇴직 사원만 1,200명을 상회하는 것으로 알려지고 있다. 또 지금도 본사만 1,500여 명이나 되는 많은 사원들이 일하고 있다.

전체 내용의 기술에서 MBC 50년 전체를 통사적(通史的)으로 관통하는 것은 필자의 능력으로는 부족하고 한계가 있다. 따라서 이야기를 이어가다 보니 필자 관련 내용이 많이 포함되어 있다. 그것이 개인의 무용담이나 자화자찬으로 과장돼 비쳐질 수 있는 위험성이 있다는 점을 익히 알고 있다. 줄이고 생략한 연대기에서 1인칭의 이야기를 빼고는 엮어가기가 어려워 부득이한 구성상의 문제로 야기됐음을 독자 여러분이 넓게 이해해 주셨으면 하는 바람이다. 다만 집필의 목적은 명확하다. 짧은 이야기들을 통해서 'MBC 50년의 전체적인 그림'을 부감(俯瞰)으로 소개하고 싶은 것이다. 이것이 또 다른 50년을 기획하는데 먼지 한 알 같은 도움이 되었으면 하는 마음이 간절해서이다.

MBC는 마포구 상암동 디지털미디어시티(DMC) 내에 2013년 3월 25일 완공을 목표로 신사옥을 건립하고 있다. 이것은 디지털시대에 대한 대비이다. 이제 지상파와 종편 4개사 사이에 벌어질 디지털 방송 전쟁에서 어떻게 수성(守成)하느냐가 가장 큰 문제일 것이다. 따라서 이 50년간의 'MBC 소프트 다큐멘터리'를 통해서 세월과 조직, 사람들과 나에 대한 성찰을 시도하고자 한다.

그리고 등장인물들에는 다 실명이 있지만 그 분들의 당시 입장을 이해하는 측면에서, 또 명예에 누(累)가 될 수 있으므로 모두 익명(匿名)으로 표현하고 문제가 없는 인사만 실명을 명기하도록 했다. 또 한 가지, '기자 부분'의 언급은 일부 인사만을 거론한 것이며, 전체적인 맥락에서 기술한 것이 아니라는 점에도 이해가 있기를 부탁드리고자 한다. 논픽션의 집필 형식으로 볼 때, 여러 면에서 다소 무리가 있을 수도 있지만 예민하고 미묘한 사항이 많아 불가피하다는 점을 밝히고자 한다.

출판을 맡아주시고 여러 측면에서 도움을 준 W미디어 박영발 사장께 깊은 감사의 마음을 전한다.

최양묵

| **차례** |

머리글 … 5

제1장 MBC 출발의 막전막후

제2장 정동 시대

제3장 방송 관련 및 기타 사건

제1장
MBC 출발의 막전막후

1. 인사동 오디세이

나는 지금 MBC가 개국한 서울 종로구 인사동을 거쳐 정동과 여의도 주변에서 보낸 긴 시간을 거슬러 올라갔다가 다시 현재로 돌아오는 오디세이(odyssey)를 떠나고자 한다. 왜냐하면, 사람은 나이가 들면 자신을 되돌아보는 기회를 스스로 마련하는 것도 중요하다는 사실을 인식했기 때문이다. 그리고 필자뿐만 아니라 함께 일했던 수많은 동료들이 힘을 합쳐 일궈낸 훌륭한 조직이 크고 작은 사내외 문제로 바람 잘 날 없는 것이 안타깝기 때문이기도 하다. 나무가 커서 그럴 수도 있다고 생각하지만, 어쨌거나 외부에 그렇게 비쳐지는 점이 안쓰러워 당시 듣고 경험한 이야기를 옮기는 것일 뿐, 오늘의 여러 사정과 피치 못할 상황을 고려할 때 MBC 나아가 방송계 전체를 폄하할 의도는 추호도 없음을 밝힌다.

이 책은 순전히 내가 활동하던 아날로그 방송 시대의 이야기이다. 첨단 디지털 시대에 아날로그라니? 스마트폰이나 태블릿 PC가 모든 것을 해결해 주고, 초등학교에서조차 컴퓨터를 활용한 수업을 하며, 종이책보다는 E-Book을 선호하는 첨단 디지털 시대에 이 같은 책을 펴낸다는 것이 과연 옳은 일인가 하는 생각도 든다. 게다가 고증을 위해 선배들이 남긴 기록이나 관련 서적을 찾고자 했으나 거의 찾을 수가 없었고, 선배들을 여러 분 만나보았지만 타계하신 분도 많았고 또 너무 나이가 드셔서 기억이 희미한 경우가 많아 아쉬웠다. 이러다가는 방송사의 정사(正史)든 야사(野史)든 간에 모든 것이 소멸되지 않을까 하는 우려 때문에 부족한 능력이나마 집필을 결심한 것이다. 어쨌든 과거에 대한 아쉬움과 회한이 머리에서 떠나지 않는다.

미국 할리우드에서 융성했던 서부극에는 늘 정의의 사나이가 있었다. 게리 쿠퍼나 존 웨인 같은 멋진 주인공이 마을을 장악한 수십 명의 악당을 통쾌하게 처치하고 평화를 되찾아준다는 스토리로 권선징악(勸善懲惡) 구조이다. 그러나 샘 페킨파가 연출한 〈와일드 번치(Wild Bunch)〉에서는 악당에 가까운 패거리들이 또 다른 악당과 싸우는 내용이다. 그는 '서부영화에서는 특별한 선인(善人)도 악당(惡黨)도 없다' 는 주장을 펴고 있다. 사람들은 이러한 경향에 대해 '뉴 아메리칸 시네마' 의 한 줄기라고 부르기도 한다. 조지 로이 힐이 감독하고 폴 뉴먼과 로버트 레드포드가 주연한 〈내일을 향해 쏴라(Butch Cassidy and the Sundance Kid)〉도 같은 범주에 속한다. 폴 뉴먼이 맡은 주인공 부치는 갱단 두목이요, 레드포드가 분(扮)한 또 다른 주인공 선댄스 키드 역시 악당에 가까운 총잡이 아닌가.

내가 뜬금없이 서부영화 이야기를 꺼낸 것은 과연 국민의 수호자가 되어야 할 방송가(街)에는 선인이 많은지 아니면 악인이 많은지 헤아려 보고 싶어서이다. 어쩌면 내가 하고자 하는 이야기는 'New MBC Broadcasting' 일 수도 있다.

나는 청년시절부터 지금까지 계속 방송이라는 전쟁터에서 화염과 굉음(轟音) 그리고 포연(砲煙)을 겪으며 살아왔다. 퇴직 후에는 대학에서 방송학과 교수로서의 삶을 지속하다보니 자연히 방송가 언저리에 머물게 되었고, 그로부터 완전히 벗어나 피할 수는 없었다. 이제는 그저 보통의 청취자와 시청자가 되었지만 앞으로도 당분간은 그런 정서를 느끼며 지낼 것으로 생각된다.

나는 지금 MBC에 대한 개인적인 연대기를 통해서 장막에 가려진 방송의 모습을 알아보고 그로부터 방송에 대한 성찰과 이해, 그리고 반성의 해답을 얻었으면 하는 희망과 기대를 가져본다. 크게 보면 '방송이라는 드라마'를 그린 풍경화(Landscape)를 감상하는 기회일 수도 있고, 작게 보면 방송의 시대상(時代相)을 구경하는 작은 삽화일 수도 있으리라.

2. 슈퍼파워 MBC

1961년 12월 2일 아침 6시, MBC 라디오가 '개국'이라는 고고(呱呱)의 성(聲)을 울린 이래 50년의 세월이 흘렀다. 문화방송은 반세기 내내 작게는 방송계에서, 크게는 국가적으로도 막강한 힘 즉 '슈퍼파워(Super Power)'로 존재해온 것이다. 그리고 라디오 개국 8년 후인 1969년 8월 8일에 개국한 MBC-TV도 어언 43년의 방송사를 기록하고 있다. 그러므로 MBC 라디오와 TV의 방력(放歷)을 복산(複算)하면 93년, 날로 계산하면 33,945일이다.

신문은 4월 7일 '신문의 날'에 휴간하지만, 방송은 쉬는 법이 없으니 참으로 고달픈 작업이다. 이렇게 헤아릴 수도 없는 길고 긴 시간 동안 MBC는 수위(首位)를 넘나드는 자리를 고수해 왔으니 슈퍼파워라고 해도 지나친 말이 아닐 것이다.

슈퍼파워를 다른 말로 표현하면 '군계일학(群鷄一鶴)' 정도가 어울릴 법하다. 빼어난 자태로 우아한 모습의 학이 들판 가득 앉아 있는 광경은 얼마나 화려하고 아우라(Aura)가 있는 모습인가. MBC는 방송계에서 가장 우아한 학들의 서식지였으니 군계일학의 집단이라 할 수 있을 것이다. 슈퍼파워를 구성하기 위해서는 이처럼 수많은 학이 있어야 한다. 국민들은 아아(雅雅)한 학의 울음소리와 긴 날개로 힘차게 비상하는 모습에서 감탄과 감동을 함께 느끼게 될 터이다.

방송의 힘은 프로그램 제목, 인지도와 설득력, 호소력과 좋은 느낌, 작품성과 완성도·청취율·시청률에서 비롯된다. MBC 라디오 초창기에는 〈절망은 없다〉 〈전설 따라 삼천리〉 〈법창야화〉 〈오발탄〉 등이, TV 시대에 들어서는 다양한 프로그램과 수많은 드라마(최근의 〈해를 품은 달〉까지)가 우리의 눈과 귀를 사로잡았다. 훌륭한 특종을 보도하여 사회 정의를 실현하는 것도 권력이고, 최민수를 일약 스타덤에 올려놓은 드라마 〈사랑이 뭐길래〉도 참으로 유쾌하면서도 시대상을 정확히 표현한 권력이었으며, 〈대장금〉은 국제적인 권력으로 등장했다고 할 수 있다.

2011년은 뭐니 뭐니 해도 〈나는 가수다〉가 대세였다. 사람들은 새로운 형식의 서바이벌 예능에 환호했고, '나는 ○○이다' 라는 식의 표현이 유행을 이뤘다. 심지어 정치에도 〈나·가·수〉의 경연 방식을 도입해야 한다는 등의 이야기까지 나왔다.

시청자들은 혼신의 힘을 다해 부르는 가수들의 노래에 열광하고 있다. 어떤 일을 하기 위해 이렇게 열정을 다하는 모습을 TV를 통해 본 사례가 드물기 때문이다. 반어적으로 〈PD 수첩〉의 '광우병(狂牛病)' 편도 권력이라는 의미에 포함될 수 있다. 온 나라를 반 년 가까이 혼란에 빠트리게 했으니까 말이다.

권력은 이렇듯 좋은 권력과 나쁜 권력으로 나눌 수 있다. 그러므로 반세기 동안 우리는 양질(良質)의 권력을 소유했는지 아니면 그 반대였는지에 대해 살펴보는 것도 중요할 것이다.

청취율이나 시청률을 떠나 슈퍼파워를 만드는 힘은 제목에 걸맞은 프로그램이다. 따라서 50년의 저력으로 〈나·가·수〉 같은 프로그램을 잉태하고 품어 온 MBC는 슈퍼파워일 수밖에 없다는 것이 바로 필자의 주장이다.

MBC의 자금력 역시 탄탄하다. 한국방송광고공사가 2011년 방송광고를 결산한 결과, 지상파 방송광고는 2조3,616억 원으로 지난 2010년보다 6.9% 즉 1,527억 원이 증가했다. [1] 「방송사별로는 MBC 9,138억 원, KBS 5,960억 원, SBS 5,250억 원으로 집계되었다. 특히 MBC는 지상파 TV 방송 3사의 매출 2조348억 원 가운데 44.9%를 차지하여, KBS의 29.3%, SBS의 25.8%와 대조를 보였으며, 광고 신장률도 지난 2010년보다 11.1% 즉 913억 원이 증가해서 SBS의 227억 원(4.5%), KBS의 101억 원(1.7%)에 비해 큰 차이를 보이고 있다.」

그러나 2012년 1월 30일부터 시작된 MBC 노조 파업사태로 현재는 위의 상황과는 많이 달라졌을 것으로 추측된다.

이런 성과는 광고계가 MBC 프로그램에 대한 선호도가 높다는 것이며, 국민 또한 MBC에 애정의 눈길을 보내고 있다는 해석이 가능하다. 이처럼

---

[1] 노컷뉴스, 2012년 1월 11일. CBS 권영철 기자.

수많은 자료와 사례가 입증하듯 슈퍼파워를 가진 MBC는 앞으로도 계속 강력한 힘을 보여주어야 한다.

2012년 들어 한국 방송계는 춘추전국시대(春秋戰國時代)에 돌입했다. KBS1과 KBS2, MBC와 SBS, EBS 외에 케이블 등으로 송출하는 종합편성 채널 조선TV(조선일보), JTBC(중앙일보), A채널(동아일보), MBN(매일경제신문)의 4개 방송이 2011년 12월 15일 개국했기 때문이다. 지금은 시청자들이 이들 채널에 습관이 돼 있지 않아 시청률이 매우 저조하지만, 만약 많은 시간이 흘러 안정된다면 지상파에 대해 상당한 경쟁상대가 될 것이다. 물론 종편이 보이고 있는 현재의 시청률 상황으로는 그 전망이 불가능하다.

춘추전국시대는 BC 8세기에서 BC 3세기에 이르는 중국의 변혁기를 가리키는 것으로 극도의 혼란기를 비유할 때 자주 쓰이는 말이다. 그런데 우리 방송계에 50년 만에 또다시 춘추전국시대가 찾아온 것이다.

'1차 춘추전국시대'는 MBC가 라디오를 개국한 1961년 말 즈음에 시작되었다. 같은 해 12월 31일 KBS-TV가 전파를 발사했고, 1963년 4월 25일에는 동아방송 라디오(DBS)가, 1964년 5월 9일에는 라디오서울(RSB)이 문을 열었다. 당시만 해도 요즘처럼 방송 인력은 많지 않았을 것이다.

새로운 민방의 등장은 방송 인력의 확보를 위한 심각한 각축전을 불러일으켰다. 흔히 '게르만 족의 대이동'으로 불렸던 방송 인력의 유출은 방송사마다 창업과 수성으로 비상이 걸렸고, MBC와 KBS 등이 심한 홍역을 치러야 했다. 당시 안정의 기틀을 다지던 MBC는 조직 전체에서 스카우트를 당해 최대의 진통을 겪지 않을 수 없었다. 얼마만큼 잔인했나 하면 「전무(정환옥), 상무(김영출), 방송부장(배준호), 아나운서실장(최계환)마저 떠나고, 심지어 편성과는 단 1명을 제외한 전원이 신설 민방으로 이동해 가버렸다.」[2]

떠난 사람들의 심정과 분위기를 대변한 글이 있다. 물론 뒷돈이라든가 다른 원인도 작용했으리라 짐작된다. 참으로 삼국지 같은 얘기다.[3] 「RSB(라디오서울)는 경쟁국의 경영진을 스카우트함으로써 세 번째로 개국해야 하는 핸디캡을 극복해보려 한 것이다. 갖은 고생 끝에 개국시킨 MBC를 미련 없이 버렸을 까닭은 없다. 이유? 애를 써서 개국시킨 MBC가 하루아침에 5·16장학회로 넘어가 버렸을 때의 원통함과 그 뒤에 겪었던 유형무형의 푸대접에서 오는 일종의 '한(恨)', 그것과 RSB의 전략이 맞아떨어진 것이다.」

MBC는 창사 당시 부산 MBC와 KBS 등지에서 인력을 수혈 받을 수 있어 다소 고생이 덜했겠지만, 다른 민방들은 방송국을 만들면서 거의 새장(鳥籠)째 들고 가는 식으로 인력을 빼갔다. 돈이라는 무기로 그들은 전투에서 이겼던 것이다. 해결 방법이 없었던 MBC는 KBS로부터 이적해온 방송부장 임택근, 아나운서실장 최세훈, 방송문화연구실 서규석을 방송부차장으로 보임해 위기를 넘길 수 있었다. 이처럼 우리나라의 인력 스카우트는 50년 전 방송계에서 시작됐다고 해도 과언이 아니다.

그로부터 반세기가 지난 2011년 초부터 '2차 춘추전국시대'에 돌입함

---

2) 문화방송 30년사, p329.
3) 한국방송의 어제와 오늘, 정순일. p.99.

으로써 종합편성 채널 4사의 스카우트 시장이 개장해 활발한 거래가 이루어졌다. 방송 인력뿐만 아니라 특히 인기 있는 탤런트, 영화배우, PD, 작가, MC, 개그맨, 가수 등 방송 전 부문에 걸쳐 진행되었다. 연예인들의 출연료가 급등했고, 월급쟁이지만 능력을 인정받고 있는 PD는 수억 원 또는 수십억 원의 계약금을 받고 자리를 옮겼다는 소문이 돌았다. 회사마다 차이가 있지만 10년차 PD의 경우 연봉이 7천만 원이니 9천만 원이니 하는 설이 있었고, 유명 드라마 작가는 회당 대본료가 수천만 원에 이른다는 이야기까지 돌았다. 다음과 같은 관련 보도까지 있으니 아마도 사실일 것이다. [4]

▶회당 6천만 원 이상 : 김수현 ▶3천만~5천만 원 : 김은숙(〈시크릿 가든〉 〈온에어〉 〈파리의 연인〉 〈프라하의 연인〉 등)/ 박상연·김영현(〈선덕여왕〉 〈뿌리 깊은 나무〉 〈로열패밀리〉 등)/ 문영남(〈수상한 삼형제〉 〈조강지처클럽〉 〈소문난 칠 공주〉 〈장미빛 인생〉 등)/ 이환경(〈무신〉 〈연개소문〉 〈야인시대〉 〈태조 왕건〉 〈용의 눈물〉 등)/ 임성한(〈신기생뎐〉 〈아현동 마님〉 〈하늘이시여〉 〈왕꽃선녀님〉 〈인어아가씨〉 등)/ 장영철(〈샐러리맨 초한지〉 〈자이언트〉 〈대조영〉 등)/ 정하연(〈욕망의 불꽃〉 〈아내〉 〈명성황후〉 〈왕과 비〉 〈장녹수〉 등)/ 최완규(〈마이더스〉 〈아이리스1〉 〈주몽〉 〈올인〉 〈상도〉 〈허준〉 〈종합병원〉 등)/ 홍정은·홍미란(〈최고의 사랑〉 〈환상의 커플〉 〈마이걸〉 등)

작가료뿐만 아니라 컴퓨터그래픽, 엑스트라 동원 등 모든 제작비 항목

---

4) 동아일보, 2012년 3월 14일.

도 무섭게 치솟고 있다. 경쟁에서 이기기 위해서이다. 이제 방송은 야구나 골프 같은 스포츠처럼 '프로시대' 에 접어든 것이다. 과거 50년 동안 방송은 국민의 정서를 함양하고 문화와 예술을 고양하는 매체였다. 하지만 이제는 시청률을 높이기 위해 임팩트 강한 화제로 홈런 아니 캐넌슛(Cannon Shoot)을 날리지 않으면 살아남기 어려운 시대에 돌입했다.

설명을 보태면, 신문이건 TV건 라디오건 간에 광고를 확보하지 않으면 사멸한다. 때문에 각 매체들은 광고의 파이(π)를 키우기 위해 사활을 건 싸움을 벌일 수밖에 없다. 이런 과정에서 순수방송은 이미 사라졌거나 도태되고 있는 중이다. 오락(광의(廣義)의 예능) 범주의 프로그램만이 생존이 가능하다. 미국, 일본 등 방송의 선진국도 방송은 오락 일변도이다. 21세기 들어 시청자의 생각과 생활문화는 격변했다. 인터넷과 스마트폰, PC 등으로 미디어의 서식환경이 하루가 다르게 변하고 있는 것이다. 문제는 과연 우리가 어떻게 대응할 것인가 하는 것이다. 'Wow Factor(한 방)' 이 요구된다.

이런 관점에서 군계일학인 MBC의 존속은 참으로 지난(至難)하지 않을까 조심스런 진단을 하게 된다. 공자는 〈논어(論語)〉 '위정편(爲政篇)' 에서 오십이지천명(五十而知天命), 즉 쉰 살에 하늘의 명을 알았다고 하여 인간 수양의 발전과정에서 50년이라는 나이를 규정하고 있다. 어느덧 MBC도 50년이 되었고, 또한 방송도 인간이 하는 것이기에 지천명(知天命)의 의미가 새롭게 다가온다. 하늘이 MBC에게 무엇을 명했는가를 심사숙고했으면 하는 바람이다. 이를 헤아리게 되면 MBC의 군계일학은 계속될 것이다.

3. 부산 MBC의 탄생(1959년 4월 15일)

우리가 '발명(發明)' 이라는 단어를 떠올릴 때면 천재적인 발명가 에디슨을 떠올린다. 방송국 개국을 발명에 비유하는 것은 상당한 무리겠지만 50여 년 전 부산과 서울에서 '민간 상업방송의 발명'은 두 사람에 의해 이루어지고 완성되었다고 할 수 있다. 마치 스티브 잡스와 스티브 워즈니악이 힘을 합쳐 퍼스널 컴퓨터를 만들어낸 것과 흡사하다.

먼저 방송계의 풍운아로 불리는 정환옥(鄭煥玉, 1920~2011)에 대해 알아보자. 그가 민방 설립에 미친 사람이었다는 것은 증언자들의 한결같은 평가이다. 그는 경남 양산 출신으로 일제 강점기에 관서상공업학교를 졸업하고, 1939년 JODK(조선방송협회, KBS의 전신)에서 엔지니어로 근무한 바 있다. 6·25전쟁 후에는 부산 광복동에서 '부산상담소' 라는 전파상을 경영하다가, 1953년 11월 부산 역전 대화재로 피해를 입어 점포를 닫고 재기를 꿈꾸고 있었다. 그러면서 그는 현해탄을 넘어 위세를 떨치고 있는 일본의 규슈(九州) 방송의 다양한 프로그램 동향을 예의 주시하고 있었다.

그가 부산에 상업방송을 설립하면 어떨까 하는 아이디어를 품게 된 것은 아마도 일본 민방의 출현 때문일 것으로 추측된다. 우리나라가 6·25전쟁으로 백척간두의 위태로움에 처해 있던 1951년 11월 11일 일본 최초의 민간 상업방송인 아사히(朝日)가 개국했고, 부산과 인접한 규슈 방송도 같은 해 12월 1일 문을 열게 된다. 이로 인해 부산에는 전파월경(電波越境)으로 막대한 양의 일본 상업전파가 침투하게 된다. 그는 사무라이 전파의 침입을 방어할 유일한 대안으로 민방의 설립을 생각하게 되었을 것이다. 이런 혼란 시기에 정부 관리도 아니고 문화예술 관계자도 아닌 엔지니어 출신 인사가 이런 발상을 해냈다는 것은 참으로 신기한 일일 뿐만 아니라 그 창의성에 경의를 표하지 않을 수 없다.

「그는 꿈을 실현하기 위해 사업가 김상용을 찾아가 상업방송 설립의 청사진을 내놓고 참여를 권유하게 된다. 한마디로 자금을 대라는 것이었다. 김상용(金相用, 1906-1978)은 경남 마산 출신으로 유년시절을 어렵게 보내다가 부산으로 나와 정착한 이후 각고의 노력으로 자수성가한 인물이다. 1950년대 중반에는 대청동에서 '백화당(百花堂) 댄스홀', '백화당 예식장', '백록관 요정', '적선 장의사' 등을 경영하던 사업가였다.」 5) 그는 재력에 좀 여유가 생김에 따라 생산적인 업체로 전환할 것을 희망하여 감만동에 아연판 제조공장을 차릴 구상을 하는 등 새로운 사업을 모색하는 한편, 유선방송을 차려볼 생각도 가지고 있었다고 한다. 여기서 중요한 관점은 50여 년 전 유선방송을 생각하고 크게 한 걸음 더 나가 상업방송을 만들고자 했던 정환옥과 김상용의 벤처 정신이다. 전쟁이 끝나기는 했지만 온 나라가 엉망진창이던 시절, 아무도 해보지 못한 모험적 사업을 어떻게 긍정적으로 바라보게 되었을까 쉽게 이해되지 않는다. 어쨌거나 김상용은 방송기술자였던 정환옥을 만나 의기투합하고 결국 상업방송을 세울 것을 결정한다. 그리고「그는 1957년 8월 개인 명의로 체신부에 방송국 설립허가원을 제출한다. 그러나 같은 해 12월 체신부는 '시설 및 구비조건 미비' 라

---

5) 최홍미, 『MBC 生成의 歷史的 過程에 관한 一考察 』, 한국외국어대학교 대학원 박사학위 논문, 2007.에서 주요 관련 내용을 발췌·요약 또는 재구성하고, 재인용은 원래의 출전도 표기했음.
6) 부산문화방송 30년사, p89.

는 이유를 들어 허가원을 반려한다.」[6]

관리들의 통제방법은 예나 이제나 거의 비슷한 것 같다. 즉, 정부의 직접 관장 하(下)에 있지 않은 방송을 이단시(異端視)하며 개인이 민간방송을 세운다는 것을 못마땅하게 생각하는 공보처의 관료적 고정관념이 문제가 된 것이다. 상업방송은 저속할 우려가 있으며, 광고방송으로 국민의 소비성(증대) 변화가 걱정된다는 점을 내세워 허가원을 되돌려준다.

로비의 힘은 막강한 법. 정환옥은 매부 김영출(金榮出)과 또 김영출의 매부인 자유당 실력자 중 한 사람인 김익기(金翼基), 그리고 김상용의 동생 김종만(金鍾萬) 등의 노력으로 마침내 1958년 7월 14일 체신부장관으로부터 허가서를 얻게 된다. 이처럼 천신만고 끝에 1959년 4월 15일, 출력 1kw로 부산 MBC를 개국해 민간 상업방송의 효시(嚆矢)가 되었다.

당시 부산 MBC의 성격을 한마디로 표현한 글이 있다. [7]

「1960년 부정선거를 실시한 자유당의 형태와 부정에 항거하는 국민이 시위를 현장에서 생중계하여 자유당 정권의 붕괴에 한 몫을 한 '꼬마 방송국' 이었다. 부산·경남 사람들에게 올바른 정세 판단을 할 수 있게 해준 용기 있는 지방 방송사는 다름 아닌 부산 MBC이다.」

4. MBC 개국(1961년 12월 2일)

김상용의 힘으로 어렵게 부산 MBC를 설립한 정환옥은 회사의 경영이

---

7) 최홍미 앞의 논문. p61. 〈월간 조선〉 1998년 12월 호

악화되자 7개월 만에 조선견직과 부산일보의 소유주였던 김지태(金智泰)에게 경영권을 인수토록 교섭하는 한편, 서울에 별도의 방송사업체 설립을 구상하고 있었다. 스폰서들이 모두 서울에 주재하고 있어 광고주 유치에 한계를 느꼈기 때문이다.

그러나 1959년 정부는 4건의 민간방송 허가를 내주었기에 추가 허가는 사실상 어렵게 되었다. 이렇게 되자 정환옥은 신규 허가 획득자를 대상으로 허가권 인수를 추진한다. 당시 허가를 얻은 주체는 ▶동아일보사 ▶천주교 계열의 김규환(金圭煥, 양도, 라디오서울) ▶화가 고희동(양도, MBC 라디오) ▶김상용(부산 MBC 설립) 등 4곳이었다. 이에 정환옥은 고희동이 갖고 있던 '서울민간방송주식회사'의 허가권을 인수하기 위한 협상에 나선다.

고희동(高羲東)은 구한말 벼슬을 지낸 유명 서양화가로 참의원을 역임하는 등 장면(張勉) 정부와 가깝게 지내면서 KBS에 다니던 사위와 방송국을 차려볼 생각으로 방송국 설립 허가를 따낸 바 있다. 그러나 방송국 설립은 결코 쉬운 일이 아니어서 고민하고 있을 즈음 김지태 측과 연결된 것이다. 그에게 공로주를 할애해주고 회장직을 주는 조건으로 교섭을 끝냈다. 드디어 1961년 12월 2일 종로구 인사동에서 '서울 MBC'를 개국한다.

그러나 김지태가 다이아몬드 반지 밀수 혐의 등을 빌미로 서울 MBC·부산 MBC·부산일보·부일장학회 등을 강제적으로 장학재단에 기부하게 되었고, 이것이 5·16장학회의 기본재산이 되었다. 이처럼 「쿠데타로 설립된 군사정권에 의해 개인의 소유에서 5·16장학회로 많은 주식이 몰수된 이후 MBC는 민영이면서도 국가의 통제를 받아 국영이나 다름없는 형태로 존재하게 되었다.」 8) 따라서 「우리나라의 민간방송은 1959년 4월 15일 부산 MBC가 개국한 이래 3년여 만에, 그리고 서울 MBC가 문을 연 지 겨우 반 년 만에 민방의 체제를 내려놓게 되었다. 결국 민간 상업방송 제도는 자유당 정권 말기에 이 땅에 들어와 4·19 이후 민주당 정권에 의해 확산되었고, 5·16 이후 공화당 정권에 의해 정착된 정치적 산물이었다.」 9) 그 후 계속 공영방송 체제가 계속되어 민방 공백상태를 유지하다가 1991년 12월 9일 서울방송(SBS)이 생겨나고, 2011년 12월 15일 4개 종편이 개국함으로써 경인방송(OBS)과 함께 치열한 민방시대를 맞고 있다.

5·16장학회(현 정수장학회)의 설립과 관련해서는 두 가지 입장이 팽팽하게 대립하고 있다. 고(故) 김지태 씨의 유족 측은 그의 자서전 〈나의 이력서〉(한국능률협회 발간)를 근거로 "1962년 5월 25일 감옥에 갇힌 상태에서 수갑이 채워진 채 포기각서를 썼기 때문에 명백한 강탈이다" 라고 주장한다.

「5·16혁명 1주년 남짓한 1962년 7월 14일, 당시 국가재건최고회의 박정희 의장의 뜻에 따라 약 1억 원 상당의 기본 재산으로 '재단법인 5·16장학회' 가 발족되었다. 박 의장은 5·16장학회가 재정난을 겪게 되자 재원 조달을 강구하던 중 방송사 운영에 관심을 갖기 시작하고, 부산군수기지 사령관으로 근무할 당시 '보도의 성가(聲價)' 를 누리고 있던 부산 MBC를 지목하고 인수키로 결심하고, 김지태 내외의 물방울 다이아몬드 밀수 혐의 등을 빌미로 서울 MBC·부산 MBC·부산일보·국제신문·부일장학회

---

8) 김재범, 『방송사 관련법의 문제점과 개선방안 연구』, 〈방송학 연구〉 통권 5호, 한국방송학회, 1994, p.45.을 발췌·요약 또는 재구성하고, 재인용은 원래의 출전도 표기했음.
9) 정순일, 『한국방송의 어제와 오늘 : 체험적 빙송 현대사』, 나남, 1991, p.56.

등 모두를 인수한 것으로 되어 있다. 10)

보도의 성가(聲價), 즉 박정희의 방송관에 관해 부산 MBC 개국 당시 보도과장이던 전웅덕과의 인터뷰에 다음과 같은 내용이 있다. 11)

「1962년 박정희 부의장(5·16 후 국가재건최고회의 부의장 시절)이 다시 부산을 찾았을 때 합동기자회견장에서 이런 질문을 했다. "각하와 더불어 불의와 부정을 미워하면서 싸워온 부산문화방송국의 2주년 기념일인데, 앞으로 서울을 중심으로 전국으로 확장해나가려는 부산 MBC 등의 민간방송의 육성책에 대해 대답해 달라" 고 했다. 박 부의장은 주저하지 않고 "독재와 불의를 물리치는 대단한 언론 사명을 다한 부산 MBC와 같은 이런 방송국을 앞으로 육성해야 한다" 고 긍정적으로 답변했다. 이는 방송 메커니즘을 전혀 몰랐던 박 부의장이 방송이 절대적으로 필요하다는 것을 이미 깨달았다는 것이다.」

이런 생각이 아마도 KBS-TV의 개국과도 연관이 있지 않나 필자는 추측한다. 김지태 씨는 자신의 자서전에서 다음과 같은 견해를 피력하고 있다.

「고등군법회의의 결심 공판을 기다리고 있는 사이에 내 측근 아무개 씨가 면회를 왔다. 그는 나에게 내 기업체 중에서 문화사업체에서 손을 떼라고 일러주었다. 나는 결백했으므로 끝까지 맞설 결심이었다. 그러나 나 때문에 산하 기업체의 간부들이 희생을 당하고 있는데다가 기업 경영이 엉망이 되어 장차 수천 명의 종업원들이 실직하게 될 것이 가슴을 아프

---

10) 최홍미, 앞의 논문, p.78.　　11) 최홍미, 앞의 논물, p.59.

게 했다. 협상에 응하기로 마음먹었다. 그러나 나에게 덮어 씌워진 범죄 혐의는 벗어야 했다. 그래서 구속된 조건 아래서 문화사업체에 손을 뗀다는 각서를 작성하는 것은 옳지 못하므로 석방된 연후에 약속을 이행하겠다고 주장했다. 나의 태도가 강경하게 나오자 당국자들이 번갈아가며 나를 압박했다. 그들이 작성해온 각종 양도서를 내밀고 강제로 날인하게 하였다.」[12]

이런 내용들은 김지태 측의 강한 반발과 함께 박 정권의 강제인수로 추론되어 왔다. 당시 신문기사를 소개하고자 한다.

「(1962년 5월) 24일 상오 경남지구계엄고등군법회의 검찰관 오영근 대위는 부산일보 사장 김지태 피고인 등 8명에 대한 농지개혁법 위반, 관세법 위반 사건 등 사건 구형 공판에서 김 피고인에게 징역 7년을 구형하였다.」[13]

그러나 박근혜 씨는 2004년 7월 28일 한겨레신문과의 인터뷰에서 「"그 때 역사를 보면 당시 상황에서 (국가에) 헌납된 것이며, 정권이 몇 번 바뀌었는데도 하자가 없기 때문에 지금까지 존속됐다" 며 "정수장학회는 공익법인이기 때문에 개인이 흔들 수 있는 게 전혀 아니다" 라는 뜻을 분명히 하고 있다.」 물론 박정희 전 대통령 이후 전두환, 노태우, 김영삼, 김대중 정권으로 변경되었지만 정수장학회에 대해 크게 문제가 제기된 적이 없었던 것은 사실이다. 세월이 지나고 노무현 정권(임기 2003년 2월 25일~2008년 2월 24일) 시절인 지난 2005년 7월 22일 〈국정원 과거사건진실규명

---

12) 자명김지태전기간행위원회, 자명 김지태 평전 『문항라 저고리는 비에 젖지 않았다』, 석필출판사, 2003, p.415.
13) 동아일보, 1962년 5월 25일.

을 통한 발전위원회)(위원장 오충일, 이하 '진실위')가 '헌납이냐 강탈이냐에 대한 논란'에 대해 결론을 내렸다. "1962년 부일장학회 등의 헌납은 박정희 당시 국가재건최고회의 의장의 지시에 따라 중앙정보부가 주도적으로 개입해 강압적으로 이뤄진 것으로 판단된다"는 발표가 그것이다. 강탈 결론에 대해 배경이 있다는 주장이 제기되었다.

정수장학회 옹호론자로 보이는 박황서 씨가 블로그에 올린 글은 다음과 같다.[14] 다소 긴 내용이지만 상황의 이해에 다소 도움이 될까 해서 인용한다.

「1960년 5월 27일 김지태에게 무슨 일 있었나? 1960년 5월 27일(5·16혁명은 1961년 5월 16일이다). 1960년 5월 27일자 또는 전후 날짜의 신문은 "선거자금 관계를 수사 중인 서울지검 이용훈 검사는 26일 상오 조선견직 사장 김지태 씨를 소환 심문하였다. 알려진 바에 의하면, 이날 심문에서는 김 씨가 조선견직의 수제(手製) 업체를 가지고 있는데 동 업체에서 선거자금을 제공한 사실과 또한 조선견직의 탈세사건을 무마하기 위하여 고(故) 이기붕 씨에게 수표를 증회(贈賄-요즘말로 뇌물제공)한 사실 등을 추궁한 것으로 알려지고 있다"라는 기사가 실렸다.

위 내용에서 보듯이 김지태의 세금포탈 등의 혐의는 이미 1961년 5·16 이전부터 검찰의 조사가 이루어지던 사건으로 5·16 이후 부정축재기업을 정리하는 차원에서 김지태뿐만 아니라 삼성의 이병철 회장까지도 소환조사 대상이었다. 삼성의 이병철 회장은 당시 박 대통령을 만나 부정축재

---

14) http://blog.daum.net/tmdyys/56

기업가에게 처벌을 하지 말고 대신 경제개발에 동참시켜서 경제재건에 힘쓰게 해달라고 요청하였다.

1962년 부산의 갑부 김지태를 '부정축재'와 '외화 해외유출' 혐의로 체포하여 군법회의에서 7년형을 선고하였다. 이 때 사면의 조건으로 김지태의 재산 중 부산일보, 부산문화방송, 부일장학회의 기반이었던 부산 소재 토지 10만 평(33만㎡)을 헌납 받았던 것이다. 이것을 국가로 환수하여 5·16장학회를 만들었고, 후에 정수장학회로 개명하였다.

그렇다면 김지태는 어떤 수단으로 그 많은 재산을 모았을까? 두 번의 계기가 있었다. 1932년에 일제의 조선 노동력 수탈도구였던 '동양척식주식회사'로부터 울산에 있는 2만 평(6만6천㎡)의 금싸라기 땅을 불하받은 것이 그 시작이다. 10년 분할상환 조건으로 불하받은 이 토지는 그의 사업 밑천이 되었다. 여기서 수확된 미곡은 분할상환금을 갚고도 매년 100석 이상이 남았을 뿐만 아니라, 토지를 담보로 자유로운 대출이 가능했기 때문이다. 울산 농장을 바탕으로 1934년 범일동 소재 '부산진직물공장'을 인수하여 산업자본가로 변신하였다. 동양척식주식회사로부터 불하받은 토지가 김지태의 산업자본가로서의 토대가 되었다면, 해방 후 일본인들이 철수하면서 남겨놓고 간 귀속기업체는 그가 대자본가로 도약하는 계기를 만들었다. 김지태는 1946년 종업원들의 요청으로 관리를 맡은 귀속기업체 아사히견직(조선견직주식회사 전신)을 1949년 불하받았다. 1954년에는 신발제조공장으로는 전국 최대 규모였던 귀속기업체 삼화고무를 인수하였다. 조선견직은 1950년대 이미 전국 최대의 본견직물 생산업체로 발전하여 김지태를 '실크 재벌' 로 불리도록 하였고, 삼화고무 역시 신발산업의 대명사가 되었다.

한 가지 재미있는 점은 현재의 '노무현 대통령' 이 김지태로부터 받은 '장학금' 으로 중학교와 고등학교를 졸업했다는 것이다. 이것이 인연이 되어 그가 변호사 시절에, 김지태 사후 그의 유족들이 국가를 상대로 제기한 100억원대 상속세 행정소송을 맡아 승소했다. 이 소송을 계기로 노 대통령은 조세전문변호사로 승승장구할 수 있었다.」

위의 박황서 씨의 글은 김지태 씨를 친일·반민족·악덕기업가라고 매도하면서 그의 재산을 국가가 환수한 것은 아무런 문제가 없고, 또한 앞의 '진실위' 가 강탈 결론을 내린 것은 노무현 정권의 입김이 작용했다는 주장이다.

또한「부일장학회 설립자인 고(故) 김지태 씨의 유족이 "정수장학회 설립 과정에서 강제로 기부된 아버지의 주식을 돌려 달라" 며 정수장학회와 국가를 상대로 낸 소송 1심에서 법원이 원고 패소 판결을 내렸다.」 15) 「법원은 강압으로 재산이 넘어간 사실은 인정했지만, 시효가 지나 반환청구는 할 수 없다고 판단했다. …(중략)… "당시 김 씨가 의사 결정 여지를 완전히 박탈당한 상태에서 주식을 증여할 정도로 강박이 심했다고 보긴 힘들어 증여를 무효로 할 수는 없다" 고 판단했다. 이어 "강박에 따른 의사 표시에 대한 취소권은 그 행위를 한 날로부터 10년 내에 행사해야 한다" 며 "증여가 이루어진 1962년 6월 20일로부터 10년이 지났으므로 제척기

---

15) 동아일보, 2012년 2월 25일.

간이 지나 취소권이 소멸됐다” 고 덧붙였다. 이날 원고 측에서는 김 씨의 차남인 영우 씨(70)가 재판정을 찾았다. 판결 직후 그는 “실망스럽지만 어차피 대법원까지 가야 할 싸움이라고 생각했다” 며 “즉각 항소하겠다” 고 말했다.」

당시 신문기사 하나.16) 「(1962년 7월) 동업 부산일보는 22일 자로 그 소유권을 ‘5·16장학회’ 로 이양하였다. 부산일보사는 사고(社告)로 이 사실을 밝혔는데 그 내용은 다음과 같다.

금반 본사 주식소유권이 거 5월 25일 자로 5·16장학회에 이양되었으므로 따라서 본사 사장 김지태 씨는 금 22일 자로 사임하였사옵기에 자에 고하나이다.」

이렇게 정수장학회의 정체에 대한 주장과 반론은 서로 상반되어 팽팽하다. 필자로서는 정확한 팩트(fact)에 대한 시시비비를 가리고자 하는 의도도 없고, 전혀 그럴 입장도 아니다. 다만 분명한 것은 MBC는 잉태되고 태어나기는 민방으로 출생되었으나 정치적인 영향에 따라 장래가 결정되었다는 점이다. 그러나 보는 사람의 시각에 따라 관점이 다를 수 있다는 점을 인정한다. 결과론적이지만 아이러니하게도 MBC의 창사 이후 성장 과정에서 재정적으로 안정화되는데 결정적 기여를 했고, 정치적으로도 굳건한 보호막이 되어온 것도 부정할 수 없는 사실이다. 1963년 3월 고원증 씨가 MBC 제4대 사장으로 부임한 이래 1980년 7월 이진희 씨가 제13대 사장으로 오기 전까지 17년 4개월 동안 박정희 정권이 유지되었으므

---

16) 경향신문, 1962년 7월 23일.

로 MBC는 무풍지대에서 생존했다. 요즘 젊은 사원들은 권언유착(權言癒着)에 대해 자주 분노한다. 그러나 MBC는 유아기에 이미 정권의 품 안에 있었고, 성장기·중년기에조차도 그런 상황에 대한 어떤 변화가 없었다. SBS의 허가 배경에 관해서도 이런 저런 말들이 있었고, 종편 4개사에 대해서도 특혜라는 견해도 있다.

요즘은 과거의 역사를 단죄(斷罪)하려는 경향이 늘고 있다. 역사는 지난 일이다. 흘러간 과거의 일을 오늘의 시점에서 옳고 그름을 판단하는 것은 대단히 어려운 작업이다. 그럼에도 정치 주체가 변경되면 이런 작업은 쉽사리 이루어진다. 영국의 역사학자 카(E. H. Carr, 1892~1982)는 〈역사란 무엇인가?〉에서 "역사는 과거와 현재의 끊임없는 대화" 라고 파악하고, 또 "역사란 그 자체로 존재하는 것이 아니라 역사가(家)가 있기 때문에 존재한다" 고 설파하고 있다. 사관(史觀)에 따라 역사의 진실이 달라질 수 있다는 가능성을 열어놓고 있는 것으로 해석할 수도 있다.

현대사를 보면 히틀러, 스탈린, 히로히토, 폴포트, 밀로셰비치 등은 포악한 독재자들로 수천만 명에 이르는 무고한 생명을 희생시킨 바 있다. 하지만 이들을 부관참시(剖棺斬屍)할 수도 없는 일이고, 지금 이 순간 죄를 묻기가 대단히 어려운 것이 현실이다. 그러므로 "끊임없는 대화를 통해 반성의 념(念)을 쌓아갈 수밖에 없다" 는 석학의 주장은 상당한 설득력이 있다.

우리나라의 경우, 저널리스트들은 거의 정권을 증오한다. 자유당 정권 이래 정치가들은 대부분 정도(正道)를 걷지 못했기 때문일 것이다. 보수언론인은 숫자로 보면 그리 많지 않다. 그들 중 일부는 정권과 결탁해 한 자리를 얻어 권력과 호사를 누린 사람들일 수도 있다. 뿐만 아니라 정권은 자신들의 수호 차원에서 어떻게든지 방송을 활용하려는 강력한 의지를 갖고 있다. 지구촌의 수많은 집권세력들은 자신들의 행위를 정당화하기 위해 방송, 특히 TV를 앞세운다. 방송은 정치가들이 소유물로 만들고자 하는 일차적인 표적으로 존재하고 있는 것이 현실이다.

이탈리아의 베를루스코니 전 총리는 3번이나 총리에 오른 인물이다. 17) 「그는 이탈리아 최대 방송국인 '미디어셋(Mediaset)' 을 가족지주회사를 통해 소유하고 있다. 이 방송사 때문에 그는 언론을 통제한다는 비난을 자주 받았고, 선거 때마다 이해충돌을 피하기 위해 방송사 내 자신의 자산을 매각하겠다고 공약했으나 지키지 않았다. 베를루스코니의 주력 회사인 '미디어셋' 은 3개의 전국 채널을 보유하고 있는데, 이들은 이탈리아 전국 방송의 대략 절반 정도를 담당한다. 베를루스코니는 1978년 자신의 최초의 미디어 그룹인 '피닌베스트(Fininvest)' 를 차렸고, 1983년까지 5년 사이에 1,130억 리라(5,830만 유로)를 벌었다. 자금출처는 그동안 검찰이 수없이 조사를 했지만 복잡한 지주회사제도 탓에 아직도 드러나지 않았다. 피닌베스트는 곧 동일 프로그램과 구성을 가진 지역 TV를 방송국 망으로 확장해 이탈리아 공공 전국방송인 RAI가 독점한 전국 방송 체제를 깨버렸다.」 그는 아마도 TV를 정치에 이용해먹은 희대의 인물로 기록될 것이다.

세계적인 권위를 인정받고 있는 영국의 BBC조차도 정권에 휘둘린 때

---

17) 동아 이코노미, 박희준, 2012년 1월 12일.

가 있었다.

「 "국민이 지지하지 않는 정책을 밀어붙이는 정부는 (논란의) 책임을 늘 언론에 떠넘긴다."

MBC 초청으로 내한한 그레그 다이크(Greg Dyke) 전 BBC 사장은 2004년 10월 9일 오후, 서울 하얏트호텔에서 기자회견을 갖고 "BBC가 정책의 문제점을 지적할 경우 정부는 그 논란을 BBC 탓으로 돌리는 경우가 많았다" 며 "모든 정부들이 국익에 따라 정책을 결정한다고 주장하지만 그 점은 늘 의문에 싸여 있다" 며 "공영방송은 정부나 특정 정당을 대변해서는 안 되며 정치·사회적 이슈를 최대한 공정하고 중립적으로 보도해야 한다" 고 말했다.

그는 "이라크에 대량살상무기(WMD)가 있다는 영국 정부의 주장이 과장됐다" 고 지적한 BBC의 보도에 결함이 있다고 허튼조사위원회가 결론 내리자 2004년 1월 29일 사임한 바 있다. 그러나 7월 말 나온 영국의 버틀러보고서에서는 BBC 보도가 상당 부분 사실로 드러났으며, 최근 미국의 이라크서베이그룹(ISG)은 이라크에 WMD가 없다고 결론 내렸다. 다이크 전 사장은 이에 대해 "면죄부를 받아 홀가분하다" 고 말했다. 그는 "신문은 정치적 입장을 갖도록 법적으로 보장돼 있으나, 방송은 정치적 입장을 지닐 수 없다" 며 "BBC의 앵커나 리포터는 어느 자리에서든지 특정 정치적 입장을 지지하는 발언을 해서는 안 된다" 고 말했다. 그리고 "이라크 전(戰) 개전 당시 정부는 BBC에 문제를 제기했으며, 노동당 관련 보도에 대해서도 이의를 제기했다. 정부의 문제 제기가 타당한 측면도 있지만,

BBC는 어느 정부에서나 압력을 받아왔다” 고 말했다.」[18]

세계 공영방송에서 BBC 못지않게 공정성을 인정받고 있는 일본의 NHK도 정부 또는 정권의 간섭에서 자유롭지 못한 것을 우리는 기억하고 있다. 우리나라와 관련 있는 사건을 예시하고자 한다.

「일본 집권 자민당 실력자들이 위안부 문제를 다룬 NHK 특집 프로그램에 외압을 행사해 방송내용이 바뀐 사건을 둘러싸고 일본 내에서 파문이 증폭되고 있다. 언론보도에 따르면 NHK 교육 TV가 지난 2001년 1월 말 위안부를 소재로 한 “전쟁을 어떻게 재판할 것인가?” 란 제목의 교양 프로그램을 방영하기에 앞서 나카가와 쇼이치(中川昭一) 경제산업상과 아베 신조(安倍晋三) 자민당 간사장 대리가 NHK 고위간부를 불러 프로그램 변경을 주문했다는 것이다. 이에 따라 이들 간부는 “일본 군인의 강간과 위안부제도는 인도에 어긋나는 죄” 이며 “천황에게 책임이 있다” 는 내용을 대폭 줄이도록 지시, 당초 44분짜리 프로그램이 40분짜리로 단축되었다는 것이다.

더욱이 이들 정치인은 “일방적으로 방송하지 말라.” “공평하고 객관적인 프로그램으로 만들라” 고 요구했던 것으로 전해져 미디어에 대한 사전 검열 시비까지 야기하고 있다. 이들 자민당 실력자와 NHK 측은 그러나 이 문제가 현안으로 불거지자 외압사실을 부인하고 나섰고, 이에 반해 당시 프로그램 제작책임자는 정치개입이 일상적으로 이뤄지고 있다고 반박, 이 문제는 진실 게임이 되고 있는 양상이다. 또 일본 야당은 악질적

---

18) 동아일보, 2004년 10월 11일.

정치 개입, 사전 검열, 표현의 자유 침해라고 비난하고 나서면서 정치권으로 불똥이 튀고 있다. 어느 쪽이 진실을 말하는가는 시간이 지나면 밝혀지겠지만 이 논란을 지켜보는 우리의 심정은 착잡하기 그지없다.」[19]

'MBC의 탄생' 이야기를 마치면서 오늘의 MBC를 잉태하게 한 '정환옥' 씨를 꼭 기억했으면 하는 마음이다. 그는 부산 MBC와 서울 MBC 개국을 위해 혼신의 힘을 다한 사람이다. 오죽하면 민방 개국 때문에 '미친 사람'이라는 이야기도 들었고, 실제로도 그와 유사했다는 증언도 있다. [20]

「정환옥 씨는 1920년생이다. 1927년은 한국에서 역사상 처음 방송이 시작된 해이다. 그래서인지 자신은 방송을 위해 태어난 사람으로 하나의 운명처럼 생각했다고 한다. 인사동 MBC 사옥의 주조정실에서부터 스튜디오와 송신소 설계를 하나하나 혼자 하다시피 했다. 방송 기종을 선택하고 추진한 것도 그였다. 그 당시 서울 MBC 창립에 얼마만큼 열의와 정열을 갖고 있었는지 가까이서 본 나로서 몇 가지 기억나는 것이 있다.

MBC를 세우기 위해 부산문화방송 전무로서 서울에 주재하다가 부산행 새벽차를 타기 위해 여관방 신세를 진 적이 있다. 서울역 근처 여관에서 잠을 자려는데 경찰관이 임검(臨檢)을 나와 나이를 물었는데 자신의 나이를 얼른 대답을 못 할 정도로 방송 일에만 정신이 팔려 있었다. 또 부산 사람인 듯한 옆방 손님의 이야기도 들렸다.

"정환옥이라는 사람이 미쳤대. 그 멀쩡한 사람이 방송국 만든다고 미

---

19) 연합뉴스, 2005년 1월 14일.
20) 문화방송 30년사, pp258~259. 증언: 고일환(당시 보도과 기자)

쳐가지고, 서울 다니면서 집도 안 돌보고, 우스운 사람이 됐다는구먼."」

그는 사주(社主)가 돈도 잘 지원해주지 않는 상황에서 엄청나게 고생하면서 MBC를 세운 사람이다. 그가 방송에 미치지 않았다면, 번득이는 민방 아이디어와 불타는 열정과 추진력이 없었다면 MBC는 태어나지 못했을 것이다. 요즘 연속극에서 줄기차게 물고 늘어지는 출생의 비밀 스토리에 그를 대입해본다면 'MBC의 생부(生父)'와 같은 존재라 할 수 있다. 물론 '라디오서울' 개국시 이적해 갔지만 말이다.

현재의 MBC 종사자들은 정환옥이라는 인물을 잘 알지 못하거나 까맣게 모르는 사람도 많을 것이다. 그리고 관심조차 없을 수도 있다. 하지만 MBC의 발단과 단초가 되는 풍운아 정환옥을 백안시(白眼視)할 필요는 없다. 그는 지난 2011년 12월 9일 별세했다. 문화방송 차원에서 어떤 예우가 있었는지 필자는 알지 못한다. 또한 정부에서 어떤 훈·포상이 있었다는 이야기도 듣지 못했다. 방송사와 방송인이 서로의 업적을 인정해주지 않으면 세상의 누구도 방송인들을 기리지 않을 것이다. 이 점을 아쉽고 가슴 아프게 생각한다.

5. MBC 입사(1968년 11월 1일)

제8회 '이상문학상' 수상 작품은 이균영(李均永) 씨의 〈어두운 기억의 저편(1984)〉이라는 작품이다. 제목 자체가 매우 훌륭하고 적확(的確)하다고 생각한다. 나이가 먹고 세월이 흘러가면 뇌세포가 죽어간다. 더욱이 음주행위는 뇌세포 살해의 주범이다. 그러나 이 풍진 세상을 어찌 술을 삼가면서 살 수 있겠는가! 40여 년 전의 일들은 '어두운 기억의 저편'에서 존재하는 것도 같지만 실체가 없는 것이 아닌가 하는 느낌이 들 정도로 아스라하고 아지랑이처럼 가물거린다.

그 시기는 방송의 초창기라 애초부터 연감(年鑑) 등을 만든 것도 아니고, 많은 세월이 흐른 뒤 재직했던 인사들이 자료가 아닌 기억을 근거로 회고담을 남겼기 때문에 그 명확한 모습을 서술하기는 쉽지 않다. 필자 역시 메모랜덤이나 일기를 쓰지 않아 기록의 정확성에 있어 미비함을 절감한다. 다들 일하기에 힘들었고, 먹고 사는 일에 몰두했던 시대상 때문이었다고 핑계를 대기에는 절대적인 한계가 있다는 점을 인정하면서도 아쉬움은 남는다.

그 시절에는 방송국이 모두 6개였다. KBS, 문화방송, 동양방송, 라디오서울, 기독교방송, KBS-TV가 그것이다. 나는 삼수(三修) 끝에 MBC에 입사했다. 삼수의 여정도 짧지는 않았다. 대학교 4학년 2학기였던 1964년 초겨울에 동아방송 PD 모집공고가 났다. 전공은 밀어놓고 도서관에서 을유문화사에서 출판한 〈세계문학전집〉을 독파하면서 거의 매일을 극장에서 살다시피 했다. 당시 개봉관은 아카데미, 국제극장, 단성사, 피카디리, 중앙극장, 명보극장, 국도극장, 대한극장 등 손가락으로 꼽을 정도였다. 입장료가 비싸서 거기는 못 갔고, 재개봉관인 명동극장, 경남극장, 조선일보 자리에 있던 시네마코리아(이곳은 영화 두 편을 동시상영했다)를 애용했다.

교회음악 작곡가이신 내 선친은 잠시 중앙극장 중역으로 근무하신 적이 있었다. 그래서 집에는 늘 극장표가 있었고, 나는 어려서도 제법 많은 영화를 볼 수 있었다. 이렇게 문화적인 혜택을 받고 자란 터라 허황된 자신감을 갖고 PD 시험에 도전했지만 단번에 미끄러지고 말았다. 문제가 무척 어려웠는데, '스타니슬랍스키 시스템(Stanislavsky System)'에 관해 설명하라는 문제가 있었던 것으로 기억한다.

스타니슬랍스키가 창안한 '메소드 연기(Method Acting)'는 연기자 자신이 그 상황이라면 어떻게 행동(연기)했을 것인가를 연구하는 것으로, 자신의 경험, 과거의 회상 등을 통해 배역에 깊이 몰입하는 것을 말한다.

미국의 영화감독 엘리아 카잔 등이 설립한 액터즈 스튜디오(Actor's Studio)에서 이런 훈련을 받은 배우로는 제임스 딘, 폴 뉴먼, 캐서린 헵번, 마릴린 먼로, 로버트 래드포드, 페이 더너웨이, 더스틴 호프만, 로버트 드니로, 알 파치노 등을 꼽을 수 있다.

지금은 내가 학생들에게 강의하는 입장이라 설명할 수 있지만, 연극영화과 저학년생들은 아마도 정확한 대답을 하기가 쉽지 않을 것이다. 아무런 준비가 없는 상태에서 합격하는 것은 불가능한 일이었다.

나는 낙방의 충격을 벗어나 서점을 뒤지면서 취직시험에 대비했다. 1965년 대학을 졸업하고, 이듬해부터 1년 동안 중고등학교 교과서를 출판하는 사조사(사조참치의 전신)에서 일하다가 삼화인쇄로 옮겨 근무하고 있었다. 그때 회사를 결근하고 지금 중앙일보 건너편에 있던 배재고등학교로 동양방송(TBC-TV)의 입사시험을 치러 갔는데, 그때나 지금이나 청년실업이 심해서 교실과 운동장은 인산인해를 이루고 있었다. 절망적인 느낌이 들어서 시험이 끝난 후 수험번호표를 찢어 정문 앞 도랑에 버린 기억이 난다. 그러면서도 혹시나 하는 마음으로 중앙일보를 사서 봤다. 다행히도 합격자 명단에 들어 최종 인터뷰까지 보게 되었다. 국장급 면담이 끝나자 다른 방으로 들어갔는데, 정중앙에 풍채가 수려한 초로의 신사가 좌정하고 있었다. 그의 얼굴에서 어떤 광채가 나는 듯했다. 바로 홍진기 회장으로 삼성전자 이건희 회장의 장인이며 부인 홍라희의 부친이었다. 그의 좌우에 앉은 중역 두 사람이 이것저것 질문을 했다. 그런데 맨 좌측 끝의 한 인사는 아무런 질문도 하지 않고 그저 내 얼굴만 찬찬히 살펴보는 것이었다. 나중에 들으니 그는 관상가(觀相家)였다는 것이다. 내 인상이 좋지 않았는지 떨어지고 말았다.

두 번째 실패하자, 괜스레 다니던 회사에 정이 떨어지고 말았다. 그래서 방송회관(당시 조선일보 우측에 있던 건물, 현 방송통신위원회의 전신)으로 직장을 옮겨 〈방송문화〉라는 잡지의 취재와 제작을 담당하는 기자가 되었다.

입사시험은 면접으로만 시행됐는데, 면접관은 1961년 12월 말 개국한 KBS-TV의 초대 편성과장이었고 후에 방우회(放友會) 회장을 지낸 문시형 선생이었다. 그 분은 1995년에 작고하셨는데, 내가 방송의 길로 접어든 결정적인 계기를 마련해 주셨다고 할 수 있다. 문시형 선생을 회고하면서 본인에게 들은 당시 방송계의 모습을 소개한다.

KBS-TV는 1961년 12월 31일에 개국되었다. KBS-TV는 5·16 군사혁명의 산물로 볼 수 있다. 21) 「1961년 5월 16일 박정희 육군 소장에 의한 군사

21) 최양묵, 『대중문화의 이론과 현장』, W미디어, 2011, pp.410-412.

쿠데타는 성공한다. 이후 7개월 14일 만에 KBS-TV는 성공적으로 개국하게 된다. 아마도 세계방송사상 초유의 사례가 아닌가 한다. 어떻게 텔레비전 방송국을 이렇게 7개월이 조금 넘는 기간에 건설할 수 있는가? 텔레비전 방송국을 만드는 것은 백화점이나 마트에서 물건을 사오듯 만들 수 있는 일이 아니다. 방송국의 건물도 설계해야 하고, 각종 설비와 기자재도 외국에 발주해서 수입해야 한다. 그 기간은 결코 짧을 수가 없다. 또한 운영과 제작 요원도 양성해야 한다. 일반적 관점에서는 대단히 기이(奇異)한 일에 속한다. 상명하복(上命下服)에 익숙한 군사정권이 아니라면 불가능한 일이었을 것이다. 1961년 12월 31에 개국하게 된 것도 하루를 넘겨 다음해가 되지 않도록 하려는 서릿발 같은 군부의 위세에 눌려 목숨 걸고 서둘렀으리라는 추측을 할 수 있다. 그런데 박정희 장군은 왜 텔레비전 방송국을 건설하라고 명령했을까? 그 해답을 쉽게 알 수는 없다. 다만 거사가 성공한 후, 정치지도자로 입문하려는 의도가 있지 않았나 하는 추단(推斷)이 가능하다.」

1961년 5월 16일 미명(未明), KBS를 통해 박종세 아나운서의 낭독으로 발표되었던 혁명공약을 참고로 살펴보자.

친애하는 애국동포 여러분!

은인자중(隱忍自重)하던 군부는 드디어 금조미명(今朝未明)을 기해서 일제히 행동을 개시하여 국가의 행정, 입법, 사법의 3권을 완전히 장악하고 이어 군사혁명위원회를 조직하였습니다.

군부가 궐기한 것은 부패하고 무능한 정권과 기성 정치인들에게 이 이상 더 국가와 민족의 운명을 맡겨둘 수 없다고 단정하고 백척간두(百尺竿頭)에서 방황하는 조국의 위기를 극복하기 위한 것입니다.

군사혁명위원회는

첫째, 반공을 국시의 제1로 삼고 지금까지 형식적이고 구호에만 그친 반공 태세를 재정비 강화할 것입니다.

둘째, 유엔 헌장을 준수하고 국제협약을 충실히 이행할 것이며 미국을 위시한 자유우방과의 유대를 더욱 공고히 할 것입니다.

셋째, 이 나라 사회의 모든 부패와 구악을 일소하고 퇴폐한 국민도의와 민족정기를 다시 바로잡기 위하여 청신한 기풍을 진작할 것입니다.

넷째, 절망과 기아선상에서 허덕이는 민생고를 시급히 해결하고 국가자주 경제 재건에 총력을 경주할 것입니다.

다섯째, 민족적 숙원인 국토통일을 위하여 공산주의와 대결할 수 있는 실력의 배양에 전력을 집중할 것입니다.

여섯째, 이와 같은 우리의 과업이 성취되면 참신하고도 양심적인 정치인들에게 언제든지 정권을 이양하고 우리들 본연의 임무에 복귀할 준비를 갖추겠습니다.

여기서 제6항의 내용은 무척 중요하다. "과업을 마치고 원대복귀(原隊復歸) 하겠다" 는 선언이 분명한데, 그는 결국 군으로 돌아가지 않고 대통령이 되었고, 독재자라는 오명(汚名)도 얻었다. 이런 저간의 사정을 따져볼 때 정치가로의 꿈은 사전부터 있었던 것으로 생각해볼 수 있다. 그렇다면 박정희 장군은 텔레비전에 대한 정말 탁월한 혜안(慧眼)을 갖고 있었다고 평가할 수 있다. 왜냐하면 현대사회에 있어서 텔레비전은 정치와 불가분(不可分)의 역학관계에 있고, 텔레비전이 없다면 결코 정치가 성립되지 않는다는 점을 애초에 간파한 우리나라 최초의 '텔레비전주의자'라는 사실 때문이다. KBS-TV는 이런 우리 현대사의 격랑(激浪) 속에서 태어났다.

이로 인해 정치와 방송이 유착되고 불륜의 씨앗이 잉태되고 말았다. 한국방송의 비극적 서사(敍事)가 시작된 것이다. 당시 박정희 의장, 후에 대통령이 된 그는 방송의 장점과 속성을 꿰뚫어본 안목을 갖고 있었다고도 평가할 수 있으며, 태생적으로 타고난 프로파간다(Propaganda: 선전 전문가)라고 할 수도 있다.

그는 자신의 정치 역정 속에서 '방송'이라는 개념이 어떻게 왜곡·파괴되고 변질되었는지 파악할 수 없었을 것이다. 왜냐하면 그의 생존 시절보다 사후에 심각한 징후들이 돌출되었기 때문이다. 그리고 1980년 신군부에 의해 위의 내용과 방법이 동일한 시나리오가 등장하게 된다.

'KBS TV 개국'이라는 빅 프로젝트에서 편성 실무의 중심은 문시형 과장이었다. 개국 얼마 후, 문 과장은 청와대의 부름을 받고 자신의 보스(아마도 공보처 방송관리국장인 듯)와 함께 대통령 집무실에 들어갔다.

"그간 참 수고가 많았네."

대통령이 담배함에서 권련(卷煙)을 꺼내 권했다.

"각하, 저는 담배를 못 합니다."

정중히 사양했지만 대통령은 계속 권했다.

"내 앞이라고 어려워 할 것 없네. 남자끼리 담배 피우는 것이 뭐 흉인가?"

문시형 선생 자신은 담배를 피울 마음이 없었으나, 내객(來客)이 담배를 받아야 대통령 자신도 태울 듯한 분위기여서 부득이 담배를 받아들자 대통령이 불을 붙여주어 고개를 돌리며 한 대를 피우고 물러났다고 한다.

그러나 사단(事端)은 그 후에 발생했다. 그때 자신을 청와대로 에스코트한 시니어가 노발대발했다는 것이다. '어느 안전(眼前)이라고 담배를 받아들고 불까지 붙여주게 만들었느냐?' 는 꾸중을 듣고, 서울중앙방송의 편성과장에서 청주의 방송국장으로 좌천되는 중징계를 당했다는 것이 핵심 내용이다.

요즈음도 지방 방송사는 중앙사에 비해 업무가 그다지 많지 않은데, 당시에는 더욱 적은 것이 당연했다. 그래서 그는 청주의 방송국장으로서의 한가한 나날을 보낼 수밖에 없었고, 하루에도 몇 차례씩 근처 다방에 내려가 붕어가 물마시듯 쓴 커피만 마셔댔다고 한다. 그러다가 결국 지루함과 분노를 참을 수 없어 사표를 내고 방송생활을 접었다는 것이 그의 술회이다.

애연가였던 박 대통령은 후에 건강을 염려한 육영수 여사의 강권으로 금연했는데, 육 여사가 보지 않는 곳에서는 기자들에게 담배를 얻어 피웠다는 이야기도 있다.

애연가의 동료의식에서 비롯된 담배 사건은 문시형이란 방송인의 인생을 박탈하고 말았다. 한 시니어의 과잉반응으로 훌륭한 방송인 한 명이 현업에 돌아오지 못하고 사라진 것이다. 늘 그렇듯 방송이 권력과 정권, 관료주의의 희생물로서 존재하고 있는 사례 하나가 증명된 것이다.

문시형 씨 이야기 하나를 덧붙인다.

그러면 제2공화국 시절의 방송이 마음껏 자유를 누렸느냐 하면, 그렇지도 못했다는 것이 당시의 평가이다. 당시 방송관리국에서 지도계장을 맡았던 문시형 씨(현 방우회 회장)는 그 당시의 방송정책을 다음과 같이 지적했다.(《방송》지, 1961년 송년호) 22)

「민주주의를 모토로 한다는 민주당 정부는 방송에 한해서는 명확한 정책의 제시도 없이 마치 민주당의 예속물로서 방송을 운영하려 하였으나 … 민주당 정부에 불리한 방송이라고 규정지을 수 없는 방송이건만, 지나친 간섭과 견책을 방송 실무자에게 가한 일이 있었으나, 국정감사에서는 이 사실이 오히려 "정당한 국민의 방송으로서 운영되고 있다" 는 실례로 제시된 웃지 못할 넌센스가 있었다.」

이승만 정권은 전쟁 통이라 제외하더라도 민주당 정부도 방송을 자신들의 예속물 취급을 했으니 방송은 정말 징글징글한 역사 속에 생존하고 있는 셈이다.

〈방송문화〉의 편집장은 소설가이자 희곡 작가인 오학영(吳學榮) 씨였고, 나중에는 KBS-TV의 드라마 PD가 된 정병식 씨 등이었다. 인원이 부족해 업무 분담을 했는데 나는 문화방송과 기독교방송이 출입처였다. 여기서

---

22) 한국 방송의 어제와 오늘, 정순일. pp.75~76.

일을 하다 보니 자연스럽게 방송사의 분위기, 프로그램과 사람들을 알게 되었다. 거의 10개월쯤 근무했을 때 MBC의 공채가 나왔고, 응시해 '라디오 PD 3기생'으로 합격했다. 입사시험은 천도교 건너편 덕성여대에서 치러졌는데, 방송관계 기자 생활을 해서인지 무난히 답안을 쓸 수 있었다. 후에 인사부장이 된 동기생이 있는데, 당시 옛날 인사기록 카드를 찾아보니 자신이 수석, 내가 0.5점 차이로 차석이었다는 얘기를 전해주었다. 그는 당시 4학년으로 시험공부를 좀 했던 모양이다. 괜찮은 실력으로 들어간 인사동 MBC에서 나는 1968년 11월 1일부터 PD의 길로 접어들게 되었다. 회고하자니 너무 오래 전 시절의 일이다.

나는 인사동의 '죽동궁(竹洞宮)'에 살았던 적이 있다. 죽동궁은 지금 관훈동 태화빌딩 앞에 있었다. 원래의 이름은 '죽도궁'이었다고 하는데, 고종 때 민승호의 자제 민영익이 살았던 '민 대감댁'이다. 그 때는 OB맥주 민 회장이 살고 있었다. 아흔아홉 간의 집이 너무 커서 적적하다고 들어와 살라고 해서 가족과 대학시절을 그 집에서 보냈다. 여름에는 꽤 넓은 연못에 연꽃이 가득 피었고, 정원에는 수목이 즐비하고, 후원에는 사계절 백화가 만발해 정취가 아름답기 그지없었다. 바로 뒷담과 연결된 곳에 종로예식장이 있었고, 거기서는 이성화 아나운서 등이 사회를 보는 MBC의 공개방송이 진행돼 자주 구경하곤 했던 경험이 있는데, 내가 그 방송국에 PD로 들어갔으니 마치 천하를 다 얻은 것 같은 기분이었다. 대학 친구 중에 국가대표 농구선수가 되었던 김무현 군이 "이제 네가 방송국에 들어갔으니까 농구 경기 중계방송에서 다른 선수가 슛을 해도 내가 골인시

컸다”고 방송해달라던 농담이 아직도 귓가에 생생하다.

6. 술은 낭만인가, 낭만은 술인가?

지금 방송사 상황은 그 때와 너무 다르다고 한다. 그러나 당시 방송국 직원들은 틈만 나면 술을 마셨다. 이것은 고된 작업의 피로를 해소하려는 목적도 있었겠지만, 음주행위가 하나의 낭만에 해당하는 것 같았다. 요새는 낭만이라는 단어 대신 ‘로망’이라는 표현을 즐겨 쓰는 사람들이 많다.

겨울비가 세차게 쏟아지던 밤, 택시를 잡아타고 종로구 내수동(신문로 뒤편) ‘대머리집’에 갔다. 전쟁 통에 고생하면서 초년을 보낸 이들은 비만 오면 술 생각이 나는지 후배들은 몰고 이 집에 당도한 것이다. 좁은 공간에 어떻게 그렇게 많은 술꾼들이 앉을 수 있는지 우선 그것부터 이상했다. 글자 그대로 콩나물 시루었다.

희미한 불빛이지만 자리를 잡고 앉아 좌우를 보니 모두 점잖은 분들이었다. 신문기자와 간부, 방송국 사람들, 교수 등 전부 단골인지 대머리 아저씨에게 수월히 주문을 한다. 술은 막걸리였고, 상은 안주 접시가 삐져나올 것 같은 개다리소반이었다. 안주는 맛이 좋았고, 술꾼 틈에서 마시니까 많이 마시게 되었다. 그들은 기사의 가치와 그 주변 이야기들로 꽃을 피웠고, 시국에 대해 열변을 토했다.

그곳으로 데려간 선배는 방송사 생활에 대해 오리엔테이션을 해주었다. 사내 연수 외에 ‘주점 연수’로 “대머리집 강의”였다. 그런 기회를 몇 번 거친 후 월급날이 됐는데, 어디서 본 느낌의 사람이 수위실 앞에 서 있었다. 나중에 알고 보니 대머리집 아저씨(사장)였다. 그는 월급날은 물론 보너스 나오는 날도 정확히 알아 정문에 지켜 서서 수금을 했던 것이다. 돈 나오는 날은 정말 귀신처럼 아는 재주가 있었다.

그 소란한 방에서 고참 기자들이 힘주어 말하던 '기사의 밸류(value)와 배치'에 관한 원칙은 아직도 뇌리에 생생히 박혀 있는데, 일천한 현역들은 그 때 내가 터득했던 저널리즘의 정의와 개념들을 모르는지 또는 무시하는지 이상한 구성을 할 때는 어떤 분노가 치밀기도 하고, 연민의 정이 생긴 적도 많았다. 우리들을 소위 구세대, 곧 '보수 꼴통'이라고 지칭하는 요즘 친구들에 대해 '대머리집'을 알고 있는지 여부로 그 됨됨이를 구분하는 것이 나의 습관이다. 대머리집을 체험한 사람은 '인문(人文)'을 아는 사람으로, 대머리집을 들어본 적도 없는 사람은 컴퓨터는 익숙하겠지만 인문이 미흡한 사람으로 치부할 수밖에 없다는 것이 내 고집이다. 게다가 인생사는 참으로 알 수 없는 것이 그렇게 성업하던 대머리집이 협소한 가게를 헐고 시멘트로 새 집을 지었는데, 급격히 손님이 줄어 폐업하고 만 것이다. 당시 비록 나이가 어렸지만 우리들의 낭만시대가 종료된 것이다.

그러나 대머리집 그 시절, 그때 사람들의 복기(復棋) 기사가 최근 실린 적도 있다.23) 「이경식·진념, 김기팔·박재삼·이성부·정현종·조지훈·최일남, 정영일·이규태·남재희·손세일·김중배·염재용·강성구·홍두표·최종율,

---

23) 조선일보, 박영석, 2009년 7월 29일.

김재형·박근형·백일섭·이순재·최불암·김성겸·변희봉·오지명·배한성·
황인용·김종결·박병호·정해창·표재순, 조용만·이구열·장일남·김대벽…
이 인사들의 공통점은 '사직골 대머리집'에 외상을 달고 술을 먹었다는
것이다.

1950~1960년대 인텔리 주당들의 풍모와 술집 풍속을 투영한 술집 외
상장부가 (2009년 7월) 28일 공개됐다. 1910년 이전부터 1978년 10월까지 서
울 사직동에서 영업했던 명월옥(明月屋)의 외상장부이다. 명월옥은 사장 두
명이 경영했던 술집으로 김영덕 씨가 50년, 그의 사위 이종근 씨가 20년
쯤 맡았다고 한다. '대머리집'은 정식 옥호인 '명월'이 주는 연상 작용에
다 두 사장의 머리숱이 성긴 데서 고객들이 붙인 애칭이라고 한다. 주 메
뉴는 막걸리, 소주, 생선찌개, 생선구이, 묵무침, 두부구이 같은 서민 식단
이었다.

외상장부의 작성 시기는 1950년대 말부터 1962년까지로 소속기관, 이
름, 날짜, 외상값이 펜 또는 연필로 깨알같이 적혀 있다. 소속기관과 인명
을 먼저 분류해 놓고, 날짜와 외상금액을 적은 것으로 보아 단골손님이
무척 많았음을 알 수 있다. 장부에 적힌 기관은 71개로 경제기획원·문교
부·서울시청 등 공공기관 25개, 조선일보·동아일보·서울신문·동양방송·
문화방송 등 언론기관 22개, 서울대·연세대·고려대·이화여대 등 학교 16
개, 조흥은행 같은 금융기관 등이다. 장부에 기재된 외상 손님만 300명이
고, 외상값은 대개 1,000~3,000환이다. 1만환이 넘는 경우는 회식 후 한
사람 이름으로 외상을 그은 것으로 추정된다.

외상장부는 당대의 무한 신뢰와 인간미를 유추하게 한다. 이미 외상을 달아 놓은 손님이나 뚜렷한 벌이가 없는 과객한테까지 외상술을 허락했고, '할부 변제' 마저 가능했음이 기록되어서이다. 장부에는 '필운동 건달' '대합 좋아하는 인(사람)' 같은 암어(暗語)가 기재돼 있다. 대머리집은 방 2개와 마당에 술상을 볼 수 있어 50명이 빼곡히 찰 수 있는 한옥 구조였다가 이후 콘크리트로 개조됐다고 한다. 수금을 맡은 이 사장과 그보다 열 살쯤 많은 처당숙이 월급날에 맞춰 조선일보와 동아일보 방향을 하나씩 맡아 외상값을 걷으러 다녔다고 한다. 하지만 1970년대 경제 상황이 나아지고 고객들 주머니에 돈이 넉넉해지면서 쇠락의 길을 걸었던 것으로 보인다.」

당시 선배들 중에는 술과 관련해 기억나는 사람이 있다. 그는 경희대 학생회 간부를 지낸 PD인데 신입사원들에게 회사에 발을 들여놓자마자 술을 자주 사주었다. 인사동 네거리에 자리 잡은 '명당(明堂)'이라는 집이 있었다. 우리가 드나들기에는 부담이 큰 일식집이었는데 그리 데려가 정종(正宗-일본의 청주회사 이름인 正宗을 한국식 이름으로 부른 것이다)을 주로 사주었다. 안주는 오뎅이었다. 추운 12월 혹한에 뜨거운 국물을 마셔가며 어묵과 '후꾸로(어묵주머니에 당면 잡채가 들었다)'를 먹었는데 맛이 일품이었다. 정종이라고 불리던 청주를 뜨겁게 데워 꽤 큰 잔에 주는 왕대포 3~5잔이 도는 사이 상당히 취기가 올라오곤 했다. 그는 방송국의 여러 가지 일들을 귀띔해 주었다. 요즘 식으로 표현하면 그는 멘토(mentor)였고, 우리는 멘티(mentee)였다.

퇴근 무렵이 되면 은근히 그가 들어오기를 기다리는 습관도 생겨났다. 얼마간 지나다 보니 다른 선배들은 개인적으로 술을 사주는 경우가 없는데 그만이 유독 적지 않은 술값을 부담하면서 우리를 그 집으로 데려가는지 의심이 생기기 시작했다. 그 이유를 우연한 기회에 듣게 되었다. 그가 취재를 끝내고(또는 땡땡이 쳤는지는 알 수 없지만) 뚝섬에 있는 경마장에서 경마에 돈을 걸고 자주 돈을 딴다는 얘기를 접하게 되었다. 운이 터진 날은 행운을 축하할 겸 우리에게 술을 사주고, 깨진 날은 그냥 집으로 돌아간 것이다. 현직 PD와는 참으로 안 어울리는 스토리다. 그는 중국집에서 배갈 잔을 씹어 뱉는 것으로도 유명했다. 한강변에 산다는 그가 요즘도 경마장에 가는지 궁금하다.

이 시절에는 지금은 상상조차 불가능한 에피소드들이 꽤 있다. 특히 인사동 MBC 옆에 있었던 천향각은 잊을 수 없다. 요즘 신입사원의 연수 또는 수습기간이 약 6개월 정도라고 알고 있지만, 당시는 석 달 정도였다. 한 달이 지나 내가 받은 월급은 1만2천 환이었다. 전 직장에서는 2만 환쯤 받았는데 줄어든 것이다. 그러니 동기생들이랑 어울려 먹어야 하니까 점심은 거의 자장면이 주식이었다. 당시 자장면 한 그릇의 값은 50환이었는데, 석 달 내내 먹었더니 질려서 중국집 근처에 가기조차 싫어졌다. 천향각은 옛날 인사동에서 MBC와 함께 정동으로 자리를 옮겨 지금도 영업을 하고 있다. 그래서 근처를 지날 때면 가슴은 40년 전으로 돌아간다. 그때 PD 입사 동기생은 고무송·김인규·박찬순·김영근·황기찬·박재환·정상자·최양묵·장명호·최호룡 이렇게 10명이었다.

11월 1일 입사를 하고 한 달 쯤 되었을까, 2명을 제외한 대부분이 제작 1부(교양·정보)에 배치되었다. 선배 PD들의 얼굴을 약간 익힐 즈음, 천향각에서 신입사원 환영회를 여니 저녁 7시까지 모이라는 전갈을 받았다. 방을 3개쯤 터서 상을 한 일(一) 자로 놓은 뒤, 부장이 상석에 좌정하고 그 다음은 시니어 PD들이, 맨 끝에는 신참들이 앉았다. 술이 나왔는데 중국집이라 배갈이었다. 탕수육 한 점에 배갈 한 잔을 털어 넣으니 속에서 불이 났다.

우리는 부장과 시니어 PD들이 무슨 얘기를 하는지에 관심이 없고, 오직 요리 먹기에 정신이 없었다. 순간 욕설이 들리고, 요리 접시가 말석에 모여 있는 우리들에게 비행접시처럼 날아 왔다. 다행히 맞은 사람은 없었지만 계속 날아드는 접시를 피하기 위해 꿩처럼 상 밑으로 머리를 숨겨야 했다. 지금 생각해도 참으로 이상하다. 신입사원 환영회라면 덕담을 해주고 자신감을 심어 주도록 격려를 해주는 것이 상례일 텐데 조폭 싸우듯 주먹질 직전까지 가다가 겨우 진정됐다. 우리는 요리 몇 점도 채 못 먹고 천향각을 나와 헤어졌다. 나중에 알고 보니 〈푸른 신호등〉이라는 교통정보 프로그램을 새로운 팀으로 교체하자 부장과 새 팀에 대해 구(舊)팀이 불만을 터트린 것이었다.

이런 같잖은 활극(活劇)을 왜 소개하느냐 하면 방송사에서 '프로그램'의 PD는 곧 그의 역량과 사회적인 지위를 상징한다는 것을 말하기 위해서이다. 또한 취재 진행비라는 금전적인 문제도 포함되기에 어느 면에서 보면 차장, 부장 하는 직위를 뛰어 넘을 수도 있다. 아마도 접시를 던진 인사들은 이런 과거사를 까맣게 잊고 있을 것이다.

필자가 입사한 1968년은 MBC가 닻을 올린 지 6년이 꼭 찬 시기였다. 창사 초기에는 연출가 최창봉, 음악가 이호로, 극작가 차범석, 연극인 김의경, 소설가 천승준 등 방송 재능이 뛰어난 무림의 협객들이 포진하고 있었다. 소위 예술가 지향의 인사들이 많았다. 하지만 6년의 세월이 흐르면서 타 방송과 인원 교류도 많아서 그 즈음은 젊은 PD들이 대부분 프로그램을 담당하고 있었다. 결국 자존심 강하고 개성이 남다른 제작자들은 서로 간에 강한 경쟁심과 열정을 불태우고 있었다. 특히 제작부서에 있어 상사의 프로그램 분담 행위는 지금도 매우 신중을 기해야 할 아주 위험스러운 결정의 하나일 것이다.

7. 드라마 녹음실에서 고스톱을

1950년대 후반부터 1960년대와 1970년대에 이르기까지는 라디오 드라마 전성기였다. KBS-TV가 1961년, 동양방송(TBC)이 1964년, MBC-TV가 1969년에 개국하기는 했지만, 텔레비전 수상기 값이 비싸 대량 보급되지 못했고, 재미있는 드라마도 많이 만들어지지 못했다. 그런 이유로 라디오 드라마는 시민들이 즐길 수 있는 유일한 낙(樂)으로 자리 잡았고, 모든 사람들의 친구나 다름없었다.

이렇게 청취자들이 라디오 드라마에 심취하게 된 것은 '조남사(趙南史, 1932~1996)' 라는 걸출한 작가가 쓴 두 편의 작품이 중요한 동기가 되었다.

「1943년 일본 도쿄전수대학 경제학과를 중퇴한 그는 1945년 문예지 〈백맥(白脈)〉〈시탑(詩塔)〉 동인으로 활동했고, 1946년 서울중앙방송국(KBS) 성우 1기로 방송계에 첫발을 내딛었다. 이어 연출자로 활동하다가 1948년부터 방송작가의 길로 들어선 뒤, 1956년 미국 보스턴대학교에서 방송 연수를 마치고 귀국해 같은 해 한국 최초의 주간연속극 〈청실홍실〉을 KBS에서 집필하였다. 또 1957-1958년 한국 최초의 일일연속극 〈산 넘어 바다 건너〉를, 1959년에는 〈동심초〉 등을 연달아 내놓았다. 기타 일련의 작품들로 그는 한국 방송 드라마의 지위를 끌어올린 1세대 방송작가로, 특히 애정극에서 단연 돋보인다는 평가를 받았다. 이러한 공로를 인정받아 1964년 제7회 방송문화상 문예 부문을 수상하였고, 1967년부터 1970년 2월까지 한국방송작가협회 제4·5대 이사장을 역임하였다.」24)

일요연속극 〈청실홍실〉은 1956년 12월 2일부터 1957년 4월 28일까지 30회에 걸쳐 방송되었는데, 사람들은 일요일을 기다리는 맛에 산다는 얘기를 하기도 했다. 이런 인기와 호응에 힘입어 그는 1957년 10월 1일부터 1958년 3월 15일까지 총 150회 〈산 넘어 바다 건너〉라는 일일연속극을 발표해 요즘 표현으로 '대박'을 터트렸다. 이것이 청취자들로 하여금 라디오 드라마에 깊이 빠지게 된 이유이다. 그리고 언어의 연금술사로 불리는 김수현 작가도 1968년 MBC 개국 7주년 드라마 공모에 〈저 눈밭에 사슴이〉라는 작품으로 등단했다. 그녀는 많은 기록을 세우고 있는데, 1992년 MBC-TV에서 방송된 드라마 〈사랑이 뭐길래〉에서 59.5%라는 전무후무

---

24) 네이버 백과사전.

한 평균 시청률 기록을 수립한 바도 있다.

다시 1968년으로 돌아가 보자. 라디오 드라마 스튜디오에서 녹음작업을 연수하던 중 참으로 기이한 장면을 목격했다. 드라마 녹음실은 기술감독과 연출자가 작업하는 부조정실과 창 너머에 있는 상당히 넓은 방음 스튜디오로 구성되어 있다. 그곳에는 어느 방향이건 집음(集音)을 원활히 할 수 있는 대형 마이크가 놓여 있으며, 성우들은 대본을 보면서 부조정실의 연출자의 큐 사인을 받고 연기에 임한다.

그런데 마이크에서 좀 멀리(스튜디오가 크지 않으니까 아주 멀지 않다) 떨어진 곳에서 자기 차례를 기다리는 성우들이 둘러앉아 무엇인가에 열중하는 것이 아닌가! 자세히 보니 고스톱을 치고 있었다. 정말 놀라지 않을 수 없는 정경이었다. 더 기가 막힌 것은 고스톱에 정신을 팔던 성우들이 대본의 자기 차례를 정확히 알고 마이크에 다가와 연기를 끝내고는 쏜살같이 고스톱 판으로 이동하는 것이었다. 성우들은 소위 '타이밍'에 있어 신출귀몰하는 재주를 가진 사람들이라는 사실을 그 때 처음 알게 되었다. 지금 생각하면 도저히 있을 수 없는 일인데, 당시 부장 등 관리자들은 모른 척 했을 것이고, 연출자도 이런 작태를 용인하면서 태연하게 드라마를 만들어 냈으니 방송국 신입사원의 입장에서는 참으로 엉뚱한 풍경이 아닐 수 없었다.

당시 MBC는 인사동 15번지 동일가구 건물 4층을 빌려 쓰고 있었다. 4층에 주조정실과 아나운서 부스, 스튜디오 등이 있었는데, 면적이 총 109평이었으니 요즘 초호화 아파트 한 채 정도의 넓이에서 어떻게 방송국을 차릴 수 있었는지 신기할 따름이다. 나중에 5층은 보도국 등 사무실로 사용되었다. 사옥은 참으로 비좁았다. 제작부와 드라마부, 음악부, 기술부 등이 있었는데 그런 공간에서 방송을 하다니 지금 생각하면 '하코방(箱房)' 만도 못한 느낌이지만 그 때는 대단히 멋있어 보였다.

기억나는 또 하나의 장면은 노(老) 극작가 이서구(李瑞求, 1899~1981) 선생이 자신이 쓴 대본을 드라마 스튜디오에서 직접 연출한 적이 있는데, 스스로 감격해 큐를 주면서 눈물을 흘리던 모습이다. 성우들의 목소리는 작가와 연출자에게조차도 심금을 울렸으니 그들의 연기는 참으로 대단하다고 느껴졌다. 그리고 한 번은, 요즘도 가끔씩 〈가요무대〉에서 모습을 볼 수 있는 가수 김세레나가 드라마 주제가를 부르기 위해 한복 차림으로 스튜디오에 왔는데, 내게는 지금의 김태희보다 더 미인처럼 느껴졌다. 마치 천사가 하늘에서 내려와 옆에 서 있는 것으로 착각할 정도였다. 청춘은 아름답고 그 회상은 더 소중하다더니 나이가 들면 다 그런 모양이다.

8. 첫 번째 숙직

입사한 지 얼마가 지나서 숙직이 돌아왔다. 전 직장에서의 경험이 있었기에 생소하지는 않았다. 일과를 끝내고 총무부로 갔더니 시니어 세 명이 미리 와 있었다.

간단히 저녁을 마치고 나니 제일 연장자인 아나운서가 바로 앞에 있는 '천우식품' 이라는 조그만 가게(MBC가 정동으로 옮기자 그 가게도 따라왔다)에서 소주를 사오라고 심부름을 시켰다. 그는 곱슬머리에 체격이 우람한 테너가수 같은 인상의 소유자였다. 큰 소주 4병과 꽁치 캔, 과일 등을 샀다. 가슴에 안고 올 정도로 양이 많았기에 '어떻게 이걸 다 마시나?' 하고 걱정할 정도였다.

하지만 술을 꽤 한다는 내가 보기에도 그들의 속도는 놀라웠다. 거의 마라톤 선수처럼 쉬지 않고 마시는데 도저히 당할 수가 없었다. 게다가 신참인 내게 서로 술을 권하기에 정신없이 받아 마시다보니 어느덧 병이 모두 비고 말았다. 당시 소주는 30도로 도수가 높았는데도 그 같이 마셨으니… 선배들의 주력(酒歷)은 가히 놀랍기만 하다.

그 와중에서 여러 가지 이야기들이 등장했다. MBC가 개국하기 전, 준비국 시절에는 크고 작은 일들이 많았다 한다. 당시 경리담당은 꽤 나이가 든 '정 여사'로 호칭되는 부인이었는데, 직원들이 필요한 경비 항목을 써서 내면 그녀는 자기의 탁상달력에 또는 장부에 용도와 액수를 적고 돈을 내주었다. 다들 필요한 곳에 돈을 사용했겠지만, 어떤 사람은 돈을 받아 술값으로 탕진했던 모양이다. 그런데 그것이 감당하기 힘들 정도가 되자 불안해진 그는 한밤중에 사무실에 침입해서 경리의 책상을 뒤져 장부를 찢어 버렸다고 한다. 우습기도 하고 귀엽기도 하고 해괴하기까지 한 사건으로 호랑이 담배 먹던 시절이니 가능했던 것이리라.

당시의 분위기를 짐작할 수 있는 자료도 있다. 신경림 시인이 쓴 〈못난 놈들은 서로 얼굴만 봐도 흥겹다〉는 책의 1960~1970년대를 회상하는 대목에 "천상병 시인은 김관식 시인의 집에서 값나갈 만한 책들을 훔쳐 헌

책방에 팔아 술값을 충당하곤 했다" 는 내용이 있다. 가난하고 어려운 상황에서도 낙관적이고 청순한 서정을 노래한 대시인에게 술은 밥이었고 생명줄이었으니… 남의 것을 '슬쩍' 해서라도 술과 바꾸는 것은 어쩔 수 없는 사정이었던 모양이다. 이런 경우를 감안하면 공책 같은 작은 경리장부를 훼손한 어느 남자의 심정도 다소는 이해할 수 있을 것도 같다.

정동으로 이사하기 전, 인사동 사무실에 허름한 차림의 남자가 자주 내방했다. 그가 극작가였던 상사 앞에 서면 상사는 빙긋이 웃으면서 말없이 주머니에서 지폐 몇 장을 건네주곤 했다. 나중에 안 일이지만 그가 바로 천상병(1930~1993) 시인이었다. 흔히 천상병(千祥炳) 시인을 기인(奇人)이라고 한다. 기인인 그에게 술은 밥이요, 세상은 술이요, 술은 시(詩) 자체였을 것이다.

새삼스럽지만 앞으로의 유쾌하지 못한 이야기들을 다소 순화하기 위해 익히 알고 있는 천상병 시인의 시 〈귀천(歸天)〉을 소개한다. 현대인들은 '귀천' 을 상실하고 살고 있다는 점에서 이 시는 더욱 의미가 있다고 생각한다.

나 하늘로 돌아가리라
새벽빛 와 닿으면 스러지는
이슬 더불어 손에 손 잡고,

나 하늘로 돌아가리라

노을빛 함께 단 둘이서

기슭에서 놀다가 구름 손짓하면은,

나 하늘로 돌아가리라

아름다운 이 세상 소풍 끝내는 날,

가서, 아름다웠다고 말하리라.

이 아홉 줄의 시는, 오직 승진만 하면 된다는 목표 아래 모든 것을 걸고 인생을 '갈지자(之)'로 걸어가는 일부 출세지향형의 방송인들에게 청량제가 될 것을 기대한다. 지금 생각하면 방송 아니 인생은 일장춘몽(一場春夢)일 뿐이다.

다시 숙직 이야기로 돌아가자. 술을 다 마신 숙직 시니어 3인방은 갑자기 총무부 책상 위에 무질서하게 놓인 전화기를 치우기 시작했다. 나는 어리둥절했다. 대체 뭘 하자는 건지? 전화기를 모두 치우고 나자 그들은 군대 모포보다 못한 낡은 담요를 가져와 책상 위에 깔았다. 책상을 침대로 변신시킨 것이다. 베게도 없고 전화번호부를 대신하는 것이었다. 이렇게 잠자리를 만든 후, 아나운서 아래의 고참이 다시 가게를 다녀왔는데 세상의 모든 시름을 술로 씻어버리려는지 또 네 병의 소주가 들려 있었다.

생전 처음 사용하는 특이한 침대에서 어슴푸레 잠이 들었는데 한밤의 고요를 깨고 노래 소리가 들려왔다. 밤 3시가 넘었을 텐데 부산이 고향인 그 아나운서는 방송국 앞 대로(大路)에 서서 망향의 노래를 부르고 있었다. 꿈속인 듯 목소리 좋은 아나운서의 가곡은 자장가처럼 가슴에 잦아들었다. 세상이 고요한 심야에 술이 빚어낸 참으로 기이한 방송국의 속살을 들여다보게 되었다.

과연 술은 낭만일까? 아니면 영양제, 혹은 진통제일까? 아직도 잘 모르겠다.

9. 가리방으로 긁는 방송 대본

해가 바뀌고 어느 새 여름으로 접어들면서 나는 생방송을 하는 연출자를 보조하는 조연출을 맡게 되었다. 주업무는 레코드실에서 디스크를 찾아오거나 원고를 쓰는 것이었다.

그런데 더위가 심해지자 희한한 일이 벌어졌다. 사람들이 반으로 자른 드럼통을 조정실로 가져오더니 낙원시장 가게에서 배달해온 얼음을 가득 채우는 것이었다. 에어컨이 없던 시절 궁여지책으로 마련한 방법으로, 조정실에 비치된 여러 기자재들의 과열(過熱)을 막기 위한 조치라니 어안이 벙벙했다.

게다가 아나운서가 방송하는 생방송 부스에도 얼음을 채운 드럼통이 들어갔다.

"저기는 기계도 없는데, 왜 얼음을 두나요?"

"부스는 공기가 통하지 않거든. 잠깐만 있어도 쪄 죽는다구"

시간이 지나 얼음이 녹으면 물을 버리고 다시 배달시킨 얼음을 넣곤 하는 일이 반복되었다. 지금 생각하면 요절복통할 노릇이다.

당시 열악한 환경을 이야기하다 보니 또 다른 일이 생각난다. 요즘은 대본(臺本), 즉 방송용 원고를 원고지에 쓰지도 않을 뿐더러 사람이 직접 방송국에 갖다 주지도 않는다. 작가가 컴퓨터로 원고를 쓰고, 파일을 이메일로 보내면 그것을 프린트해서 사용하기 때문이다. 그밖에 새로 개발된 다른 방법이 있는지는 필자로서는 모를 일이다. 어쨌거나 세상 참 좋아졌다.

내가 드라마 파트에서 연수할 때, 지금은 상상조차 할 수 없는 방법으로 작가들이 대본을 만들어내는 것을 목격했다. 바로 '가리방(がり版)'을 사용해서 원고를 쓰는 것이었다. 가리방이란 양초 성분을 앞뒤로 코팅한 등사원지에 뾰족한 철필로 글씨를 쓰고, 활판기(活版機)에 잉크를 묻혀 돌려 인쇄를 하는 것이다.

요즘으로 치자면 수동식 복사인 셈이다. 등사원지가 원본이고, 그를 바탕으로 인쇄를 한 것이 복사본이다. 그러나 복사본이 무한정 나오는 것도 아니고, 어쩌다가 잉크가 덜 묻기라도 하면 인쇄가 흐리거나 아예 글자가 찍히지 않는 부분이 생기기도 했다. 그럼에도 복사기가 없던 시절이라 관공서와 회사에서 여러 벌의 서류를 만들거나 학교에서 시험지 등을 만들 때도 모두 가리방을 사용했다. 이렇게 인쇄된 용지가 나오면 직원이 손가락에 고무골무를 끼고 쪽 번호를 맞춰 출연자 숫자만큼 대본을 만들었다.

지금도 '쪽대본' 때문에 연기자들이 고생한다지만 당시라고 상황은 크게 다르지 않았다. 드라마 작가들이 녹음 시간을 정확히 지키는 경우는 드물었다는 것이 한결같은 증언이다. 물론 속필(速筆) 작가도 있었지만 녹음 약속시간을 한나절, 심한 경우는 거의 하루를 넘기는 사례도 종종 발생했다. 아무리 창작의 고통을 이해한다고 해도, 성우들은 스튜디오에서 하염없이 기다려야 하니 무슨 죄인가? 게다가 그 시절 성우들은 오늘날 탤런트보다 더 인기가 높았으니 그들의 불평과 원성이 자자했음은 충분히 짐작할 수 있는 일이다.

이런 상황이 발생하면 원고 담당직원이 택시를 타고 작가의 집으로 쳐들어가지 않을 수 없다. 집에 가보면 담배를 피워 문 작가가 가리방에 등사원지를 대고 철필로 원고를 쓰며 말한다.

"한 20분만 기다려 주겠어?"

"시간이 없습니다. 급해요."

작가를 닦달하여 등사원지를 받아든 직원은 나는 듯 사무실로 돌아와 원고를 인쇄하여 대본을 완성한다.

"자, 빨리 갑시다. 많이 늦었어요."

PD의 독촉에 성우들은 원고를 제대로 읽어 보지도 못한 채 마이크 앞에 선다. 하지만 그들은 뛰어난 연기력을 발휘해 감동적인 방송극을 만들어낸다. 정말 당시 활약하던 성우들은 대단한 능력자였다.

가리방과 함께 사용된 방법이 타이프라이터에 스텐실(Stencil Paper: 파라핀 유를 덧씌운 종이)을 끼우고 타자를 친 다음 등사잉크로 인쇄하는 것이다. 손으로 쓰지 않고 타이프라이터로 친다는 것만 다를 뿐 나머지 과정은 비슷했다.

물론 원고지에 직접 쓴 경우도 많았다. 하지만 작가들의 글씨가 대부분 개성적인데다가 흘려 썼기에 내용을 정확히 파악하기 힘들었다. 거의 암호(暗號) 수준에 달하는 경우도 있었는데, 그 중에도 차범석, 정하연, 김재원, 정홍탁, 최인호 등의 글씨는 담당 PD조차 해독이 불가능했다. 특히 최인호는 악필로 유명해서 해독할 수 있는 사람이 드물었다.

하지만 만물에는 대대(待對)가 있는 법. 당시 최정숙이라는 '타자의 달인'이 있었다. 그녀는 아무리 날려 쓴 글씨라도 모두 해독했고, 타이핑 속도도 무척 빨라 연출자와 성우들의 사랑을 한 몸에 받았다.

10. 음악부

드라마 파트 오리엔테이션을 마친 신입사원 2~3명이 음악부로 갔다. 그 중에는 나도 있었다.

점심때가 되자 부장은 중국집에서 탕수육, 난자완스, 깐풍기 등 요리를 시키더니 먹으라고 했다. 다른 부서에서는 이런 일이 없었으므로 이상하다는 생각이 들었지만, 금강산도 식후경이라고 음식을 먹었다. 그런데 식사가 거의 끝날 무렵, 부장이 한마디 하는 것이었다.

"만약 다음에 모니터를 할 경우에는 중복해서 방송에 나가는 노래를 대충 체크해. 정확히 한다고 미주알고주알 다 쓰면 곤란해."

"무슨 말씀이신지요?"

"잘 생각해 보면 알 거야."

우리는 선배 PD한테 물어 보고서야 부장의 진의(眞意)를 알 수 있었다. 얼마 전 우리가 편성부 연수를 할 때, 하루 동안 가요 프로그램을 모니터 하여 방송된 곡과 가수 이름을 적어 제출한 적이 있었다.

편성부장은 우리가 모니터한 내용을 종합해서 중역과 사장에게 보고 했는데, 그로 인해 음악부장이 질책을 받았다는 것이다. 우리가 작성한 내용과 음악부장의 보고가 달랐기 때문이었다. 이것이 그 후 계속되는 '가요사건'의 씨앗이었다. 이 문제는 차후 상술하고자 한다.

당시 음악부에는 고(故) 배호가 불러 히트했던 〈누가 울어〉의 작곡가 나규호(본명: 나수성, 2011년 7월 29일 별세), 베이스 진용섭(2009년 별세), 서울대 음대 출신의 김정호(김정택 전 SBS 악단 지휘자 겸 작곡가의 형), DJ 이종환, DJ 박원웅 등 쟁쟁한 인물들이 포진해 있었다.

일주일 정도 연수 기간 동안 음악부로 나훈아를 비롯한 많은 가수들이 레코드를 들고 찾아왔다. 그들이 왜 찾아왔는지는 몰랐지만, 우리는 가수를 눈앞에서 보는 게 그저 신기할 따름이었다. 짧은 기간 동안이지만 우리는 연예의 현장(딴따라 분위기)을 익히고 제작부(교양 파트)로 옮겨 갔다.

11. 도제 시스템

1968년 즈음에는 제대로 된 PD나 기자, 엔지니어가 되려면 선배를 벤치마킹하는 것이 최선의 방책이었다. 선배를 졸졸 따라다니면서 살피고, 선배가 하는 일이라면 무엇이건 머리에 담아두고 배워야 했다.

방송에 대한 책도 거의 없었는데, 나는 운 좋게도 〈TV 제작론〉이라는 책을 한 권 가지고 있었다. 그것은 UCLA 텔레비전 교수인 루디 브레츠가 쓴 〈Techniques of Television Production(Second Edition, 1962)〉이란 책이었다. 나는 제법 자주 드나들던 지금 을지로 롯데호텔 건너편 가도(街道)에 있던 미국 공보원(USIS) 도서실에서 그 책을 발견했다. 그 뒤로도 자주 가서 책을 읽곤 했는데, 영어라 이해하기도 쉽지 않고 분량도 많았다. 후에 이 책을 소유하게 되었다. 그런데 사람의 인생은 앞을 알 수 없는 것인지, 나는 2003년에 558쪽 분량의 〈텔레비전 다큐멘터리 제작론〉을 출간했는데, 저술의 근간은 지금도 가지고 있는 그 책이라고 해도 과언이 아닐 것이다.

대학 졸업 후 3년 정도 사회 경험이 있어서 그런지 나는 짧은 경력에 비해 일을 잘하는 편이었다. 눈치도 있고 월간지 〈방송문화〉의 기자 노릇을 한 터라 원고도 괜찮게 쓰니, 오후 2시부터 시작하는 생활정보 프로그램 〈살림의 안테나〉의 연출자였던 김상원 선배(1999년 작고)가 말했다.

"나는 점심 먹으러 갈 테니까, 만약 제시간에 돌아오지 않으면 네가 진행하도록 해."

선배의 역할을 대신한다는 것은 무척이나 부담스러웠다. 처음에는 마치 살얼음을 밟듯 조마조마한 심정이었고 선배가 원망스럽기도 했지만, 이런 일이 반복되자 어느 정도 자신감이 붙었다.

김 선배는 긴 점심을 마치고 3시쯤 주조정실이 나타나 스윽 한 번 둘러보며 "잘 나가고 있지?" 하는 말을 남기곤 사무실로 가버리곤 했다. 김 선배가 필자를 신뢰한 것인지 분명치는 않지만 어쨌든 타율적으로나마 나는 연출 데뷔를 한 셈이었다.

일본식 표현이지만, 방송사에서 프로그램을 독자적으로 담당하는 것, 즉 PD 데뷔를 '잇뽕(一本)' 이라 한다. 나는 비록 진행을 맡긴 했지만 그것은 '가라 잇뽕(쏘一本)' 즉 거짓 데뷔였을 뿐 정식으로 PD 데뷔를 한 것이 아니었다.

그런데 예기치 못한 문제가 발생했다. 연출자가 밖으로 나도니 모든 것을 내가 해결해야 하는 처지가 된 것이다.

어느 날이었다. 수돗물 공급이 제대도 되지 않는 지역이 많아서 서울시 수도국장을 출연시키고, 진행하는 여성 아나운서에게는 급수가 잘 되지 않는 이유와 개선책, 개선 시기 등을 질문하라고 했다. 생활정보 시간이었기에 진행을 맡은 아나운서가 해결사 역할을 해주어야 한다. 그런데 왕(王) 아나운서는 핵심 내용은 질문하지 않고 딴소리만 하고 있었다. 내가 부탁한 질문은 무시하고 멋대로 진행하는 것이었다.

간신히 시간을 끝내고, 나는 연출자인 김 선배에게 불만을 토로했다.

"아나운서가 제 의견을 무시하고 멋대로 진행합니다. 해결해 주세요."

"뭐 그런 걸 가지고 그래? 잘될 테니 신경 쓰지 말고 그냥 둬."

선배는 천하태평이었다. 문득 선배와 그녀, 서울시청 공무원까지 모두 한 패가 아닌가 하는 생각마저 들었다. 하지만 개선할 방법도 없고, 조연출 신세라서 아무런 힘도 없으니 난감했다.

그러던 중 문득 왕 아나운서에게 보복할 아이디어가 떠올랐다. 원고를 쓸(당시에는 세로쓰기였다) 때 한 번은 글자가 오른쪽으로 눕듯이 쓰고, 다음에는 왼쪽으로 기울여 썼다. 전에 출판사와 인쇄소, 잡지사 등에 근무한 경력이 있기 때문에 글자 스타일을 바꾸는 것은 식은 죽 먹기였다.

원고를 이렇듯 오락가락 쓰면 아무리 경험과 테크닉이 출중한 아나운서라도 읽기가 쉽지 않다. 예상대로 그녀는 실수를 많이 저질렀고, 요즘 표현으로 '버벅대는' 경우가 자주 발생했다.

일주일쯤 지나자, 그녀가 커피나 한잔 하자며 나를 불렀다.

"왜 그렇게 고약한 장난을 치죠?"

그녀의 나무람에 나는 되물었다.

"왜 질문지를 무시하고 마음대로 진행합니까?"

"그런 질문을 하면 시청 사람이 나를 좋지 않게 보거든요. 청취자들도 그럴 테고요. 그런데 내가 어떻게 물어봐요? 나더러 나쁜 사람이 되란 말인가요?"

나는 절망했다. 애초부터 저널리즘이 무엇인지, 어떤 자세와 각오로 임해야 하는지에 대한 생각이 아예 없는 사람에게 무슨 말을 하랴. 결국 내가 사정하는 수밖에 없었다.

"앞으로는 질문의 심도를 조금 낮출 테니 꼭 원고대로 물어봐 주세요."

바람에 나부끼는 오락가락하는 글씨체로 인한 보이지 않는 전쟁은 중단되고 휴전이 성립되었지만, 이 사건은 내 방송생활의 위기를 예시하는 증표 같아서 씁쓸하기 그지없었다.

하지만 능력과 처세는 다른 법인지 왕 아나운서였던 그녀는 아직도 정정한 모습으로 모 여성교육기관의 수장으로 일하고 있다.

이런저런 일을 겪으며 하는 둥 마는 둥 연수를 마치고 제작부에서 조연출 생활이 시작되었다. 좋게 말해서 조연출이지 심부름센터 직원이나 포터에 가까웠다. 메인 PD가 취재를 나가면 '덴쓰케(伝助: 일명 '아이스케이크 통'으로 불렸던 소니 EM2 녹음기)' 와 테이프를 들고 따라다녔다. 녹음기술과 연출기법을 어깨 너머로 배우는 셈이었다.

12. 라디오 다큐멘터리 〈강 따라 물 따라〉

내가 처음 투입된 프로그램은 아침 뉴스가 끝나고 7시 20분부터 20분간 방송되는 라디오 다큐멘터리 〈강 따라 물 따라〉였다. 예를 들면, 한강은 강원도 태백시 창죽동 금대봉 기슭에 있는 검룡소(儉龍沼)가 발원지(發源地)인데, 거기서부터 514km를 굽이굽이 유장하게 흘러가는 강을 따라 주변 지역의 역사, 유적, 민속, 풍물, 인물 등을 취재하고 녹음구성으로 엮어내는 프로그램이었다. 그런데 겨울이 되어 강이 얼면 취재거리도 적어지고 풍치도 사라지기에 부득이 프로그램 명을 〈길 따라 마을 따라〉로 바꾸었고, 구성 역시 '길' 을 중심으로 하게 되었다.

나는 서울에서 태어나고 자란 터라 지방으로의 여행은 거의 해보지 못했다. 대학교 4학년 때 경인선(京仁線)을 타고 인천공장을 견학한 것과 사조사에서 영어교과서 15권을 만들고 마케팅을 위해 청주에 가본 것이 전부였다. 그런데 출장이 많은 프로그램에 투입되었으니 사람의 인생은 참으로 예측할 수 없다는 것을 실감하게 되었다. 서울을 떠나보지 못했던 우물 안 개구리였다가 강원도를 제외하곤 제주도까지 전국 방방곡곡 가보지 않은 곳이 없을 정도로 국내의 거의 모든 곳을 섭렵하면서 유람했으니 말이다. 모친은 내가 말띠라서 역마살(驛馬煞)이 끼었다며 혀를 차셨다.

2주일 동안 취재여행을 하고 돌아와서 2주일 동안 방송을 하는 시스템이었는데, 처음에는 시니어 PD의 조연출을 하다가 얼마 후에는 프로그램을 독자적으로 맡게 되었다. 진정한 PD 데뷔를 한 셈이다. 그러나 강 따라 길 따라 찾아다니는 여정은 참으로 고달팠다. 지금이야 고속도로와 지방도로가 잘 정비되어 있고, 핸드폰에 내비게이션까지 있으니 큰 문제가 아니지만 당시에는 상황이 무척 열악했다. 늦은 가을, 밤 10시가 넘은 시각에 지리산 골짜기를 넘다가 버스가 고장 나서 오도 가도 못하는 신세가 되어 추위에 떨기도 하고, 차가 도저히 가지 못하는 오지(奧地)는 녹음기며 각종 장비를 메고 터덜터덜 걸어서 가야 했다. 이런 힘든 여정(旅程)이었기에 나이가 들고 결혼해서 자녀를 둔 시니어 PD들은 프로그램을 맡지 않으려 했고, 신참 조연출의 제작 능력이 어느 정도 안정되기도 했으니 아예 내게 떠넘긴 것이다. 신·구세대의 교체였다.

소위 '잇뽕'을 하니 뿌듯하고 성취감이 하늘에 닿을 것 같은 느낌이었다. 하지만 모든 지방의 명소를 거의 훑었기 때문에 1년 후 프로그램은 종방(終放)되었다. 아직 봄기운을 느끼기엔 이른 2월 말, 우리 팀은 최규철

⁽작고⁾ 선배와 김영근 PD, 그리고 내레이터 성우 신원균⁽작고⁾ 등과 북한산 골짜기에서 쫑⁽終⁾파티를 가졌다.

프로그램과 작별을 하자니 무척 섭섭했다. 길지 않은 동안이지만 내겐 무척이나 값진 시간이었다. 나는 로드 무비(Road Movie)의 주인공이었다. 지방 곳곳을 찾아 그곳의 역사와 전통, 풍정과 사람들의 이야기를 엮어 방송하는 것이지만 PD인 내게는 스스로를 돌아보고 성찰하는 기회였으며, 우리 산하와 국토의 아름다움을 느끼고 '사람'에 대한 깨달음을 체득하는 값진 시간이었다.

이 같은 초년의 경험과 강력했던 인상 때문에 지금도 나는 여행 프로그램을 매우 좋아한다. 나중에도 TV에서 〈명화의 고향〉을 비롯하여 문화사업국의 〈대학생 해외문화 탐방〉, MBC 프로덕션 시절의 〈유럽 미술관 투어〉 등의 프로그램에 관계하였기에 여행에 대한 애착과 선호는 더욱 심화된 듯싶다.

그래서 KBS-TV의 〈걸어서 세계 속으로〉, 〈세상은 넓다〉, 〈산〉 그리고 케이블 방송 'T 채널'은 내가 거의 놓치지 않고 시청한다. 비록 TV로 보는 것인지만 이를 통해 세상의 바람을 쐬고 문명과 문화, 예술을 구경하며 많은 사람들을 만나고 소통하는 것이다.

요즘 TV를 틀기만 하면 나오는 예능의 쓰나미 속에서 여행 프로는 인간의 역사와 본성에 접근이 가능한 유일한 대안일 수도 있다. 더욱이 요새는 준⁽準⁾예능 프로도 유행이다. 인터뷰 또는 토크쇼인데도 주인공은 연예인이 상당히 많다. 시시콜콜한 개인 과거사가 무슨 다큐멘터리처럼 펼쳐진다. 겉포장은 'OO프로' 지만 속은 결국 예능이다. 포맷은 교양 프로, 정보 프로인데도 연예인 소식, 연예가 스토리가 빈번하게 끼어든다. 제작자들은 시청자가 그런 프로를 좋아해서 만든다고 핑계를 대지만 억지일 뿐 국민이 꼭 그런 프로를 즐긴다는 조사나 증거는 아무데도 존재하지 않는다. 그냥 커머셜(Commercial: 광고)을 붙이기 위한 수단일 뿐이다. 그런 의미에서 내가 걸음마 단계에서 '여행' 프로를 접할 수 있던 것은 큰 행운이었다고 생각한다. 여행은 현대인의 정신적 피로를 회복시키는 청량제이고 보약이다.

13. 중간 보스들의 갈등

당시 제작부에는 부장이 한 사람, 고참 PD가 5~6명 있었다. 고참 PD들은 요즘으로 치자면 모두 독립제작자들이었고 중간 보스들이었다. 부장의 지휘를 받지만 두세 개의 프로그램을 독자적으로 담당하고 있었다. 신입사원들은 그들 고참 PD에게 한 사람씩 배속되었다.

나는 실세 차장 휘하 PD 가운데 중간 보스급(級)이라기엔 약간 부족한 타 기관 출신 인사에게 전속되었다. 하지만 허약한 보스를 만나 프로그램도 폼 나는 것이 없었고, 일이 추진되는 형편도 나빴다. 그래서 출근했다가는 부장에게 눈도장만 찍고는 회사에서 멀리 떨어진 다방에 앉아 조간신문을 읽으면서 모닝커피를 마셨다. '다방' 이라는 말이 이상하게 들릴 수도 있는데, 요즘의 스타벅스 같은 커피숍을 말한다. 모닝커피 또한 아침에 마시면 당연히 모닝커피겠지만, 그때는 커피에 계란 노른자를 한 개 넣어주는 것이 모닝커피이다. 몸보신하라는 서비스였다. 그리고 오전 10시 반쯤 종로2가에 있는 목욕탕으로 가서 더운 물에 몸을 담그고 명상도 하면서 앞으로의 행동 방법을 모색했다. 다시 11시 반쯤에 목욕탕을 나와 청계천 부근에 있는 하동관에서 곰탕 한 그릇을 먹고, 오후 1시가 되기 전에 사무실로 돌아왔다. 그 시간에는 부장도 없고, 차장도 없었다.

출근은 하되 일은 하지 않는 이런 상황이 계속되면서 내가 왜 이런가 원인을 살펴보던 중 마침내 그 이유를 알게 되었다. 허약한 내 보스가 부장에게 협찬금을 제대로 내지 못한 때문이었다. 당시 방송국 제작부 PD에게는 취재·진행비를 지급했지만, 부장에게는 업무추진비를 주지 않았다. 그래서 PD들이 십시일반으로 돈을 모아 부장에게 건넸는데, 내 보스는 그것을 제대로 하지 못한 모양이었다. 돈 문제로 공연한 피해를 보는 격이니 속이 매우 상했다.

부장은 6·25전쟁 때 월남한 사람인데, 겉돌기만 하는 내 증상이 심해지자 술을 사주겠다고 했다. 그래서 퇴근 후 낙원시장에 있는 닭백숙집으로 갔다. 드럼통으로 만든 연탄난로에 올려놓은 찌그러진 냄비에는 닭이 한 마리씩 담겨 맹렬히 끓고 있었다. 이런 저런 점이 힘들다고 하자 그는 듣는 둥 마는 둥 닭고기 뜯기에 여념이 없었다. 나는 반 마리도 먹지 못했는데, 그는 어느새 닭 한 마리를 다 먹어 치웠다. 뼈도 거의 씹어 먹은 듯 그릇에는 닭 부리와 삼발이 같은 다리 두 개만 남아 있었다. 국물도 무척 뜨거워서 식히지 않으면 마시기 어려웠는데, 그는 그마저 다 마셔버렸다. 지금까지 그렇게 닭국을 빨리 많이 먹는 사람은 보질 못했다. 정말 닭 먹기의 달인이었다.

신통한 대답을 듣지는 못했지만 그래도 부장이 마음 써준 것이 고마워 다음날부터는 업무에 비교적 충실하게 지냈다. 닭 한 마리로 인해 소외(疏外)가 소통(疏通)으로 바뀐 것이다. 지금 생각하면 대단히 인간적이고 따뜻한 인물이었던 그 부장과의 스토리는 후일 다시 이어진다.

14. 라디오 매거진 〈일요잡지〉에서 구성을 배우다

〈일요잡지〉는 일요일에 나가는 심층취재, 사회비평, 이슈 등을 5~6꼭지 연결하는 잡지 형태의 프로그램으로 1964년 6월 개편에서 처음 선을 보였다. 필자가 입사한 것이 1968년이니까, 이미 5년의 연륜이 쌓인 무게 있는 프로그램이었고 상당한 가치를 평가받고 있었다. 4~5명의 PD들이 주초 또는 주중 아니면 금·토요일에 발생한 사건이나 시사문제 등을 한 아이템씩 취재해 와서, 토요일 저녁에 전체적인 구성을 통해 완제품을 만들어 일요일에 방송을 내보내는 시스템이었다.

처음 견학하면서 그들의 신속한 취재 실력과 기동성에 놀라 말문이 막힐 지경이었고, 방송이 나갈 때 들어보면 소위 스무드하고 그럴 듯한 구성에 탄복하게 되었다. 도대체 "구성의 정체는 무엇인가?" 처음에 스튜디오에서의 녹음을 구경하면서 '그럴 듯하다' , '얘기가 된다' 는 식으로만 이해했다. 그런데 그게 뭐란 말인가? 참관 횟수가 늘어나면서 무언가 개념이 머릿속에 들어오기 시작했다.

'구성'에 대한 사전적 의미는 ①몇 가지 요소를 조립하여 하나로 만드는 일, 또는 그 결과 ②예술에서 표현상의 소재(素材)를 독자적인 수법으로 조립 또는 배열시키는 일이다, 라고 정의하고 있다. 즉 예술작품을 만드는데 표현을 근사하고 멋있게 하기 위하여 여러 가지 소재를 독자적 또는 독창적으로 조립, 배열시키는 일인 것이다.

보통의 관행적인 방법은 ①기승전결(起承轉結) - 이야기나 전체 내용을 오디언스에게 쉽게 전달해 이해하기 용이하도록 네 토막으로 자르는 경우이다. ②구간(區間) 상의 길이 측정 ③prologue - body(climax 포함) - epilogue 또는 opening - climax - closing ④insert(효과음, TV에서는 배경을 설명하는 그림) 등이다.

여기서 독자적으로 조립·배열시킨다는 의미는 그 내용을 받아들여 이해해야 하는 수용자(청중, 관객, 청취자, 시청자, 독자, 사용자 등)가 가장 쉽게 전달내용을 파악하도록 돕고자 하는 것이 기본 목적이다. 아무리 주제가 훌륭하고, 아이템이 다양하고 심도 있는 것이라 하더라도 그것들이 한데 뭉쳐 있거나 실타래처럼 엉켜 있다면 무엇을 의미하는지를 쉽게 알 수 없다. 다시 설명하면, 전달하고자 하는 큰 덩어리의 내용을 몇 개의 작은 덩어리로 자르는 것이라고 할 수 있다. 그래서 그 작은 것들을 순서대로(순서도 어떤 것이 효율적일까 연구해야 한다) 배열해 수용자가 전달내용의 중요한 점이 무엇인가 손쉽게 알아차릴 수 있도록 하는 것이다. 큰 덩어리는 보다 작게 잘라야 우선 제작자 자신도 통제가 쉽고 제작에서 핸들링이 편할 것이다.

제공자 스스로가 컨트롤하기 쉬워야 수용자도 용이하게 받아들일 수 있지 않겠는가? 예컨대, 어머니들이 생선을 요리하는 것을 보면 비늘을 긁어낸 생선을 네 토막으로 자른다. 먼저 머리를 자르고, 다시 등심을 두 토막으로 분리한 다음 꼬리 부분을 잘라 네 토막으로 만든다. 이러는 이유는 아주 간단하다. 구이를 하거나 조림을 할 경우 한 마리 통째로는 전체적으로 가열이 안 돼 설익게 되고, 조림의 경우는 양념이 골고루 퍼지지 않게 된다. 구성도 이와 같은 맥락(脈絡)에서 해석하는 것이 유리하다.

이처럼 복잡 미묘하며 심리적이고 설득 우선주의적인 '구성 문제'를 나는 실전을 통해 차차 터득해나갔다. 아주 천천히 말이다. 방송생활 내내 가장 중요한 요소 중의 하나로 따라다녔던 구성 문제의 기초를 터득했으니 정말 대단한 소득이 아닐 수 없었다. 모두가 당시 선배들의 덕이다. 아쉽지만 이 중량급의 〈일요잡지〉는 1971년 10월 1일 동계 개편에서 폐지되었다.

오늘날 적지 않은 후배들이 선배들을 '정권과 붙어먹은 악인'으로 치부하곤 한다. 우리가 그렇게 열악한 상황, 그리고 험난한 시간과 싸워온 것을 그들은 인정하지 않으려 든다. 그저 세월을 탓할 수밖에 없다.

15. 편집의 달인

SBS-TV의 〈생활의 달인〉이나, 매주 새로운 분야에 도전하여 웃음과 함께 신기에 가까운 모습을 보여주는 〈개그 콘서트〉의 달인 김병만의 인기는 대단하다. 보통 사람들은 넘볼 수 없는 경지의 기술·기능을 보고 시청자는 탄복을 금치 못한다. 프로그램에는 소개된 적이 없지만 오디오 테이프의 편집은 그 옛날에도 '달인' 은 존재했다. 내가 바로 그 달인이었다.

시간이 지날수록 〈일요잡지〉에서의 내 역할이 늘어났다. 특히 녹음이 완료된 여러 개의 테이프를 구성안에 따라 종합적으로 자르고 붙이는 최종편집 작업은 거의 내 차지가 되었다. 아마도 성격이 비교적 꼼꼼하다는 이유로 선배들이 작업을 맡긴 모양이었다.

예를 들어, 50분짜리 프로그램이라면 스테이션 브레이크(Station Break)를 빼고 48분 30초 정도의 완제품을 만들어 주조정실에 넘겨야 한다. 이를 위해서는 녹음테이프 중에 필요한 부분을 골라 스무드하게 이어 붙이는 작업을 해야 하는 것이다. 당시에는 대형 릴에 감은 3,600피트의 녹음테이프를 사용했는데, 테이프 두께가 무척 얇아서 자칫하면 릴에 말려 수분(分)에 해당하는 내용이 손상되는 사고가 발생할 수도 있으므로 세심한 주의를 요했다.

전체적 녹음이 끝나는 시간은 일정치가 않았다. 토요일 밤 8시인 경우도 있고, 10시에 끝나기도 했고, 운이 좋은 주에는 오후 5시에 끝나기도 했다. 조장(組長─당시는 '팀장' 이라는 명칭은 없었다)은 퇴근하면서 편집을 하여 완성본을 제출하라는 지시를 한다. 이제부터는 모두가 내 책임이다. 사전 모니터를 하고 자를 곳(불필요한 부분)을 결정해야 한다. 최종 녹음분이 53분이므로 4분 정도를 들어내야 했다. 그런데 한 곳에서만 잘라내는 것도 아니고 군데군데서 들어내야 하니 결코 쉬운 일이 아니었다.

처음에는 정말 죽을 쑤었다. 넘치는 것 같아서 잘라내면 시간이 모자라고, 모자라서 덧붙이면 시간이 늘어나고 게다가 테이프가 감겨서 중요한 부분이 못쓰게 되고 해서 미칠 지경이었다. 오후 4시쯤 시작한 작업이 밤 10시가 지나도 끝나지 않는 경우도 많았다.

이때 나는 지금의 아내와 연애 중이었다. 그녀는 입사동기생이었는데, 나처럼 늦게 끝나는 프로그램을 담당하지 않았고, 오전 생방송을 했기 때문에 내 고충을 이해하기 어려웠을 것이다.

어느 주말, 나는 6시에 아내와 만나기로 약속을 해두었다. 4시부터 작업을 시작했는데 열중하다 보니 어느덧 5시 30분이었다. 남은 테이프의 양을 보니 시간이 빡빡하다. 약속시간이 다가올수록 정신과 육체에 '집중력' 이라는 섬광이 작용하는 것을 느끼게 되었다. 나는 작업속도를 배로 올렸다. 이때부터 무당이 칼춤을 추듯 내 가위는 현란한 춤을 추었다. 나의 경우, 양팔을 벌린 길이에 한 뼘 정도를 더 보탠 만큼 테이프를 잘라내면 대략 10초 분량이었다. 나는 마치 체조를 하듯 팔을 벌렸다가 모으기를 반복하며 길이를 재어 테이프를 자르기 시작했다. 어느덧 내 발밑에는 잘린 테이프가 수북하게 쌓였다.

드디어 완성! 시간을 재어 보니 거의 오차가 없이 정확했다. 시계바늘은 6시 5분 전을 가리키고 있었다. 약속장소인 다방은 뛰어가면 될 거리이다. 나는 휘파람을 불며 편집실을 나섰다. 이 같은 일이 반복되면서 나는 편집의 달인에 등극했다. 연애가 달인을 만든 것이다.

어려운 시합에서 승리를 거둔 스포츠맨들은 대개 '집중력이 발휘된 때문'

이라고 말한다. 집중력이란 절박한 순간에 발생하는 신기(神氣)요 초능력이
다. 물론 경험이 있고 젊음이 바탕이 되었을 때 가능한 것이지만 말이다.

제2장
정동 시대

1. 정동 사옥으로 이사(1969년 8월 2일)

　　TV 시대의 개막을 위한 정동 신사옥이 건축되고, 1969년 8월 2일 연건평 6,581평 중 1차 4,402평에 대한 준공식이 있었다. 7월 29일 라디오 편성국의 정동 신사옥 이전에 따라 제작 부문도 이사 길에 올랐다. 요즘 같으면 건물을 짓고 이사하려면 많은 잉여금이 있어야 가능하겠지만, 당시는 어떤 정치적인 혜택에 따라 셋방살이를 접고 새 사옥으로 이사하게 되었다.

　　MBC 초대 사장은 창립자 김지태(金智泰)였고, 2대는 법무장관을 역임한 변호사 고원증(高元增 재임기간 1961. 5~1962. 1), 3대 사장은 전 부산일보 사장 황용주(黃龍珠 재임기간 1964. 8), 4대는 박정희 전 대통령과 대구사범 동기인 의사 조증출(趙增出 1964. 12)이었으며, 정동으로 옮긴 후 TV 시대를 대비해 앞의 사장들보다 젊은 경향신문 정치부장과 전북 지사를 지낸 이환의(李桓儀 1971. 6~1980. 7)를 선임하였다. 황용주도 신문인이었지만 이환의는 기자 출신 최초의 사장이었다. 이후 MBC 사장과(계열사 사장도 포함) 기자는 끈질긴 인연을 계속 이어가고 있다.

　　정동 신사옥은 12층인가 하는 대단히 훌륭한 건물이었다. 5층 제작1부 사무실에서 반 년 정도 조연출 생활을 더 거친 후 조그만 프로그램도 맡았다. 이 조연출 과정에서 좌절도 많았고, 인생 공부도 많이 했다. 기술 또는 기능이라는 것은 하루아침, 단시간에 되는 것이 아니라 누적적(累積的)으로 적립(積立)되어야 한다는 사실도 깨달았다. 이 내용과 관련한 이론도 나온 바 있는데 바로 '일만 시간의 법칙(The 10,000-Hour Rule)' 이다. 음악 프로듀서 출신의 신경과학자 다니엘 레비틴 박사팀이 연구한 것으로, 최고의 전문가가 되려면 "매일 3시간, 주간 20시간씩 10년간 노력을 투자해야 된다" 는 내용이다. 일만 시간의 법칙은 '누적적 적립' 을 가장 정확하게 표현한 법칙이리라.

한동안 시간이 지나자 담당 프로그램이 다섯 개나 되었다. 그 가운데 〈MBC 리포트〉라는 프로그램은 보도국과 격주로 담당하는 것이었다. 난이도가 있는 프로그램이라 선배들이 서로 피하는 바람에 내가 맡게 된 것이다. 그런데 일주일에 다섯 개의 프로그램을 제작하자면 시간이 빡빡했다. 시간이 어떻게 흘러가는지 느낄 새도 없었다. 적절한 주제를 선정하고 거기에 꼭 맞는 연사를 섭외하는 일이 제일 힘들고 어려웠다.

그 가운데 〈나의 모교, 나의 고향〉이라는 프로그램이 생각난다. 저명인사와 그의 중고교 동창들이 출연해서 과거 학창시절을 회상하는 내용이었다. 주인공 연사를 결정하면, 그가 함께 출연하면 좋을 동창들의 전화번호까지 알려주곤 했으니 정말 '식은 죽 먹기' 같은 프로그램이었다. 일요일 밤에 방송을 하는 프로그램이라 대개는 목요일이나 금요일에 녹음을 마치고 편집을 해서 완제품을 만들었다.

그러나 어느 주에는 섭외가 계속 불발(不發)되는 것이었다. 분명 약속을 했는데 갑자기 사정이 생겨 나올 수 없다고 해서 급히 다른 사람에게 연락했지만, 이번에는 함께 출연할 동창들을 섭외할 수 없었다. 수요일부터 뒤틀리고 꼬이는 일이 반복되었다. 동기들에게 도움도 청해보고 했지만, 토요일 오후까지 성사되지 않았다. 그때 처음으로 PD가 된 것을 후회했다. 방송이 펑크가 나는 불방(不放) 사태가 눈앞에 가물거렸다. 그러나 후회하고만 있을 수 없는 노릇이었다. 5개 프로그램에 매달려 이것저것 신경 쓰고 헤매다보니 여름 휴가철이라는 사실을 까맣게 잊고 있었던 것이다.

전화통에 매달려 다이얼을 돌리고 또 돌렸다. 손가락이 아플 지경이었다. 드디어 토요일 밤 11시 천행(天幸)으로 섭외가 완결되었다. 그러나 또 문제가 남아있었다. 일요일에 방송국에 나와 녹음해줄 엔지니어가 없는 것이다. 해당 스튜디오의 엔지니어가 녹음실의 열쇠를 갖고 있는데 해줄 수 없다는 것이다. 또 한 시간여를 설득하여 겨우 승낙을 받아냈다. 토요일 하루가 일 년 같은 느낌이었다.

일요일 오전 11시에 시작해 NG 없이 일사천리로 프로그램은 1시간 만에 끝났다. 그분들에게 점심을 대접하고 테이프를 주조정실에 인계하니 오후 2시였다. 불안 때문에 공황상태에 이르렀던 머리가 서서히 제정신으로 돌아오고 있었다. 최근 이경규 등 연예인들이 '공황 장애' 로 시달렸다는 보도가 있었다. 공황 장애는 '특별한 이유 없이 예상치 못한 상황에서 극심한 불안을 느끼거나 공황 발작을 반복하는 질환' 이라고 한다. 40여 년 전에 공황 장애를 경험한 셈이다. 방송생활 최초이자 최대의 위기를 겨우 넘겼다. '휴가철' 에 대한 방심으로 정말 죽을 고비를 넘긴 것이다. 방송제작에 있어 휴가철, 중추절, 설 명절, 수능시험일 등은 매우 신경 써야 할 기간이다.

2. 클리프 리처드 내한 공연의 광기(1969년 10월 18일)

클리프 리처드(Cliff Richard)는 1961년 영국에서 제작된 뮤지컬 영화 〈더 영 원스(The Young Ones: 우리나라에는 '틴에이저 스토리' 라는 제명으로 소개)〉에서 노래를 부른 뒤 유명해진 가수인데, 그가 1969년 10월 15일 서울에 왔다.

「그날 오후 김포공항은 200여 명의 단발머리 소녀들로 아수라장이 되었다. 대부분 학교에 가지 않은 채 공항에 나온 이들은 클리프 일행이 비행기에서 내리자 그의 초상화가 그려진 피켓을 높이 쳐들고 일제히 기성을 질렀으며, 더러는 울음을 터뜨리기도 했다. 클리프 일행이 귀빈실에서 나오자 소녀들은 와락 몰려들어 이들에게 매달리며 '나를 보아 달라' 며 서투른 영어로 교태를 부리며 아우성을 쳤다. 출동한 기동경찰관들이 광기의 이들을 진압하느라고 진땀을 뺐다. 이를 지켜본 공항 직원들과 경찰들은 "너무 한심해서 말이 안 나온다" 면서 그녀들을 나무랐고, "한국 여성들의 미덕을 저 애들이 짓밟아 놓았다" 고 개탄했다.」25)

「이틀 뒤, 클리프 리처드의 내한 세 번째이자 마지막 공연이 이화여대 강당에서 열렸다. 전날 공연을 MBC-TV가 중계해서인지 이화여대 앞에는 수천 명의 관중이 몰렸다. 서로 먼저 들어가려고 다투다가 강당 유리창이 깨져 사람들이 다치는 소동이 일어났다. 경찰은 서둘러 출입문을 막았고, 표를 가지고도 미처 못 들어간 사람들이 거세게 항의했다. 여학생들은 그런 중에도 "클리프 오빠, 사랑해!" 를 연호했다.

공연장 안은 더 심했다. 뜨거운 흥분과 광기가 무대와 객석을 후끈 달

---

25) 매일경제신문, 1969년 10월 16일.

구었다. 그가 히트곡 〈디 영 원스(The Young Ones)〉를 부르자 무대 위로 꽃다발, 손수건, 선물상자들이 던져졌다. 관객 전체가 기성을 지르거나 노래를 따라 불러 정작 가수의 노래는 들리지도 않았다. 흐느끼다 못해 통곡하는 여학생도 넘쳐났고, 기절해 실려 나가는 사람도 생겼다.」[26]

바로 그날, 나는 무대 맨 앞자리에서 녹음을 하고 있었다. 하도 시끄러워 정상적인 음향 녹음은 포기하고 있었다. 바로 옆에서 아우성치던 여학생이 비스듬히 내 쪽으로 기대오는데 얼굴이 창백한 상태에서 머리를 앞으로 숙이고 엎어졌다. 실신한 것이다. 그런 광경을 처음 목격한 나는 놀라지 않을 수 없었다. 그녀들이 던진 것은 흰 손수건이 아니라 속옷이었고, 죽은 사람도 있다느니 별별 희한한 소문도 다 돌았다. 그 후 여성들은 클리프 리처드를 '그리워도 미쳐도' 라고 부르기도 했다. 1969년 당시는 가부장제도의 그림자가 짙게 드리워져 있었고, 따라서 여학생들의 행동거지는 상당히 억눌린 상황이었다. 또한 경제사정도 어려울 때고, 외국 공연도 영화를 통해 조금 알 수 있을 시절이었는데 어떻게 그런 '오빠부대'가 튀어나왔는지 지금 생각해도 어리벙벙하다. 요즈음이야 콘서트장, 농구장, 야구장, TV 녹화장에 오빠부대가 아주 흔하고 아줌마들조차 피켓을 들고 나오는 세상이니 그때와 비교하면 정말 상전벽해(桑田碧海)라고 말해도 지나치지 않다.

그런데 당시의 팬클럽은 클리프 리처드의 내한에 맞춰 즉석 결성된 것이 아니었다. 내한공연이 있기 5년 전인 1964년 12월 스카라 극장에서 그

---

26) 민병욱, 전 한국간행물윤리위원장. 2010년 3월 4일.

가 주연한 영화 〈디 영 원스(The Young Ones)〉를 상영했다. 이즈음 그의 팬클럽이 만들어졌다는 것이다. 팬클럽의 개념도 없던 시절 어떻게 그런 일이 생겼는지 놀라울 뿐이다. 지금 파리나 런던, LA에서 벌어지는 소녀시대 공연에서의 관중이 바로 리처드 공연의 모습이었는데, 인간 세상의 세월은 참으로 알 수가 없다. 40여 년 전에 그런 일이 있었는데 그 처지가 완전히 바뀐 것은 우리나라 국위가 높아졌다는 뜻일 것이다.

클리프 리처드는 1995년 다년간의 자선활동 공적으로 엘리자베스 여왕으로부터 기사작위 'Sir(卿)'를 받은 바 있다.

3. 부장과 다찌마와리(1969년)

'다찌마와리(立ち回り)'는 주로 일본 영화 쪽에서 사용하는 말로 '싸우는 장면, 또는 그런 연기'를 의미한다. 일본 사무라이 영화에서 검객이 칼을 들고 빙빙 돌면서 겨룰 때 또는 야쿠자들의 싸움을 묘사할 때 주로 쓰인다. 우리나라 책에서는 쓰지 않는 표현이지만 당시 분위기를 위해 사용한 것에 대해 이해의 말씀을 드린다.

나는 이 책에서 부장, 국장, 그리고 두 명의 각기 다른 이사와 갈등을 '다찌마와리'로 표현했다. 주로 비합리적인 프로그램 분담과 승진 문제 때문이다. 지금 같으면 대범하게 참아 넘겼을 것을 그 때는 그렇지 못했다. 후회스럽지만 그것이 PD의 속성 중 하나이다.

내가 프로그램 제작에 익숙해져 PD가 누리는 성취감을 조금씩 알아갈 무렵, 출근하자마자 부(部) 회의가 있다는 공고가 붙어 있었다. 내용은 프로그램 재 분담이었다.

메모지에 쓴 PD 이름과 배당 프로그램을 발표하는데, 나는 5분짜리 초미니 프로그램 달랑 하나였다. 일주일에 총 30분으로 하루에 다 녹음하면 그만이었다. 맡은 프로그램이 다섯 개였다가 셋으로 줄어들어도 그저 수긍할 수 있고, 둘만 되어도 그럭저럭 참겠는데 달랑 하나뿐이라니! 선배들의 위로도 귀에 들어오지 않고, 식욕이 떨어진 것은 물론 잠도 잘 수 없었다. 지금 같으면 아무 것도 아닌 일인데, 그때는 철도 덜 들었고 경험도 부족했으며, 인문(人文)에 대한 탐구도 일천했기 때문에 도저히 화를 누를 수가 없었다. 한동안 '창가족(窓가族: 창가에 자리 하나를 주고 아무 일도 시키지 않는 사람. 일본에서 1980년대까지 유행한 '마도기와조쿠(窓際族)' 라는 말에서 유래)' 으로 시간을 보내면 되는 것을 '파르르' 하다니 젊음은 모두 바보인가 보다.

그런데 내 프로그램을 가져간 PD들은 모두가 한 일류대학교 출신들이었다. 동료들에게 내 생각을 말했더니 그들도 같은 견해였다. 별것도 아니지만 정실(情實) 인사였다. 자기들이 맡은 프로그램의 개수와 중요도가 떨어진다며 부장에게 불평을 한 것이 이런 결과를 초래한 원인이라고 스스로 결론을 내렸다. 방송생활 30여 년을 회고하건데, 그 대학교 출신 PD들 중에는 소위 '명PD' 를 찾아내기가 쉽지 않다. 그들은 실력이 있고 외국어도 잘하고 완벽주의자요 자존심이 강하지만, 소위 소통과 협력 부문에서 다소 미흡한 경우가 있었다. 심하게 말하면 괜찮은 PD는 다 합쳐도 열 손가락을 꼽기도 어려운 지경이라고 표현하는 방송전문가들도 있다. 그래서 그들은 제작부에서 생성(生成)하지 못하고 편성부니 타부서로 옮겨

간 경우도 허다하다. 웃기는 일이지만 정실 인사가 확실하다는 신념이 생기자 부장과 사생결단을 해야겠다는 생각을 하게 되었고, 2주일 동안 그 결의를 다져 나갔다.

한 해가 저물어가는 12월 크리스마스를 며칠 앞둔 저녁, 부장은 퇴근을 하지 않고 자신의 책상에 앉아 있었다. 오후 내내 출연자와 관련자, PD들이 선물과 봉투를 전하는 모습이 보였다. 밤 8시가 되어 내객(來客)도 떨어졌는데 부장은 미동도 없었다. 신참 사원이라 부장 바른쪽 맨 끝자리의 내 모습은 잘 보이지도 않았다. 나는 호흡을 가다듬고 분연히 일어나 육사생도처럼 가슴을 쭉 펴고 부장 책상 앞으로 갔다. 예사롭지 않은 상황에 부장은 다소 놀라는 표정이었다. 큰 사무실에 그와 나, 단 둘뿐이었다.

"부장님, 술 한 잔 하시죠, 제가 모시겠습니다."

부장은 내 이상한 작태에 대해 이유가 무엇일까 재빨리 계산하는 표정이 역력했다.

"너 술 마실 줄 아냐?"

엉뚱한 반응이다. 낙원동 닭집에서 같이 코가 삐뚤어지게 마신 적이 있는 데도 그는 딴소리였다. 이윽고 부장은 코트를 집어 들었다. 아침 7시에 집에서 출근해 밤 8시니 얼마나 시장할 것인가? 그것도 계산에 넣었다. 일단 거부하지 않았으니까 이제 '다찌마와리'는 성사된 셈이다.

MBC 정문을 나와 왼쪽으로 돌면 농협 가기 전에 '영덕정'이라는 중국집이 있었다. 그곳 2층의 덩그러니 큰 방에 둘이 마주 앉았다. 나는 탕수육, 난자완스, 잡채 등 요리와 배갈까지 주문했다. 당시 배갈은 전구의 아래쪽 둥근 부분을 잘라낸 모양의 작은 병에 담겨져 나왔다. 무려 60도에 가까운 독주로, 접시에 붓고 라이터를 갖다 대면 파란색 불이 붙었다. 주거니 받거니 벌써 다섯 개의 병이 부장 등 뒤에 놓였다. 이렇게 해서 그 작은 병이 두 사람을 한 바퀴 돌 심산이었다. 나이가 젊다고 술 고문을 시작한 것이다.

"야, 술 먹자는 이유가 뭐냐?"

부장은 신중한 사람이지만 이번엔 참을성이 부족한 것 같았다.

"알아맞혀 보세요."

"잘 대해 줬더니 얘가 날 놀리네. 부장이 만만해 보이냐?"

그가 잽을 썼다. 나는 부장을 향해 스트레이트를 날렸다.

"내일 아침, 프로그램 분담 다시 하세요."

"별 미친 놈 다 봤네. 메칠(그는 1·4후퇴 때 내려왔다. 이북 사투리다) 됐다고 분담을 다시 하냐!"

이번엔 내가 다시 한 잔을 털어 넣고 강펀치를 꽂았다.

"프로그램 배당 권한은 부장님에게 있는 게 맞지만 일류대학 출신 위주로 프로그램을 다 주는 건 부당하죠."

"누가 일류대학이냐?"

그는 물러설 기세가 아니다.

"아무개 아무개도 거기 출신이고, 걔네들이 부장님한테 불평하고 압력을 가해 이루어진 게 사실 아녜요?"

"누가 그르데?"

"이름을 댈까요? 이름을 대면 배반감 느낄 걸요."

"요새 애들은 도대체 싸가지가 없어."

나는 잔을 채워주고 단호히 말했다.

"저한테 사과하시고, 내일 분담을 다시 하세요."

"술 한 잔 사면서 이렇게 억지 부리는 놈은 첨 봤다. 술 맛 다 떨어진다."

공세의 수위를 높일 필요가 생겼다

"부장님은 그 대학 학부도 못나오고 겨우 대학원 철학관가를 다녔지 않습니까? 그 대학 학부도 아닌데 공연히 편만 들어요? 그러시면 안 됩니다."

이런 설왕설래(說往說來)가 계속됐다. 어느덧 빈 배갈 병은 열 개가 넘었다. 시간은 10시 반, 이제 끝낼 때가 되었다. 부장의 집은 역촌동이었고, 통금이 있던 시절이라 11시에는 일어나야 했다. 속주(速酒)로 각각 2병을 더 마시기로 작정하면서 술을 권했다. 부장은 취기에 좀 흔들리는 모습이었다. 이 때 포문을 열었다.

"부장님, 저는 내일 아침 사표를 냅니다. 그동안 선임 PD들한테 돈 받은 것, 홍 모 씨를 부당 징계한 것, 그가 남긴 편지를 모두 사장실에 보내고 Y방송으로 가겠습니다."

"이 놈 봐라. 니가 나한테 협박하는 거냐? 나쁜 놈!"

"돈 먹은 것은 사실 아닙니까?"

"그래 받았다. 내가 방송문화연구실에 있을 때, 원고는 내가 다 썼는데 ○○○이 돈을 다 받았다. 세상은 다 그런 거야, 임마!"

"부장님 선배가 그랬다고, 그런 나쁜 버릇을 다시 후배한테 해도 됩니까?"

부장은 목이 타는지 배갈 한 병을 두 모금에 다 마셨다.

우리의 매치는 여기서 끝났다. 중심을 잡지 못하는 부장을 부축해서 중국집 2층에서 내려와 우리는 어깨동무를 하고 추운 밤거리를 걸으며 "전우의 시체를 넘고 넘어…"를 합창했다. 적십자병원 앞 정류장에서 거의 막차인 만원버스에 올라 몸을 가누지 못하는 부장을 운전석 바로 옆 엔진 덮개에 앉히고 내려왔다.

갑자기 취기가 올랐으나 오히려 정신은 말짱해졌다. "내일부터 실업자구나, Y방송에 연락을 해봐야지." 하는 불안한 마음으로 집을 향해 걸음을 재촉했다.

이튿날, 사표를 내려면 일단 출근을 해야 하니까 30분쯤 늦게 회사로 나갔다. 그런데 사무실 출입문 부근에 붙어있는 칠판에 '10시 회의'라고 쓰여 있었다. 부장이 공식적으로 나를 징계 또는 파문(破門)할 모양이라는 생각이 들었다.

이윽고 부장 책상 앞 소파에 PD들이 비좁게 끼어 앉아 있는데, 그는 얼른 말을 시작하지 않았다. 침묵이 흘렀다.

"프로그램 배당을 다시 하겠다. 또 일정 기간이 지나면 재차 배당을 다시 바꿀 수도 있다."

그는 PD 이름과 프로그램 명을 발표했다. 내게 다시 5개의 프로가 배당되었다. 나에게서 프로를 가져간 친구들의 성과가 좋지 못한 것은 사실이지만, 항의 하룻밤 사이에 이런 결과가 나올 줄은 상상도 못했다. 부장에게 대단히 죄송하고 미안한 생각이 들었다. 이렇게 부장과의 다찌마와리는 싱겁게 끝났다.

내가 이렇게 1960년대 말과 1970년대 초의 분위기를 묘사하고 PD족들의 자잘한 이야기를 전하는 것은, 당시의 사람들은 비교적 순진하고 낭만적이었으며 프로그램에 대해 열정을 갖고 있었다는 점을 강조하기 위해서이다. 그들은 술만 밝혔지 큰 욕심이 없었고 출세지향적도 아니었다. 단적으로 말해 기자들 가운데는 장관과 국회의원이 된 사람이 많고, 아나운서도 국회에 들어간 사람들이 여러 명이지만 PD 출신은 단 한 명도 없다. 그만큼 PD들은 자기 위주이고 대외관계가 약했다. 정치적 줄을 대는 사람도 손꼽을 정도다. 반면 가요사건으로 돈 먹었다고 붙잡혀가고 고초를 당한 사람은 많다. 이 문제도 뒤에서 짚어볼 예정이다.

4. 〈푸른 신호등〉

세계 어느 곳이든 대도시는 모두 교통난이 심각하다. 그럼에도 자동차라는 문명의 이기(利器)는 날이 갈수록 숫자가 증가한다. 이런 추세라면 사람보다 오히려 자동차가 더 많아져 모든 도시가 교통의 지옥으로 변할 것이 틀림없다.

MBC 라디오는 내가 입사하기 전부터 교통정보를 전하는 〈푸른 신호등〉을 방송해 오고 있었다. 〈푸른 신호등〉은 1965년 3월 29일 첫 방송을 낸 유서 깊은 프로그램이었다. 이때는 아침 8시 5분부터 10분간 방송할 정도로 미미한 프로였지만 시간이 지남에 따라 1부와 2부로 나눌 정도로 대형 프로가 되었다. 나는 〈길 따라 마을 따라〉 〈일요잡지〉 등을 거쳐 〈푸른 신호등〉과 인연을 맺게 되는데, 여기에도 사연이 있다.

그 때 부장은 상당한 캐리어를 가지고 있고 다소 근엄한 성격이었다. 중추절에 자기 집에 놀러 오라고 했는데, 나는 일이 생겨 방문을 못했다. 그 때는 전화가 있는 집도 드물었고, 공중전화도 찾기 어려워 미처 연락을 하지 못했다. 게다가 '다른 직원들이 다 가는데 나 하나 빠진들 뭐 어떻겠는가?' 하는 짧은 생각도 있었다.

그 후 부장이 다소 삐친 것처럼 보였다. 요새 같으면 정말 별 일이 아닐텐데, 주류 그룹에서 밀려났다. 그래서 두 명의 차장 중 한 사람이 꽉 잡고 있는 〈푸른 신호등〉 팀으로 옮겨갔다. 그는 빈번한 서울시청 출입으로 상당한 세를 형성하고 있었다.

이런 저런 코너를 담당하던 중 아침 일찍 서울시경(현 서울경찰청)에 나가 도로정체 상황, 사고 등 종합적인 교통정보를 리포트 하라는 명을 받았다. 그것도 내일 아침 당장 시경 '교통정보센터' 에 나가 백 모씨(계급이 경사였는지 경위였는지 분명치 않음)를 만나고 리포트를 시작하라는 것이었다.

아침 7시 경 남대문 시장 건너편 건물에 있던 시경에 도착했는데 들어가는 것부터가 복잡했다. 신분증을 제시해도 정문 입초(立哨) 순경이 범인을 취조하듯 이것저것 따져 묻는데 기분이 고약했다. 게다가 어두컴컴한 복도를 여러 번 돌아 겨우 그 사무실을 찾아 백 모씨가 누구냐고 물었더니 순경이 말없이 고갯짓으로 저쪽을 가리켰다. 그는 교통정보센터의 장이었다. 키가 작고 체격이 뚱뚱한 40대 남자로 호감이 가는 얼굴은 아니었다. 내가 성명을 대고 용무를 말하니, 그는 반말로 성의 없이 딴청을 피운다.

"무슨 방송을 할 건데?"

"교통정보요."

"출근시간에 안 막히는 데가 어디 있나, 저기 박 순경에게 물어봐."

계속 반말이 이어진다. 이런 대접을 받게 된 이유는 두 가지라고 생각했다. 그 쪽에서는 기자 나부랭이들이(PD도 같은 부류다) 드나들면서 '어느 도로가 정체되는데 교통경찰이 역할을 못 한다' 는 등의 비난을 본질적으로 증오했고, 내가 나이가 젊은 데다 비교적 동안(童顔)이라 애 취급을 해서 애당초 기를 죽여 놓자는 심산이었다.

게다가 나는 리포트도 처음이었다. 당시는 아나운서 외에 누구든 방송을 하면 무슨 대역죄를 지은 것도 아닌데 난리가 날 정도였다. 한 시간 정도의 교통정보센터(교타) 근무에 정신이 얼얼해지고 말았다.

그렇게 한 주일을 보내며 나는 이들에게 어떻게 보복을 할지 칼을 갈았다. 순서가 교타로 넘어 오자, 나는 거침없이 "○○ 지역은 상습정체구간이라는 점을 강조해 지적했는데도 지난 한 주 동안 시경은 아무런 조치도 취하지 않고, 한 명의 교통경찰조차 배치하지 않았다. 이러한 경찰의 나태함을 시정하기 위해 시경국장에게 민원을 직접 건의할 수밖에 없다"
라고 쏟아냈다. 사무실 직원들의 시선이 온통 내게 쏠렸고, 백 모씨는 금
방 얼굴이 창백해지면서 나를 쏘아보았다. 교통과장한테서 전화가 왔다.
백 모씨는 차 한 잔을 가져오라고 하면서 나를 자기 책상 앞으로 불렀다.

"지금 신입이라고 '인사' 하는 거야. 젊은 친구가 그러면 못써!"

이 '인사' 라는 의미는 출입기자로 처음 출입처에 갔을 때, 자기의 존재
를 알리기 위해 해당기관의 비리, 잘못된 관행 등을 보도해 관심을 집중
시킨다 는 의미로 통용(通用)된다.

"세상은 주는 대로 받고 받는 대로 주는 거 아니오."

"아주, 반 말 짓거리도 할 줄 알고 제법인데."

"그리고 무전기 배터리를 왜 교타에서 바꿔줘? 또 왜 꼬깃꼬깃한 돈은
받지?"

급소를 가격했다. 일선 교통경찰들은 위반 딱지를 떼는 대신 운전자로
부터 얼마의 돈을 받던 시절이다. 그리고 그들은 배터리 교환 때 얼마의
금액을 교타에 상납한 것이다.

"MBC가 호락호락한 회사는 아니오. 내 얼굴만 보고 판단하지 마쇼."

"알았어. 내가 점심 살게, 앞으로 잘 해 보자."

이렇게 휴전이 성립되자 나는 반말을 하면서 교통과를 휘젓고 다녔다.
나중에 시경국장으로부터 표창장과 트로피도 받고, 점심도 잘 얻어먹은
적이 있다.

하지만 서울시의 교통은 점점 더 정체가 심해졌다. 무엇보다 차가 급격

히 늘어났고, 도로 사정은 나아지지 않았기 때문이다. 경찰 당국도 아무런 대안을 내놓을 수도 없어 골치를 앓고 있었다. 방송사들은 FM 카(이동중계차)를 보내 곳곳의 문제점들을 계속 방송하며 개선을 촉구했다. 그래서 중계차를 타고 나가면 어느 새 경찰 패트롤카가 뒤에서 계속 미행했다. 자신의 경찰서 구역을 벗어나면 FM 카를 세우고 박카스 한 통을 건네주고는 웃으면서 돌아갔다. 정말 오래 전 이야기다. 지금은 버스중앙차로제 등 서울시가 차량증가를 흡수하기 위해 많이 노력하고 있는 것으로 보인다.

1970년대 당시 양화대교 남단에서 한강대교(제1한강교) 남단까지 강변도로가 개통되었다. 그런데 이 길이 유로도로로 통행료를 받았다. 이 시절 KBS, MBC, TBC(동양방송), DBS(동아방송), 기독교방송 등 5개사의 교통 PD들이 모여 '교통방송단' 이라는 조직을 운영하고 있었다. 단장은 나의 보스인 차장이 맡았다. 그는 교통 계통에서 상당히 유명인사가 되어 있었다. 나는 교통방송단의 간사 역할을 수행했다.

교통방송단은 강변도로의 무료화 운동에 합의하고 즉시 행동에 들어갔다. 방송시간을 3분 단위로 자르고, 양화대교 남단에 각사 중계차 4대가 모여 무료화의 당위성에 대해 A방송이 끝나면 B방송, B방송이 끝나면 C방송, C방송이 끝나면 D방송 식으로 며칠 동안 릴레이 함포사격을 해댔다. 중계차가 없는 기독교방송 PD는 서울 시장실을 방문해 모일 모시에 '무료화 방송' 이 나간다고 사전 예고를 담당했다. 이런 수차례 시도가 있은 후 서울시는 그 구간의 통행료 무료화를 발표했다.

그 밖에도 우리는 버스가 없어서 고생하는 시 외곽지역 주민들을 위해 버스노선 증설 등 많은 교통문제 해결에 매진했다.

5. 프로그램 분담 보름 천하

방송사의 제작 부문에서는 예나 지금이나 PD에 대한 프로그램 분담이 자주 문제가 되곤 한다.

〈푸른 신호등〉 팀장에 해당하는 차장은 매우 개성이 강한 인물이었다. 자신의 주장이 항상 옳다고 밀어붙이며 소신을 굽히는 경우가 드물었다. 따라서 그는 상사들과 자주 갈등을 일으켰다. 그는 방송사를 퇴직할 때까지 자리를 자주 옮겼고, 그 후에도 그런 경향은 변하지 않았다. 반면에 장점도 많았다. 부하들을 잘 돌봐줬고, 섭외력도 뛰어났다. 서울 시청과의 문제는 거의 해결사 수준이었다. 하지만 같은 급의 또 다른 차장과 그 위의 부장들 간의 화합은 별로였다. 이럴 때 가장 힘든 사람은 그의 팀에 속해 있는 PD들이었다. 왕 PD인 부장의 눈치를 안 볼 수가 없기 때문이다.

당시 우리나라의 경제사정은 좋지 않았고, 외화도 부족했다. 따라서 아무리 방송사라 하더라도 소수의 기자를 제외하고 외국에 나간다는 것은 꿈도 꿀 수 없는 시절이었다. 요즘은 초등학생들도 미국 연수를 떠나는 세상이니 우리는 그 때와는 아주 다른 환경에 살고 있다.

또 한 사람의 차장은 〈푸른 신호등〉 차장과는 다른 특별한 섭외력의 소유자였다. 그는 대한해운공사를 찾아간 모양이다. 해운공사는 [27] 석탄이나 중석(重石) 등을 동남아 등지에 수출하는 배를 운영하고 있었다. 이 배를 이용해 부장과 차장은 동남아 여행을 떠났다. 우리는 매우 부러워했다.

그들이 출발한 다음 날 아침, 〈푸른 신호등〉 차장은 부 전체회의를 소집했다. 부장과 또 한 명의 차장이 부재중이니 자기가 부장 대행이라는 것이다. 꽤 많은 PD들이 모였다. 그는 목소리를 가다듬었다. "부장 부재 시에는 차장이 부 업무를 대행할 수 있다"고 운을 뗀 뒤 "현재 업무 분담은 각 PD의 경력과 성격 등으로 판단할 때 불합리한 경우가 많다. 따라서 부장 부재 시이지만 부득이 다음과 같이 PD 분담을 다시 한다. 즉시 실시해주기 바란다."

아나운서 출신인 그는 조근 조근 말도 잘했다. 내게는 전에 비해 좋은 프로그램이 몇 개 더 배당되었다. 다들 수군거렸다. 프로가 많아졌거나 적어졌거나 부장과 차장이 곧 돌아올 텐데, 그 때는 어떻게 될 것인가? 진퇴양난이었다. 요새 같으면 인터넷에 올리고 난리가 났겠지만 그 때는 모두 조용했다. PD들끼리 적당히 협의를 해가면서 하루하루 제작을 메워 갔다.

금세 2주일이 지나고, 의기양양하게 돌아온 부장은 차장의 행위를 보고 받고 대노(大怒)했다. 유리 재떨이를 들어 유리판이 깔려있는 책상을 내리치자, 유리 파편이 사방으로 튀었다. 그렇게 기선을 제압한 그는 소리소리 질렀다.

---

27) 1949년 대한해운공사로 창립해 1968년 민영화되었고, 여러 회사를 거쳐 현재 (주)한진해운홀딩스 소속이다.

하지만 어찌어찌해서 사태는 종료되었다. 아마도 당사자가 어떤 사과의 말을 했을 것으로 추측된다. 그리고 업무 재분담은 즉시 원상복구되었다. 나중에 차장에게 왜 그랬느냐고 물어봤더니, 그런 사람에게는 한번 본때를 보여주어야 다음부터 안 그런다는 것이다. 이 사건이 있은 다음 그 차장은 거의 한직이나 다름없는 부서로 자리를 옮겼다. 이처럼 사회는 사람끼리의 친소관계(親疎關係)에 의해 좌우되는 경우가 많다. 그래서 사람들은 조직에서 실력자가 누군가를 살피고 줄서기에 여념이 없는 것이다.

이제는 방송도 엄연한 미디어 산업이다. 따라서 방송조직에 '방송경영' 전공 사원을 따로 모집한다. 부장과 차장 등 관리자는 자기에게 잘한다고 우대하고 그 반대의 사원에게는 부당하게 처우한다면 현대적인 의미에서 관리자 자격이 부족하다고 보아야 한다. 방송사의 조직관리, 인사관리는 매우 중요한 의미가 있고, PD나 기자에게 비중이 떨어지는 프로그램을 주는 분담은 실질적인 인사문제 측면에서 좌천이라는 점을 이해할 필요가 있다.

6. 〈버스 종점 노래자랑〉

버스 종점에서 어떻게 노래자랑이 이루어졌을까 궁금하게 생각할 사람이 많을 것이다. 사연은 간단하다. 〈버스 종점 노래자랑〉은 〈푸른 신호등〉의 일요판 프로그램이다.

요즘은 휴일에도 교통이 혼잡하지만 당시만 해도 일요일은 비교적 한가로웠다. 따라서 교통정보를 전하는 프로그램이 크게 필요하지도 않았고, 달리 전할 만한 내용도 없었다. 즉 〈푸른 신호등〉이라는 프로그램의 필요성이 그다지 크지 않은 날이라고 할 수 있다.

하지만 전국에는 수많은 버스 노선이 있고, 그에 따라 많은 운전기사와 안내양(지금은 없어졌지만)이 근무하고 있으니, 비교적 한가한 일요일에 버스 종점에서 그들의 애환을 곁들인 노래자랑을 열어 종사자들을 위로하자는 것이 기획 의도의 핵심이었다.

지금 생각하면 촌스럽고 우스꽝스럽기도 하지만 그 시절에는 버스 종사자들로 청취자를 묶어 놓을 수 있는 대단히 창의적인 아이디어였다. 방송이 나가는 일요일 오전에는 버스와 택시 기사들이 이 공개방송을 매우 열심히 청취하는 것으로 조사되기도 했다.

필자는 〈푸른 신호등〉 프로그램에 참여하면서 성균관대학교 행정대학원에서 교통행정에 대해 1년 정도 공부를 했다. 그때 배운 이론에 따르면, 버스 노선은 일차적으로 도시의 가장 외곽에 생긴다고 한다. 농사를 짓거나 또는 돈이 없어 집값이 매우 싼 곳을 찾다 보니 자연히 도시 외곽에 거주하게 되고, 그들의 교통 편의를 돕고자 버스 종점이 생기는 것이다.

세월이 흐르면서 버스 종점을 중심으로 상권이 형성되고 거주하는 이가 증가하면 땅값이 오르는 것은 당연하다. 그러면 없는 사람들은 그보다 더 먼 곳으로 가는 수밖에 없다. 이에 도시 당국과 버스회사들은 나중에 주택이 들어설 것으로 예측되는 지점까지 노선을 연장하는데, 이때 버스회사는 상당히 싼 가격으로 넓은 대지를 구입해서 차고지를 만든다.

그리고 인구가 늘어나면 차고지를 비싼 값에 팔고 땅값이 싼 더 먼 곳에 종점을 만드는 것이다.

이렇게 버스 노선은 점점 연장되고, 새로운 노선이 생긴다. 은평구 불광 동에서 역촌동, 기자촌, 구파발 등으로 노선이 연장되고 종점이 옮겨가는 것을 생각하면 쉬울 것이다. 오늘날에는 마을버스가 지선을 담당하므로 사정이 많이 달라졌지만, 당시 버스 종점이 있는 동네는 주택도 거의 없고 한산하여 황량한 느낌이 들 정도였다.

우리는 버스 종점인 차고지에 간단한 가설무대를 만들어 놓고 기사와 안내양이 참가하는 노래자랑을 공개방송으로 진행하기로 했다. 반주는 MBC 악단 중 7~8명으로 구성된 소규모의 캄보밴드(Combo Band)가 담당했고, 방청객은 운행을 나가지 않은 기사, 정비사, 안내양 그리고 주변의 동네 주민들이었다.

내가 출연자들의 순서와 노래 제목을 작성해서 전하면 악단장은 출연자들의 키(Key)를 맞추고 전주(前奏)의 어느 지점에서 노래를 시작하는지 등을 자세히 알려준다. 이렇게 준비가 끝나면 MC가 등장하여 경연이 시작되고, 입상자 4~5인에게는 부상으로 상품을 제공한다.

버스 종점 주변에 거주하는 인구가 많거나 운이 좋은 경우에는 200~300명의 관객이 모여 신이 나지만, 반대로 50~60명이 모여 맥이 빠지는 날도 적지 않았다. 마치 6·25전쟁 직후에 전국의 시골 마을을 순회하며 악극을 위주로 공연했다는 '이나까(田舍) 쇼' 와 큰 차이가 없을 정도였다. 진행을 맡은 아나운서는 출연자와 방청객을 웃기기 위해 온갖 노력을 다했고, 신인급이지만 초청가수도 투입했다. 포맷은 KBS-1TV의 〈전국노래자랑〉과 거의 같았다.

나는 그때 '공연은 관객을 모으는 것이 무엇보다도 중요하다' 는 사실을 터득했다. 그래서 버스회사를 섭외하면서 최소 3백 명 이상을 동원해 달라는 부탁을 했고, 나중에 문화사업국 국장이 되어서도 관객 동원을 최우선 순위에 놓고 일을 추진한 것은 이 같은 경험을 한 때문이다.

또한 나는 〈버스 종점 노래자랑〉을 통해서 공개방송의 구성, 큐시트 작성, 가수 섭외, 악단 운영, MC의 진행 노하우, 노래 편집 등 많은 기술과 방법을 연마할 수 있었다. 덕분에 차후 대규모 공개방송을 배당받더라도 자신감을 가지고 진행할 수 있었다. 지금 생각하면 '버스 종점 노래자랑' 이라니 참으로 우스운 느낌을 지울 수 없다. 하지만 그 시절엔 버스 종사자들을 청취자로 묶어 놓을 수 있는 대단히 창의적인 아이디어였다.

7. 새벽의 공개 녹음

PD로서 중학생 급(級)이 되니 차장급 선배들은 자신이 하기에 힘들고 귀찮은 프로그램을 내게 떠넘겼다. 거의 반강제나 마찬가지였다. 방송국에서 장(장날)이 서는 때는 팔월 중추절, 크리스마스이브(12월 24일), 제야(除夜-12월 31일), 설날 등이다. 이때는 방송이 아주 풍성해진다. 생방송이면 제작자는 온종일 방송에 묶여야 하며, 녹음방송이라고 해도 스튜디오에서 녹음과 편집 등의 작업에 오랜 시간이 걸리고 스태프들의 식대 등 비용도 많이 들기 때문에 고참 PD들은 미혼이고 동작 빠른 착한 후배를 골라 프로그램을 맡기고 자신은 편하게 휴일을 즐기려는 것이다.

이때 문제가 되는 것은 스튜디오의 배정이다. 모든 PD들이 특집 프로그램을 만들어야 하기 때문에 추석날의 고속도로처럼 전체 스튜디오가 정체현상을 빚는 것이다. 물론 미리 기술부에 스튜디오 사용신청서를 내지만, 시간이 제대로 지켜지지 않는 경우가 비일비재하다. 스튜디오를 잡기 위해 전쟁이나 다름없는 소동이 일어나고 때로는 서로 멱살잡이까지 하기도 한다.

어느 날, 포맷이 상당히 복잡한 버라이어티 공개방송이 나에게 직격탄처럼 떨어졌다. 스튜디오를 잡아주면 하겠다고 했지만, 그 선배는 스튜디오를 확보할 수 없다는 낌새를 알아채고 나에게 넘긴 것이다. 세상에 이런 법이 어디 있단 말인가! 선배도 잡지 못하는 스튜디오를 신참이 어떻게 잡을 수 있냐면서 거부하고 사정해도 소용이 없었다. 스튜디오 담당자들은 대개 불가능하다는 말을 서슴없이 해댄다. 게다가 섭외라는 것이 요새는 더 힘든 작업이겠지만 그 때라고 어디 쉬웠겠는가? 시간은 자꾸 흘러가는데 스튜디오가 정해지지 않았으니 정말 미칠 지경이었다.

하지만 궁측통(窮測通)이라고 커피를 마시다가 문득 '새벽에 공개방송를 할 수 있을까?' 하는 생각이 떠올랐다. 녹음을 해야 할 A스튜디오는 보통 아침 9시에 제작을 시작한다. 그러니 만약 새벽 5시에 진행을 하고 6시부터 녹음을 시작한다면, NG가 나서 다시 한다고 하더라도 90분 정도의 내용물을 만들 수 있겠다는 생각이 든 것이다.

문제는 담당 엔지니어이다. 누가 새벽 5시에 나와 줄 것인가? 아무리 생각해도 답이 나오지 않았다. TV 드라마는 밤샘 작업을 하는 수도 있지만 라디오에는 아마 전무했을 것이다. 나는 근무 엔지니어의 명단을 작성해 놓고, 한 사람 한 사람의 성향을 검토하기 시작했다. 안테나에 포착된 S엔지니어(2010년 타계)는 정동에서 아주 가까운 충정로가 집이라는 사실도 알아냈다. 그를 복도로 불러 통사정을 했다. S선배는 새벽 5시 제작이란 말은 들어본 적도 없다며 냉정히 거절했다. 하지만 20분 정도를 붙잡고 늘어진 끝에 다른 사람에게는 절대 말하면 안 된다는 다짐을 받은 후 승낙해주었다.

스튜디오와 엔지니어 문제는 해결되었지만 그 후에 이어진 섭외는 정말 지옥과 같았다. 새벽 5시 집합이라는 말은 출연자들에게는 정말 말 같지 않은 말이었다. 가수나 코미디언과 직접 통화가 되면 "미쳤느냐" 고 길길이 뛰었다. 게다가 출연자는 모두 '아다마(頭: 톱스타를 가리키는 말)' 가 아니면 안 될 프로였다. 출연료를 3배로 준다느니(사실은 액수가 정해져 있지만 편법을 사용해야 한다), 노래를 계속 틀어준다느니 별별 조건을 다 내걸었다. 그것도 미흡해 매니저들을 어르고 달래서 간신히 섭외를 마쳤다.

녹음 전날은 퇴근하자마자 아내를 재촉해서 달걀 열 판과 커피 다섯 병, 설탕, 종이컵을 사오도록 하고 이웃에 부탁하여 보온병을 있는 대로 빌려 왔다. 커피 자판기가 없던 시절이니 어쩌겠는가! 새벽 3시에 일어나 물을 끓여 커피를 만들고 모두 보온병에 담아 차에 실었다. 정동 방송국 1층에 도착하니 5시가 채 못 되었다. 경비원들이 눈이 휘둥그레지면서 그

짐들을 스튜디오까지 날라다 주었다. 엔지니어 S씨는 이미 스튜디오 문을 열어 놓고 있었다. 악단과 출연자들이 속속 도착했다. 그들 대부분은 야간업소 일을 마치고 늦게 귀가해서 잠을 자는 것이 생활이었는데, 잠도 제대로 자지 못했으니 여기저기서 볼멘소리가 터져 나왔다.

오전에 노래를 해도 목소리가 트이지 않아 지장이 있는데 새벽에 노래가 될 것인가도 걱정이었다. 대부분 술이 거나해 집에 들어가는 사람들이라 속도 쓰릴 테고 목소리도 컨트롤 할 겸 커피와 계란을 준비한 것이다. 종이컵과 계란을 죽 늘어놓고 입장하는 사람마다 마시게 했다. 그들 중에는 요즘 주가를 높이고 있는 가수 바비킴의 아버지로 악단을 이끌던 트럼펫터 김영근 씨도 있었다. 제일 늦게 온 사람은 톱스타 중의 톱스타였던 코미디언 배삼룡 씨(2010년 타계)였다. 한 시간도 못자고 왔다고 불평을 늘어놓다가 모닝커피를 받아들고는 새벽에 모닝커피는 정말 처음이라고 빙긋 웃었다. 배삼룡 씨의 등장으로 이 전후무후(前後無後)한 공개방송은 무사히 끝이 났다. 이 프로에 참여해주신 모든 분들에게 뒤늦게나마 감사한 마음을 전하고자 한다.

8. 위험스러운 군 위문공연

1970년대는 오늘날처럼 연예사병제도가 없었다. 따라서 병사들을 위문하는 것은 대부분 각 방송사의 몫이었다. 나도 간간이 위문공연에 차출되곤 했는데, 이 일 역시 대단히 힘들었다.

한 번은 경기도 북부의 전곡(全谷)으로 위문공연을 갔다. 갑자기 담당이 나로 바뀌었고, 토요일 오후 1시 행사라고 해서 급히 출발했다. 현장에 도착하니 넓은 공터에 공병(工兵)들이 이미 무대를 만들어 놓았고, 맨 앞에는 부대장과 장교들이 앉을 의자들이 정렬되어 있었다. 그 뒤로는 벌써 인근 마을에서 온 주민들이 엄청나게 많이 모여 그야말로 인산인해(人山人海)를 이루었다. 관객이 3만 명 정도는 될 것이라는 공보장교의 말에 정신이 번쩍 들었다. 안전사고가 두려웠다. 병력을 배치했느냐고 물었더니 헌병 20여 명이 근무하고 있다는 대답이다. 턱도 없을 텐데 말이다.

공연이 시작되었다. 청중이 많으니 가수들도 신나게 노래를 불렀다. 중반이 지나 공연이 무르익을 무렵 〈꽃반지 끼고〉의 주인공 가수 은희가 등장하자 박수와 환호가 그치질 않았다. 은희는 그때 비교적 나이가 어린 꽃띠였고 미인이었다. 그런데 노래가 진행되는 도중 한 무리의 병사들이 무대로 뛰어올라 트위스트를 추자 여러 명의 병사가 합세하면서 그들은 은희에게 달려들어 가슴을 사정없이 만져댔다. 부대장이 뭐라고 옆 장교에게 명령을 했지만 앞에 있던 헌병도 어쩌지 못했고, 잠시 후 그들은 쏜살같이 도망쳐 버렸다. 공연을 책임지고 출연자들을 보호해야 하는 PD로서 망연자실할 뿐 특별한 조치를 취할 수 없어 무력감에 빠졌다. 은희 씨에게는 지금도 매우 미안하게 생각한다.

비슷한 일은 또 있었다. 김포 해안에 면한 부대를 방문했을 때였다. 서세원 씨가 사회를 보고 '들고양이' 라는 그룹에 속해 있던 가수 임종님이 막 노래를 시작했는데, 해안초소 근무를 마친 10여 명의 병사들이 뒤늦게 트레이닝복 차림으로 달려와 무대 위로 뛰어 오르더니 임종님을 덮쳤다. 그녀의 몸 위에 7~8명의 병사가 타고 눌렀다. 정말 눈 깜짝할 사이에 벌어진 일이었다. 그 중 한 명이 "죽었다" 고 소리치자, 다들 도망쳤다. 간이 '철렁' 하고 떨어지는 소리가 귀에 들릴 정도로 나는 대경실색(大驚失色)하지 않을 수 없었다. 서세원이 들쳐 업고 공보장교의 지프차에 태워 의무실에 가서 주사를 놓았는데 다행히 기절한 것이다. 잠시 후 공연을 마쳤는데, 정말 신문의 1면 톱기사에 날 사건이었다.

9. 제2 땅굴부대 공연이 빌미(1975년)

1975년 12월 하순경, 차장이 자기 대신 철원의 부대에 위문공연을 다녀오라고 했다. 날짜는 12월 20일인가, 교통사정이 나빠서 가는 데만 7시간이 걸리는 먼 거리였다. 직속 상사였기 때문에 거절하기 어려웠다. 그는 이해득실에 매우 민감한 성격이었다. 자신이 맡아 놓고 가기 싫으니까 내게 부탁했다. 성격도 온순하며 일도 꼼꼼히 잘 해내니까 내가 만만했던 것이다. 입맛이 쓰지만 어쩔 도리가 없었다. 게다가 일은 반도 채 안 해놓은 상태였다. 그는 좋은 가수를 더 섭외하라는 말을 덧붙였다. 밴드가 없으니 통기타만을 섭외할 수밖에 없었다.

나는 새벽 5시와 무슨 인연이 있는지 또 첫새벽이었다. 새벽 5시, 정동 MBC 옆 천우식품 앞에 스리쿼터(Three Quarter: 3/4톤 트럭)보다 조금 큰 군부대 차량이 와 있었다. 차가 의외로 작아 인원이 모두 타니 서로 무릎이 닿을 정도로 끼어 앉아야 했다. 수은주가 영하를 가리키는 추운 날씨인데 히터도 나오지 않았다. 본래는 버스를 보내주기로 했지만, 작전 나가느라고 못 왔다는 것이다.

1971년 북한의 김일성은 '갱도 하나가 10개의 핵폭탄보다도 효과적'이라면서 땅굴을 파도록 지시했다고 한다. 그래서 현재 우리나라에는 북한이 파놓은 4개의 땅굴이 있다. 또한 지금도 남양주에서는 정체 모를 폭음이 들려와 또 다른 땅굴이 존재할지도 모른다는 소문도 있다.

제1땅굴은 1974년 11월 15일 경기도 연천 고랑포(高浪浦) 북동쪽 8km 지점인 군사분계선 남방 1.2km 지점에서 발견되었다. 전술능력은 1시간에 3만 명의 무장병력이 통과할 수 있고, 궤도차를 이용하면 중화기와 포신(砲身)도 운반할 수 있다. 제2땅굴은 1975년 3월 24일 강원도 철원(鐵原) 북쪽 13km 지점인 군사분계선 남방 900m 지점에서, 제3땅굴은 1978년 10월 17일 판문점(板門店) 남쪽 4km 지점인 군사분계선 남방 435m 지점에서, 제4땅굴은 1990년 3월 3일 강원도 양구(楊口) 북동쪽 26km 지점에서 발견되었다.

우리는 철원 제2땅굴 옆 부대를 향해 달리기 시작했다. 그러나 차량이 워낙 저속인데다 가다 서다를 반복했다. 또 전방으로 갈수록 길도 험하고 고개가 많아 낮 12시가 넘어 겨우 도착했다. 서둘러 점심식사를 마치고 공연장에 가보았더니 사방이 꽉 막힌 대형 강당과 비슷한 곳이었다. 수백 명의 병사가 들어찼는데 환기가 제대로 되지 않아서 공기가 이루 말할 수 없이 탁했다.

밤에 철조망 근무를 마치고 나와 주간취침을 취하다가 나온 병사들은 공연이 끝나면 저녁 식사를 하고 다시 야간근무를 나간다고 했다. 우리는 먼 거리를 오느라고 지쳤지만 이들의 고생이 안쓰럽고 미안해 모두가 힘을 내 공연을 마쳤다.

많은 사람이 화장실에 몰려들어 소변을 보는데, 가수 김도향이 어떤 병사와 이야기를 나누고 있는 모습이 눈에 들어왔다. 아는 후배를 만난 것 같았다. 그리고 화장실 뒤편으로 가는 그들을 보았다.

무사히 공연을 마치고 돌아올 때는 백마버스인가를 탔지만, 히팅이 안 되기는 마찬가지였다. MC 박상규의 계속되는 'Y담(일종의 잡설)'을 들으며 추위를 달래면서 밤 11시가 다 되어서야 방송국 앞에 도착했다.

그런데 얼마 후 사건이 터지고 말았다. '대마초' 사건이었는데, 철원 공연에서 김도향이 고생하는 후배에게 해줄 것은 없으니 대마초 담배 한 대를 권하듯 피우게 한 모양이다. 그가 환각상태에서 소동을 피워 헌병대의 조사를 받게 되었고, 결국 자초지종(自初至終)이 밝혀진 것이다. 나중에 이 사건이 검찰에까지 보고되어 일대 소동이 일어났다. 이 일이 있은 후로 나는 군부대 위문공연은 누구의 부탁이라도 거절했고, 더 이상 가지 않았다.

10. 대마초 사건(1975년)

1975년은 방송계 또는 연예계에 '대마초 사건' '가요사건' 등 대형 사고

112

가 많이 발생한 해였다.

「1975년 가수·연주자·작곡가인 신중현은 보건사회부와 검찰 합동수사반에 의해 남대문 옆 건물 지하로 끌려가 혹독한 취조를 당했다.」[28] 그는 대마초로 붙잡혀 들어가면 무조건 동료 연예인 50명을 대야 하는 어려운 상황이었다고 술회하고 있다.

「박정희 대통령은 "대마초를 흡연하는 행위 등은 현행법으로 최고형을 적용해 뿌리를 뽑으라" 고 지시했다.」[29] 이런 박 대통령의 단호한 태도에는 아들 박지만의 대마초 흡연이 관련되어 있다는 후문도 있다. 신중현은 4개월 동안 구치소 생활을 한 뒤 풀려났고, 1979년 12월 6일 4년 만에 가요 규제 조치가 해제되어 가수들은 해금되었다.

「또 가수 윤형주는 1975년 12월 2일 대마초 소지죄로 체포돼 서대문구치소에 수감되었다가 100일 만인 1976년 3월에 집행유예로 풀려났다.」[30] 그 당시 체포된 가수들은 윤형주, 이장희, 이종용 등 18명이었다. 1976년 김세환, 김정호, 김도향, 개그맨 송영길 등이 대마초 흡연 혐의로 불구속 입건되었고, 1977년 하남석, 이동원, 채은옥 등 35명의 연예인이 대마초 흡연 사건을 계기로 가요계에서 축출됐다가 1979년 복권돼 가요계에 복귀했지만, 재기에 성공한 가수는 조용필을 비롯한 몇몇뿐이었다.

자료에 따르면, 1980년에서 2000년까지 72명의 가수, 배우, 연주자 등이 대마초 사건에 연루돼 구속, 불구속 기소로 재판을 받는 사태가 이어져

---

28) 서울신문, 김성호, 1988년 6월 20일.
29) 조선일보, 1976년 2월 3일.
30) 조선일보, 〈세시봉, 우리들의 이야기〉 대마초 사건①. 2011년 12월 3일.

왔다. 여기에는 현재도 TV에 나오는 여가수, 유명 MC 2명, 이미 고인이 돼 '나가수' 나 '불후의 명곡' 등에서 불려지는 추억의 가수, 2번이나 구속된 여배우와 남자가수, 유명 사진작가 등의 이름이 거론되고 있다. 대마초 사건은 잠시의 일탈행위로 당사자들은 무수한 고통을 겪었을 것이고, 방송계와 가요계 등도 상당한 피해를 당한 매우 불행한 사건이었다.

11. 크라운 햄 소시지가 촉발시킨 〈MBC 여성살롱〉 (1976년)

'MBC 연표' 에 따르면, 〈MBC 여성살롱〉은 1962년 1월 개편에서 신설된 프로그램으로 기록되어 있다. 1월 15일 첫 방송이 나갔는데(월~토요일, 09:05-09:15) 'DJ 형식의 주부 대상 종합 매거진' 으로 되어있다. '종합 매거진' 이라지만 10분이라는 짧은 시간 동안 무슨 내용의 방송을 했는지 알 수 없고, 언제 종방(終放)되었는지도 분명치 않다. 1975년 봄 개편과 함께 4월 1일 〈11시의 희망음악 임국희예요(월~토요일, 오전 11:10~11:55)〉라는 프로그램이 방송되었는데, 그해 10월 개편 때 〈임국희의 음악살롱〉으로 개명했다고 다른 기록은 전한다. 그런데 〈MBC 여성살롱 임국희예요〉라는 제목에 대한 기록은 아무데도 없다. 연표, 연지 어디에도 한 줄의 글이나 사진 한 장 존재하지 않는다. 대체 무슨 연감을 이렇게 만들었는지 참으로 우스운 일이다. 기록만으로 보면, 국민 누구나 갖고 있는 가족관계증명서가 없는 무호적(無戶籍) 프로그램인 셈이다.

내가 〈여성살롱〉을 맡은 것은 1976년 4월 봄 개편이 지나고 5월인가 6

월이었다. 내 전임자 PD가 한 명 더 있었던 것 같은데 정확히 기억이 나지 않는다. 다만 전임 PD는 아주 즐거운 표정으로 나에게 인수인계를 했다. 방송시간은 오전 11시 경이었는데, PD는 진행자 임국희와 한가하게 사무실 소파에 앉아 야쿠르트를 마시며 30통이 될까 말까한 편지에서 사연을 고르고 있었다. 이유는 간단했다.

당시 MBC 라디오의 오전 11시 방송은 죽은 시간으로 여겨지고 있었다. 어떤 프로그램을 만들어도, 어떤 진행자를 데려와도 청취율이 매우 저조했기 때문이다. 사정이 이럴진대 과연 부장이 나의 능력을 사서 프로그램을 맡긴 것인지 아니면 혼낼 의도였는지 판단이 서질 않았다. 남이 버린 물건을 받아든 격이니 나도 신이 날 리가 없었다. 하지만 조직의 명령에 따라야 하는 것이 월급쟁이의 슬픈 운명 아니던가! 나는 팝송 위주의 음악에 가요 한두 곡을 섞어 선곡에 변화를 주고, 진행 포맷도 조금 바꾸는 등 프로그램을 손질했다. 하지만 소용이 없었다. 편지나 엽서 등 청취자가 보내는 사연은 여전히 30여 통에서 크게 늘지 않았다. 베테랑인 임국희 아나운서의 음성이나 진행도 나무랄 데가 없었음에도 말이다.

한숨만 나왔다. 그동안 나의 PD 생활은 모두 반질반질 윤기가 났는데, 이제는 먼지만 켜켜이 쌓인 작은 점방에 앉아 멍하니 밖을 내다보고 앉아 있는 할아범 형상이니 기가 막힐 노릇이었다.

농구경기를 보면 4쿼터에 상대방의 잦은 실책으로 승기(勝機)를 잡고 종료 직전 버저비터로 승리하는 경우가 더러 있다. 이와 비슷하다고나 할까. 한 달여쯤 아주 죽을 쑤다가 우연한 기회에 반전(反轉)의 실마리를 잡았으니 말이다.

두세 다리 건너 나의 친구를 안다는 한 청년이 찾아왔다. 자신을 크라운 햄 소시지를 만드는 회사의 차장이라고 소개한 그는 방송되는 편지를 보낸 사람에게 소시지를 제공하고 싶다는 것이었다. 일주일에 30박스 정도를 협찬하겠다고 했다. 한 박스에는 꽤 여러 개의 소시지가 들어 있으니 나쁘지 않은 조건이었다. 당시의 상품은 FM에서 주는 '세고비아 기타' 정도가 기억난다.

방송에 소개된 사연의 주인공에게 소시지 한 박스를 상품으로 주자 반응은 가히 폭발적이었다. 50통에서 100통, 200통… 엽서와 편지는 순식간에 500통을 넘었다. 매주 소시지를 차에 싣고 오는 그 청년도 방송 덕분에 매출이 많이 늘었다며 즐거운 표정이었다.

1970년대 중반, 많이 나아지긴 했지만 그래도 우리네 살림은 팍팍했다. 학교에 다니는 아이가 둘만 있어도 주부는 도시락 반찬 때문에 고충이 많았다. 반찬도 콩자반, 오징어채, 김치 정도로 초라했다. 계란부침조차 드물었는데 소시지를 싸갈 수 있었으니 얼마나 좋았겠는가! 사연을 보내는 것은 순전히 소시지를 타기 위해서라고 해도 별로 잘못된 평가는 아니다. 하지만 결과적으로 크라운 햄 소시지가 다 죽어가는 〈여성살롱〉을 살려냈다. 지금도 나는 크라운 햄 소시지의 등장은 PD인 내 노력의 결과가 아니고 운이 좋아서 일 뿐이라고 겸손하게 생각한다.

정말 호시절(好時節)이었다. 킬러콘텐츠(Killer Contents), 즉 편지라는 소재가 넘쳐났다. 점심을 마치고 들어오면 창고에 대형 행랑이 가득 찰 정도의 편지가 놓여 있었다. '양이 질을 담보한다' 는 말이 있지만 많은 편지에서 골라내니 좋은 내용, 가슴 찡한 사연이 많았다. 사연이 좋으니 임국희 씨의 사연 낭독기술과 해당 사연 뒤에 붙이는 말들이 빛을 발하기 시작했다. 따라서 청취율도 높아지고, 방송시간도 늘어났고, CM도 꽉 찼다. 2시간짜리 프로그램에 스파트를 포함해서 72개의 CM이 달렸고, 돈이 부족한 수많은 중소기업의 제품이 상품으로 소개돼 좀 지나칠 정도가 되었다. 월간 신탁액이 TV 프로그램을 웃도는 1억2천만 원일 때도 있었다. 〈뿌리 깊은 나무(1976년 3월 창간, 1980년 폐간)〉라는 월간잡지에서 '여성살롱은 종합광고방송인가?' 라고 호되게 비판당하기도 했다.

상인들은 정보에 빠르다. 한 번 소문이 나자 여기저기서 상품을 제공하겠다는 섭외가 몰려왔다. 비싼 상품으로는 월말 장원에게 주는 보르네오 화장대와 장롱을 비롯해 명동 최고급 살롱의 숙녀복, 별표전축, 크리스탈 제품 등 값나가는 것들이 많았다. 물건들이 쌓여 물류창고를 연상할 정도였고, 상품을 찾으러 오는 손님들이 오전에는 줄을 이었다. 무엇보다 상품을 안전하게 보관할 창고와 상품을 수령하고 사연이 채택된 주부들에게 인도할 인원도 필요했다. 게다가 하루에 3,500통의 편지가 온 적이 있을 정도로 많은 사연이 오니 나 혼자서 읽기는 불가능했다. 회사의 결재를 얻어 2명의 아르바이트 학생을 고용하고, 창고도 마련했다.

이렇게 MBC 〈여성살롱〉이 독야청청 호황을 맞자 TBC(동양방송)에서도 황인용 아나운서와 탤런트 강부자를 기용하여 유사한 프로그램을 만들었다. 한 점포가 잘 되면 그 옆에 동일 업종의 가게가 생기는 것과 같은 이치이다.

이 때 동아일보 기자를 하다가 퇴직하고 '전예원' 이라는 출판사를 운영하던 전 한국외대 김진홍 교수가 찾아왔다. 그 사연들을 모아 단행본을 냈으면 한다는 것이다. 방송된 사연 중에서 감동을 주는 사연을 골라 1978년 11월에 〈바구니에 가득찬 행복〉이라는 제목으로 출간을 했다. 책은 금방 매진되어 재판을 찍었고, 제2권으로 〈또 하나의 행복〉까지 발행해 1980년 8월에는 27판을 찍었으니 요즘 표현으로 '초대박' 이 났다. 1978년 베스트셀러 순위에서 최인호의 소설 〈별들의 고향〉 다음인 2위를 차지했다.

한국출판연구소가 선정한 '건국 이후 베스트셀러 50선' 가운데 1970년대의 기록은 1970년 안병욱의 〈아름다운 창조〉, 1971년 정연희의 〈고죄〉, 1972년 박대인의 〈강과 겨울과 한국인〉, 1973년 생텍쥐페리의 〈어린 왕자〉, 1974년 최인호의 〈별들의 고향〉, 1975년 시몬 드 보부아르의 〈위기의 여자〉, 1976년 이청준의 〈당신들의 천국〉, 1977년 한수산의 〈부초(浮草)〉, 1978년 조세희의 〈난장이가 쏘아올린 작은 공〉, 1979년 임국희·최양묵의 〈바구니에 가득찬 행복〉으로 되어있다. 그러니까 1979년에는 〈바구니에 가득찬 행복〉이 '톱 셀러' 였던 것이다. 1974년에 예문관에서 출판한 최인호의 〈별들의 고향〉이 70만부를 넘었다는 기록이 있고, 1980년경에는 200만부를 넘었다는 소문이다. 전예원의 〈바구니에 가득찬 행복〉은 180만부인가를 기록해서 2위가 되었다. 출판가에서는 이 책을 펴낸 전예원이 '돈을 바구니로 가득 담는다' 는 말까지 나돌았다. 이 책에 대해 MBC는

10%의 인세를 가져갔다. 이로 인해 〈여성살롱〉은 더욱 튼튼한 저변을 확대하는 한편 나는 인쇄매체의 위력을 실감하게 되었다. 나중에는 이 책을 청취자에게도 상품으로 주기도 했다.

물건을 주고 사연(事緣)을 사지 않느냐 하는 죄책감도 없진 않았지만 프로그램은 욱일승천(旭日昇天)했다. 이제 프로그램을 구성하는 콘텐츠를 다양화하지 않으면 안 될 시기였다. 그래서 시도한 것이 소설가의 방송 출연이었다. 첫 대상자는 당시 〈부초(浮草)〉라는 소설로 인기가 높았던 한수산(韓水山) 씨였다. 하지만 도통 연락이 되지 않았다. 집에 전화를 걸면 동아일보에 갔다, 동아일보에서 찾으면 주부생활에 갔다는 식으로 마치 '나 잡아 봐라' 하면서 요리조리 피해 다니는 듯 했다.

나도 오기가 나서 친분 있는 잡지사 편집장에게 "한수산이 나타나면 즉시 연락을 해달라" 고 부탁을 해두었다. 얼마 지나지 않아 연락이 왔고, 나는 애마(愛馬)인 노란 퍼블릭카를 타고 달려가 그를 체포(?)하는 성과를 올렸다. 그에게 "왜 방송을 피하느냐?" 고 물으니 "공연히 불편하고, 방송은 천박한 느낌이 든다" 고 솔직히 말했다. 그 때나 지금이나 말도 안 되는 얘기지만, 그의 기분이 그랬던 모양이다. 방송은 성공적이었다. 한수산의 이야기는 그의 소설처럼 서정적이었으며, 솜사탕처럼 달콤하고 부드러웠다. 출연이 거듭될수록 이야기하는 태도나 음성도 자연스러워졌다. 그는 방송에 훌륭하게 적응한 것이다.

다음 차례는 소설가 최인호(崔仁浩) 씨였다. 섭외 난이도는 그가 훨씬 높았다. 전화를 걸면 늘 '예비군 훈련에 갔다' 고 했는데, 마치 자동응답기의 녹음 멘트를 듣는 것 같았다. 나는 작전을 바꾸었다. 점심을 마친 후, 임국희 씨와 강남에 있는 그의 집으로 가서 집 앞에 차를 세우고 초인종을 누른다.

"최인호 씨 계신가요?"

"예비군 갔는데요."

"어제도 예비군 갔다고 했는데, 오늘도 또 가요?"

"……"

"내일 또 온다고 전해 주세요."

다음 날 또 찾아갔다.

"최인호 씨 좀 만나야겠어요."

"정말 안 계세요."

"그럼, 올 때까지 여기서 기다리죠."

30분쯤 지나자 가정부인 듯한 아줌마가 나와 정말 집에 없다고 강조한다. 나는 명함을 건네며 내일 통화가 안 되면 아침부터 이 골목에서 기다리겠다고 말하고 돌아왔다.

다음 날 그에게 전화가 왔고, 우리는 등꽃이 만발한 덕수궁의 벤치에서 만났다. 그 후 그의 출연은 자주 이어졌다.

필자 자신에 관한 이야기이기 때문에 스스로 이러쿵저러쿵 하는 것보다 조금이라도 객관성을 담보(擔保)하기 위해 〈MBC 가이드〉 1982년 8월호에 실린 최인호 씨의 글을 소개한다.

「…(전략)… 라디오 프로그램 중에서 제일의 청취율을 기록하고 있는 것은 두말할 나위 없이 MBC의 〈여성살롱〉이다. 오전 10시부터 시작되는 이 프로그램은 아이들과 남편을 모두 직장에 보내고 이제 막 설거지를 끝내고 난 뒤의 시간대부터 시작되는데, 이 프로그램이 그토록 많은 주부들의 공감대를 형성하게 된 데에는 진행을 맡아 보고 있는 임국희라는 철인의 역할이 컸기 때문일 것이다. 이 '괴물' 의 임국희는 때로는 속사포처럼 빠르게, 때로는 신랄하게 그러나 근본적으로는 정감 있게 프로그램을 진행하고 있다. 그 스스로가 두 아이를 가진 주부이며, 그 스스로가 주부들이 느낄 수 있는 예민한 갈등에 누구보다 많이 접해 보았으므로 그의 말은 곧 주부들의 공통된 심리의 대변(代辯)이었으며, 그의 입은 주부들의 창구였었다.

그러나 이 프로그램을 이끌고 있는 숨은 공로자는 일에 미친 최양묵이라는 PD이다. 그와 나는 7년 전부터의 우정을 계속하고 있는데 솔직히 그를 처음 만났을 때 나는 '그가 좀 돌아 있는 사람이 아닌가' 의심스러울 정도였다.

어차피 방송은 그 일회성 특징에 의해서 말장난이라, 단발성 소모품으로 흘러갈 위험을 다분히 갖고 있다. 그런데 최 PD는 만나자마자 이런 말장난이 아닌 이른바 여성학 강좌를 주재하는 학술원 회원 같은 폼을 갖고 있었다. 그는 까다롭고 주문이 많은 '건방진' PD였다. 솔직히 쥐꼬리만큼 출연료를 주면서도 거창한 여성학 강좌를 부탁했으며, 나중에는 그 사연들을 모아 직접 출판을 하기도 했다. 그는 방송이란 매체를 오늘날

녹슬고 때 묻어 가는 주부들의 새로운 자극으로서, 각성제로서 사용하고자 애를 쓰는 욕심 많은 프로듀서였다.

그는 사명감에 불타고 있으면서도 일에 대한 대단한 자존심을 갖고 있었다. 그는 일에 대한 욕심에서가 아니라 개인적인 지적 요구로서도 작가, 의사, 법률가, 화가, 배우, 연극배우 등 각 부문의 사람들과 때로는 피곤한 주부, 소외되어 있는 고통 받는 사람들을 서로 한데 묶어 공통된 유대를 맺게 하려는 왕성한 사명감을 띄고 있었다. 그런 의미에서 그는 오늘날 여성들의 전성시대 이전에 방송이란 매체로 매거진 형식의 프로그램을 창안한 선두 주자였다.

그러던 그가 일 년 동안의 방황을 거듭하더니 하루는 일에 지친 사람처럼 "모든 것이 시들하고 마땅치가 않다" 고 내게 푸념을 하기 시작했다. 그의 반짝이던 눈빛은 의욕을 잃고 '내가 왜 이런 미친 짓을 해야 하는가' 하는 회의에 빠져 있음을 알았다. 마침 그 무렵 나 역시 같은 종류의 병을 앓고 있었으므로 우리는 자주 만나지는 않았지만 만나면 한숨이나 쉬든지, 쓰고 식은 커피나 마시고 그랬는데 마침내 그가 새로운 의욕을 가질 무렵 나 역시 이상하게도 모처럼의 생기를 되찾았는데 우리들이 내린 결론은 "우리에게 이처럼 일을 할 수 있는 힘과 건강과 재능을 주신 하나님께 얼마나 고마운가, 그러니 죽을 때까지 최선을 다해보자" 는 매우 건설적인 욕망에 의견을 모을 수가 있었던 것이다.

그는 이제 앞에서 말한 것처럼 소규모 스튜디오의 활용으로서 직접 청취자들을 스튜디오 안으로 불러들여서 즉석에서 생방송을 하는 〈여성살롱 서머콘서트(Summer Concert)란 괴상한 프로그램을 창안하였다. 보컬 그룹이 나와서 직접 연주를 하고, 각계 초청 인사들이 강연도 하고 직접 청취자들과 토론을 하는, 공개방송인지 스튜디오 방송인지 도대체 성격을 알 수 없는 방송을 시작했는데 첫 연사로서 출연했었던 나는 그 때 수없이 많이 모인 청취자들의 그 반짝이던 눈빛, 지적 욕구에 굶주려 있었던 허기진 눈빛을 감명 깊게 느낀 적이 있었다.

그런 의미에서 그는 프로듀서가 아니라 방송의 창작인이다. 그의 소년 같은 얼굴과 일에 미친 광기, 새로운 일에 대한 도전성, 그리고 과감한 실천성 그 모두를 같은 벗으로서 존경하며 사랑한다. 그는 우리들 주부들의 우편배달부이며, 그러므로 그는 영화의 제목처럼 언제나 아침에 일어나 여러분의 집 문 앞에 매어달린 초인종을 두 번씩 꼬박꼬박 누를 것이다. 그가 누른 초인종 소리가 나면 주부들은 언제까지나 일상에서 벗어나 모처럼의 의식을 되찾고 싱싱한 젊음과 청춘을 되찾게 될 것이다.」

이 원고는 정동 MBC 입구 오른쪽에 있는 '난다랑' 이라는 경양식집에서 받기로 했다. 원고 마감일이라 진행 기자는 초조히 그를 기다리고 있었다. 나조차 민망스러웠다. 약속시간 15분쯤 지났을까, 최인호가 미소를 지으며 들어섰다. 커피를 주문하고, 기자는 자신의 본분을 잊지 않았다.

"선생님, 원고 주세요."

"갖고 오진 않았는데…"

"무슨 말씀이세요, 오늘 넘겨야 해요."

농담인줄 알았는데, 정말 그는 원고를 안 가져온 모양이다.

"걱정 말아요. 금방 써주면 되지 뭘… 잠깐만 기다려요."

기자는 사색이 다 되었는데, 그는 커피를 들고 옆 테이블로 자리를 옮기더니 원고지를 주머니에서 꺼내 미동도 없이 일사천리로 써내려가기 시작했다. 러닝타임은 20분이 채 안되었다.

'정말 작가로구나!'

기자는 경악했고, 나도 놀랐다. 원고를 건넨 그는 음식을 주문했고, 우리 세 사람은 이런저런 이야기꽃을 피웠다.

천재성을 가진 또 다른 아티스트 사례를 소개하고자 한다. MBC 라디오는 드라마가 매우 강력했다. 이런 전통이 아마도 MBC-TV가 드라마 강국으로 우뚝 선 발판이 되었을 것이라 생각한다. MBC 라디오의 주력은 밤 9시 10분에 방송되는 9시 연속극이었다. 〈잃어버린 장미〉라는 제목의 연속극 첫 번 방송이 편성에 잡혀서 아침 10시 A스튜디오에서 주제가 녹음을 준비하고 있었다. 가수 이성애와 신중현악단도 도착했고, 자신이 작사까지 한 담당 연출자 김옥균 PD가 서성이고 있었다. 신중현 씨가 스튜디오에 들어섰는데 작곡한 악보가 없는 빈손이었다. 모든 스태프들이 웅성거렸다. 일이 잘못돼 가고 있는 것이다. 그러나 신중현 씨는 태연히 조정실 구석 책상으로 가더니 담뱃갑을 찢어 은박지에다 뭔가를 쓰더니 스튜디오로 들어가 자신의 악단원과 몇 마디 상의를 거쳐 녹음에 들어가는 것이다. 아마도 머릿속에는 악상(樂想)이 이미 입력되어 있었던 모양이다. 이 경우도 20분 미만에 멜로디와 반주 피스를 만들어냈다. 수준 높은 주제가가 탄생한 것이다. 김옥균 씨는 지금도 신중현 씨를 천재라고 부른다.

드라마 작가 한운사도 예외가 아니다. 영화 〈빨간 마후라〉와 관련된 재미있는 일화가 있다.

「하루는 신 감독이(신상옥 감독) 편집을 하다 말고 주제가가 마음에 안 든다며 고개를 갸우뚱거리더니 새벽 1시가 넘었는데 한 선생(작가 韓雲史, 1923~2009)에게 전화를 걸려고 했다. (아내 최은희는)

"내일 거세요. 벌써 1시가 넘었는걸요."

"내일까지 어떻게 기다리나!"

그와 함께 일하려면 단잠을 깨우는 전화를 받는 일은 기본으로 각오를 해야 했다. 한 선생은 밤에만 글을 쓰는 분이라 다행스러운 일이었다.

"한 형, 주제가 말인데, 아무래도 안 되겠어요. 박력이 없어. 뭐 좋은 것 없겠소?"

그 며칠 뒤였다. 막 잠이 들려는데 전화벨이 울렸다.

"나 한운사요. 신 감독 좀 바꿔 주시오."

한동안 귀를 기울이던 신 감독의 얼굴에 환한 미소가 피어올랐다.

"좋소! 아가씨야 내 마음 믿지 말아라. 번개처럼 지나갈 청춘이란다. 지독한 니힐리즘인데…. 좋아요, 좋아!"

나중에 알았지만 한운사 선생은 그의 전화를 받고 며칠 고민하다가 명동에서 술을 마시고 나오던 도중 갑자기 생각이 떠올랐다고 한다. 생각을 놓칠까봐 가까운 스탠드바로 가서 담배 은박지에 급히 가사를 써 내려갔다고 한다. 이 가사에 황문평 씨가 곡을 붙여 만들어진 노래가 남녀노소 할 것 없이 애창하던 〈빨간 마후라〉였다. 이 노래는 공군의 군가로도 쓰였다.」 [31]

문학성 또는 예술성의 작품들은 이렇게 거의 순식간에 만들어지는 사례가 또 있다.

박인환의 〈세월이 가면〉은 시, 작곡, 노래가 거의 일직선 동일선상에서 탄생한 것으로 유명하다. 이 시에 대하여 강계순은 평전에서 다음과 같이 말하고 있다. [32]

「1956년 이른 봄 저녁 '경상도집' 에 모여 앉은 박인환, 이진섭, 송지영, 영화배우 나애심이 술을 마시고 있었다. 경상도집은 을지로 입구 외환은행 쪽에서 명동으로 들어가는 동방싸롱(현 하동관 곰탕집) 건너편에 있었는데 주로 빈대떡 안주를 냈다고 한다. 술이 몇 차례 돌아가자 그들은 나애심에게 노래를 부르라고 졸랐지만 그녀는 좀체 부르지 않았다. 그 때 갑자기 박인환이 즉석에서 시를 쓰기 시작했다. 그 시를 넘겨다보고 있던 이진섭도 그 즉석에서 작곡을 하고, 나애심은 흥얼흥얼 콧노래로 그 곡을 부르기 시작했다. 이렇게, 깨진 유리창과 목로주점과도 같은 초라한 술집에서 즉흥적으로 탄생한 것이 오늘까지 너무나도 유명하게 불리고 있는 〈세월이 가면〉이다.

---

31) 최은희의 고백, 최은희, pp.171~172. 랜덤하우스, 2007.
32) 아! 박인환, 문학예술사. 1983. pp.168~171.

한두 시간 후 나애심과 송지영은 돌아가고 임만섭, 이봉구(명동 백작) 등이 합석을 했다. 테너 임만섭이 그 우렁찬 성량과 미성으로 이 노래를 정식으로 다듬어서 불러 길 가는 행인들이 모두 이 술집 문 앞으로 모여드는 기상천외의 리사이틀이 열렸다. 마른 명태를 앞에다 놓고 대포 잔을 기울이면서 아름다운 시를 쓰고 작곡을 하고 노래를 부르는 사람들, 그리고 그들을 지켜보며 박수를 보내는 많은 행인들…. 그것은 마치 낭만적인 영화의 한 장면 같기도 했다. 박인환의 〈세월이 가면〉은 순식간에 명동에 퍼졌다. 그들은 이 노래를 '명동 엘레지' 라고 불렀고, 마치 명동의 골목마다 스며있는 외로움과 회상을 상징하는 듯 이곳저곳에서 이 노래는 불리어졌다.」

「이 〈세월이 가면〉에는 전혀 알려지지 않은 애절한 이야기가 담겨져 있다. 이 시를 쓰기 전날 박인환은 십 년이 넘도록 방치해 두었던 그의 첫사랑의 애인이 묻혀 있는 망우리 묘지에 다녀왔다…. 그는 인생을 정리하고 있었던 것 같다. 사랑도, 시도, 생활도 차근차근 정리하면서 그의 가슴에 남아 있는 먼 애인의 눈동자와 입술이 나뭇잎에 덮여서 흙이 된 그의 사랑을 마지막으로 돌아보았다…. 순결한 꿈으로 부풀었던 그의 청년기에 아름다운 무지개처럼 떠서 영원히 가슴에 남아있는 것, 어떤 고통으로도 퇴색되지 않고 있던 젊은 날의 추억은 그가 막 세상을 하직하려고 했을 때 다시 한 번 그 아름다운 빛깔로 그의 가슴을 채웠으리라. 그는 마지막으로, 영원히 마지막이 될 길을 가면서 이미 오래 전에 그의 곁에서 떠나간 연인의 무덤에 작별을 고하고 은밀히 얘기하고 싶었다…. 타고난

댄디보이, 시인 박인환은 죽을 때 눈을 감지 못했다. 살아생전에 술도 실컷 못 마시고, 제대로 사랑도 하지 못하고, 멋도 마음대로 부려보지 못하고, 밤마다 술이나 마실 명동 친구들을 남겨두고 홀로 떠나는 게 억울해서 눈을 뜬 채 죽었다.」[33]

「〈오감도〉의 시인 이상(李箱)이 죽은 지 19주기가 되는 1956년 3월 17일 인환은 "나는 이상이 보고 싶어 술을 마신다" 며 명동 일대를 떠들고 돌아다녔다. 사흘 후 인환은 하루 종일 굶다가 화가인 친구 김훈에게 자장면 한 그릇 얻어먹고 집으로 돌아가 돌아오지 못할 강을 건너가 버렸다. 그의 나이 만 서른이었다. 인환의 눈을 감겨 준 친구 송지영을 비롯하여 이진섭, 이봉래, 원재홍, 유두연, 정영교 등이 생전에 그렇게 좋아했던 양주 조니 워커를 무덤 위에 뿌려주며 저승 쪽으로 쉽게 돌아서지 못하는 혼을 배웅했다. 잘 가라, 잘 가거라…. 」

옛 사람들의 순수성이 그리워 모더니즘 시인 박인환의 이야기를 첨가했다. 다시 본론으로 돌아가자. 앞의 글은 아무래도 MBC가 발행한 홍보 잡지이기 때문에 최인호 씨가 필자에 대해 과찬(過讚)한 부분이 있을 것이므로 그 점은 독자들의 이해가 있기를 부탁드린다.

내용 중, 작가는 이미 소개한 최인호, 한수산을 비롯해 김주영, 이병주, 박완서, 조해일, 조선작, 조세희, 송영 등을 지칭하는 것이다. 의사는 고려병원(현 강북삼성병원)의 정신과 전문의 이시형, 내과전문의 이상종 박사 등이다. 법률가는 김춘봉·황산성 변호사, 화가는 천경자 화백, 배우는 추송웅

---

33) 지금 그 사람 이름은 잊었지만, 구활. 영남수필문학회, 2006.

씨 등으로 기억된다. 이들은 모두 당시로서는 문화예술 분야에서 가장 영향력이 있는 인사들이었다. 이 분들은 필자가 1차적으로 프로그램의 지평(地坪)을 넓히는 데 크게 공헌한 바 있다. 나는 이 때 최초로 '정동문화권(貞洞文化圈)' 이라는 단어를 생각해 냈다. 정동 MBC에는 텔런트, 가수, 성우, 드라마 작가들이 주로 드나들었는데, MBC 〈여성살롱〉을 통해서 특히 문화예술계 인사들이 자주 출연함으로써 그들과 선을 긋는 어떤 차별성을 만들어내고 정동문화권이라는 한 주류를 형성하고 싶었던 것이다.

섭외하기 어려운 인사로는 천경자 화백도 결코 쉽지 않았고, 소설가 박경리 선생은 멀리 원주에 살고 있었기 때문에 매 한 가지였다. 우리나라 최고의 작가를 꼽는다면 박경리(朴景利) 씨이고, 또 한 사람은 박완서(朴婉緖) 씨이다. 어쩌다 두 사람이 한 번도 서로 만난 적이 없다는 사실을 알게 되었고, 나는 두 사람의 랑데부(만남)를 주선했다. 여기서 박경리 씨는 "글 쓰는 일은 죽는 것 같다" 고 말했다. 당시 경향신문의 기사를 통해 이제 모두 고인이 된 이들의 만남을 회고해본다. 34)

「우리 문단의 대표적인 두 여류작가 박경리 씨(55)와 박완서 씨(49)가 (1980년 11월) 지난 9일 강원도 원주시 단구동 박경리 씨 자택에서 만나 일상생활을 중심으로 한 얘기를 나누는 자리를 가졌다.

MBC 〈여성살롱 임국희예요〉의 프로듀서 최양묵 씨의 주선으로 임국희 씨와 함께 원주를 방문한 박완서 씨는 지난 8월 서울에서 이곳으로 옮긴 박경리 씨를 만나 치악산 봉우리가 멀리 보이는 시골집 마당에서 오

---

34) 경향신문, 1980년 11월 21일. 안건혁 기자.

랜 시간 대화를 나누었다. 박경리 씨가 서울 정릉동에서 영동 대림아파트로 옮겼다는 소식을 듣고 새로 나온 자신의 소설을 들고 찾아가려 전화를 했다가 원주로 이사했다는 소식을 접하고 무척 허전했다는 박완서 씨는 편지라도 쓰려고 벼르기만 하다가 말았다고 미안해했다.

박경리 씨는 서울에서도 문득 박완서 씨가 생각나면 전화를 하려 했으나 자주 만나면 자신에게 실망할 것 같아서 번번이 억제하곤 했다고 말했다. "아껴주는 사람은 오히려 멀리 하고 싶어요. 언젠가 지면을 통해 저를 칭찬해주신 글을 읽고 같은 직업에 종사하는 여자의 입장에서 무척 고마웠지만 실망시키지 않고 오랫동안 금이 안가도록 사귀고 싶어요. 귀중한 것을 잃을 것 같아서죠."

이렇게 자신과의 관계를 설명한 박경리 씨는 지난 2개월 동안 하루도 빠짐없이 집 둘레에 돌담을 쌓고 있다며 "반복 작업을 통해 잡념이 걸러지고 사고가 제대로 이루어져 일에 열중한다" 고 속내를 밝혔다. 오는 12월께 〈토지〉 4부를 다시 쓰겠다는 박경리 씨는 시골 공기 속에서 돌을 쌓는 일이 부담 없고 더 없이 즐겁다며 "글쓰는 일은 죽는 것 같은 고역으로, 쓰고 나면 머리가 메말라 글 쓰는 이들에게 노동은 사치스런 휴식" 이라는 견해를 피력했다.

두 사람은 모두 외손자를 둔 할머니로, 손자 얘기로 화제를 돌린 박경리 씨는 "아이들은 애정을 듬뿍 줘야 하며 자신의 손자 원보를 지켜보니 심한 개구쟁이면서도 (애정을 먹고 커가서 그런지) 여유가 생기는 것 같다" 고 설명했다. 이에 대해 지난 2월 외손자를 본 박완서 씨도 옛 어른들이 "눈에 밟힌다"는 말을 오묘하게 생각한다면서 "이렇게 눈에 밟힐 것 같이 애정을 쏟는데 최소한 악한 사람은 되지 않을 것"이라고 말했다.

이 두 작가는 땅거미가 짙어질 때까지 생활과 자신들의 얘기를 나누며 우의를 다졌다. 이들의 대화는 MBC 〈여성살롱〉(매일 오전 9시 5분~11시)을 통해 21일 방송됐다.」

한 참의 시간이 흐른 뒤, 나는 본격적인 여성학 또는 사회학 쪽으로 들어갈 준비를 하고 있었다. 시몬 드 보부아르의 〈제2의 성〉의 핵심 내용이 무엇인가도 접근해보고, 조혜정·조옥라·조형·조은 등 국내 여성학자 소위 '4조'의 글도 읽었다. 박완서 씨의 소설 〈살아있는 날들의 시작〉과 〈서 있는 여자〉 등도 정독했다. 심지어 에리카 종(Erica Jong)의 소설 〈공중에 뜬 나의 맨발〉도 독파했다. 매일같이 수많은 여성, 특히 주부들의 편지만 읽는 것으로 세월을 보내다보니 '여성들의 정체(正體)가 무엇인지?' 하는 의문이 늘 머릿속에 맴돌았다. 그들이 보낸 편지의 편린(片鱗)을 통해서 내가 파악한 것은 '아이 낳고 기르고' '밥하고 빨래하고 청소하고' '생활에 찌들고' '시어머니나 남편에게 구박당하고' 등 모두 불리한 것들이었다. 그러면 앞으로 30년 아니 40년이 넘을지도 모르는 긴 세월을 이런 고통 속에 계속 살아가야 하는 것인지… 경제 사정도 좋지 않았고, 노래방이나 찜질방, 문화센터가 전무하던 시절이다. 영화관도 많지 않았다. 여성들도 '바람을 쐬야 한다.' 그런데 그 '바람'의 정체조차 그들은 알지 못했다. 현대 여성들의 최종 목표인 '자기실현(自己實現)', '성취(成就)'에 대해 생각하기 시작했다. 즉 '여성도 남자와 다르지 않은 곧 인간이다'라는 결론을 얻었다. 웃기는 소리라고 할 분들도 계시겠지만, 그 때는 그런 상황이었다.

꽤 긴 시간에 걸친 작업 끝에 〈현대여성은 누구인가?〉 시리즈를 기획했다. 1979년 7월 24일부터 19인의 연사가 각각 3회씩 방송했고, 방송 하루 전에 방송내용을 인쇄해 경향신문에 간지 형식으로 끼워 독자들에게도 배달했다. 출연해주신 분들은 이어령(문학평론가), 김진만(고려대 영문과 교수), 이시형(정신과 전문의), 나영균(이대 영문과 교수), 이상회(연세대 신방과 교수), 강원룡(목사, 크리스찬 아카데미 원장), 한완상(서울대 교수), 최석호(신부, 천주교 서울대교구청 사무처장), 한승호(국제대 교수), 최정호(연세대 교수), 오증자(불문학자, 샘터사 주간), 최인호(소설가), 곽대희(비뇨기과 전문의), 김성두(조선일보 논설위원), 정하연(극작가), 황산성(변호사), 김재은(교육학, 이대 교수), 안병주(성대 유학대학장), 정동철(정신과 전문의) 등 열아홉 분으로, 모두 60회에 걸쳐 현대여성의 여러 가지 문제들을 분석하고 대안을 제시했다. 당시 청취자들이 '현대여성은 누구인가?' 의 이야기로 '의식의 개선' 에 도움을 받아 지금 훌륭한 생활을 이어가고 있지 않을까 하는 생각을 해본다. 나는 이 시리즈로 '2차적인 정동문화권' 을 다진 셈이 되었다.

그러나 짧지 않은 프로그램을 일주일 내내 다른 주제, 다른 연사, 감성적인 노래로 채우자니 이만저만 고생이 아니었다. 특히 편지를 읽는 일은 보기보다 쉽지 않고 지난하다. 월척(越尺)에 해당하는 우수한 사연은 그리 쉽게 발견되지 않는다. 또 춘하추동 계절이라든지 어떤 시의(時宜), 시사와 관련을 지어야 하기 때문에 좋은 편지를 찾는 일은 어쩌면 '가뭄에 콩 나듯' 하는 정도였다.

여기서 귀찮은 존재가 등장한다. 요즘 말로 하면 '편지 스토커' 들이다. 주소와 이름을 달리해서 매일 편지를 보내는데, 내용은 최양묵 개인에 대한 어쩌구 저쩌구 등 황당한 것들이 많았다. 프로그램 말미에 기술 아무개, PD 최양묵, 진행 임국희 등이 매일 나가니 내 이름이 익숙해서 그런가 보다 하고 처음에는 무심하게 생각했는데, 점점 통수가 늘어나면서 아르바이트 학생도 짜증을 내고 눈에 익은 글씨로 쓴 편지는 무조건 버릴 정도였다. 그런 병이 있는지는 몰라도 아마 무슨 '편지쓰기 편집증' 같은 것이라고 생각했다.

그러던 차 내가 모친상을 당해 부고가 여러 신문에 실렸는데, 한 열흘쯤 뒤 정문 안내데스크에서 방문객이 있다는 연락을 받았다. 내려가 보니 자기가 늘 편지를 보냈다는 '청주에 사는 김' 이라는 생면부지(生面不知)의 여자였다. 멀리서 왔기 때문에 다방에 가서 커피를 사주었다. 의자에 앉자마자 그 여자는 모친 별세로 얼마나 슬프냐고 대성통곡하는 것이 아닌가. 다방 여주인과 레지(차 나르는 아가씨)는 내가 여자문제로 사고를 친 모양으로 오해하고 딱하다는 표정이다. 힘든 과정을 거쳐 그 여자의 편지는 멈추었다.

비슷한 사건은 또 있다. 퇴근하고 집에 오니 아내의 표정이 별로이다. 5층짜리 아파트라 출근할 때는 아내가 아이를 데리고 마당에 나와 내 차가 떠나는 것을 보면서 배웅하는 것이 상례였다. 그런데 차가 떠나자 아기를 업은 초라한 차림새의 여자가 아내 앞으로 다가와 당신 남편과의 사이에서 낳은 아기라고 횡설수설 떠들어 댔다는 것이다. 동네사람들은 수

군거리고, 아내는 창피해서 죽을 뻔했다고 한다. 이 편지 스토커는 나뿐만 아니라 유명 DJ 박원웅 씨도 매우 고생했다고 한다. 편지와 엽서 시대의 산물이다. 요즘은 '악플' 로 자살하는 사람도 있고, '사생팬(사생활까지 침범하는 광적인 팬)' 에게 시달리는 연예인도 있다고 하니, 그에 비하면 애교 정도로 치부할 수 있겠지만 당사자로서는 무척 힘든 일이었다.

12. 〈신춘 편지 쇼〉(1979년)

MBC 〈여성살롱〉의 포맷이 편지를 읽어주고 음악 들려주는 것이니 그 폭이 아주 좁다고 할 수 있다. 즉 '프로그램' 이라는 관점에서 볼 때 상품의 다양성이 부족한 것이다. 크라운 햄 소시지로 촉발된 편지 사연의 질은 날이 갈수록 높아졌지만, 그래도 사연은 사연이고, 편지는 편지일 뿐이었다. 그래서 PD의 시름은 깊어만 갔다. 편지를 뺄 수는 없지만 어떤 변화가 필요했다.

고심 끝에 탄생한 것이 〈신춘 편지 쇼〉였다. 사전 심사에서 선정된 편지 사연의 주인공들이 따사로운 봄날, 용인자연농원(현 에버랜드)에 모여 편지를 읽으면서 인터뷰도 하고, 가수들이 직접 노래도 하는 등 '편지' 라는 소재를 오락화하고 행사화한 기획이다. 이때 뽑힌 편지의 주인공들은 온 가족이 함께 참여할 수 있어 봄나들이 행사가 되었고, 상품도 많이 주니 청취자 입장에서는 일석이조이고, 수많은 자연농원 입장객들이 모두 방청객이 될 수 있으니 정말 대형 공개방송 수준이 될 것 같은 예감이 들었다.

1979년 2월 '1979 신춘 편지 쇼'를 처음 시작했다. '편지'에다 '쇼'를 붙인 조어(造語)인 〈신춘 편지 쇼〉의 상금은(원고료는 모두 9명에) 100만 원이었고, 상품은 냉장고, 세탁기, 보르네오 가구, 로얄 홈세트 등 푸짐했다. 모집기간인 보름 동안 응모한 편지는 무려 12,316통이었다. 놀랄 만한 숫자였다. 다른 각도에서 보면 편지가 180도로 '변신(變身)'한 것이다. 내가 1979년부터 1983년까지 5회를 하고, 다른 PD가 이어받은 후 〈여성시대〉로 이름이 바뀌어 현재까지 기획이 되고 있으니까 지금도 마음이 흐뭇하다.

13. 10시간 생방송

어느 회사나 중견이 되면 책임이 무겁고 노동량이 많아진다. 어느 해 크리스마스 특집방송 기획회의에서 '녹음이 아닌 생방송으로 진행해서 현장감을 살리자'는 합의가 이루어졌다. 그런데 어찌 어찌해서 내가 뽑혀 진행을 해야 했다. 정말 죽을 맛이었다. 크리스마스이브를 손꼽아 기다리던 두 아이와 아내의 얼굴이 먼저 떠올랐다.

광화문에서 고려병원으로 오는 길이 내려다보이는 '창가 스튜디오'에서 오후 5시부터 크리스마스 특집방송은 계속되었다. 명동이라든지 신촌 등 성탄절을 지내려는 사람들이 많이 모이는 곳은 순차적으로 전화 연결이 이어지고, 통기타 가수와 그룹이 쉬지 않고 스튜디오를 오갔다. 한 가수가 노래를 하고 떠나면 또 새로운 가수가 오고, 눈 코 뜰 새 없이 바빠 화장실 다녀오기도 어려울 지경이었지만 생방송하는 맛은 좋았다.

밤 8시가 지날 무렵, 먼저 다녀간 서유석 씨에게서 전화가 왔다. 자신은 여의도에 있는데 피자집을 하는(그 당시는 피자가 생소했다) 후배가 이 특집방송을 듣고, 모두 저녁도 못 먹을 테니 피자를 7판인지 8판인지를 보내겠으니 돈은 내지 말고 그릇이나(종이판이 없을 때라 넓은 사기 접시) 잘 보관했다가 돌려 달라고 했다. 좀 있다가 한복을 곱게 차려입은 아가씨들이 무거운 피자를 스튜디오로 날라 왔다. 이렇게 고마울 수가! 차례를 기다리는 가수, 또 이야기와 노래를 마치고 떠나는 가수 등 너나 할 것 없이 모두가 한두 쪽씩 먹으니 한 시간이 지나지 않아 그 많던 피자는 동이 났고, 기름 묻은 접시와 많은 휴지만 남았다.

특집방송은 밤 2시에 아주 잘 끝났다. 레코드, 큐시트 등 물건을 치우다 보니 스튜디오 안의 접시, 기름 묻은 탁자, 휴지 등이 눈에 띄었다. 내일 아침 6시에 방송할 사람들을 생각하니 그냥 둘 수가 없었다. 나이든 엔지니어와 나는 그 물건들을 청결히 닦고 정돈할 수밖에 없었다. 그때 비로소 저녁을 걸렀다는 생각이 들었지만 억울하거나 속상하지 않았다. PD 생활이 몸속 깊이 각인된 것이다.

14. 최초의 헬기 생방송(1977년 2월 16일)

앞에서 보았듯이 TV에 밀린 라디오를 위해 PD들은 포맷은 물론 아이디어 짜내기에 늘 골몰한다. TV의 위력에 라디오가 움츠러들기 때문이다.

우리나라 '방송의 날'은 9월 3일이다. 이 날은 1947년 미국 애틀랜틱시

티에서 열린 국제무선통신회의에서 한국이 호출부호 'HL'을 배당받은 날이기도 하다. 'JO'라는 일본 호출부호를 벗어나 독립국가로서 독립적인 호출부호를 실제로 사용하기 시작한 날은 1947년 10월 2일이다. 그래서 초기에는 10월 2일이 방송의 날이었다. 그러나 전파주권을 회복한 것은 실제로 배당받은 날이라는 점을 강조하기 위해 1978년부터 9월 3일을 방송의 날로 변경한 것이다.

우리나라 최초의 방송이라고 일컬어지는 JODK는 약자가 아니라 호출부호이다. 콜사인(call sign: 방송 호출부호) JODK는 일본의 4번째 방송국(도쿄 AK, 오사카 BK, 나고야 CK)이라는 의미였고, 1927년 2월 16일 최초 '경성방송국'이라는 이름으로 서울시 정동에서 호출부호 JODK, 주파수 690kHz, 출력 1kW로 전국 일원을 방송구역으로 첫 전파를 발사했다. 당시에는 일본어 70%, 한국어 30%의 비율이었다.

우리나라에 있는 라디오 수신기가 1,500대 정도였고, 이 가운데 한국인이 소유한 수신기는 300대 정도였다고 한다. 라디오 수신기의 값이 쌀 50가마니가 되는 수준이었고, 한 달 수신료도 쌀 두 말 값이나 되었다고 자료들은 전하고 있다.

라디오 PD들은 신춘특집을 위해 이런 저런 자료를 뒤지다가 '한국 최초의 라디오 전파발사 50주년'을 기념하는 특집방송을 마련하면 어떨까 하는 의견이 나왔다. 구성원 모두가 동의하여 아이템 회의로 이어졌다. 문제는 오프닝이었다. 골프의 굿 샷처럼 무언가 임팩트가 있는 한 방이 필요했다. 회의가 지루해져 끝내야 할 즈음 나는 문득 '전파발사'니까 하늘에서 방송을 해보면 어떨까 하는 생각이 스쳐 지나갔다. 좋은 아이디어로 뽑혔고, 역할 분담에서 '헬기 생방송'은 나에게 떨어졌다. 당시 방송국에서는 이런 문제에 대해 "뺄은 자가 먹는다"는 속된 표현이 쓰였다. 즉 아이디어를 내는 사람이 담당해야 한다는 식이다. 그래서 더러는 좋은 생각이 있어도 아무 말 안하는 이기적인 사람도 있었다.

우선 하늘에서의 헬기 생방송이 기술적으로 가능한지에 대해 기술팀 측에 자문을 구했더니 'OK'라는 답이 돌아왔다. 다음은 헬기를 어떻게 섭외할 것인가인데, 당연히 공군에 협조를 구해야 할 것이다. 그러나 무조건 공문을 만들어 들이대기는 곤란하다. 회사 주변에서 수소문했지만 단서가 전혀 잡히지 않아 고민에 빠졌다. 그래서 아이디어를 함부로 내서는 안 되는 것이다. 남은 안하는 곤경을 나만 겪어야 하기 때문이다.

문득 내가 운영하던 주부통신원 팀 가운데 한 사람이 생각났다. 외모가 후덕하고, 제작2부장(드라마)과 같이 서울대학교 불문과인가를 졸업한 인텔리 여성 김복남 씨가 떠올랐다. 그의 부군이 공군 정훈감(政訓監)이라는 얘기를 얼핏 들은 기억이 났기 때문이다.

그녀에게 사정을 설명하고 남편에게 편의를 부탁하고 공문을 제출했다. 그러나 한마디로 불가(不可)였다. 항공기 운항 중 문제가 발생했을 때 군인은 법에 따라 처리하면 되지만 민간인은 보험을 들 수도 없고 하니 안 된다는 이유이다. 전쟁영화를 보면 많은 종군기자들이 비행기에 탑승하는 것을 보았는데 그들도 보험을 들었겠는가? 또 MBC 사장 명의로 문제가 발생했을 시 MBC가 책임진다는 각서를 첨부하겠다, 또 공군의 입장에서도 '전파발사 50주년' 방송에 기여해 홍보에도 도움이 되지 않겠느냐는 등 여러 이유를 대면서 설득에 주력했다. 우리말에 '베갯밑송사'라는 표현이 있는데, 국어사전은 잠자리에서 아내가 남편에게 바라는 바를 속살거리며 청하는 일이라고 되어있다. 남편의 힘도 강하지만 그 부인의 힘은 더 강하다는 이야기는 실증된 사례도 많다. 김복남 씨를 붙잡고 매달렸다. 결국 허가를 따냈다.

1977년 2월 16일 저녁 7시 20분이 D데이 H아워^(작전개시일)이다. 오전 10시경 성남 K16 기지에 도착해 수속을 마치고 정훈장교실에 들어갔다. 특집방송을 위한 비행개시 시간과 체공 시간 등을 공군에 구체적으로 브리핑하고 기다렸다. 점심 후, 기지사령관이 들어섰다. 우람한 체격, 구릿빛 얼굴에 카리스마가 넘치는 그는 마치 〈빨간 마후라〉의 주연배우 느낌이 드는 영락없는 군인이었다. 그는 "MBC 작전은 취소됐다"고 짧게 말했다. 기상악화 때문이라는 것이다. 잠시 후, 나는 "MBC를 대신해서, 또 선배 방송인들의 유지를 받들어 하는 특별방송이라 물러설 수 없다. 방송이 가능할 때까지 여기서 기다리겠다"고 맞받아쳤다. "젊은 친구가 고집이 세구만" 하고 그는 나를 노려보더니 문을 꽝 닫고 나가버렸다. 오후 4시쯤 일군(一群)의 장교들이 방에 들어섰다. 그들은 남쪽 부대에서 경비행기^(L19 유형인 듯)를 타고 추풍령을 넘어오는데 바람이 심해 에어포켓을 경험했다는 넋두리였다. 에어포켓은 기류 상태^(바람)에 의해 비행 중 갑자기 고도가 떨어져 심하게 낙하하거나 크게 요동치는 상황을 말한다.

"오프닝 임팩트는 날라 갔구나!"

불길한 생각이 내 머리를 스쳐 갔다. 부대 안 보안지역이라 밖으로 나갈 수도 없고, 핸드폰이 없는 때라 회사에 전화도 걸 수 없어 방송 팀은 완전히 고립된 상태였다. 시간은 흘러 저녁 5시경, 밖은 이미 어둠이 가득한데 사령관실에 다녀온 정훈장교가 날씨가 약간 호전돼 비행이 가능할 수도 있다는 귀띔을 해주었다. 뛸 듯이 기뻤다.

잠시 후, 사령관이 들어와 비행을 허락한다고 악수를 청했다. 공손히 감사하다는 말을 전했다. 우리는 비행장에 나가 이미 시동을 걸고 있는 헬기에 올라 장비를 설치하고 곧 반포 아파트 상공에 진입했다. 지금도 '수도권 비행금지구역' 이 설정되어 있을 것이다. 청와대를 중심으로 일정한 반경으로 그어진 수도권 비행금지구역(P-73A)은 남·서쪽으로는 한강, 동쪽으로는 중랑천을 경계선으로 하고 있으며, 원칙적으로 비행이 허락되지 않는 지역이다. 한강을 넘으면 안 된다. 마음 같아서는 정동 MBC 상공에서 하고 싶었지만 불가능한 것이다. 정지비행을 하면서 오디오 테스트를 하는데 비행기는 좌우로 3~4미터씩 밀리기를 반복한다. 헬기 방송이 쉽지 않다는 것을 알게 되었다.

기지로 복귀한 후, 방송시간에 맞추어 이륙했다. 그런데 본사 주조종실과는 연락불통이고, 그들은 우리의 상황을 전혀 모른다. 다시 어둠이 짙은 반포 아파트 상공에 이르고, 큐시트 시간에 정확히 맞추어 오프닝 멘트를 하기 시작했다.

"여기는 반포 아파트 상공, 어둠 속에서도 한강은 유유히 흘러가고, 서울의 야경은 화려하고 아름답기 그지없습니다. MBC는 한국 방송의 첫 전파가 발사된 지 50주년을 기념하기 위해…"

리포트는 이어졌다.

주조종실에서는 오프닝 꼭지가 감감무소식이라 포기하고 다른 아이템을 준비해놨는데, 혹시나 하는 생각으로 우리 수파수를 잡았더니 "타! 타! 타!" 하는 비행음이 들려 부장 이하 모인 사람들이 모두 박수를 쳤다는 얘기를 돌아와 들었다.

우리나라 최초의 헬기 생방송은 이렇게 천신만고 끝에 성공한 것이다. 지금은 지상파 방송사들이 모두 헬기를 운용하고 있다. 한가위 또는 설 명절에 고속도로 위에 헬기를 띄워 정체 상황 등을 여기자 리포트와 함께 자세히 화면으로 보여주는 것이 다반사로 이루어지고 있어, 라디오로 헬기에서 최초로 방송을 했다는 이야기는 매우 썰렁하게 들릴지도 모른다. 그러나 이 에피소드는 35년 전의 일이다. 컴퓨터도, 핸드폰도 상상할 수 없던 세월의 모습이다. 오늘날 현대자동차는 세계 5위의 생산력을 자랑하지만, 첫 베스트셀러인 '포니1(조랑말)' 이 90% 이상 우리 자체 기술력으로 1975년 12월 생산에 들어가 1976년 2월 29일 울산공장에서 첫 출고된 사실을 봐도 1970년대 중반과 비교하면 우리는 지금 천지개벽(天地開闢)의 세상에 살고 있는 셈이다.

15. 〈라디오극장〉에서의 고사(告祀) (1982년 7월 6일)

1981년 12월 21일 MBC 여의도 스튜디오가 일부 준공되고, C스튜디오와 D스튜디오에서 공개녹화가 실시되었다. 그리고 다음해인 1982년 3월 17일 오전에 여의도 스튜디오 준공식이 거행되었다. 이광표 문공부장관, 이원홍 방송협회장, 이진희 사장 등이 테이프를 끊었다.

1979년 9월 11일에 착공해서 2년 6개월 만에 준공을 본 것이다. 대지 5,383평에 지하 2층, 지상 10층, 옥탑 1층의 연건평 13,428평으로 당시로 서는 초대형 건물이었다. A스튜디오 300평, B스튜디오 200평, C스튜디오 280평, D스튜디오 공개홀 330평, 녹음 스튜디오 50평, 세트 작업장 1,500 평. 스튜디오마다 방송 장비와 기재들이 모두 들어갔으니 얼마나 거대한 작업이었을까 상상이 잘 안 된다.

먼저 TV와 기술 부문의 일부가 옮겨갔고, 순차적으로 송출 및 일반 관리시설 그리고 나중에 중역실까지 이전을 했다. '정동시대'는 문을 닫 고 MBC의 '여의도 시대'가 화려하게 막을 올리게 된 것이다. 이때부터 MBC는 TV 드라마, 쇼, 아침방송, 다큐멘터리, 라디오와 FM을 망라해 빛 나는 프로그램의 금자탑을 쌓아 갔다.

본사가 여의도로 옮겨가면서 정동의 TV 공개홀인 C스튜디오가 무용 지물이 되었다. 문전성시를 이루던 스튜디오에 먼지만 쌓이자, 회사는 이 TV 공개홀의 관리·관할권을 라디오국에 공식적으로 넘긴다며 사용계획 을 요구했다.

하지만 누구도 이 프로젝트에 흥미를 느끼지 않아 지원자가 단 한 명 도 없었다. 나 역시 마찬가지였는데, 라디오 국장의 강권에 의해 자의 반 타의 반으로 스튜디오를 접수하게 되었다. 앞서 등장했던 '프로그램 분담

보름 천하' 의 주인공이었던 차장은 이곳저곳 섬을 유랑하다가 라디오 국장이 되어 있었고, 나도 차장으로 승진해 있었다. 조그만 라디오 스튜디오에서 복작대다가 제법 극장 같은 대형 공연장을 확보했지만 여기에 담을 음식, 즉 프로그램이 문제였다. 고심에 고심을 거듭한 끝에 내가 평소 생각했던 '교양 프로의 쇼화(化)' 가 떠올랐다. 이렇게 해서 TV가 버리고 간 곳에 〈라디오극장〉이 탄생한 것이다. 1982년 7월 7일 신문기사를 보자. 35)

「7월 6일 오전 11시, 정동 MBC 스튜디오에서는 때 아닌 고사(告祀) 해프닝이 벌어져 관심을 모았다. 이번 고사는 MBC 지하층의 C공개홀을 '라디오극장' 으로 새로 단장, 개관에 앞서 의욕적인 분발을 스스로 다짐하는 MBC 라디오국 프로듀서들의 열기(熱氣)로 추진된 것이다. 정동이 용이 알을 품고 있는 지세(地勢)여서 돼지머리 대신 닭이 제사상에 올랐다. 이것은 지관상(地官上) 용과 돼지머리는 상극이라는 MBC 권효섭(權孝燮) 전무의 애기를 참고로 한 것이다. 막걸리를 부어가면서 MBC 라디오 제작팀들은 성심껏 큰 절을 올렸다. 이날 고사를 총 지휘한 최양묵 프로듀서는 현대 문명의 이기(利器)를 고도로 활용하는 방송국과 고사는 안 어울릴 듯도 하지만, 컬러 TV의 그늘에 눌려(MBC는 1980년 12월 20일 컬러 TV 방송 시행) 소외감을 갖는 라디오에 새로운 불꽃을 당기는 한바탕 행사로서의 산뜻한 계기는 된다고 말했다.

　"청각매체라는 한계에서 오는 타성을 떨쳐버리기 위한 일종의 자기 최

---

35) 신문 스크랩은 보관돼 있는데 신문사 명과 날짜 부분이 잘려져서 밝히지 못함.

면이자 자기 암시입니다. 라디오 PD 자체가 라디오 매체에 대해 갖고 있는 선입감을 떨쳐내고 모든 가능성을 시도해보려는 자기 결의를 다지는 자리이죠. 일본에서도 새 드라마를 시작하기 전에 붉은 보자기에 대본을 싸놓고 성공을 기원하는 고사를 지냅니다."

새로 취임한 이웅희(李雄熙) 사장도 고사 현장에 이례적으로 들러 PD들을 격려하면서 최선을 다할 것을 당부했다. MBC가 새로 꾸민 '라디오극장' 은 지하층의 TV C공개홀을 뉴욕의 '라디오 시티 뮤직 홀' 처럼 시민이 직접 참여해 즐길 수 있도록 활용하는 첫 시도이다. 고사가 끝난 뒤 오후 2시부터 '라디오극장' 에서의 팡파레로 MBC 여성살롱 여름특집인 '여성살롱 써머 콘서트' 가 2백여 명의 주부가 참석한 가운데 공개로 진행되었다.」

고사는 생각보다 까다로운 절차가 있고, 준비물도 상당했다. 나도 잘 모르고 주변 PD들도 모르기는 마찬가지였다. 그 때 내가 관장하던 '주부 통신원' 들에게 도움을 청했다. 비용은 다 내가 마련했지만 그녀들은 5~6명이 모여 어렵지 않게 고사준비를 해주었다. 지금은 70세가 훨씬 넘었을 할머니들에게 감사를 표하고자 한다.

그 후 MBC 프로덕션 사장으로 일하면서 우리는 주로 '아침 드라마' 를 제작했는데, 시청률도 시원치 않고 수입도 적었다. 그래서 새 아침 드라마를 시작하면서 작가와 주연 탤런트, 직원들을 데리고 녹화 스튜디오에서 보자기에 원고를 싸서 앞에 놓고 고사를 모신 적이 있다. 고사 덕인지 시청률도 괜찮았고 광고도 많이 붙어 한숨을 돌린 적도 있다.

필자는 팔자소관인지 어떤 연유인지는 모르지만 주부통신원, 교통통신원, 리포터(주로 인기인 여성), 구성작가에 대한 시스템을 방송 최초로 만들고, 그들을 모집한 바 있다. 주부통신원은 '부장과의 다찌마와리' 에 나오는 부장의 작품이었다. 아마도 일본 방송의 예에서 아이디어를 얻은 것으로 보인다. 그는 일본어에 능통했고, 방송문화연구실에서 근무하면서 상당한 일본 방송자료를 섭렵한 바 있는 인사이다. 나는 1968년 12월 당시 서울 시내 23곳(?)의 시장(재래시장)을 매일 같이 다니며 자료를 조사했고, 리포트 할 수 있는 주부들을 선정해 실제 방송에 활용해 신선한 반응을 얻어냈다. 교통통신원은 〈푸른 신호등〉을 담당하면서 만든 제도인데 정체 지역, 사고, 왜곡된 도로 등을 출퇴근 시간에 실시간으로 전달해 도로 소통에 많은 도움을 주곤 했다. 이들의 숫자도 늘어나 서울 곳곳과 외곽으로 경기도 접경지까지 리포트 지역이 확대했다. 리포터는 교양국에서 〈차인태의 출발 새아침〉을 관장하면서 처음 실시했다. 그 무렵 PD들이 구성작가로 능력검증이 안된 100% 대졸 미모의 여성들만 데려와 커피 심부름만 시키는 것을 목격하고서 최초로 공채를 통해 뽑은 바 있다.

16. 나훈아, 추석날 〈라디오극장〉에 서다

가수 나훈아는 이미자, 패티김, 남진, 조용필과 함께 트로트 가요계의 가걸(歌傑)이다. 그의 노래는 수백 곡인지 수천 곡인지 알 수 없을 정도로 많다. 나는 〈머나먼 고향〉 〈청춘을 돌려다오〉 〈사랑은 눈물의 씨앗〉 〈영

영) 〈사랑〉 등을 매우 좋아하는데, 그 중에서도 박정웅 작사 작곡의 〈찻
집의 고독〉을 제일로 친다.

그 다방에 들어설 때에 내 가슴은 뛰고 있었지.
기다리는 그 순간만은 꿈결처럼 감미로웠다.
약속시간 흘러갔어도 그 사람은 보이지 않고
싸늘하게 식은 찻잔에 슬픔처럼 어리는 고독
아, 사랑이란 이렇게도 애가 타도록 괴로운 것이라서
잊으려 해도 잊을 수 없어 가슴조이며 기다려 봐요.
루~루~루~루~루~루~루 루~루~루~루~루~루~루

가사는 다분히 통속적이지만 나훈아는 가슴을 후비는 아픈 목소리로
사나이의 고통스러운 사랑을 노래하고 있다. 그런데 나훈아는 아주 특별
한 공연이 아니면 〈찻집의 고독〉을 여간해서는 부르지 않는다고 한다. 그
이유는 1972년 6월 시민회관(현 세종문화회관)에서 이 노래를 부르고 있는 도
중, 김웅철이라는 정신이 이상한 사람이 깨어진 사이다병을 들고 무대로
뛰어올라 나훈아의 왼쪽 뺨에 70바늘이나 꿰매는 큰 상처를 입혔기 때
문이다. 즉 이 노래를 부르면 그때 생각이 떠올라 노래하지 않는다는 것
이다. 그의 히트곡들은 참으로 많다. 몇 년째 활동을 쉬고 있기에 지금의
청춘들은 나훈아를 잘 모를 수도 있다. 참고로 히트한 노래들을 열거해
본다.[36)]

---

36) 위키 백과

2005년 〈어느 한 여자에게〉 〈홍시/ 사내〉

2004년 〈연락선/ 허야〉

2003년 〈공(空)〉

2001년 〈아담과 이브처럼〉

1999년 〈내 삶을 눈물로 채워도/ 지금의 나였더라면〉

1995년 〈아내라는 여자/ 보통여자〉

1993년 〈어매/ 또 너를 사랑할 거야〉

1992년 〈외로운 주말/ 남천동 부르스〉

1990년 〈영영〉

1989년 〈건배/ 사나이 눈물〉 〈갈무리/ 가시나무〉

1988년 〈포켓 속의 추억/ 무시로〉

1986년 〈님/ 서울-동경〉

1985년 〈체념/ 평양 아줌마〉

1984년 〈울긴 왜 울어/ 잡초〉 〈영동 부르스/ 연상의 여인〉

1983년 〈사랑/ 18세 순이〉

1982년 〈나그네 마음/ 노란 은행잎〉

1981년 〈대동강 편지/ 이슬비는 나그네〉

1980년 〈부두/ 마음 약해서〉

1979년 〈사랑아 다시 한 번〉

1978년 〈공항의 두 얼굴/ 다 그런 거지 뭐〉 〈이별의 고속도로/ 먼 훗날〉

1977년 〈애정이 꽃피던 시절/ 정〉 〈님 찾아 가는 길/ 두 손을 잡아요〉

1976년 〈고향은 멀어도/ 연락선〉 〈물레방아 도는데/ 긴 세월〉

1973년 〈고향의 그 사람/ 어머님의 영광〉 〈햇님과 달님/ 고향의 어머님〉

1972년 〈머나먼 고향/ 찻집의 고독〉 〈흰 구름 가는 길/ 해변의 여인〉 〈고향 역/ 꿈속의 고향〉

1971년 〈가지 마오/ 후회〉

1970년 〈너와 나의 고향/ 행복을 비는 마음〉 〈두 줄기의 눈물/ 미련은 없다〉

1969년 〈사랑 흘러 강물 흘러/ 임 그리워〉 〈사랑은 눈물의 씨앗/ 강촌에 살고 싶네〉

1966년 〈천리길〉 등이다.

1982-1983년경 나훈아는 이미 대가수 반열에 올라 있어 10대 가수상도 다섯 번이나 탔다. 그러한 그가 추석날 오전 10시에 생방송으로 진행하는 MBC 여성살롱의 '토요 스페셜'에 초대가수로 나온 것이다. 이 토요 스페셜은 MBC 라디오극장 개관 기념으로 올렸던 '여성살롱 써머 콘서트'가 여름철이 끝나면서 이름을 '토요 스페셜'로 바꾸고 이어진 프로이다. 역시 생방송이었다. 이때 모험심이 발동했다. '만약 중추절이라고 녹음을 한다면 현장감이 떨어져 맥이 빠지지 않을까' 하는 기우 때문이었다. 다만 그런 대명절에 200여 석 정도의 객석을 어떻게 방청객으로 채울 수 있을까 하는 것이 최대의 고민이었다.

망하더라도 생방송으로 하겠다는 계획이 확정되자 톱클래스 가수 섭외에 매진했다. '아다마(頭: 핵심가수)'는 나훈아였다. 요새라면 경쟁률이 심하더라도 계속 노력해 '나가수' 방청권을 얻어 인기 가수의 얼굴을 볼 수 있지만, 그 때는 그런 시스템이 없어 나훈아의 실제 얼굴을 보면서 코앞에서 노래를 들을 수는 없다.

매니저에서 매달려 사정사정하고 삼고초려의 정성을 기울여 출연섭외를 성공시켰다. 매니저는 "대가수에게 추석날 아침 10시에 나와 노래를 부르라니, 이런 경우는 듣도 보도 못했다"고 불평을 앞세운다. 나는 왜 그런 무리한 짓만 골라 저지르는지 스스로 생각해도 이해가 잘 안 된다. 매니저 자신은 동의했지만 막상 나훈아가 거절하면 자기도 어쩔 수 없다는 단서 조항을 달았다. 청취율이 전 라디오에서 1위였으니 나훈아도 못 나오겠다는 얘기를 하기는 곤란했을 것이다.

다음은 관객동원 방법이었다. 생방송이 오전 10시에 시작하니 여기에 참여하자면 차례(茶禮)를 아침 6시경에는 지내야 할 것이다. 집에서 정동 방송국까지는 적어도 1시간은 걸려야 올 것이니 말이다. 하지만 이런 추측적인 계산은 잘 맞지 않기에 극약(劇藥) 처방을 하기로 마음먹었다. 상품 협찬사에 전화를 걸어 다량의 상품제공을 부탁하고, 방송 당일은 해당사 직원들이 가족들과 함께 총출동하라는 공개방송 비상사태를 선포했다. 그리고 예고에 나훈아가 출연한다는 것, 참석한 모든 방청객에게는 약 3개 정도의 상품을 반드시 제공하며, 그 중에는 부부가 함께 사용하는 고급 크리스털 '러브 컵 세트'도 포함되어 있다는 점을 강조해서 방송했다. 평소에는 200여 석 정도 되는 방청석이 꽉 차지 않는 경우도 가끔 있었는데, 만약 방청객이 부족한 사태가 될 경우 이들이 한 자리라도 더 채웠으면 하는 고육지책의 조치이다.

집에서 준비한 송편과 전, 커피를 차에 가득 싣고 아침 8시에 도착하니 회사 정문 앞은 휑하니 비어 있다. 경비원에게 방청객들이 오면 차고 뒤쪽의 라디오극장으로 안내해 달라고 부탁했다. 그들은 "추석날 차례도 안 지내고 어떤 마누라쟁이들이 올 거냐" 고 초를 쳐댔다. 방송 한 시간 전인 9시가 되었는데 방청객은 한 사람도 도착하지 않았다. 상품을 실어 나르는 직원들이 들락거리는 사이 상품은 산더미처럼 쌓여 마치 동네 마트 못지않았다. 그러나 방청객 없이 상품만 쌓아 놓고 공개방송을 할 수는 없는 노릇이다.

시간은 속절없이 흘러갔고, 나의 초조함은 더해 갔다. 그런데 9시 30분이 되니 70~80명이 자리를 채웠고, 이때부터 사람들이 몰려들기 시작해 9시 40분경에는 200석이 꽉 차고, 자리가 없는 주부들의 가벼운 항의를 받기까지 했다. 나는 조연출과 사람들을 보내 라디오국이건 어디건 신문철에서 모든 신문을 빼오라고 소리쳤다. 그들이 통로와 복도에 앉으니 300명이 넘는 관객이 입추의 여지없이 빈 공간을 메웠다. 조연출, 엔지니어, 악단은 물론 도착해 있던 가수들도 모두 경악을 감추지 못했다.

공연이 시작되고, 나훈아는 좀 늦게 도착했다. 그래도 송편 등 꾸러미를 들고 왔다. 그것을 내려놓으며 참 별 일 다 겪는다고 넋두리를 하다가 커튼 사이로 잠시 무대 쪽을 보더니 놀란 표정이었다. 드디어 그의 노래가 시작되었다. 두 곡인가를 부르더니 그는 가죽 재킷을 벗어 무대에 내동댕이치고 미친 듯이 몰입하며 노래를 불렀다. 모션이 강렬하고 심지어 거칠기까지 했다. 대부분이 주부들인 관객들은 온힘을 다해 뜨거운 박수로 화답했다. 추석이고 아이들이고를 잊은 정말 신나는 무대였다. 듣는 사람이 열광해야 가수도 신이 나는 법이다. 나훈아는 대여섯 곡의 노래를 마치고 돌아가면서 나에게 "불러줘서 고맙다" 는 인사를 잊지 않았다.

공연은 관객이다. 물론 콘텐츠가 우수해야 하지만 어떻게 많은 관객을 동원할 수 있는지도 그에 못지않게 중요하다. 속된 말로 아주 망할 수 있는 공연을 나훈아와 대량의 선물이 라디오극장 공연을 살려주었다. 그리고 애초 목적이었던 차례 음식을 장만하느라 지친 여성들을 즐겁게 해줄 수 있었다.

이렇게 나는 일찍이 '공연예술' 부문에서 말하는 임프리사리오(Impresario: 공연주, 흥행주)를 겪었고, 이는 나중에 문화사업국장으로서 국제적인 대형 공연들을 수행하는데 밑거름이 되었다.

나훈아 이야기가 나왔으니 가수 남진과 관련된 에피소드를 하나 첨가한다. 37) 「남진은 (2011년 3월) 22일 방송된 KBS-2TV 예능 프로그램 〈승승장구〉에 출연해 지난주에 이어 화려한 입담을 과시했다. 그는 지난 방송에서 오른쪽에 위치한 게스트 자리를 왼쪽으로 옮겨달라는 부탁을 한 바 있다. 이유인즉 조폭에게서 큰일을 당했던 것. 남진은 "1979년 힘을 좀 쓰는 친구들에 사시미 칼로 왼쪽 허벅지를 찔린 적이 있다. 다행히도 대동맥에서 5mm 비껴나가 다행이었다" 며 "당시 업소를 시작했는데 조직 폭

---

37) 마이데일리, 이은지. 2011년 3월 23일.

력배의 텃세였다. 대동맥이 파열됐다면 정말 위험할 뻔 했었다" 고 위험천만했던 당시 상황을 기억했다.」

나훈아와 남진은 가장 인기 있는 가수였지만 모두 '피습' 을 당한 과거가 있다. 인기는 대중의 열망이지만 반대로 증오의 일면도 가지고 있는 점은 인간의 한계를 나타내는 모습이기도 하다.

17. 롯데 위성 스튜디오를 선보이고(1982년 2월 6일)

현대사회에서는 모든 것이 순간순간 변화하며 발전하고 진보를 거듭한다. 범위를 좁혀 '라디오 방송' 도 매일 그 타령이 그 타령이면 청취자를 모두 잃어버리고 쓸쓸이 버림받게 된다. 그런데 그 변화라는 것을 찾아내기가 학창시절 소풍 때의 보물찾기보다 수십 아니 수백 배나 어렵다. MC, 출연자, 음악 등이 기본구조인데 여기다 이것저것을 끼워 넣을 경우 조화와 감미($甘味$)를 내지 못하면 아무런 소용이 없다. 새로운 아이디어가 백화점처럼 진열되어 있어 사오면 좋겠지만, '창조적 생각' 은 시야가 닿지 않는 곳에 숨어 있어 PD, 기자, 작가, 영화감독들의 눈에 잘 띄지 않는다. 그들은 술을 마시고, 명동 등 다방을 헤매는가 하면 사람들을 만나며 각고의 고통 속에 신상품(새로운 아이디어)을 찾기에 분주하다.

1960년대 중반, 명동 입구 바로 건너편의 지금은 사라진 미도파 백화점 5층에 '미도파 살롱' 이라는 공연장이 있었다.[38] 낮엔 이봉조 악단, 이

---

38) 조선일보, 2011년 7월 13일. 세시봉, 우리들의 이야기③.

동기 악단, 〈봄비〉라는 노래로 유명한 박인수 등의 공연이 열렸다. 밤엔 카바레로 운영됐다. 입사 후 나도 미도파 살롱에 올라가 당시 인기가수 '위키 리'가 사회를 보는 공연에 가본 적이 있다. 위키 리의 사회 솜씨도 남달랐고 가수들의 노래도 눈앞에서 벌어지니 현장감과 신선함이 두드러졌다. 엔터테인먼트의 공급이 아주 미미하던 시절이라 더욱 매력적이었다. 다만 그것이 생방송이었는지 또는 녹음이었는지는 기억이 희미하다. 어쨌든 이것은 요즘 시행되는 '듣는 라디오'가 아닌 '보는 라디오'의 시작이라고 보아도 무방할 것이다. 마트에 가면 아줌마 판매원들이 고기를 구워 시식하게 하고 커피도 한 컵 마시게 해보고 고객이 사도록 유도한다. 이것은 어느 면에서 청취자에 대한 적극적인 마케팅 활동의 하나이다.

1982년 2월 6일 서울 한복판인 소공동 롯데 호텔 내에 '롯데 스튜디오'를 개장했다.[39] 「TV 시대에 라디오가 차지할 수 있는 영역을 최대한으로 넓혀 나가기 위해 '생활 속의 라디오', '듣는 라디오'에서 '보는 라디오'로 탈바꿈하려는 MBC 라디오의 끈질긴 집념이 마침내 'MBC 롯데 스튜디오'를 탄생시키고야 말았다. 서울의 번화가에서도 가장 이름난 롯데 호텔 '썬킨 가든'에 자리 잡은 이곳은 생활 현장에서 청취자와 함께 직접 전파를 쏘아대는 이른 바 'On Spot 정보'를 강화할 목적으로 라디오 방송의 새 개척지를 완공한 것이다.

앞이 투명한 유리로 장식된 MBC 롯데 스튜디오는 정동 스튜디오에 딸린 '위성 스튜디오'로서 생생하게 움직이는 생활정보센터 구실과 함께 연

---

39) MBC 가이드, 1982년 3월호. pp.16~18.

예·오락센터 구실도 겸하게 된다. MBC 라디오국 제작1부는 이 스튜디오가 MBC 가족 모두에게 일상생활의 소중한 길잡이가 되게 하기 위해서 갖가지 스페셜 쇼와 팝스 쇼, 그리고 인기 연예인 초청공연뿐만 아니라 국민정서를 더 높이는 폭넓은 특집방송을 연중무휴 방송할 작정이다. …(중략)… 오픈 행사에 이어 베풀어진 특집방송 〈1982 신춘 라디오 대작전〉은 낮 12시 30분부터 5시까지 생방송되었는데, 봄을 시샘하는 추위가 기승을 부리는데도 3천여 명이 넘는 관객들이 모여서 '보는 라디오' 의 화려한 탄생을 호기심 어린 눈초리로 지켜보았다. …(중략)… 개설준비에서 진행에 이르기까지 야전사령관 역할을 한 최양묵 차장은 "MBC 롯데 스튜디오에 출연하는 사람들이 옷가지나 몸단장(화장 등)이 TV에 출연할 때보다 더 유별나게 신경을 쓰는 것을 보면 '보는 라디오' 의 대성공을 확신할 수 있다" 고 덧붙였다.」

나는 여기서 DJ 이종환 씨가 진행하는 〈달려라 팔도강산(14:10~15:50)〉에 이어 〈바구니 대작전(16:05~16:30)〉이라는 프로를 방송했다. 오후에 명동을 나왔던 주부가 이 스튜디오에 들러 남편 회사에 전화를 걸어 통화를 하는데, 지금은 핸드폰으로 직접 연결이 되지만 그 때는 방송국에 설치된 전화가 아니면 불가능했다. 이 때 통화내용을 생방송에 물려 내보내고 직장의 남편이 만약 "기왕 명동에 나왔으니 내가 일찍 퇴근하고 나가 저녁을 사주겠다" 는 식의 답변이 나오면 그날 저녁 데이트 비용을 〈바구니 대작전〉이 대주고 여러 가지 상품도 주는 포맷이었다. 그 남편은 직장에서 화제도 되고, 공짜로 아내에게 한턱 낼 기회도 생겨 일석이조의 효과를 가져와 인기가 많았다.

MBC 롯데 스튜디오의 오후 앞뒤 프로에서는 특히 조연출들의 역할이 중요했다. 지나가는 시민들 중에 방송에 투입해 좋은 성과를 낼 수 있는 여성들을 즉시 섭외해 스튜디오로 데려올 수 있는 순발력과 유연성이 필요했다. 그러니까 주부들의 관상을 잘 보는 재주가 있어야 한다.

앞 프로의 조연출은 많은 저서를 내고 '강남좌파론'을 처음 역설해 더욱 유명세를 탄 전북대 신방과 강준만 교수이고, 다른 한 사람은 지금 단국대 언론정보학부 교수였다. 내 프로의 조연출은 평소 보기에는 활달해 보이는 편이었는데, 해당 코너를 물릴 시간이 다 되어도 소위 '주부 낚시질'의 성공률이 좋지 않아 다음 코너로 돌리는 일이 잦았다. 여성들에게 친화적인 인상이 아니어서 그랬을까?

본사에 앉아 모니터를 하는 부장은 매끄럽지 못한 진행에 자주 불만스러워 했다. 인터뷰 여성(남편과 저녁 약속 가능자)은 적어도 15~20분 전에 스튜디오로 데려와야 한다. 부장이 신경을 쓰는지라 거의 30분 전에 섭외를 내보냈는데도 방송 10분 전까지 조연출은 인터뷰 여성을 데려오지 못했다. 다급한 나머지 앞 프로의 강준만 조연출을 위기 탈출을 위해 전격 투입했더니 채 2분도 안됐는데 언뜻 보기에도 그럴 듯한 여성을 스튜디오 안으로 모셔왔다. 그는 키가 훤칠히 크고 흰 피부와 환한 미소의 소유자였다. 그가 학계로 안 갔다면 뛰어난 PD가 되지 않았을까 생각된다. 내 프로의 조연출은 필자가 TV의 교양제작1부장으로 재직할 당시 PD였는데, 노동조합운동에 열심이었고, 프로그램에서는 내 속을 많이도 썩였다. 여러 가지 사건 후 퇴직하고 미국 유학을 하고 돌아와 지금은 강단에 선다고 한다. MBC 롯데 스튜디오에 대한 추억이다.

18. 〈한국 가요 100〉 방송대상 수상(1982년 9월 2일)

나는 특집방송 〈한국 가요 100〉을 방송한 공로로 1982년 9월 2일 방송의 날에 제9회 한국방송대상 시상식에서 국무총리상(우수상)을 받았다. 최우수상(그랑프리)은 TV 프로에 돌아갔다.

사람들은 무엇이 잘되면 그것을 '복(福)' 으로 바꾸어 부른다. 재복(財福)이 있다느니 건강 복, 감투 복, 여복, 마누라 복을 타고 났다느니 하면서 복 타령이 자주 화제에 오른다. 그 중에는 상복도 있다. 물론 재능이 뛰어나 그 분야에서 실력을 인정받아야 상을 탈 수 있다. 그렇지만 영화제의 상은 대단히 상대적이다. 그 해 출품된 작품들이 시원치 않을 때는 그 아래가 상을 탈 수 있고, 또 심사위원장이나 심사위원의 성향에도 좌우되고, 또는 어떤 주체나 사람에 있어 순번으로 상을 주는 경우도 발생할 수 있다. 수상(受賞)은 필연(必然)의 결과이지만 우연(偶然)의 산물일 수도 있다. 즉 상은 어떤 독특한 찬스에서 발생해 나한테 오는 것이다.

MBC 〈여성살롱〉은 MBC 라디오를 대표하는 강력한 무기였다. 특히 여성의 자기실현(自己實現, 여성해방과는 차이가 있다)을 주장해 한국 여성의 현대적인 지위 향상을 위해 노력한 기여와 공로는 적지 않다. 그러나 그간 큰 상이건 작은 상이건 받은 적이 없었다. 그러나 세월이 돌고 돌아 내게 상이 찾아온 것이다.

MBC 창사 20주년 기념으로 '한국 가요 전국 대조사' 가 실시돼 전국 MBC 19개 계열사에 설문지를 돌리고 회수하고 분석하는 작업을 벌여 보고서가 만들어졌다. 1981년 11월 10일 조사결과가 나왔다. 연도별 대표곡은 다음과 같다.

*1920년대 - 〈황성옛터〉(왕평 작사, 전수린 작곡, 이애리수 노래)

*1930년대 - 〈눈물 젖은 두만강〉(김용호 작사, 이시우 작곡, 김정구 노래)

*1940년대 - 〈신라의 달밤〉(유호 작사, 박시춘 작곡, 현인 노래)

*1950년대 - 〈이별의 부산 정거장〉(유호 작사, 박시춘 작곡, 남인수 노래)

*1960년대 - 〈노란 샤쓰의 사나이〉(손석우 작사/작곡, 한명숙 노래)

*1970년대 - 〈돌아와요 부산항에〉(황선우 작곡, 조용필 노래)

※이 노래는 작사자와 가수로 활동하던 김해일의 〈돌아와요 충무항에〉를 작곡가 황선우 씨가 개사했다고 한다.

　*1980년대- 〈창밖의 여자〉(배명숙 작사, 조용필 작곡, 조용필 노래)

특히 1980년대 〈창밖의 여자〉의 인기는 가히 폭발적이었다. 그 뒷이야기를 살펴본다.

「일종의 '득음(得音)' 을 경험한 뒤 미친 듯이 음악에 몰두했다. 새벽 4시 밤무대가 끝나면 5시부터 아침밥 먹을 때까지 연습, 점심 때까지 취침하고 일어나면 무대에 설 때까지 다시 연습을 강행했다. 게으름 피우는 멤

버가 있으면 주먹도 불사할 만큼 필사적으로 밴드를 이끌어갔다. 밤무대에선 가요를 연주하거나 노래하지 않았다. 내 얼굴을 알아보고 〈돌아와요 부산항에〉를 신청하는 손님들이 많았지만 응하지 않았다. 그 노래 때문에 내 음악인생에 족쇄가 채워졌다는 생각에 오기가 돌았다.

하지만 스파르타식 강훈련도 오래 가지 못했다. '10·26사건'이 터지면서 밤무대 활동이 금지됐고, 멤버들도 뿔뿔이 흩어졌다. 다시 혼자가 된 나는 방구석에서 통기타를 두드리며 노래를 연습했다. 그러던 어느 날 여동생이 방문을 급하게 두드리며 빨리 나와 보라고 소리쳤다. 1979년 12월 6일. 대마초 연예인에 대한 전면 해금조치가 내린 것이다. 7시 뉴스에 명단이 공개됐는데 내 이름 석 자도 끼여 있었다. 지인들로부터 몇 통의 축하전화를 받고 방에 돌아와 불을 끄고 누웠다. 만감이 교차해 눈물이 줄줄 흘러내렸다. 다시는 이 뼈아픈 눈물을 흘리지 않겠노라 이를 악물고 다짐했다.

해금소식이 있은 며칠 뒤 동아방송 안평선 PD가 전화를 걸어왔다. 1980년 정초부터 새 연속극을 내보내는데 주제가를 작곡, 노래해 달라고 했다. 드라마 제목은 〈창밖의 여자〉. 느닷없는 요청에 잠시 어리둥절했지만 어차피 달리 할 일도 없었다. 작사가 배명숙 씨가 만든 노랫말을 전화로 받아 적었다.

"창가에 서면 눈물처럼 피어오르는 그대의 흰 손…"

슬픔이 가득 담긴 첫 소절이 가슴 한복판에 날아와 꽂혔다. 노랫말은 갈수록 감동을 고조시켰다.

"누가 사랑을 아름답다 했는가. 누가 사랑을 아름답다 했는가. 차라리 차라리 그대의 흰 손으로 나를 잠들게 하라."

온몸에 짜릿한 전율이 흘렀다. 조심스레 기타 줄을 튕겨보았다. 그러나 악상은 좀처럼 떠오르지 않았다. 가슴이 뭉클한 순간을 놓치지 않고 음표로 그리려고 하면 금세 생각이 흩어지곤 했다. 끼니까지 걸러 가며 오선지와 씨름한 지 닷새. 밤을 꼬박 새우고 깜빡 잠이 들었는데 그렇게 이어지지 않던 멜로디가 꿈결처럼 귀에 들려왔다. 후다닥 잠을 깬 나는 미친 듯이 악상을 옮겨 적었다.

이튿날 동아방송으로 달려갔다. 그 자리에서 녹음에 들어갔는데 작사가 배명숙 씨가 녹음실 밖에서 곡을 들으며 눈물을 글썽일 만큼 감동했다. 드라마가 시작되기 전 미리 노래를 들어본 지구레코드사에서 연락이 왔다. 〈창밖의 여자〉를 타이틀곡으로 당장에 음반을 제작하자는 것이었다. 예상대로 〈창밖의 여자〉는 드라마 방송과 동시에 폭발적인 인기를 얻기 시작했다. 각 방송사의 인기 차트에 진입해 무서운 기세로 정상을 향해 달음박질쳤다.」[40]

다시 앞 이야기로 돌아가면, 그러나 조사한 PD가 일본 도카이(東海) 대학에 1년 연수를 떠나게 되어 그 조사 자료를 바탕으로 특집방송 〈한국가요 100〉은 부득이 내가 제작하게 된 것이다. 이 '100'의 뜻은 '한국인이 가장 선호하는 가요 100곡'이라는 의미이다. 만약 그가 연수를 안 갔더라면 방송도 자신이 제작해 상을 받았을 것이다. 마치 영국 프리미어 리

---

40) 블루시나스, 2001.9.11. blog.daum.net/bluesinas/77523

그 축구 경기에서 측면에 있던 선수가 정확하게 박지성 선수에게 볼을 배달해 득점한 상황과 유사하다.

아마도 수상 이유가 소재의 특이성 때문이 아니었던가 생각된다. 세종문화회관 대강당에서 이진희 문공부장관으로부터 상과 상금도 받고 TV 뉴스에도 나갔다. 물론 사단병력을 이루었던 지인들이 꽃다발을 들고 많이도 와 주었다. 상금이 지금 돈으로 약 500만원 정도로 추정되는데 저녁에 회사 식당을 폐쇄하고 미8군 식당에서 운영하는 푸짐한 뷔페로 축하 파티를 열었다(아주 한참 후에 우리나라 호텔에 뷔페가 생겼다). 이웅희 사장을 비롯한 중역, 국회의원 황산성 씨, 가요계 인사 200여 명, 제작부 사람들, 밤 뉴스를 준비하던 보도국 기자들과 아나운서들, 가수와 탤런트들 등 수많은 사람들이 홀을 가득 메웠으니 마음이 뿌듯했다.

그날 밤, 프로그램에서 함께 일하던 탤런트 이덕화 씨와 코미디언 이주일 씨(작고)가 주도해 내가 경험해보지 못했던 호화 룸살롱에서 모였다. 누군가의 제의로 사장 외의 최고위직 임원인 권효섭(權孝燮) 전무를 모시자고 제의했는데, 그는 웬일인지 순순히 동행하겠다고 했다. 정말 의외의 사태가 벌어진 것이다. 권 전무는 태도가 정중하면서도 냉정해 도덕군자처럼 느껴졌고, 그래서 직원들은 그를 두려워했다. 그는 또한 경리 전문가로서 당시 회사의 경리원칙에 큰 기여를 한 바 있다.

한남동인지 이태원인지 우리가 모인 룸살롱에는 활기가 넘쳤다. 당대 최고의 인기 스타가 왔고, 그들이 연락한 인기 여가수와 남자가수들도 속속 도착했으니 말이다. 또 MBC의 높은 분이 좌정하고 있지 않은가. 술

시중을 드는 몇 명의 아가씨를 제외하면 완전히 '우리들만의 파티' 였다.
일이 좀 커진다고 생각했다.

그런데 수상자 축하모임보다는 권 전무가 주인공이 되었다. 모두가 대화를 조심했고, 밴드에 맞추어 이주일과 이덕화, 그리고 남녀 가수들이 축가를 불렀다. 술이 몇 순배 돌고 대화도 나누다 보니, 평소에는 우리를 버릇없고 무식한 친구들로 여겼을지도 모르는 권 전무도 조금은 엔터테이너들의 생활과 세계를 이해하는 듯한 느낌을 받았다. 파장(罷場) 시간이 되어 일어서려는데 권 전무는 자신이 계산을 하겠다며 나섰다. 두 인기인이 이미 계산을 끝났다고 하자 혀를 차며 자신이 해야 한다고 우겼다. 하여간 축하 파티는 성대하고 즐겁게 끝났다.

다음 날 출근하자마자 권효섭 전무의 전화가 왔다.

"어제 아주 잘 놀았네. 그리고 그 술집 전화번호 좀 알려주게."

"계산은 어젯밤에 다 했는데요."

"내가 축하해 준다고 해놓고 자네들 술을 얻어먹을 순 없잖나."

권 전무는 막무가내였다. 꽤 오랜 방송국 생활에서 처음 받는 배려였다. 후문이지만 그 비용을 전무가 처리했다.

MBC에서 일하는 동안 유일하게 수상한 방송대상은 〈흥부전〉의 제비가 물어다준 박씨처럼 또 하나의 행운을 가져다주었다. 당시 상을 수상한 PD와 방송·신문기자들이 그해(1982년) 11월 19일부터 12월 4일까지 인도 뉴델리에서 열린 제9회 아시안 게임 경기를 관람토록 문공부가 후원해 준 것이다. 요즘도 인도 여행은 그리 쉽지 않은데 30년 전에 인도 곳곳을 여행한 것은 대단한 경험이었다.

수상 후에 청와대 전두환 대통령 오찬에 초청되기도 했다. 그해에 성과를 거둔 연예인 모두를 부른 것이다. 가수 조용필 씨도 부산에서 올라왔고, 국악인, 탤런트 등 많은 인기인들이 모였다. 우리는 안내에 따라 종로구 적선동에 주차된 버스에 탑승했다. 경호실 직원으로 보이는 사람이 주머니에 있는 모든 물건을 버스 시트에 내놓으라고 말했다. 어느 여성이 다이어 반지도 빼느냐고 질문하자 그렇다고 하고, 그 자리에 놓아도 그대로 보존돼 있다고 강조했다. 돌아올 때, 그 여성은 아마도 몸에 그냥 지니고 갔다가 어디선가 다이아몬드 반지가 빠졌는지 울상이었다. 요즘도 드라마에 출연하는 영화배우 나영희 씨와 같은 테이블에 동석했다. 점심 식사보다도 청와대 분위기를 알 수 있었다. 대통령 부부는 연단 위에 내내 서서 그 많은 사람들과 일일이 악수를 나누었다. 전무후무한 청와대 방문이었다. 모인 사람들은 정치와는 전혀 관계가 없는 인사들이었기 때문에 대통령을 비롯해 직원들도 모두 친절한 태도를 보였다. 그날 밤 종합뉴스에도 내 모습이 짧게 나갔다. 자사(MBC) 기자가 멀리서 줌으로 당겨 화면 편집에 넣은 것이다. 밤에 동창들에게서 전화도 여러 통 받았다.

이 글을 보고 젊은 방송인들은 "그거 봐라, 권력하고 붙어먹지 않았느냐"고 생각할지도 모른다. 그것은 그들의 자유이다.

내가 이 책의 여러 곳에서 가요에 관해 이런저런 얘기들을 많이 기술했는데, 거기에는 이 특집 제작으로 인해 〈가요 반세기(성음사, 1977)〉라는 책도 독파했으며, 소개한 곡들도 대부분 들어보았기에 특별한 애착을 가진 때문이기도 하다. 나는 지금도 월요일 밤 10시에 방송되는 KBS-1TV 〈가요무대〉의 충성도 높은 시청자이다. 그걸 본다고 아이들은 '노인네는 못 말린다' 며 빈정대기도 하지만, 노래마다 다 사연이 있어서 시청한다는 것을 그들은 모른다. 요새 국제적으로 인기가 높은 소녀시대의 〈소원을 말해봐〉〈Gee〉〈훗〉〈Girls' Generation〉, 2AM의 〈죽어도 못 보내〉 같은 노래도 좋다. 그러나 나는 이미자의 〈동백아가씨〉, 조용필의 〈정〉〈대전발 0시 50분〉〈그 겨울의 찻집〉에 더 끌린다. 왜냐하면 소녀시대는 눈으로 보는 디지털이고, 조용필의 노래들은 아날로그이므로 상상의 나래를 펼 수 있기 때문이다. 나는 교양 PD, 다큐멘터리 기획자 등을 했지만 많은 시간 '딴따라(나쁜 의미로 사용하지 않았다)' 프로도 많이 했다. 이 '딴따라'는 절대 저평가해서는 안 될 대중예술이다. 아날로그 인간들의 가슴에는 뽕짝, 즉 트로트 또는 진화된 트로트가 깊이 내재해 있다.

19. 조가(弔歌) 찾기(1979년 10월 27일)

숙직실에서 깊은 잠에 빠져있던 나는 계속되는 전화벨소리에 잠을 깼다.

"여보세요!"

"나 전무인데, 자네 누구인가?"

"최양묵입니다"

"잘 들어. 이유는 묻지 말고 지금 얼른 레코드실에서 '조가(弔歌)'를 찾아 준비해두었다가 방송 개시와 함께 계속 틀어. 그러면 보도국에서 내려올 거야."

찰칵 소리와 함께 전화는 끊겼다.

나는 전날 밤 MD(master director)로 숙직 근무를 했다. MD의 임무는 모든 방송 소재(방송 나갈 테이프 등)를 확인하고 긴급 뉴스, 기타 방송사고의 수습 등 전체적인 방송운행을 책임지는 사람이다.

밤늦도록 잠도 안 오고 해서 주조정실 가까이에 있는 사무실에서 다음에 나갈 프로를 편집하고 새벽 3시나 되어서야 잠이 들었다. 그래서 전화를 받고나서도 머리가 텅 빈 듯 했다. 아무튼 비상열쇠를 찾아 레코드실에 들어갔다. 그런데 조곡의 뜻은 알겠는데, 그 조곡이라는 것이 수천 장의 디스크가 꽂혀 있는 레코드실 어디에 있는지는 알 길이 없었다. 당황스러웠다. 레코드실 담당자에게 전화를 해도 모른다고 하고, 좀 알 만한 PD에게 물어봐도 알 수 없었다. 문득 클래식 음악 프로그램을 진행하고 있던 음악평론가 한상우 PD가 생각났다. 그에게 전화를 걸어 제목을 알아냈고, 그것이 어디쯤 있다는 것도 비슷하게 얘기를 들었다. 그럼에도 불구하고 조곡(弔曲)을 찾는 것은 시각장애자가 휴일 명동을 지나가기만큼 힘들었다. 정말 천신만고 끝에 발견하여 전무의 지시대로 방송 개시와 함께 조곡을 송출했다.

미국의 존 F. 케네디 대통령 장례식은 1963년 11월 25일, 워싱턴 근교의 알링턴국립묘지에서 절차에 따라 엄수되었다. 그때 사용된 음악은 모차르트의 '레퀴엠 K. 626(Requiem in d minor K. 626)' 번으로 보스턴 심포니가 연주했다. 1979년 11월 3일 중앙청에서 거행된 박정희 대통령 영결식에서는 '말러 교향곡 1번'의 장송행진곡 부분을 KBS 교향악단이 연주했다고 한다. 현충일 등 영결식은 쇼팽의 소나타 2번 3악장 장송행진곡을 군악대 연주로 행해진다는 것이 관례이다. 정말 특별한 경우가 아니면 방송국에서 사용하지 않는 음악을 불시에 찾아야 했으니 지금 생각해도 그 극도의 당황스러움은 설명하기 어렵다. 아마도 위에 예시한 세 가지 음악 중 하나를 틀었을 텐데, 조곡을 알려준 음악평론가 한상우 선생이 작고하셔서(2005년 8월 18일) 경황 중에 어떤 음악을 선택했는지는 알 길이 없다.

기왕 이야기가 나왔으니 조가(弔歌)에 얽힌 이야기를 하나 더 소개할까 한다.

「한 프랑스 학자가 "일본에는 두 명의 왕이 있다. 왕궁에 살고 있는 일왕과 일본인들의 정신세계의 왕인 구로자와 아키라가 있다"고 평가했을 만큼 구로자와 아키라(黑澤明)는 전 세계 영화계에 큰 영향을 미쳤다.」[41] 구로자와의 영화세계는 뛰어난 미학적 완성도, 대중성과 예술성의 절묘한 조화로 요약된다. 진한 휴머니즘과 인간 본성에 대한 진지한 고찰을 탁월한 테크닉의 영상미학에 담아낸 거장이었다.

그가 세계적으로 유명해진 계기는 1950년에 만든 〈라쇼몽(羅生門)〉에서 진실과 사실과의 차이, 인간 본성의 불가해성을 이야기한 이 작품으로 1951년 베니스영화제 대상을 받았다. 이어 1954년엔 '세계 최고의 전쟁 서사시'라는 격찬을 받은 〈7인의 사무라이(七人の侍)〉로 베니스영화제 은사

41) 대중문화의 이론과 현장, 최양묵. pp.224~225. 2011.

자상을 받아 영상미학의 절정기를 구가하였다. 그는 1990년 아카데미 특별공로상을 받았다. "나는 아직 영화의 본질을 파악하지 못했고, 본질에 대한 이해에 도달하고 싶다" 고 겸손한 수상소감을 밝혔다. 1998년 9월 6일 88세를 일기로 별세했다. 사망 소식에 NHK는 정규방송을 중단하고 조가(弔歌)를 틀었다는 이야기도 있다. 그만큼 구로자와 아키라가 일본인들의 사랑을 받는 예술가였기 때문에 NHK도 조의를 표하는 음악을 내지 않았을까도 생각해본다.

그러나 내가 튼 음악이 박정희 대통령의 서거(逝去)를 알리는 시그널이었다는 사실을 나는 전혀 알 수 없었다. 박정희 시대는 끝난 것이다. 모든 일에는 시작과 끝이 반드시 있다는 사실을 이때 느끼게 되었다.

10·26 사건은 1979년 10월 26일, 당시 박정희 대통령이 중앙정보부장 김재규에 의해 살해된 사건을 말한다. 박 대통령 시해사건에 대한 당시 김성진 문화공보부 장관의 수사 발표문에 기초하여 사건 내용을 정리해 보면 다음과 같다. 42)

「박정희 대통령은 10월 26일 저녁 6시께 시내 궁정동 소재 중앙정보부 식당에서 김재규 중앙정보부장이 마련한 만찬에 참석하였다. 그곳에는 김계원 청와대 비서실장, 차지철 경호실장, 김재규 정보부장이 동석하였다. 또 가수 심수봉과 모델 신재순도 그 자리에 있었다고 한다. 그런데 만찬 중에 김재규 부장과 차지철 경호실장 간의 우발적 충돌사고가 야기되어 김재규 부장이 발사한 총탄에 맞아 박정희 대통령이 서거하였다.

그러나 당시 공소장에서는 우발적인 사건이 아닌 것을 명시하고 김재규를 비롯한 김계원, 박선호, 박흥주, 이기주, 유성옥, 김태원은 미리 공모하여 박정희 당시 대통령을 시해한 것으로, '내란목적살인 및 내란 미수'가 이들의 주요 혐의였다. 그리고 사건 발생지에서 차지철 경호실장을 포함한 5명이 사망했으며, 김재규는 1980년 5월 24일 총살형을 당했다.」

1961년 5·16 군사 쿠데타로 집권한 박 대통령의 유신체제는 10·26사태로 종말을 고했으며, 당시 김재규의 살해 동기에 대해 '우발적 행위', '내란음모설', '미국 중앙정보부 사주설' 등이 분분했지만 명쾌하게 규명되지는 못했다. 이와 같은 사건의 발생 후 신문·방송 등 언론계는 심각한 타격과 혼란에 휩싸였다.

20. 일진광풍(一陣狂風), 언론인 강제해직 사건(1980년 8월)

1980년은 한국 언론사(史)에 있어 대단히 불행했던 한 해로 기록되고 있다. 1979년 10월 26일 박정희 대통령 시해사건, 1979년 12·12사태, 1980년 5·17비상계엄 전국 확대, 5월 31일 국가보위비상대책위원회 발족 등이 이어졌다. 8월 16일 최규하 대통령이 하야(下野)하자, 8월 27일 통일주체국민회의에서 신군부의 핵심인 전두환 장군이 제11대 대통령으로 선출되었다. 이러한 격랑(激浪) 속에서 집권 세력들은 자신들에게 불리한 보도를 계속하는 언론을 통제하기 위한 칼바람을 일으켰다.

1980년 언론인 강제해직은 1차적으로 8월 2일부터 전국 각 언론사별로 진행됐고, 이후 11월 14일 언론사 통폐합으로 인한 1천여 명의 언론인이 회사를 떠나야 하는 대량 해직사태가 발생한다. 지난 1980년 언론사 강제 통폐합과 언론인 해직은 당시 정권장악을 위한 전두환 신군부의 계획에 따라 실시된 것으로 밝혀졌다.

'진실·화해를위한과거사정리위원회(진실화해위)' 는 2010년 1월 7일 서울 중구 필동 진실화해위 대회의실에서 기자회견을 열어 '1980년 언론사 통폐합 및 언론인 강제해직 사건' 에 대한 조사 결과를 발표했다. 그 내용은 다음과 같다.

「한국신문협회와 방송협회는 (1980년) 11월 14일 임시총회를 열어 신문-방송-통신의 통폐합과 방송의 공영체제화, 유일한 대형 민간통신사 신설을 내용으로 하는 '언론 통폐합' 을 결의했다. 결의문에는 "신문과 방송, 통신을 자율적으로 개편한다" 라고 되어있으나 실제로는 발행인과 방송경영자를 보안사로 끌고 가 "통폐합에 이의가 없다" 는 각서에 강제로 서명토록 했다는 것이다.

지난 1980년 11월 당시 전두환 신군부는 64개 매체(신문 28개사, 방송 7개사, 통신 등)를 18개 언론사(신문 14개사, 방송 3개사, 통신 1개사)로 거의 1/3 수준으로 강제 통폐합했으며, 172종의 정기간행물을 폐간했다. 진실화해위에 따르면, 전두환 신군부는 체제에 순응하는 언론구조를 만들기 위해 정보기관의 자료와 보안사 요원들의 자료를 바탕으로 언론계의 저항세력을 30%로 규정, 이들의 해직을 언론사에 강요한 것으로 밝혀졌다. "보안사가 신군부에 비판적인 언론인 명단(살생부)을 작성해 이를 언론사에 전달했다" 며

"당시 언론사는 보안사로부더 지시받은 일정비율에 따라 자체적으로 해직 대상자를 선정한 후, 부조리나 무능하다는 이유를 들어 언론인을 해직시켰다" 고 밝혔다.」 이상이 '강제해직과 언론통폐합의 과정과 끝' 이다.

다시 MBC 이야기로 돌아온다. 〈MBC 연감〉 〈문화방송史〉나 〈연표〉에도 강제 해직에 대한 자료는 단 한 줄도 볼 수 없다. 그러니까 이 사건에 대한 공식문서가 MBC에는 없다는 뜻이다. MBC 역사 중 중요한 일부가 사라진 것이다.

점심을 먹고 들어오면서 보면 정문 게시판에 해직자 명단이 몇 일째 계속된다. 어제는 없었는데, 오늘은 명단에 이름이 포함된 것이다. 당사자는 금방 얼굴이 하얗게 질린다. 그 이유도 모른다. 해직에 대한 어떤 소명(疏明)이나 반론에 대한 기회가 주어졌다는 이야기를 들은 바 없다. 도대체 몇 명이 해직되었는지도 자세히 알기 어렵다.

민언련 방송 모니터 보고서(3차, 1980.1.1~12.30)에는 "MBC 본사는, 서울 MBC에서만 74명의 언론인을 해직시킨 뒤 1980년 이후 MBC에 196명의 낙하산 인사를 투입했다" 는 내용이 들어 있다. 다만 그 정확한 취재 소스를 명시하지 않아 정확성에는 자신이 없다. 또 「(해직 사원들의) '복직투쟁위원회' 43) 는 「서울 MBC의 해직 언론인은 82명, 계열사 92명, 총 174명으로 확인하고 있다. 」

이들은 대부분 한 가정의 가장들이었다. 하루아침에 빈손으로 거리로 내몰린 것이다. 얼마나 절통(切痛)했을 것인가. 서울 본사에서만 2,000여

---

43) 한겨레신문, 1988년 11월 4일.

명 이상이 근무했고, 19개 계열사 등 초대형 조직에서 이러한 참사가 발생
했는데 한마디 설명이 없으니 참으로 이상하다.

이에 대해 1988년 11월 7일자 〈문화방송 노보〉는 당시 해직 사태에 적
극 참여한 '내부 밀고자'를 거론하고 있는데, L사장과 보도국의 K, K, L, L,
C 씨 등 보도국의 간부와 기자를 지목하고, 그 밖의 K, L, K 등도 포함된
다고 주장하고 있다. 이들은 이후 대부분 지방 MBC 사장이나 중역 등을
두루 섭렵했다고 쓰고 있다.

21. 불륜 드라마 본편(本編), 언론통폐합(1980년 11월 14일)

「1979년 12·12 쿠데타로 전권을 장악한 전두환, 노태우 등 계엄사령부
는 소위 '국가보위비상대책위원회(이하 국보위)'를 구성하고, 이를 통해 전두
환 정권을 탄생시킨다. 이 과정에서 국보위는 언론기관 및 언론인에 대한
대대적인 숙정(肅正) 작업을 개시하는데, 이를 언론통폐합이라고 부른다.
44) 언론통폐합은 소위 부실 언론사를 정비하며 사이비(似而非) 언론인을
축출함으로써 언론 및 방송의 공적 책임을 공고히 한다는 명분하에 진행
되었다.

언론통폐합에 따라 신문사의 지방 주재원 제도를 폐지하고, 1도(道) 1사
(社)의 원칙을 통해 각 시도별로 1개의 일간지를 제외한 모든 지방 일간지
를 폐간하게 되었으며, 기존 통신사들은 신설 연합통신에 모두 흡수되었

---

44) 『방송문화사전』, p.316.

다. 방송의 경우, TBC(동양방송)와 DBS(동아방송)가 KBS에 흡수되고, MBC는 주식의 65%를 KBS에 양도함으로써 KBS를 중심으로 하는 공영 단일체제가 수립되었다.

국보위의 압력에 의해 1980년 11월 14일 한국신문협회와 방송협회는 '건전한 언론육성과 창달을 위한 결의문'을 발표한다. 이에 따르면, 언론기관의 자율적인 결의에 의한 광범위한 언론개편의 목적은 특히 방송 분야의 경우, 언론의 공익성 향상을 위한 제도의 개선으로 상업방송의 공영화 또는 방송의 공익성을 제고함으로써 공영방송 제도를 확립하고 신문과 방송의 겸영(兼營)을 개선하는 데 목적이 있다고 하였다.

이에 따라 방송 부문에서는 KBS가 TBC(동양방송 TV, 라디오)와 DBS(동아방송)를 흡수하고, 국내 방송은 KBS와 MBC로 이원화되었다. KBS는 종래의 KBS를 제1방송으로 하여 종합방송의 기능을 갖게 하고, 흡수한 TBC를 제2방송으로 개편하여 사회교육과 교양방송을 담당하게 하고, DBS는 수도권 뉴스와 오락방송으로 활용하며, 그 외 광주의 전일방송과 군산의 서해방송을 흡수하고, CBS(기독교방송)는 일반 방송기능을 정지시키고 종교 관련 프로그램만 방송할 수 있도록 하였다.」

「명분은 그럴 듯 했지만 이 모든 과정은 신군부의 강압에 의한 것임은 이제 누구나 다 아는 사실이다.45) 종방(終放) 이전인 1980년 11월 12일 보안사에 끌려간 언론사 사장들은 고압적인 분위기에서 어쩔 수 없이 회사 포기 각서를 써야만 했다.

---

45) 조문호, news119@msnet.co.kr

당시 보안사 측은 "고별 방송시 울면 안 된다" 는 보도지침까지 내려 보냈다. 11월 30일 TBC 고별 프로그램에서 가수 이은하는 〈아직도 그대는 내 사랑〉을 부르다가 울어버렸다. 그 결과는 3개월 출연정지(KBS 및 MBC)라는 가혹한 제재였다. KBS와 MBC의 2원체제로 정비된 방송국엔 정보요원이 상주하며 보도지침을 통해 언론을 통제했다. 그들의 치밀한 눈초리 속에 국민들은 군사정권의 손아귀에서 놀아나야만 했다.」

이것이 언론통폐합의 전말(顚末)이다. 이것은 한마디로 '미디어의 학살극(虐殺劇)' 이었으며, '사유재산 탈취극(奪取劇)' 이었고, 오직 자신들을 비판할 언론에 '재갈 물리기' 그 자체였다. 또한 부수적인 효과로 방송과 신문에 공포 분위기가 만연했다. 도대체 어떻게 해볼 수 없다는 절망감이 감돌았고, 종사자들은 '까딱 잘못하면 골로 간다' 는 사고(思考)에 젖게 되었다. 이 때부터 방송은 정도(正道)를 벗어나 사도(邪道, 또는 私道)로 들어가는 비극을 맞게 된다. 이후 친정권(親政權) 언론인들이 대거 등장하게 된다. 물론 모든 종사자들이 다 그런 것이 아니었고, 정말 일부 사람들이 자신의 영달(榮達)을 위해 권력에 종속되기 시작했다. 이런 상황의 심도가 깊어지자 종사자들은 그들을 부러워하는 징후(徵候)도 나타나게 되었다. 32년 전에 자행된 이 언론통폐합은 누구의 발상인지는 알 수 없지만, 지극히 간악(奸惡)한 접근이었고 방송계는 현재까지도 일부지만 그 후유증에 시달리는 상황이 계속되고 있다.

1980년부터 1997년 민주화에 이르기까지 긴 시간을 방송은 질곡(桎梏) 속에서 웅크리고 있어야 했다. 내가 입사했던 1968년, 사장은 군 출신이었다. 육군이었지만 병과는 보병이 아닌 군의관이었다. 박정희 대통령과 대구사범 동창생이었다. 다음 사장은 국회에 출입하던 기자 출신이었고, 1980년에 부임한 사장은 기자와 서울신문 논설위원을 지낸 인물이었다. 이어서 정치부 기자와 청와대 대변인 출신, 역시 정치부 기자와 문공부를 거쳐 청와대에서 건너온 인사가 바통을 받았다. 대부분 신문사의 정치부에서 잔뼈가 굵은 경험이 있기 때문에 정권의 의중을 파악하는데 능란(能爛)했다는 점은 부인하기 어렵다.

하라는 대로 다 수행하니까 문제가 발생하지 않고 회사는 안정되는 측면도 없지 않았다. 사장이 호남 출신일 때는 그쪽 사람들이 대부분 요직을 차지하고, 1980년 분위기와 걸맞은 서릿발 같은 사장이 왔을 때는 경북 및 대구 일원의 사람들, 소위 TK가 친위 세력이 되었다. 1980년 이후 두 번째 사장이 부임했을 때는 이례적으로 사장과 함께 고위 임원이 청와대에서 내려왔다. 이때부터 종사자들 중에는 호시절을 구가하는 사람과 사소한 고통부터 좀 큰 것까지 감내해야 하는 부류로 나뉘게 된다. 이때는 직군(職群)을 가리지 않고 기자, PD, 엔지니어, 관리직 등 모두가, 또 그들과 실오라기 같은 연고가 있는 사람들은 충성경쟁에 가담했다. 서부 경남 출신 사람들까지 TK에 줄을 서고 있는 형편이었다.

제3장
방송 관련 및 기타 사건

1. 가요사건의 배경

1968년 11월 입사해 편성부에서 연수를 받는데 "아침부터 밤까지 가요 프로를 모니터해 무슨 프로에서 어떤 가요가 방송됐나를 적어 제출하라"고 편성부장이 명했다. 그런데 음악부에 가니 부장이 중국요리를 사주면서 "그런 모니터를 낼 때는 신중히 해야 된다"고 경고한 적도 있다. 이것이 당시 영향력 있는 라디오 프로그램에서 방송되는 대중가요와 관련된 것이라는 사실을 한참 뒤에 깨닫게 된다.

가요는 청취자가 듣는 것이며, 또 오늘날 시청자는 보는 것이다. 레코드 생산자들 입장에서는 방송에서 자신들이 제작한 음악을 내보내면 그것을 들은 오디언스가 그 노래를 다시 혼자 듣고 싶어 판을 사게 된다는 것이 판매의 생리이다. 방송 전파를 타는 것 외에는 그 어떤 수단도 홍보나 마케팅을 대신할 수 없던 시대였다. 제품(레코드, 요즘은 CD)을 팔 수 있는 최단(最短)의 지름길이 곧 라디오라는 매체였다. 따라서 방송에 내달라고, 그리고 방송이 나가고 나면 제작자가 직접 또는 매니저를 통해 돈 봉투를 전하는 방법이 자주 쓰였을 것이다. '촌지(寸志)'는 조그만 성의라는 좋은 표현이지만 일본말에서 왔다. 비슷한 말로 '와이로(わいろ, 뇌물)'라는 말도 있다. 그것은 가벼운 고마움의 표시일 수도 있고 반대급부(反對給付)이기도 하며, 실제로는 일종의 뇌물을 의미하기도 한다.

가요를 둘러싼 이런 사건은 1970년대부터 발생했고, 지금도 가끔씩 일어난다. 전문가들은 '가요사건'이 10년 또는 5년 단위로 나타난다고 한다. 그런데 묘하게도 사회적으로 집권세력에게 불리한 사건이 터져 국민들이 분노할 때 꼭 가요사건이 터지고 신문사회면의 톱기사로 등장한다는 것이다. 즉 대형사건을 사람들의 호기심을 자극하는 '가요'라는 선정성(煽情性) 기사를 통해 '물 타기'를 시도한다고 여긴다. 여러 가지 자료를 검토해 보면 아주 허황된 주장은 아닐 수도 있다. 이렇게 말하는 사람들은 대부분 피해자들의 주장이고, 가요계 사람들도 여기에 동조한다. 왜냐하면 가요사건이 일어나면 검찰에 불려 다니고 해당 PD들은 몸을 사려 신곡을 틀려고 하지 않아 마케팅의 길이 막히니 가요계에 불황이 강타하기 때문이다. 이런 수사는 대역죄(大逆罪)도 아니고, 요즘 문제가 되고 있는 '저축은행 사건'도 아닌데 꼭 검찰이 담당하는 것도 이상한 일이 아닐 수 없다.

그러면 가요사건은 언제부터 등장했는가? 백방으로 수소문해 봐도 그런 자료는 찾을 수가 없다. 다만 전국 방송인데다 청취자들로부터 보다 강력한 방송 흡인력을 갖춘 MBC의 탄생 이후가 아닐까 추측해본다.

2006년에 제작된 미국 영화 〈드림 걸즈(Dream Girls), 129분〉는 빌 콘돈이 감독한 영화로 줄거리는 디트로이트 출신의 여성 트리오 디나(비욘세 놀즈), 에피(제니퍼 허드슨), 로렐(애니카 노니 로즈)이라는 세 여성의 이야기다. 꿈과 재능, 열정까지 가진 그녀들이지만 오디션에 실패한다. 하지만 갖가지 시련 끝에 성공한다는 노래 위주의 영화이다. 이 영화의 1/3 쯤 지났을까 야심 찬 매니저 커티스는 방송국에 찾아가 DJ에게 디스크 재킷 갈피에 몇 백 달러인가 넣어주는 장면도 나온다. 이렇게 보면 일본말에서 온 촌지는 수입품이라고 보아야 할 것이다.

그런가 하면 '페이올라(payola)'라는 미국 전문용어도 있다.46) 「레코드업자들이 DJ에게 특정 곡을 틀어달라고 불법적으로 주는 금품, 즉 레코드 업자들이 어떤 프로그램에 자기네 레코드를 틀어달라고 DJ나 음악 프로 듀서에게 돈 또는 여러 종류의 향응을 베푸는 것을 말한다. 미국에서는 1950년대에 인기가요 순위를 매기는 프로그램이 대유행이었는데, 라디오 방송국에서 인기순위로 많이 들려준 레코드가 2,000개에 육박하여 경쟁 이 치열했고, 레코드 회사는 자사 레코드 판매를 위해 DJ에게 갖가지 금 품을 아끼지 않았다.

1959년 '브로드 캐스팅(Broad casting)' 지(誌)는 당시 논란이 된 풍문과 극 소수의 사실에 대해 특별 취재를 한 바 있다. 미국의 경우 영향력 있는 방송국의 DJ는 보통 매주 150장의 새로운 레코드를 우편으로 받으며, 그 들의 레코드가 프로그램에서 방송되기를 바라는 레코드 회사 대표나 배 급자들의 방문을 받곤 했다. 그들은 DJ들을 유혹하기 위하여 모종의 조 치를 제의했고, 그 제안에 의해 방송 후 판매되는 레코드에 대해서는 한 장당 1페니씩을 DJ에게 주었을 것이라는 풍문이 나돌았다. 어떤 DJ에게 는 지붕을 새로 해주거나 정원을 새로 단장해주었다. 그러한 DJ의 관습 에서 나온 당시의 속어로 'Booze, Broads and Bribes(酒, 色 그리고 뇌물)' 이 란 말이 있다.」

이런 이야기는 미국이라고 예외는 아니다. [47]「미국의 뉴욕 검찰은 음 반 메이저 기업인 소니 BMG가 라디오 방송국 담당자에게 뇌물을 주고

178

음반 홍보를 부탁했다고 발표했다.

소니 BMG 그룹은 라디오 방송 제작자에게 전자제품을 주거나 공짜 여행을 보내주면서 자사의 앨범, 가수를 홍보해달라고 청탁한 혐의를 받고 있다. 때로는 라디오 방송 제작비를 대기도 했다. 뉴욕 검찰이 입수한 소니 BMG 내부 자료에 따르면 음반 홍보를 위한 뇌물로 2주에 5,000달러(약 500만원)를 썼다. 다른 나라의 연예계 뇌물사건과 마찬가지로 음반 인기 순위 조작이 목적인 이번 사건에 대해 소니 BMG는 바로 사과했다. 뉴욕 검찰은 이런 일이 소니 BMG를 비롯한 음반업계 전체에 퍼진 것인지 계속 조사하겠다고 밝혔다.」

2000년이 되기 전까지 우리나라 레코드 업계의 세력은 '지구레코드사'와 '오아시스레코드사'가 양대 산맥을 이루고 있었다. 지구레코드의 임정수(林政秀, 2006년 별세) 사장은 1944년 연희전문 상과를 졸업하고, 1954년 미도파음반공사를 설립, 1964년 지구레코드로 개명했다. 지구레코드를 통해 음반을 출시한 가수들은 1964년 〈동백아가씨〉로 최초 100만장 돌파를 달성한 이미자를 비롯해 남진, 배호, 조영남, 문주란, 조용필(창밖의 여자), 이선희, 민해경, 정미조, 정태춘, 남상규, 전영록, 임희숙, 윤연선, 둘다섯, 김학래, 박상규, 작곡가 박시춘, 길옥윤(4월이 가면), 김희갑, 아코디언의 귀재 심성락 씨 등 일일이 열거할 수 없을 정도로 많다.

이들에 얽힌 뒷얘기들도 한둘이 아니다. 작곡가 김희갑과 작사가 양인자 부부에게 가왕(歌王) 조용필이 찾아왔다.[48] 「"제가 만든 곡만 부르다

---

48) 조선일보, 2010년 3월 26일. 문갑식의 하드보일드.

보니 매너리즘에 빠진 것 같습니다. 지금까지와는 다른 색깔의 노래로 분위기를 바꾸고 싶어요. 선생님이 써주십시오." 김희갑은 아내에게 가사를 쓰라고 했다.

양인자는 싫다고 했다. "노랫말은 쓰고 싶은 말을 다 쓸 수 없다"는 이유였다. 김희갑이 말했다. "그럼 다 써. 멜로디는 내가 알아서 붙여 볼게." 부부가 만든 곡은 장장 6분 분량이었다. 그걸 본 음반제작사에서 펄쩍 뛰었다. 가요에는 불문율이 있다. '3분 20초에서 30초'라는 룰이 그것이다. 만일 부부가 억지 부려 녹음한 곡을 임정수 지구레코드 사장이 듣지 않았다면 지금도 노래방을 울려대는 가요계의 전설(傳說) 〈킬리만자로의 표범〉이 탄생하지는 못했을 것이다.」

오아시스레코드의 손진석(孫晋奭, 2011년 별세) 사장은 49) 「서울대 사범대학에서 영문학을 전공하고, 1952년 오아시스레코드사를 설립하여 최근까지 배호의 미공개 음원을 발표하는 등 총 2,500여 종의 국내 음악과 1,500여 종의 해외 라이센스 음반제작으로 한국 대중음악을 풍성하게 이끌었던 음반 산업계의 거목 중의 한 사람이다. 오아시스를 통해 레이블을 출시한 가수들은 나훈아, 조미미, 김세레나, 김부자, 강소희, 이상열, 배성, 박일남, 송대관, 김상범, 남미랑, 김태희, 주현미, 펄시스터즈, 최희준, 이용복, 최안순, 김상희, 리타김, 바니걸즈, 조영남, 이수미, 방주연, 문정선, 록밴드 HE6, 바블껌, 4월과 5월, 설운도 등 모두 기라성 같은 가수들이다.

1968년 여름, 서울 장충동 오아시스레코드 스튜디오. 손진석 사장은 속

---

49) 대중음악평론가 최규성 씨의 글 중 일부이다.

이 탔다. 녹음시간에 가수가 나타나지 않았기 때문이다. 그때 가수하겠다고 부산에서 올라와 오아시스에서 잡무를 돕던 최홍기(나훈아)의 얼굴에 눈이 갔다.

"에라이, 홍기야! 이 노래 너나 한 번 해봐라."

절박했던 탓인가 구성진 노래가 나왔고, 손 사장은 경탄했다. 그는 주저 없이 이 청년과 계약을 맺고 바로 데뷔 음반을 제작했다. 예명도 지어줬다고 한다.」

지구와 오아시스의 가수들이 겹치는 경우가 있는데, 이는 전속을 옮기거나 다른 이유로 취입처를 변경했기 때문이다.

근래에 트로트 노래가 나가는 방송은 매우 드물다. KBS의 〈가요무대〉 정도이다. 그러나 전국에 약 3만6천 업소가 영업하고 있다는 노래방에 가면 사정이 달라진다. 트로트 가요가 넘쳐난다. 우리가 가요를 말할 때 흔히 '트로트(Trot)' 가요라는 표현을 자주 쓴다. 트로트는 일제 강점기에 발생한 우리 대중가요의 장르이다. 트로트라는 이름은 구미(歐美) 춤곡의 하나인 폭스트롯(foxtrot)에서 유래한 것이다. 한국에서 전해오던 세 박자 또는 다섯 박자(3+2)를 기본으로 하는 것을 '트로트' 라고 부르고, 빠른 두 박자(쿵짝, 쿵짝…)를 기본으로 하는 것을 '뽕짝' 이라고 칭하기도 한다. 다만 '뽕짝' 은 속어로 보아 공식적으로 사용하지는 않는다. 최근에 와서는 트로트 가요를 포함한 1990년 이전의 가요들을 '전통가요' 라고 지칭하는 경향이 있다.

오늘날 송년회나 모임에서 부르는 노래들은 반 이상 또는 70% 이상이

위의 지구레코드와 오아시스레코드를 통해 만들어진 것이다. 따라서 두 회사는 1950년대부터 1990년대까지 우리나라 대중문화의 산실(産室)이라고 말해도 절대 지나치지 않다. 많은 세월이 흘러간 지금도 쓸쓸하고 고독한 사람들은 그 때의 트로트 가요를 구성지게 읊조려 시름을 잊으려 한다.

그러나 이 가요계 중심과 주변에 액운이 드리워졌다. 근래에 와서 가요사건은 드라마까지 포함돼 '연예비리사건'으로 확대되었지만, 그것이 왜 발생하는지 원인에 대해 생각해봐야 한다. 가요 PD는 방송국 직원이지만 그의 임무와 권한은 갑(甲)에 해당한다고 볼 수 있고, 제작사나 가수·연예인은 을(乙)의 입장이다. 선곡 권한은 PD가 갖고 있기 때문에 해당 PD가 노래를 틀면 제작사나 가수가 이득을 얻게 된다는 논리가 성립한다.

그런데 지구레코드와 오아시스레코드가 메이저라면, 마이너인 군소제작자들이 있다. 양대(兩大) 회사가 독식하는 구조가 계속되면 사장 일인(一人)의 독립제작자들은 가수 전속도 그렇고, 레코드를 내는데 상당한 지장이 있었을 것은 당연한 일이다. 이런 불만들은 1인 사장이 모이는 고스톱 판에서 '촌지봉투가 난무한다'는 소문으로 확대되고, 이것이 정보 채널에 전달되는 구조로 보고 있다. 요새도 큰 사건들은 보통 '내부 고발자'의 제보로 발생하는 것을 우리들은 잘 알고 있다. 또 '남 잘되는 것은 죽어도 못 본다'는 부류의 사람들이 어느 세상에나 존재한다. 주변을 맴도는 종사자들이 자신도 모르는 사이에 이 스캔들(scandal)을 범죄 수준으로 증폭시키면서 이것들이 사직당국의 안테나에 첩보(諜報)로 수신되는 구조이다.

사건이 터지면 피의자(被疑者) PD는 주로 검찰에 소환돼 심문을 받는데, 그 강도가 보통이 아니라는 것이다. 그들의 수사 수법은 아주 간단하다. 먼저 봉투 심부름을 했을 만한 매니저를 불러다가 누구에게 얼마 주었다는 진술을 받는 것이다. 그래도 안 먹히면 레코드 사장실을 직접 뒤져 '뇌물 장부'를 압수하고 피의자에게 돈 받은 것을 시인하도록 압박하는 순서이다. 만약 사장의 장부를 확보하지 못하면 심문은 복잡해지고, 잡범 수준으로 거칠어진다. 이 과정에서 대부분 PD들은 부정할 수밖에 없고, 매니저들의 '배달사고'도 간혹 있어 시간이 길어지는데, 마음 약한 사람은 회사를 사직할 생각으로 혐의를 인정한 경우도 많다는 것이다. 내로라하던 PD의 자존심은 여지없이 짓밟힌다. 그 와중에 부모가 집권당 관계자라 아예 소환되지 않은 사람이 있다는 소문도 돌았다.

당국에서 소기의 수사성과가 정리되면 사회면 톱기사로 올린다. 그러면 PD는 나쁜 놈이고, 자신들은 사회정의의 사도로 각인된다. 독자들은, "이들이 이렇게 돈을 먹었어. 무슨 가수가 돈 먹여서 떴구나!" 하는 호기심을 충족하게 되는 반면, 수사주체 측은 이 과정에서 당시 중요한 사회적 물의 사건에 대한 관심을 돌리는 효과를 올리게 된다는 것이다. 2011년에는 여검사, 부장검사, 변호사들의 비리가 노출되는 사태를 보면서 그 당시는 아주 순진하고 귀여운 수준이었다고도 치부할 수 있다.

2. 최초의 가요사건(1975년)

　다음은 2012년 1월 8일 한 블로그에 올라온 글을 요약한 것이다.[50] 1975년 가요사건의 수사상황을 구체적으로 상세히 기록하고 있어 사실관계는 일부 분명해지는데 정작 글쓴이의 이름은 밝히지 않고 있다. 당시 서울지검 P모 형사2부장 [51], K모 검사 [52] 등 수사 3인방 중 한 사람일 것으로 추측된다. 다른 사람의 성명은 다 실명 기재되었는데 정작 아래 글의 필자가 무명으로 나오는 것은 참으로 '묘하다' 는 느낌이다. 확인할 자료도 없음에 대해 이해를 구하고자 한다.

　제목은 "방송·연예가의 장막 뒤 검은 손을 건드리니" 이고, 요약 타이틀은 ▶신인가수 B씨가 스포츠신문에 연예계 경험수기를 실은 것이 수사 단초 ▶방송사 기자들까지 서울지검장 방에 항의 방문 ▶구조적 비리 밝혀지자 언론탄압 운운하며 전방위적 저항 등이다.

　「…(전략)… 서울지검 형사2부 평검사이던 1975년 봄. 한 스포츠신문에 신인가수 B씨가 자신의 연예계 경험을 고백하는 수기를 실었다. 거기서 방송국 PD들의 비리가 노골적으로 드러났다. 가수들이 자기 노래를 방송에 틀어 달라, 혹은 방송에 자신을 출연시켜 달라며 PD들에게 '교제비' 명목의 금품을 관행적으로 상납했다는 것이다. B씨는 그러면서 자신은 3,000만 원이나 날렸다고 한다. 당시 웬만한 집 3채 값이다. 검찰 입장에서 보면 그것은 명백한 범죄 고발이었고, 피해자 진술까지 확보한 것이나

---

50) http://blog.daum.net/mchjun/2275.
51) 원문에서는 실명이 기재돼 있으나 필자가 익명 처리함.
52) 위의 내용과 같음.

마찬가지였다. P형사2부장, K검사와 함께 수사에 착수했다.

대개 가수지망생이나 그의 매니저가 방송사 주변의 허름한 여관방을 잡아 놓고 PD들을 만났다. 그러고는 가수의 노래를 담은 레코드판에 돈을 끼워 건넸다. 대개 1만 원짜리 지폐 한두 장이었다. 1만원권 한 장은 현재의 100~200만 원 족히 나가는 액수이다. 내 월급이 4만8,000원일 때다.

…(중략)… 연예인과 매니저들을 통해 저간의 흐름을 확인한 나는 이윽고 그해 4월 18일, 방송에서 내로라하던 PD 9명을 검찰에 소환했다. 공무원이라면 뇌물죄에 해당하지만, 공무원이 아닌 PD들이 자기 직무와 관련해 부정하게 돈을 받은 까닭에 모두 배임수재(背任受財) 혐의를 적용했다.

우리나라 방송 및 연예계 사상 초유의 일인 만큼 세상이 들끓었다. 수사 대상이 된 PD들뿐만 아니라 그들과 한솥밥을 먹는 기자들까지 들고 일어났다. 당시 서울검찰청사 K[53) 서울지검장 방에 기자들이 몰려가 항의, 농성하는 사태까지 벌어졌다.

그러나 소환된 PD들에 대한 조사는 흔들림 없이 신속히 진행했다. 나는 그동안 손에 쥔 그들의 혐의를 일일이 확인하며, 4월 21일 무려 7명을 전격 구속했다.」

---

53) 원문에서는 실명이 기재돼 있으나 필자가 익명처리 함.

3. 1990년 비리사건

앞의 글은 이어진다.

「1990년(6공화국 노태우 정권) 1월 3일 서울지검 '민생특별수사부' 가 발족하게 되었고, 나는 기존 특수1부장직과 함께 민생특수부장직을 겸임하게 되었다.

…(중략)… 1989년 11월 7일 가수의 날 기념식에서 가수 300여 명이 모여 연예계 주변 부조리를 폭로하고 이에 대한 근절을 결의한다. 이를 계기로 내사 수준으로 진행해오던 연예계 비리 본격 수사를 벌였다. 나의 지휘 아래 M검사[54] 와 H검사[55] 가 수사를 담당했다.

그러나 PD를 건드리는 것은 이래저래 난감한 일이었다. 설사 명명백백 그들의 비리나 부조리를 밝혀낸다 해도 '언론탄압' 이니 '정치음모' 니 하면서 달려들기 십상이다. 연예인 폭력수사는 1990년 1월 22일 폭력배 10명을 구속하고 프로덕션 관계자 5명을 수배, 매니저 등 15명을 불구속 입건하는 것으로 일단락됐다. 민생특수부의 '첫 작품' 이었다. 처음 민생특수부가 발족하고 불과 20일만의 개가였다.

1990년 1월 23일, 또 하나의 연예·방송 관련 중대 뉴스가 도하 신문지면을 장식했다. 검찰이 KBS와 MBC 양 방송사의 중견 PD들을 한꺼번에 10명씩이나 소환했다는 것이다. 이 소식은 당시 얼마든지 신문 1면 톱기사가 되고 남을 충격적인 소식이었다. 그러나 이 소식은 이날 1면에 실리지 못하고 사회면 톱기사로 밀렸다. 1면 톱기사는 당시 민주정의당(총재 노

---

54) 원문에서는 실명이 기재돼 있으나 필자가 익명처리 함.　55) 위 내용과 같음.

태우 대통령), 통일민주당(총재 김영삼), 신민주공화당(총재 김종필)의 3당 합당 소식
이었다.

…(중략)… PD들을 소환한 지 하루만인 1월 24일, KBS-TV 예능국의 쇼
담당 PD들이 집단사표를 냈다. 이들은 성명서를 통해 "이번 사태를 자성
의 계기로 삼기 위해 사직원을 냈다" 면서 실질적 파업을 단행, 검찰을 압
박했다. MBC도 동조하는 분위기였다. 수사가 진행되던 중 검찰총장이
"왜 두드려 패냐?" 고 물었다. 나는 깜짝 놀라 "뭘 두드려 팹니까?" 하고
되물었다. 총장은 "나도 다 이야기를 듣는 데가 있어" 라면서 거의 확신에
찬 표정이었다. PD들을 고문해가며 수사를 한다는 터무니없는 이야기를
바깥의 누군가를 통해 들었던 모양이다. 그런 곁가지 이야기가 사실이든
아니든, 또 그런 이야기를 믿든 안 믿든, 윗사람들은 대개 아래 사람에게
한마디 던지기 십상이다.

…(중략)… 1월 23일부터 25일까지 이틀에 걸쳐 17명의 PD 가운데 6명을
구속했다. 이후 법원은 이들의 고문주장을 받아들이지 않고 모두 실형을
선고했다.」

이상이 1975년과 1990년 '연예비리의 풀 스토리' 다. 언뜻 보면 매우 논
리 정연한 글이지만, 전체적으로는 검사의 사회정의에 입각한 수사의 정
당성만을 강조한 것이고, 부분적으로는 수사 무용담(武勇談)과 공명심(功名
心)이 자주 엿보인다. 완전히 수사검사의 입장만 옹호되고 강조되었다.

우선 1975년 이야기에서는

① 신인가수 B씨가 3,000만 원을 날렸다고 되어 있다. 이어지는 글에서

"1만원권 한 장은 현재의 100~200만 원이 족히 나가는 액수", 또 3,000만 원은 "당시 웬만한 집 3채 값"이라고 했는데, 그렇다면 3,000만 원은 오늘날 아파트 가격으로 환산하면 최저 10-15억 원 가치에 해당된다. 신인가수가 무슨 그런 거액의 돈이 있었겠는가? 그렇게 돈을 쓰고도 가수가 못 되었다면 가수 재능이 전무한 사람일 것이다.

② "연예인과 매니저를 통해 저간의 흐름을 알았다"고 썼는데, 메이저 회사에서 지출장부를 뺐었다는 이야기가 정설이고, 매니저들은 겁박을 당했거나 매를 맞았다는 증언이 다수 있었다. 창피하고 부끄러워 쉬쉬했을 뿐이다.

③ 해당사 기자들이 서울지검장 방에 몰려가 항의, 농성했다는 내용도 과장으로 보인다. 한두 기자가 중역의 부탁으로 방문했는지는 몰라도 단체로 몰려가 농성을 했다면 당시 서슬 퍼런 상황에서 정말 신문에 났을 이야기다. 방송사에서 기자와 PD와의 관계는 일반적으로 '서울지검장 방에 몰려가 항의·농성할 만큼 돈독한 것은 절대 아니다. 현재도 마찬가지이다.

1990년 과정에서는

④ "PD를 건드리는 것은 이래저래 난감한 일이었다. 설사 명명백백 그들의 비리나 부조리를 밝혀낸다 해도 '언론탄압'이니 '정치음모'니 하면서 달려들기 십상이다." 이 부분도 어폐(語弊)가 있다. PD 쪽은 그런 주장을 할 처지가 못 되고, 기자는 아무리 자사 PD라도 그런 말을 하지 않을 것이다. 왜냐하면 비리가 수뢰에 해당한다는데 어떻게 그런 주장을 기자

가 할 수 있겠는가?

⑤ 서울지검 민생특별수사부의 '첫 작품' 임을 밝히고 '불과 20일만의 개가' 라고 자랑하는 것으로 미루어 '기획수사' 임을 암시하고 있다. 이 블로그 필자가 1975년 경험을 살려 또 한 번 연예비리수사로 재미를 봤다는 이야기도 성립한다.

⑥ "검찰이 KBS와 MBC 양 방송의 중견 PD 10여 명을 소환한 것은 얼마든지 신문의 1면 톱기사가 되고 남을 충격적 소식이었는데 '3당 합당 소식' 으로 사회면 톱으로 밀렸다" 고 매우 아쉬워하는 내용에서, 그러면 검찰은 '민생특별수사부' 라면서 신문 사회면 톱기사에 올리기 위해 수사를 하는가 하는 의문이 생긴다.

⑦ 검찰총장이 "왜 두드려 패냐?" 부분에서 "터무니없다" 고 주장했는데, 검찰총장한테 감히 누가 아무 증거도 없는데 허위로 제보를 한단 말인가? 그 뒷감당을 어찌하려고. 이 부분도 논리가 부족해 보인다.

⑧ "그런 곁가지 이야기가 사실이든 아니든, 또 그런 이야기를 믿든 안 믿든…" 부분도 대단히 합당하지 않다. 그게 어떻게 곁가지인가? 일제강점기의 고등계 형사도 아니고, 만약 매질과 겁박으로 진술서를 받아냈다면 요즘 같으면 정말 톱기사 감이다. 그리고 검사가 직접 매질하는가? 수사관이 따로 있다. "나중 재판에서 이들 모두에게 실형이 선고됐다" 고 자랑스럽게 밝히는 것으로 봐서 PD들에게 상당히 비호감적인 느낌으로 생각된다. 세상에는 죄짓는 사람이 무수히 많은데, PD 사건에 가혹한 것은 신문 톱기사가 선정성(煽情性)의 효과가 대단히 크기 때문이 아니냐고 질문

한다면 어떤 대답이 나올지 궁금하다. 법의 공정한 형평성으로 보아 '세력이 강력한 집단' 에 대한 비리 수사는 피하는 사례에 대해서는 차후 기술하고자 한다.

수사상황과 관련해 또 지난해(2011년) 이 수사에 대한 상세한 증언도 나왔다. 가수 구창모 씨가 지난 1991년 가요계를 은퇴한 이유에 대해 입을 열었다.

「구창모는 7일 방송된 SBS 〈좋은 아침〉에 출연했다. 이날 구창모는 "지난 1990년대 일어난 이른바 PD 사건으로 인해 상처를 받고 가요계를 떠났다" 고 말했다(앞의 글을 올린 인사도 1990년 사건에 관여된 것으로 보인다). PD 사건이란 가수들을 프로그램에 출연시켜 주거나 노래를 방송해주는 대가로 매니저들에게 금품을 받은 담당 PD들이 검찰에 구속된 사건이다. 당시 구창모는 검찰에 참고인 조사를 받았으며, 그 과정에서 상처를 입었다.

그는 "1990년 3월에 앨범을 발매했고, 한 달에 3,000장이 팔릴 정도로 승승장구했다" 며 "그런데 그 사건이 5월에 터졌다. 너무 가슴이 아파 아직도 날짜를 정확히 기억한다" 고 입을 열었다. 56)

이어 구창모는 "당시 참고인 조사를 오후 4시부터 다음날 오전 9시까지 17시간을 받았다. 나는 직접으로 관여하거나 연루되지 않았는데 질문과 대답에 이미 왜곡이 있어 수정하는데 시간이 굉장히 오래 걸렸다" 고 말했다. 또 구창모는 "조사를 받는 과정에서 욕설을 들었다. '인간쓰레기' 라는 말까지 들었다" 며 "그때부터 지금까지 뇌리에서 벗어나지 않는다" 고

---

56) 머니투데이, 배선영 기자. 2011년 4월 7일.

전했다.

그는 "나름대로 대학부터 음악에 대한 자긍심을 쌓아왔고, 대한민국 땅에서 명성과 인기를 얻고 쌓아왔는데 그 말을 듣고 상처를 받아 은퇴를 결심했다" 고 당시의 심경을 전했다.

구창모는 1980년대 그룹 '송골매' 의 보컬로 활동하다 1985년 솔로로 독립한 후 〈희나리〉 〈아픈 만큼 성숙해지고〉 등 히트곡을 발표하며 최고의 전성기를 누린 가수다. 1991년 돌연 은퇴선언을 한 그는 사업가로 활동했다. 이후 21년 만에 컴백, 지난 4일 첫 방송된 SBS 러브 FM 〈브라보 라디오 구창모입니다〉의 DJ로 활동 중이다.」

4. 1995년 사건

「 "5년 또는 10년 주기로 되풀이되는 방송계의 묵은 비리에 분노한다."[57] 1995년 1월 11일 한국방송프로듀서연합회(PD 연합회)가 낸 성명의 일부이다. 이 성명은 "당사자들은 혐의사실이 입증될 경우 법에 따라 처리해야 한다" 는 내용으로 이어졌다. 하지만 "수사과정상 혐의사실에 대한 '흘리기 식' 공표는 인권보호 차원에서 신중해야 할 것" 이라는 조심스런 입장도 빠지지 않았다.」

연예계의 해묵은 금품수수 비리에 대한 경찰 수사와 관련해 PD 연합회가 내놓은 것이었다. 그로부터 이틀 뒤인 1995년 1월 13일, 경찰청 특수수

---

57) 동아일보, 2011년 1월 13일. 윤여수, 〈스타, 그때 이런 일이〉.

사과는 일부 방송사 PD와 연예인, 매니저 등 모두 39명에 대한 계좌추적에 이어 추가로 4명의 혐의에 대한 수사를 벌이고 있다고 밝혔다. 3개 방송사 PD 3명과 남자 연예인 1명이 그 대상이었다.

가수나 탤런트의 방송 출연, 특정 가수의 음반 방송 등을 대가로 연예인 본인이나 매니저들로부터 거액의 사례비를 받은 혐의가 포착된 PD 14명을 포함해 39명의 은행계좌에 대한 압수수색영장을 법원으로부터 발부받아 본격 수사에 나섰다. 방송사 국장급 등 중견 PD 14명과 매니저 6명, 유명 탤런트 등 연예인 3명이 포함되어 있었다. 결국 그해 1월 18일 모 방송사 중견 PD가 배임수재 혐의로 구속됐고, 7명의 PD와 매니저 등이 구속되거나 수배되는 등 사법처리 대상으로 떠올랐다. 일부 매니저와 PD 등은 경찰 수사를 피해 잠적하기도 했다.

5. 2002년 사건, 2008년 사건, 장자연 사건

「 "서울지검 강력부는 8일(2002년 1월) 방송사 PD 등 39명을 적발해 MBC 김 모 PD 등 13명을 구속기소하고 12명을 불구속 기소했으며, 해외로 달아난 기획사 대주주 L씨와 개그맨 S씨 등 11명을 지명 수배함으로써 방송·연예계뿐만 아니라 일반인의 지대한 관심을 모았던 방송·연예계 비리 수사를 사실상 마무리했다" 고 밝혔다.」[58] 주요 혐의는 ▶PR비 실태 ▶기획사 비리 ▶성상납 의혹 등이다.

---

58) 한국일보, 2002년 1월 9일.

2008년에도 사건이 또 발생했다.「연예기획사들로부터 연예인 방송 출연 대가로 현금 및 주식 등 금품을 제공받은 방송사 전·현직 PD 및 관련자들이 무더기 기소됐다.」[59] 서울중앙지검 특수1부(M모 부장)[60] 는 22일 전·현직 PD 2명을 배임수재 혐의로 구속기소하고 4명을 불구속 기소했다고 밝혔다. 비교적 혐의가 가벼운 PD 1명은 약식기소, 달아난 PD는 지명수배 했다. 검찰은 또 모 연예기획사에 주식을 요구한 모 증권사 애널리스트 김 모 씨를 불구속 기소하고 연예기획사 대표 12명은 약식기소, 달아난 연예기획사 대표 6명은 지명수배를 내렸다.

구속기소된 L 전 PD는 2004년 3월~2005년 5월 사이 팬텀엔터테인먼트 등 연예기획사 대표 5명으로부터 소속 연예인 방송 출연 및 뮤직비디오 방영 등을 대가로 1억1,000만 원을 받은 혐의다. MBC 예능 CP인 K도 2005년 4월께 소속 연예인 방송 출연 등을 대가로 우회상장 직전의 주식 2만주를 할인된 가격에 장외매수(배임수재)하고 또 다른 연예기획사들로부터 수천만 원대의 금품을 챙긴 혐의를 받고 있다. 불구속 기소된 K 전 KBS-TV 제작본부장과 K KBS 예능1팀 CP, K KBS 예능2팀 CP, B SBS 예능국 제작위원 등 전·현직 PD 4명은 기획사들로부터 금품을 받은 혐의다. 이 사건은 대형 사건이다. 가수, 탤런트, 주식, 도박 등으로 범위가 확대되었다.

'장자연 사건'은 2009년에 발생했다. 장자연은 광고 모델 출신 배우이

---

59) 파이낸셜뉴스, 홍석희, 2008년 9월 23일.
60) 실명이 기재돼 있으나 필자가 익명 처리함.

다.「CF 모델로 데뷔하였으며, 드라마 〈꽃보다 남자〉에 출연하던 중 2009
년 3월 7일 경기도 성남시 분당구에 있는 자신의 집에서 목을 매 숨진 채
로 발견되었다.」[61] 자살 이후 전 매니저에 의해서 숨지기 직전에 쓴 자필
문건이 추가로 공개되었으며, 이 문건에는 자신의 주민등록번호와 서명
등이 적혀 있었고, 기획사로부터 술 접대와 성상납 강요를 받는 등 폭행
에 시달려왔다는 내용이 담겨 있다.

"장자연 문건"이라고 불리는 이 문건에는 언론사 대표, 방송사 PD, 기
업체 대표 등의 실명이 적혀 있었으며, 이로 인해 연예인 지망생들을 접대
에 이용하는 기획사에 대한 인권 유린과 불법성에 대해 관심이 높아졌으
며, 특히 유서에 적혀진 유명 인사들의 실명에 대한 의혹이 커진 바 있다.

이렇게 보니 방송사를 둘러싼 추문이 30여 년 사이에 유난히도 많았다.
검찰이 나선 것이 모두 6회나 되었다. 최근에 와서는 엔터테인먼트의 외
형이 더 커져서 적지 않은 위험성이 도사리고 있다. 해당 관계자들의 뼈
를 깎는 자성과 보다 경영학적인 관점에서의 시스템과 이 문제에 관한 방
송사의 가이드라인의 제정이 반드시 필요할 것이라고 생각한다.

그러나 최근 예능 프로의 확산과 인기 폭발로 이런 다짐이 과연 성공
할 것인가 하는 기우(杞憂)도 없지 않다. 오늘의 시대는 정치, 경제, 문화 등
모두가 PR의 시대다. 홍보를 안 할 도리가 없다. 홍보가 없으면 죽은 목
숨과 같다. 되는 것이 없는 세상이다. 요즘 시류로 보아 앞의 비리로 인해
사법처리를 받은 사람들은 더러는 억울할 수도 있다.

---

61) 위키백과.

영화제작발표회, 뮤지컬 공연시작, 가수들의 신곡 앨범이 나오면 지상파 3사 예능 프로에 수없이 노출된다. 이런 경우 방송사의 인기를 위한 콘텐츠를 얻기 위해 정말 공짜로 해주는 것인지 의문이 생기기도 한다. 또 케이블 TV 음악 채널이 뮤직 비디오를 방송하면서 협찬비를 받는 것에 대해 '음성적인 뇌물이 아니라 엄연한 광고비'라고 주장하기도 한다. 1975년 사건에서 가수나 음반사에서 얼마를 받았느냐가 혐의의 기준이지, 그 노래를 몇 번 방송에 냈느냐 하는 기준은 아예 없다. 또한 한 번 음악을 틀 때 얼마만큼의 매출이 상승했느냐 하는 효과의 데이터는 음반사는 물론 검찰에도 존재하기 어렵다. 매니저의 배달 장부, 사장의 지출전표에 의지해 PD는 범법자로 변한다. 2008년 이후 또 5년 주기가 돌아오는데 이번엔 어떤 유형의 사건이 발생할지 귀추가 주목된다.

그러나 잡혀가지 않는 사람들도 있다. 기자들이다. 오늘날의 기자들은 촌지를 안 받는다고 한다. 그러나 기자실이 존재하던 시절엔 왜 기자들의 비리에 대해서는 사직 당국이 눈을 질끈 감고 손을 쓰지 못했는지 그 이유는 알 수 없다. 강자에게는 약한 속성인가? 검찰이 단결력과 집단의식이 약한 딴따라(PD)만 두들겨 선정성을 극대화하고 신문 1면 톱과 사회면 톱을 장식하려 했다고 주장하면 억지일까? '가요사건', '기자 촌지사건', '약 리베이트사건'은 동류의 '수뢰사건'이라고 볼 수 있다. 그런데 왜 PD와 기자, 제약업계 간의 형평성은 존재하지 않는지에 대해 의문을 품게 된다. 기자는 무섭고 PD는 '같잖게 본' 사례들을 열거하고자 한다.

6. 보사부 기자단 촌지 사건

1991년 11월 1일 아침. 한겨레신문을 받아본 사람들은 깜짝 놀랐다.[62]「사회면 톱기사 때문이었다. 굵고 시커먼 이른바 '베다(べた) 컷'으로 뽑은 제목이 '보사부 기자단 거액 촌지'였고, 이어진 중간제목은 '업계 등서 9천여만 원 거둬, 추석 떡값·해외여행 명목'이었다. 기사 내용은 더 충격적이었다. 기자들이 보사부 국장급 관리들 협조까지 받아 업계 등에서 돈을 거의 '훔쳐냈다'는 것이었다.

"보건사회부에 출입하는 신문·방송·통신사 기자단이 추석을 전후해 제약·제과·화장품 업계와 단체로부터 추석 떡값과 해외여행비 명목으로 모두 8,850만 원을 거둬 나눠 쓴 사실이 밝혀졌다."

기사의 이 첫 문장에 충격을 받은 것은 사실 일반 독자들이 아니었다. 언론 종사자들이었다. 자기들의 치부가 동업자에 의해 이렇게 명확히 까발려질 수 있다는데 대해 그들은 경악했다. 기사내용을 더 보자.

"기자단 간사에 따르면, 추석을 전후해 대우재단과 아산재단 두 곳에 직접 요청해 받은 1,500만 원씩 3,000만 원과 보사부 위생국장과 약정국장에게 협조를 요청해 제약·제과·화장품업계와 약사회 등으로부터 받은 5,850만 원 등 모두 8,850만 원을 모았다는 것이다."

이른바 촌지니 떡값의 액수와 출처가 이렇게 구체적으로 밝혀진 것은 처음 있는 일이었다. 기자 사회가 발칵 뒤집혔다. 당시 보사부 기자단을 구성한 것은 21개 신문·방송·통신사였다. 그때는 인터넷 언론 등은 생기

---

62) 〈그 시절 그 이야기〉, 민병욱(전 한국간행물윤리위원장, 동아일보 논설위원). 2011년 11월 9일.

지도 않았을 때였고, 기자단 가입은 기자단 총회의 허가를 받아야 가능한 때였다. 그러니 21개 언론사 기자 모두가 떡값과 여행비 '수혜자' 일 텐데 어떻게 촌지 액수는 물론 모금에 협조해준 고위관리 실명까지 정확히 공개될 수 있었단 말인가?

해답은 기사 속에 있었다. "기자단 21명 가운데 2개 신문사 기자를 뺀 19명이 돈을 나눠 썼다" 는 문장이 그것이었다. 그중 1개 신문은 한겨레신문일 것이 분명할 터였다. 그런데 돈을 안 받았으면 안 받았지 어떻게 모금 경위니 사용처, 돈 제공자와 협조자까지 안다는 말인가? 그것도 역시 해답은 기사 속에 있었다. 13면 해설기사에서 그 단초를 밝힌 것이다. 여기서는 "기자단이 대우·아산재단(각 1,500만 원) 외에 삼립·롯데삼강·제일제당·농심·해태 등 8개 업체서 총 1,000만 원, 대웅제약·종근당 등 15개 제약회사에서 1,800만 원, 화장품 회사에서 350만 원, 보사부장관에게서 300만 원, 제약협회 이사장으로부터 2,000만 원을 받았다" 고 밝혔다. 그러면서 "간사가 이를 멋대로 운용했고" "일부 업체에서 반발이 있었다" 고도 했다. 즉 돈을 걷는 과정에서 기자단 간사가 말썽을 빚었고, 분배도 공평하지 않았으며 일부 돈을 멋대로 쓴 사실까지 밝혀진 거였다.

당시 한겨레신문 보사부 출입기자는 "중요한 문제를 논의하니 꼭 총회에 참석하라" 는 얘기만 들은 터였다. 보도 관련 회의로 지레 짐작하고 참석했다가 기자들 간에 언쟁이 벌어지고 여기서 얼마 저기서 얼마 식으로 돈을 거둔 내역이 공표되자 그는 경악했다. 엉겁결에 신문 귀퉁이에 '촌지 모금 내역서' 를 메모해뒀다. 사실 한겨레 기자도 그걸 신문에 미주알고주알 보도할 생각은 하지 않았다. 다만 "아, 이건 정도가 너무 지나치다"는 생각에 데스크에 1차 보고만 한 것이었다. 후일 밝혀졌지만 한겨레 편집국에서도 이걸 보도하느냐, 않느냐로 격론이 벌어졌다. 기사화를 전제로 취재한 게 아니라 우연히 회의에 참석해 들은 정보를 기사화하고 또 결과적으로 동료기자들을 고발하는 것은 옳지 않다는 주장도 많았다.

그러나 언론계 자체의 일이라도 비리가 있으면 밝혀야 우리사회 정의가 실현되며 국민이익에도 부합한다는 의견이 우세했다. 괴로운 것은 보사부 출입 기자였다. 그러나 그 역시 대세를 따르지 않을 수 없었다. 동료를 고발한다기보다 구조적 비리에 메스를 대 구악을 몰아내려면 낱낱이 보도해야 한다는 설득을 받아들인 것이다.

기사가 나가자 후폭풍이 거세게 몰아쳤다. 검찰총장은 사건의 특별조사를 지시했다. 또 대부분 신문과 방송·통신사들이 즉각 사과문을 발표했으며 자사 보사부 출입 기자에 대한 징계에 착수했다.」

위의 글에서 우선 검찰총장의 특별조사 지시로 몇 명의 기자와 뇌물공여자들이 어떤 처벌을 받았는지는 결과가 없고, 보도된 기사도 찾을 수 없다. 또 부정한 돈을 받은(나쁘게 말하면 갈취이다) 가요 PD 사건의 검사가 적용한 배임수재에 해당하는 기자는 모두 19명이고, 뇌물공여에 가담한 측은 대우재단, 아산재단, 보사부 위생국장, 약정국장, 보사부장관 등 공무원과 삼립, 롯데삼강, 제일제당, 농심, 해태, 대웅제약, 종근당, 화장품 회사, 제약협회 등 모두 14곳이나 된다. 1면 톱을 좋아하는 당시 '민생특별수사부' 는 돈 받은 측과 돈 준 사람들을 잡아들였는지, 아니면 전화 한

번이라도 했는지 궁금증이 일어나지 않을 수 없다. 더욱이 보사부기자단 사건은 1990년 가요사건 바로 1년 10개월 뒤의 일로 민생특수부가 강력하게 활동하던 시기이다. PD와 기자를 가늠하는 잣대가 어찌 이렇게 다를 수 있단 말인가!

1975년 사건의 글에서 "PD들을 고문해가며 수사를 한다는 터무니없는 이야기를 바깥의 누군가를 통해 들었던 모양이다. …그런 곁가지 이야기가 사실이든 아니든, 또 그런 이야기를 믿든 안 믿든 윗사람들은 대개 아래 사람에게 한마디 던지기 십상이다. …" 이 부분에서 "PD가 어떤 형태로든(정신적인 것을 포함해서) 고문당했다"는 것은 곁가지이기 때문에 거론조차 할 필요가 없고, 비슷한 죄질의 기자에게는 아무 문제가 되지 않는지 기이하다. 가수 돈 먹은 PD는 신문 톱에 나야 하는 극악무도한 파렴치범이고, 보사부장관으로부터까지도 돈을 받은 기자는 사회의 목탁이니 문제가 없다는 논리라면 법과대학은 아예 필요 없다. PD들의 인격을 짓밟은 것은 부정할 수 없는 사실이다. 최근 더 이상한 일도 발생했다.

"K 검찰총장[63]이 기자들과 회식 자리에서 '촌지'를 전달한 것으로 알려져 물의를 빚고 있다."[64] 「K 총장은 지난 (2009년 11월) 3일 서울 중구 장충동 '서울클럽'에서 각 언론사의 검찰 출입기자들과 저녁식사를 했다. 취임 후 처음 기자들과 상견례를 갖고 인사하는 자리였다. 검찰에선 K 총장 등 대검찰청 간부 8명이 나왔고, 신문과 방송사 기자 24명이 참석했다.

---

63) 기사에는 실명이 기재돼 있으나 필자가 익명 처리함.
64) 세계일보, 김태훈, 2009년 11월 6일.

이날 참석자들 전언에 따르면 K 총장은 저녁식사가 끝날 무렵 '추첨 이벤트'를 제안했다. 같은 번호 두 개가 적힌 종이 한 장씩이 기자들에게 주어졌고, 기자들은 이를 둘로 찢어 하나를 작은 상자에 담았다. K 총장을 비롯한 검찰 측 참석자 8명이 돌아가며 상자에 담긴 번호표를 한 장씩 뽑은 결과 총 8개 언론사 기자가 당첨됐다. K 총장은 당첨 기자들에게 봉투를 하나씩 건넸다.

봉투 하나엔 1만원권·5만원권 현금과 10만원권 수표가 섞인 채로 총 50만 원이 들어 있었다. 봉투 뒷면엔 '검찰총장 K', 앞면에는 '격려'라고 적혀 있었다. 결과적으로 회식자리에서 기자들에게 400만 원이 전달된 셈이 됐다. 이 돈은 K 총장이 부하직원 격려 등에 쓰는 '특수 활동비' 일부로 알려졌다. 특수 활동비는 영수증 처리가 필요 없는 예산 항목이다. 회식이 끝난 뒤 봉투 속 내용물을 확인한 기자들은 이튿날 돈을 회수했다. 일부 기자는 대검에 돌려줬고, 그냥 사회복지단체에 기부한 기자도 있었다. 검찰 관계자는 "어색해진 분위기를 풀기 위해서 한 일로 보이며, 촌지를 건네려는 의도는 전혀 아니었다"고 설명했다.」

이런 검찰 수장의 행동에 대한 보도와 그 앞의 보사부 기자단과 '최초의 가요사건(1975)' 및 '1990년 비리사건'과는 본질에 있어서 어떤 차이가 있는지 알 길이 없다.

7. 1960~1980년대 기자들의 촌지

기자실은 기자들이 이곳에 상주하면서 각자의 회사 등에 연락처를 두고 출입처의 여러 담당자들을 찾아 취재에 임한다.[65] 블로그에 올라온 기자 경험이 많다고 여겨지는 시니어의 글이다.

「기자실에는 기자단이 형성되고, 부처의 책임자가 직접 찾아와 기사 발표내용과 배경을 설명해준다. 그러나 기자단은 소위 엠바고(Embargo: 어떤 기사의 보도를 일정 시간까지 유보하는 일)의 산실(産室) 역할도 한다. 아무리 중요한 기사가 나와도 그 출입처의 기사가 다른 부처의 굵직한 기사에 비해 크게 보도될 것 같지 않을 경우 다음날 또는 며칠 후 몇 시부터 보도하자는 담합을 하는 경우도 있다. 또는 어느 검사가 중요한 범죄사실을 보도하고자 할 경우도 상기 조건과 똑같이 며칠 후 몇 시에 보도한다고 기자들이 소위 엠바고를 설정하면 그때까지는 보도할 수 없도록 했다.

만일 어느 방송이나 신문이 엠바고를 깨트리고 보도할 수는 있지만, 그럴 경우 해당 신문이나 방송은 기자단에서 제명되어 기자실 출입까지도 막고 기사보도에서도 따돌림 받게 되므로 엠바고를 깨는 일은 드물다 하겠다. 또 지금은 모르겠지만 필자가 출입처에 드나들던 1980년도 이전만 해도 출입처 요로에서 답지한 촌지를 거두고 나누어 먹는 장소이기도 하고 기자단에서 제명되면 여기에서도 혜택을 받을 수 없다. 기자단은 1년에 두어 차례 총회를 가졌다.

1967년도로 기억이 나는데 재무부 출입처에는 재무부 본부 이외에 각

---

65) press@frontieltimes.co.kr 2009년 5월 23일.

은행, 또 그 산하 국영기업체 등이 소속되어 각 단위별로 기자단 총회 날짜에 맞추어 촌지를 들고 방문했다. 당시 재무부 출입기자 중 간사로 있던 D일보의 J모 씨는 산하기관에서 예상 밖의 적은 촌지를 가져왔다고 해서 돈이 든 봉투를 심부름 공무원의 얼굴에 던져버렸다는 것이다. 이 공무원은 이 수모를 가실 길 없어 그 돈 봉투를 들고 중앙정보부 감찰실장 B모 씨에게 가서 억울함을 하소연했다.

중앙정보부에서는 재무부 기자실을 급습, 여 사환이 가지고 있던 저금통장을 압수하고 기자단 간사 두 명을 연행해 갔다. 중앙정보부의 B감사실장 얘기로는, 기자실에서 거두어들이는 액수가 너무 어마어마하다면서 당시 중소기업 두어 개를 운영해서 생기는 돈 이상의 수입을 기자들이 가지고 있다고 한동안 기자실의 폐지론이 나오기도 했으나 기자실은 없어지지 않았고 앞으로도 영원불멸의 온상이 아닐는지…

노무현 대통령은 기자들을 돈으로 매수하지 않은 대통령이었을 것이다. 나는 기자실은 폐지해야 하는지 또는 존치되어야 되는 건지의 질문을 많이 받았다. 기자실의 빛과 그림자가 이 정도로 설명될 수 있을지 모르겠다. 어떻든 기자의 정신이 바로 서야 나라가 산다는 마음가짐으로 기자의 마음자세가 올바로 세워져야 하겠다.

기자실을 담당하는 출입처의 책임자를 공보국장, 홍보국장, 대변인, 기업체의 경우 홍보담당 상무 등으로 불리는데 출입처의 홍보국장 등은 기자들을 솜씨 있게 다루어야 하며, 출입기자들의 개인적 애로사항까지도 해결해주는 등 보통 어려운 업무 분야가 아니다. 따라서 홍보책임자들은 일정기간 홍보업무를 맡은 뒤 인사이동 시기가 오면 기자들의 권유에서 이든 윗선에서 알아서 처리하든 영전하는 위치로 옮기는 것이 상례이다.

기자들의 촌지는 여러 형태로 이루어진다. 대한민국 정부수립 초에 김병로 초대 대법원장은 대법원 기자실에서 총회가 있다는 보고를 받고 돈을 가져오라는 연락인 줄도 모르고 붓과 벼루를 가져오라고 한 뒤, '축 기자실 총회(祝 記者室 總會)'라는 휘호를 써서 기자실에 보내어 박장대소하는 일이 벌어졌다고 해서 기자실 총회 날이면 한마디씩 건네는 말장구이다. 기자들은 출입처의 관리와 친분이 있어 개인적으로 촌지를 받는 경우도 있지만, 일 년에 두어 차례씩 총회 날을 정하고 기자실로 돈을 가지고 찾아오도록 하여 며칠 동안 거둬들인 돈을 나누어 쓰는 것이다.

물론 기자단에 가입되지 않은 신문, 방송사의 경우 이러한 나눔에서 제외된다. 어느 때인가 영업용 택시 위에 등을 달아 승차 여부를 알리도록 하는 시설을 갖추도록 할 때였다. 물론 이러한 영업용 택시 시설은 일본에서 갓 시작할 때였다. 서울시 출입기자단은 택시 위 신호등 시설권리를 넘겨받아 큰 이권을 챙겼으며, 산하 공무원들의 보험가입권을 특정 보험회사에 떨어지게 하고 큰 이권을 챙겼다고 했다. 기자들의 총회 날짜는 추석을 전후해서와 연말 두 차례로 이루어져 왔다. 또 기자단 중 맑은 출입처에 속하는 국방부에서는 총회 날에 의정부의 어느 군사보호로 되어 있는 임야를 기자단에 내어주었다고 하나 그 당시(1960년대 초) 부동산 임야의 가치가 형편없을 때이고 더욱이 군사보호시설이라 돈으로 쳐서는 보잘 것 없는 것이었다는 것이다.」

아이젠하워는 1952년 11월 미국 대통령 선거전에서 한국전쟁 종식을 공약사항으로 내세워 당선됐다. 그는 대통령 선거전에서 '아시아인의 전쟁은 아시아인이 담당하도록 한다' 는 취지하에 한국군을 10개 사단에서 20개 사단으로 증강시키고, 미군을 한국으로부터 철수하겠다고 공약했다. 즉 한국전쟁을 종식시키겠다는 의지를 표명한 것이다. 그의 이런 발언은 한국에서 휴전을 기대하던 미국 유권자들에게 많은 호감을 주었다. 그래서 그는 대통령 당선자 자격으로 1952년 12월 2일 한국을 방문했다.

아이젠하워가 김포공항에 내려 한국 측 고위인사들과 인사를 나누는 등 환영행사가 많이 진행되는 동안 미국 기자단은 비행기에서 내리지 않았다고 한다. 그 이유인즉슨 한국 관리가 비행기에 올라와 수행 기자단에 촌지를 전하지 않았다는 스토리인데, 당황한 관리가 어떻게 잘 처리해 문제는 해결된 모양이다. 대선배로부터 구전으로 들은 이야기라 신빙성이나 정확성은 자신이 없다. 다만 이 대목에서 신문이 탄생한 후 기자의 촌지는 동서고금을 막론하고 선진국 후진국을 가리지 않고 존재했구나 하는 생각을 하게 되었다.

당국은 기자들의 촌지도 그 옛날부터 수사했어야 옳다. 뇌물 문제에서 편향된 시각은 참으로 곤란하다. 1면 톱에 내주니까 기자는 동지란 말인가! 그런 사례는 또 존재한다.

'약(藥) 리베이트' 의사 5명·제약회사 8곳 등 25명 기소, 의사 1644명·약사 393명 행정처분 의뢰, 신종 리베이트 수법 대비 법률개정 건의 예정.[66]

---

66) 뉴시스, 양길모. 2011년 12월 25일.

「수년간 의약품 리베이트를 주고받은 의사와 제약회사 등이 무더기로 적발됐다. 서울중앙지검에 설치된 '정부합동 의약품 리베이트 전담수사반(부장검사 김우현)'은 지난 7·12월 리베이트 수수행위에 대한 집중 단속 결과 리베이트를 수수한 의사 및 제약회사 영업본부장 및 대표 등 25명을 적발했다고 25일 밝혔다.」

미국 정부가 제약회사의 리베이트 관행에 칼을 대기 시작했다. 의사를 상대로 한 마케팅 비용을 의무적으로 공개토록 한 것이다.[67] 「뉴욕타임스(NYT)는 17일 "제약회사가 의사에게 연구비, 자문료, 강연료, 여행비 등으로 지급한 비용을 공개하는 것을 의무화하는 방안을 버락 오바마 행정부가 추진하기로 했다"고 보도했다.

미국의 공공의료보험제도인 메디케어나 메디케이드의 적용을 받는 약품을 생산하는 모든 제약사는 의사에게 연구비 등 명목으로 지급한 금액을 모두 공개해야 한다. 연방정부는 이 자료를 웹사이트에 게재할 계획이다. 의료장비 회사도 의무 공개 적용을 받는다.」

의사·약사·병원 간 제약사의 론칭 비리의 역사도 대단히 오래된 것으로 알려지고 있다. 1975년을 기준으로 해서 보면 30년이 훨씬 넘었는데, 이제 2011년에야 사정의 수술대에 오르는 것은 의사와 약사, 제약사의 강력한 힘과 단결력 때문이 아닌지도 살펴보게 된다. 즉 투표권을 가진 인원이 대단히 많다는 뜻이다. 사회적 비리는 보이는 것만 손대지 말고 음지에서 안 보이는 것을 뒤져내는 것이 사회정의에 입각한 것이라는 생각

---

[67] 한국경제신문, 정성택. 2012년 1월 17일.

을 하게 된다. 또한 혹자는 시대적 변화에 의해 어쩔 수 없는 사안이라고 말할 수도 있다. 그러나 그 시대에는 미니스커트와 장발은 단속대상이었지만 지금은 아니지 않느냐고 주장할 수 있다. 풍속사범과 수뢰사범은 엄연히 다르다. 법의 정의는 시대에 따라 변화할 수 없고, 유행을 탈 입장은 더욱 아니라고 본다. 법은 만인에 엄정해야 마땅하다.

위에 열거한 이런 기사들로 비추어볼 때, 1975년 등 몇 번의 가요비리 수사는 '신문 톱'에 올리기 위한 의도, 또 당시 '사회적 사건'에 대한 물타기 수사라고 주장하는 사람들에게 37년 전 일이지만 어떤 해명을 내놓을 수 있을지, 그냥 묵묵부답 덮는 것이 최선의 방법인지는 깊은 고뇌가 필요할 것으로 사료된다.

이런 수사들은 오늘 현재에는 더욱 힘들어질 것이다. 왜냐하면 당시 PD는 갑(甲), 레코드사는 을(乙)이었다. 그러나 연예산업이 확장된 2000년 이후는 기획사는 갑, 방송국과 PD도 갑이지만 오히려 과거 을의 입장과 유사하게 변화되는 경우는 허다하다. 갑인 기획사는 자본도 엄청나고 변호사 고용도 가능해 방송사 측 못지않게 힘이 강력하다. 엔터테인먼트 전문변호사까지 있을 것이다.

PD건 기자건 모두 자존심이 하늘을 찌르는 집단인데 창피해서 입 다무는 사람들을 함부로 대하는 일에 대해 신중해야 한다는 점을 강조하기 위해 이야기가 꽤 길어졌다.

제4장
여의도 시대

1. 여의도의 풍토

MBC는 1982년 3월 17일에 여의도 스튜디오 공식 준공식이 열려 여의도 시대의 막이 올랐다. 이때 정동에 있던 여러 조직들이 완전히 다 건너온 것은 아니고, 아마도 1984년경까지 이사가 계속되었을 것이다.

그곳은 원래 섬이었다. 그러나 다리가 생겨 지금은 섬이 아니다. 하지만 사람들은 그냥 섬으로 부른다. 여의도(汝矣島), 그냥 섬이었으면 좋았을 땅에 다리가 놓인 이후 많은 문제가 계속 발생하고 있다. 오래 전, 활주로가 놓인 한적한 비행장이었던 그곳은 이제 정치가 요동치고, 전파가 넘쳐난다. 즉, 국회가 위용을 자랑하고, 현재 지상파 메이저인 KBS와 MBC가 포진해 있다.

방송사 노동조합이 시위현장에서 들고 있는 피켓을 보면 "방송은 정권의 도구" 라는 표현이 보인다. 이것을 달리 해석하면 "방송은 노조의 도구" 라는 레토릭도 가능하다. 이에 대한 강력한 반론도 있을 것이다. 그냥 그렇다는 이야기다. 다시 말하면, 방송 속에 정치가 있고, 정치 뒤안길에 방송이 있고, 또 그 언저리에 방송사 노동조합의 사고(思考)가 깊이 자리 잡고 있다. 이것은 누구도 부정할 수 없는 진실이지만, 아무도 말하지 않으려는 것이 또한 현실이다.

우리나라의 방송 상황은 너무나도 복잡하고, 앞으로의 진정한 발전 전망도 그리 밝고 순탄하다고 보기 어렵다. 이런 모든 원인들은 정치와 방송이 불륜 드라마를 연출해 왔고, 앞으로도 상당 기간 그런 관계가 지속될 것으로 진단되기 때문이다. 남의 연애 이야기는 흥미가 있지만 정치와 방송의 연애담은 서로 덕 보고자 하는 탐욕과 치정(癡情)의 애욕만 있을 뿐 너무나 재미가 없다. 마치 TV 아침드라마처럼 불륜을 못하는 사람은 바보이고, 하는 놈은 잘난 인간으로 왜곡되고 있는 경우도 적지 아니 나타난다. 드라마 구성상 삼각관계는 반드시 필요한데 일부이지만 어느 쪽도 낄 수 없는 제3의 세력이 배양돼 방송의 발목을 잡고 사회까지 교란시키는 경우도 종종 생긴다.

방송인은 아티스트(Artist)여야 하고, 기자는 저널리스트(Journalist)인데 극소수지만 일부는 이제 정상배(政商輩) 못지않은 수준에 도달한 소문도 여러 경로로 우리는 접할 수 있다. 이런 부분의 개선이 이루어지지 않는다면 방송은 계속 갈지자(之) 걸음을 멈추기 어려울 것이 아닌가 하는 생각도 든다. 보통 사람들은 어디가 어딘지 전혀 알 수 없는 'TV' 라는 이상한 깊은 동굴 속으로 다시 들어가 흥미롭거나 아니면 아주 이상한 탐험에 나서 보고자 한다.

2. 텔레비전의 풍랑, TV로 옮기고

1983년 8월 3일, 나는 여의도로 징발돼 라디오에서 TV로 징용(徵用)을 갔다. 바로 전 일주일 동안, 남이섬에서 행한 여름특집 프로들에 대해 여러 가지 일을 하고 있었다. 마침 대학 동창이 남이섬 도주(島主, 남이섬 사장)로 있어 TV를 포함한 공개방송들에 많은 편의를 제공하고 있었다. 그런데 8월 3일 월요일 아침 출근하니 제작이사가 당장 여의도의 'TV 교양제작부'로 가라는 것이다. 처음 들어 보는 조직이었다.

배경은 1980년 11월 14일에 단행된 '언론통폐합' 중에 방송에 관한 결정이 주요한 요인이었다. 몇 개의 방송국을 마치 인절미 자르듯 잘라 한 방송국에 붙여 버린 사실은 아무리 군사정권이지만 법적으로 해석하면 남의 사유재산을 침탈한 것이 된다. 그런 상황에서 그냥 북치고 장구치고 하면서 방송을 할 수는 없는 노릇이다. 따라서 방송체제를 영리추구의 민영방송이 아닌 공공의 복지를 위한 '공영방송(Public Broadcasting)'이 필요하다는 결론에 도달한 모양이다. 이런 논리를 확보하기 위해서는 더욱 교양 부문을 강화하지 않으면 안 되는 입장이다. 따라서 KBS는 이미 1983년 봄에 교양제작국을 만들었고, MBC는 가을개편을 대비해 8월에 교양제작부를 설립한 것이다.

부장 한 사람과 나는 여의도 발령(TV)을 받았다. 여의도에 가니 TV 제작국의 한 구석에 조그만 스페이스를 만들어 놓았는데 사무집기조차 없고 황량스럽기 짝이 없었다. 지금은 코미디언 협회 회장을 맡고 있는 개그맨 엄용수 씨가(그때는 신참이라) 용달차로 정동에 있던 두 사람의 책상과 의자를 날라다 주었다. 내가 라디오 시절 'TV 때문에 라디오 못해 먹겠다'고 TV를 푸념하면서 늘 속상해 했는데 너무 미워해서 벌을 받은 것인지 TV에 발을 디딘 것이다. 아이러니다.

내가 뽑혀간 이유를 알아보니 생활정보랑 교양 프로를 잘 알기 때문이라는 것이다. 나는 TV에 관해서 잘 모르는데… 내 책상에서 세 걸음을 가면 TV 제작국장실이었다. 국장은 아침회의에서 2~3개의 기획안을 미션으로 주었는데, 오더를 내고 15분 후면 내 책상 앞에 다가와 "다 되었느냐"고 닦달한다. 더 한심한 사태는 어느 날엔가 건너편에 자리가 있는 부국장(연예·코미디 담당)이 잠깐 보자고 해서 갔더니 무슨 종이 한 장을 내밀었다. 거기에는 10명인지 20명인지 이름과 사인이 되어 있는데, 내용은 라디오 출신 간부와는 일을 못하겠다는 작업거부(사보타주) 연판장이었다. 기가 막혔다. 내가 오고 싶어 왔나? 저희들이 교양 쪽에 약하니까 나까지 불러 들여 놓고서는… 한심한 생각마저 들었다. 부국장은 어떻게 조치를 취했는지는 몰라도 내게는 너무 신경 쓸 것 없이 무시하라고 신신당부를 하는 것이다.

이것은 텃세의 시작에 불과했다. 주동자는 K인데, 지금은 지방 민방 사장이다. 연판장에 사인한 다른 친구들은 다 조용히 일만 잘 하는데 K는 내게 와서 자신은 프로그램을 못하겠다고 말한다. PD가 간부에게 프로그램을 거부하니 MBC 역사상 아마도 처음 있는 일일 것이다. 도대체 어디서 배워먹은 짓거리인지! 나는 이미 사안에 대해 들은 바가 있어 선선히 OK를 했고, 즉시 다른 PD에게 그가 거부한 프로그램을 맡겼다. 사표를 내던지고 내 눈 앞에서 사라지면 좋겠는데, 그는 매일 출근은 하면서 일하는 PD들에게 쓸데없는 농담이나 걸고 신문이나 보면서 시간을 죽이고 있었다. 라디오 같으면 어떻게든 요절을 낼 텐데 낯설고 물 설은 TV에서 분란을 일으키는 것은 곤란하다는 생각에 꾹 참았다.

한 3주쯤 지났을 때, 그가 찾아와 잘못을 용서해 달라고 사죄 겸 부탁을 했다. 기개가 하늘을 찌를 것 같더니 갑자기 꼬랑지를 내리는 이유는 뻔했다. 프로그램이 없는 PD는 산송장이나 다름없기 때문이다. 무언(無言)이 2~3분 지난 후, 서약서를 쓸 필요는 없지만 다시는 그런 행위를 안 한다고 약속한다면 프로그램을 고려하겠다고 답했다. 며칠 후 그에게 프로 하나를 맡겼다. 이로써 첫 번째 왕따는 돌파한 셈이다.

국장의 닦달은 날이 갈수록 심해졌다. "라디오에서 날린다고 해서 데려왔더니 이게 뭐냐?" 고 대놓고 쥐어짰다. 나중에 알고 보니 그도 이사에게 계속 당했던 모양이었다. 텔레비전 제작의 특성은 참으로 이상했다. 완제품은 안 그런데 제작과정은 시끄러운 기계소리가 진동하고, 작업인부들이 무수히 들락거리고, 이들을 독려하는 십장(什長, 감독)의 목소리가 높은 게 무슨 공장이나 건설현장 같아 보였다. 반면 라디오는 패션 산업에 비유할 수 있다. 디자이너가 여자 옷을 스케치해 완성하고, 옷감과 컬러를 선정하고, 그것을 커팅해 재봉질을 하고 단추와 지퍼 등 부자재를 달아 한 벌의 근사한 의상을 완성하는 것이다. 이것을 입고 모델이 나서면 사람들은 모두 탄성을 지르면서 감동을 받게 된다. 메시지를 포함한 미적(美的) 봉우리에 올라가기 위한 목적은 라디오나 TV나 모두 동일한데 과정은 참으로 판이하다.

나는 당시 TV라는 '판' 에서 기획안 작성 속도에서 밀리고, 글씨에서도 이기지 못했다. 비교 대상은 다른 부서 부장이었는데 알아보니 그는 기획 의도의 기본문구를 미리 만들어 놓고 이리저리 변형했으며, 출연 인원은 조용필을 비롯해 최고 인기가수를 일렬로 깔아놓고 군대에서 배운 펜맨쉽(Penmanship: 글쓰기 교본) 글씨체로 써내려가 15분 만에 기획안(B4 용지) 한

장을 뚝딱 완성해 국장에게 제출하는 방법을 쓰고 있었다.

나도 극약처방을 고안했다. 당시는 컴퓨터가 없는 타이프 시대여서 타자수와 사진식자를 치는 여직원에게 점심을 사주고 기획안 타자와 메인 타이틀 식자를 부탁했다. 기획서 내용은 A안, B안, C안 등 기본문안을 5개쯤 미리 만들어 놓고, 주문이 오면 즉시 기획안 내용을 이리저리 짜 맞추어 타자수에게 부탁하고, 메인타이틀은 사진식자를 받아 풀로 붙였다. 그것을 복사해 검은 자국을 화이트로 지워 재복사하면 인쇄본이 나온다. 거기에 주요내용은 형광펜으로 줄을 쳐서 국장에게 건넸다. 나도 거의 15분 수준이었고, 점점 시간은 단축되었다. 포장만 화려할 뿐 별로 대단한 내용도 아닌데 국장은 칭찬 일색이다. 내가 과거 삼화인쇄소에 근무할 때 레이아웃(Lay Out)을 했던 터라 그 정도는 일도 아니었다. 이렇게 해서 두 번째 왕따의 고비를 가볍게 넘겼다.

어느 새 겨울로 접어들어 날씨가 추워졌다. 어느 날 오후, 국장이 부르기에 갔더니 의외의 질문을 던졌다.

"어이, 난로는 어디서 사?"

"어디에 놓을 난로인데요?"

"우리 집이 산꼭대기인데 옛날 집이라 그런지 매우 추워. 당신이 유명한 생활정보 PD라는 소리를 들어서 물어보는 거야."

"거실이 몇 평쯤 되죠?"

"4~5평인지… 얼만지는 자세히 모르겠는데."

나는 다음날 즉시 사람을 시켜 최신형 난로를 국장 집에 설치해 주었다. 유명 생활정보 PD라는데 그것 하나 해결 못하면 되겠는가! 그 뒤로 국장과는 한동안 무난히 지냈다.

시간이 지나면서 교양제작부가 비대해져 교양제작국으로 확대되고, 이 례적으로 보도국에서 파리와 워싱턴 특파원을 모두 지낸 분이 국장으로 부임했다. 그는 외모도 그러했거니와 매우 젠틀하고 합리적인 인사로 평가되는 사람이었다. 한참 시간이 흘러, 중추절 때 국장 집에 초대를 받아 간 적이 있다. 거실 책장에는 〈삼국사기〉인지 〈삼국유사〉인지 두툼한 역사책이 가지런히 꽂혀 있고, 당시로서는 개인이 소장하기 쉽지 않은 클래식 CD가 상당히 많았다. 여러 가지 교양 분야의 서적도 즐비했다. 이런 것으로 봐서 그는 교양제작국장으로서 적임자에 해당된다. 그리고 보도국 기자들은 일반적으로 터프한 것으로 인식되고 있는데, 그는 상당한 덕(德)을 쌓은 것으로 느껴졌다. 특히 평 PD까지 포함해 부하직원들에게 밥을 잘 사주곤 했다. 자신이 먹어보고 맛있는 집으로 데리고 가서 점심을 사주는 것이다. 지금도 그리 쉽지 않은 경우일 것이다. 노가다 체제가 다소 누그러지고 교양국이 제 길로 접어든 듯한 분위기가 느껴졌다.

3. 조루증 사건

라디오 PD로 재직할 때, 나는 남산에 있던 서울예전(현 서울예술대학교) 강사로 일한 적이 있다. 유덕형 학장의 천거로 방송계의 원로 최덕수 선생의 후임으로 '라디오·TV 프로덕션'을 3년 가까이 가르쳤다. 그때의 자료들을 참고하면서 TV의 핵심인 '그림을 위주로 한 교양 프로'를 연구하는 한편, 모닝 쇼인 〈차인태의 출발 새아침〉의 데스크를 보고 있었다. 시청률도 좋고, 어느 정도 TV 생활도 익숙해졌다.

TV에서는 개편을 앞두고 다음 주 며칠에 시청률 조사를 한다는 사전 공고를 하고 조사를 시행하는 관례가 있었다. 5명의 PD와 구성작가에게 신선한 아이디어를 내라고 전달했는데도, 시원한 아이디어가 나오지 않았다. 그러다가 아침 신문에 롯데 호텔에서 '아시아·태평양 성의학 세미나'가 열린다는 기사를 보고 PD에게 가보라고 했더니, 중앙대학교 용산병원 비뇨기과 김세철 박사를 섭외까지 마쳤다는 보고이다.

방송 당일 아침, 모니터로 방송내용을 보고 있는데 전혀 표정의 변화도 없이 김 박사는 부부간의 올바른 '성 건강' 등 일반적 이야기를 하고 있었다. 그러다 탁자 밑에서 뭔가를 꺼내 테이블 위에 올려놓았다. 나는 그 순간 '악' 하고 소리를 질렀다. 그 물건은 의과대학의 비뇨기과 강의실에서 사용함직한 대형 남자 성기 모형이었다. 그가 거기에 달린 고무 튜브를 누르자 남자의 정액이 파란 색으로 천천히 올라오고 내려갔다 하는 것이다. 남녀 진행자, 주부 방청객들이 숨소리도 못내는 듯 보였다. 김 교수는 성생활의 부조화는 남자의 조루증 때문이라고 진단하면서 그 치료법까지 상세히 설명하고 있었다.

아침방송에서 핫 아이템이 나오면 그곳의 전화번호를 알려달라고 걸려오는 전화로 불이나 3층 넓은 제작국 사무실은 금방 소란스러워진다. 그러나 이날은 아무데서도 전화가 안 오고, 시청자 부(部)에서도 소식이 없다. 보통은 좀 이상한 것이 나가면 10층 이사실에서 득달같이 전화로 "그게 뭐야?" 하는 힐난이 오는데, 그곳도 조용하다. 그리고 일주일쯤 뒤 방송위원회에서 무슨 무슨 조항 위반이라고 경고가 날아오는데 그것도 없었다. '조루증' 은 성적으로 남자의 무능을 나타내는 의학용어다. 대한민국의 모든 남자들이 공감을 받았는지 그 금지적 아이템은 무사히 넘어갔다. 지금 생각해도 참 이상한 일이다. 물론 시청률은 상당히 높게 나왔다. 당시로서는 대단한 실수에 해당해 징계감이지만 전화위복인지 무사히 지나갔다. 아마 지금 시점에서도 화면에 남자 성기가 적나라하게 보였다면 문제가 되지 않았을까 추측된다.

4. TK의 인베이젼(invasion)

전두환 대통령의 정권이 어느 정도 안정되면서 MBC 내 TK들의 세력이 강력해지고 있었다. TK는 대구의 T와 경북의 K의 뜻으로 대구·경북 인사들을 의미한다. 보통 전두환·노태우 대통령 시절은 경북고가, 김영삼 대통령 때는 아들 김현철 씨가 나온 서울 경복고와 고려대가 세를 얻었다. 김대중 대통령의 경우는 유달회(목포상고), 광언회(광주고·광주일고), 전언회(전주고) 등에 소속된 사람들이 힘을 받았다. 이명박 대통령은 고향이 포항이다. 그래서 '영·포 라인' 이니 하는 말들이 회자된다. 지연(地緣)과 학연(學緣)이 혼합된 형태이다.

TK의 사령관은 새로 부임한 전무인 듯 했다. 그는 학식이 높고 예술적인 감각을 겸비한 인물이지만 TK의 최전방 사령관이라는 사실은 부정하기 어려웠다. 나는 서울이 고향이라 그와는 머리카락 한 올의 연관도 없어 무덤덤했다. 그러나 나는 그와의 생각지 못한 인연이 불쑥불쑥 자주 튀어나와 놀라곤 했다.

어느 날, 국장이 본사(정동)에 갔는데 오후 1시가 넘어도 돌아오지 않아 점심을 하러 우리끼리 나갈까 하는데 그가 돌아왔다. 함께 점심을 하는 동안 그는 무심한 한담만 나누었다.

사무실에 들어왔는데 정동 비서실의 한 친구가 전화를 해 너희 국장의 표정이 어떠냐고 물었다. 아무렇지 않다고 하자, 전무에게 정말 크게 깨졌다고 전해주었다. 주리틀림을 당한 모양이다. 국장은 전무의 대학 선배였다. 내가 깨진 것 같은 느낌이 들었다. 그렇게 무시를 당하고도 태평하니 키는 작지만 국장은 정말 대인(大人)이라는 생각을 하게 되었다.

다음 날, 국장이 부르더니 오늘은 당신이 전무에게 가보라는 것이었다. 불길한 느낌이 들었다. 한참을 대기하다 전무실에 들어갔더니 대뜸 이번 선거에 대한 특집계획이 무엇이냐고 물었다. 나는 선거특집에 대해 금시초문이었다. 어물거리다가는 불호령이 떨어질 것은 불을 보듯 뻔했다. 치고 나가야 산다는 생각에 나는 "선거문화의 개선"이라고 힘주어 말했다. 사실 나는 그의 질문의도를 전혀 모르는 바였다. 그러나 대답이 맘에 들었는지 아닌지는 짐작이 안 가지만 '선거문화'라는 단어에는 호감을 느낀 듯 보였다. 출연자를 물었다. 순간 기억난 사람은 고려대학교의 정치학자 한배호 교수였다. "그 사람은 안 되고" 하더니 메모지에다 자기가 생각하고 있는 다른 이름들을 적어 주었다. 그리고 풀려났다. 중죄를 저지르고 구속되었다가 석방된 기분이었다. 어제 국장에게 행한 테러는 왜 선거 때가 되었는데도 알아서 미리 준비하지 못하느냐에 대한 징벌로 나는 해석했다. 상하관계가 정말 살얼음판이나 다름없었다.

당시 사회 각 분야에서 TK 주위에 포진한 사람들은 정말 유대감이 강했다. 영화진흥에 대한 좌담 프로를 녹화하는데 라인 모니터로 보니 좌중 가운데 앉은 유명 영화감독이 다리를 탁자에 걸친 듯한 예의에 벗어난 자세로 대종상의 심사결과에 심한 이의를 제기하고 있었다. 물론 그가 못마땅하게 생각하는 인사도 출연했는데 그것이 비위가 상한 모양이다.

문제는 그의 심한 이야기를 일부 편집해 내보냈는데, 이것이 화근이었다. 다음날 아침, 그 감독의 부인이 사투리로 전화를 걸어왔는데 마침 내가 받았다. 말을 막 퍼부어대는데 결론은 '그 사람한테 얼마 먹고 출연시켰냐' 는 것이었다. 그리고 잠시 후, 전무 방에서 올라오라는 전화가 왔다. 나는 분이 안 풀려 못가겠다고 다른 부장에게 가라고 밀었다. 돌아온 부장은 얼굴이 붉어져 있었다. 어젯밤 그 감독이 편집된 프로를 보고 술이 취한 채 심야에 전무 집에 쳐들어와 재떨이로 탁자 유리를 깨는 등 소동을 피웠다고 했다. 전무는 무엇이 문제냐고 물어보고, 자기한테 그런 일이 벌어지지 않도록 프로그램을 잘 만들라고 호통을 쳤다는 것이다. 우리는 잘못한 것도 없는데, 영화감독은 친구를 찾아가 화풀이를 하고, 또 우리는 내림으로 화를 당한 것이다. 요즘은 군대도 그렇지는 않을 것이다.

5. 〈TV 문화기행〉

전무는 기자 출신으로 해외 근무를 많이 해서 그런지 문화예술, 특히 미술에 조예가 깊었다. 아는 사람도 많았다. 가을 개편이 2주 남았을 때, 국장이 불러 갔더니 미술 프로를 만들어 개편에 방송해야 한다고 말한다. 전무의 아이디어라는 것이다.

미술 프로라니? 나는 중·고등학교 시절 미술시간에 본 밀레의 〈만종〉 등 몇 장의 그림 밖에 생각나는 것이 없는데, 대체 어떻게 만들 것인가? 뭘 알아야 면장을 할 것 아닌가? 스스로가 한심하다는 생각이 들었다. 그러면서도 전무는 왜 국장이 해야 할 일을 자신이 직접 하는 것인지 궁금했다. 성격 탓일까? 하지만 방송은 나가야 하고, 뒤에는 지엄한 시어머니 같은 전무가 눈을 부릅뜨고 있으니 그냥 앉아 있을 수만은 없는 노릇이었다.

전문가를 찾아보니 인터뷰 정도는 해줄 사람이 많았지만, 내가 미술에 대해 아는 것이 없으니 유치원 보모처럼 딱 붙어 앉아 처음부터 끝까지 프로그램을 지도편달할 인사를 찾기는 쉽지 않았다. 요즘은 프로그램 성격에 따라 자문위원을 모시기도 하지만, 당시는 그런 제도도 없었고 무엇보다 시간이 촉박했다. '미술전문 구성작가' 같은 인물이 절실히 필요했다.

밤낮을 가리지 않고 섭외를 한 결과, 중심부가 아닌 주변부에서 활동하고 있는 나이든 평론가 한 사람을 찾았다. PD를 배정하고, 야외녹화를 나가고, 내레이션을 넣고 정신없이 진행해 겨우 첫 편을 완성했다. 프로그램 이름은 〈TV 문화기행〉이었다. '미술' 이라고 한정짓지 않은 것은 미술 외에 음악·연극 등 예술 장르가 계속 될 수 있다는 가능성 때문에 폭을 넓힌 것이다. 어쨌든 우리나라 최초의 TV 미술 프로그램이 탄생한 것이다. 1985년 10월 25일 첫 편인 〈월전 장우성의 예술세계〉가 방송(22:45~23:35)되었다.

몇 편이 나갔는데 '그 프로에 나가려면 PD에게 얼마 주면 되느냐' 고 이상한 소리가 들리기 시작했다. PD가 무슨 돈 받고 프로그램 파는 사람인가? 정말 기가 막힐 노릇이 또 일어난 것이다. 알고 보니 당시 미술계에는 서울대학교 미대 출신과 홍익대학교 미대 출신 간에 심각한 갈등이 도사리고 있었다. 쉽게 얘기해서 서울대는 한국화(동양화, 구상)가 주류이고 세력이 강했으며, 홍대는 현대화 추상이 월등한 세력을 형성하고 있었다. 게다가 경제사정이 좋아지면서 미술이 붐을 이루어 화상(갤러리)도 비교적 호황을 누리던 시기였고, 일부 부유층은 그림을 재테크 수단으로 삼고 있었던 모양이다. 물론 나는 그런 사실을 알지 못했다.

〈TV 문화기행〉의 구성상 프로 시작과 함께 우리 정서에 뿌리박고 있는 동양화를 화가들의 작품성, 인기순 또 연령순으로 소개는 것이 정석이다. 그런데 또 탈이 생겼다. 〈TV 문화기행〉이 몇 회 나가면서 여기에 나온 화가들의 그림 값이 화랑에서 치솟았다는 것이다. 그래서 '얼마 주면 되느냐' 라는 말이 나온 것이다. 동양화 측에서는 서양화 측을 지목했고, 반대 세력은 오늘의 시대에 동양화는 뒤떨어진 장르라고 몰아붙이며 그런 기초적인 사실을 방송이 왜 모르냐는 반론이었다. CP인 나는 뜻하지 않게 그들의 갈등 중심에 서게 되었다. 다행히 문화예술에 조예가 있는 국장에게 상황을 설명하고 하소연하는 수준에서 일을 계속했다. 전무도 화가 측에서 걸려오는 전화를 많이 받은 모양이었다. 늦은 밤 편성이지만 시청률도 좋았는데 봄 개편에서 과감히 폐지해 1986년 4월 26일 최종회가 나가고 끝이 났다. 골칫덩이 하나가 사라졌다.

6. 한강에 빠져 죽어라

1987년 8월 초 어느 늦은 밤, 나는 교양국 사무실에서 다음날 아침 〈모닝 쇼〉의 큐시트를 들여다보고 있었다. 취재 나간 PD가 돌아오지 않아 방송 내용이 확정되지 않았기 때문이다. 창가 교양국 쪽만 불이 켜져 있고, TV 제작국 쪽은 소등이 되어 무척 어두웠다.

그 때 물건이 깨지는 소리가 들리고, 뭔가를 내동댕이쳐 부서지는 굉음이 이어졌다. 반대편 어둠 속에서 한 사람이 계속 뭔가를 던지고 부수는 광경이 어슴푸레 보였다. 말려야겠다는 생각에 그 쪽으로 뛰어가는데 소파 깊숙이 누워있던 사람이 팔을 내밀어 나를 붙잡았다. 그 사단(事端)의 사연은 이랬다.

독립기념관 개관 특집방송이 주된 원인이었다. 당시 정부는 역사적으로 우리가 겪었던 국난을 극복하고 민족의 자주와 독립을 위해 헌신한 조상들이 남긴 자취와 자료를 수집·전시함으로써 후손들에게 민족의 얼과 긍지를 심어 주기 위하여 1987년 8월 15일 충남 천안시 동남구 목천면(木川面) 흑성산록(黑城山麓)의 120만8,135평의 대지에 37동(1만6,959평)의 독립

기념관을 건립하고 있었다. 본관 준공을 불과 11일 앞둔 1986년 8월 4일 화재가 나서 세간의 이목이 집중되기도 했다.

독립기념관 개관에 대한 방송사의 특집방송은 당시로서는 매우 중요한 의미를 갖는다. 개관 3달 전에 이미 MBC의 간부들과 PD들은 축하공연 '주연 가수'로 조용필을 점찍고 섭외해 꽉 묶어놓았다.

그러나 공연 얼마 전, 조용필은 불참을 통고해왔다. 이유는 KBS 때문이었다. 어느 날 심야에 한 통의 전화가 그에게 걸려왔다는 것이다.

"조 군인가? 나 사장이야."

"예, 사장님 웬 일이십니까?"

"듣자하니 독립기념관 행사에 MBC로 나간다면서…"

"예, 한 석 달 전에 MBC에서 섭외가 와서 승낙했습니다."

"그 쪽에 미안하다고 하고 우리에게 와야지…"

"그렇게는 곤란합니다."

"그래, 그렇다면 우리와는 인연을 끝내야겠구만."

만약 불응하면 KBS 방송에 출연정지를 시키겠다는 으름장이었다. 얼마나 대단한 네트워크인가! 거기에서 출연을 못하면 가수 생명에 중대한 지장을 초래하는 것은 불문가지다. 밤새 고민하던 조용필은 이 사실을 MBC에 알리게 된다.

아침 간부회의에서 부국장은 이 사실을 이사에게 보고했다. 한 동안 화를 참지 못하던 이사가 말했다.

"당신은 한강에 가서 빠져 죽어. 키가 커서 금방 가라앉지 않을 테니까 바윗돌을 들고 빠져 죽어."

당시 가장 강력한 힘을 보유한 TV 회사의 중역으로서 자존심에 심한 타격을 받아 앞뒤를 가릴 수 없었던 모양이다. 모든 참석자들은 경악했고, 회의는 끝났으리라. 그 후 부국장은 회사 밖으로 나가 계속 술을 마셨고, 그래도 분이 풀리지 않아 밤에 사무실로 들어와 자신의 책상에 놓였던 전화기며 비품과 의자 등을 집어던진 것이다. 어쩌다 내가 바로 현장 목격자가 되었다.

TV의 무시무시한 저돌성은 쉽게 이해가 되지 않는다. 당시 두 회사의 사장은 모두 정권의 비호를 받았지만 서로 간에 심각한 무한경쟁을 벌이고 있었다. 하나의 예로, 1982년 3월 17일 오전 10시, 'MBC 여의도 스튜디오' 준공식이 있었다. 이광표 문공부 장관, 이원홍 방송협회 회장(그는 KBS 사장이다), 문태갑 신문협회 회장, 이진희 사장이 준공 테이프를 끊었다. 이 식전에서 두 사람이 마주쳐도 서로 인사조차 하지 않았다. 어느 시대, 어느 사회나 경쟁은 존재하기 마련이지만 정권의 위임을 받은 사람들도 쉽지는 않았을 것이라는 생각도 든다. 이와 유사하게 계속해서 눈에 잘 보이지 않는 두 회사 사장의 암투가 우리 측 이사에게도 전이된 것인지는 몰라도 "바윗돌 들고 한강에 빠져 죽어라" 는 당시의 분위기를 상징하는 하나의 살벌한 어록으로 남게 되었다. 이런 표현에 대해 PD들은 난감해하면서도 '과했다' 는 것이 중론이었다. 이 스토리에 개입된 모든 사람들이 피해자임은 분명하다.

영화 〈철(鐵)의 여인(The Iron Lady)〉은 영국 최초의 여성 총리인 마거릿 대

처의 실화를 그린 작품이다. 이 영화에서 대처 역을 연기한 메릴 스트립
은 제84회 미국 아카데미 시상식에서 여우주연상을 받았다. 영화 종반부
에 대처 수상이 회의를 하는 도중 무기력한 남성 각료들에게 화가 치밀어
보고서를 보다가 'committee' 에서 한 글자가 빠졌다고 화를 내면서 그
각료를 심하게 면박을 준다. 물론 신념이 다른 문제로 인한 것이었겠지만
다음 날인가 그 각료는 대처에게 사표를 제출하는 장면이 나온다. 정말
말은 칼이다. 그 부국장은 '빠져 죽어라' 라는 칼에 큰 상처를 입었지만
사표를 내지 않고 폭음(暴飮)으로 씻어 버린 것은 잘한 처사라고 생각된다.

7. 〈문학, 음악의 고향〉 다큐멘터리 시리즈

교양제작국 기획제작부장 일을 맡고 있을 때였다. 국장이 두꺼운 책을
한 권 건네주었는데, 책 제목이 〈컬러기행 세계문학전집〉이고, 저자는 한
국일보 논설위원이었던 김성우(金聖佑) 씨였다. 그는 우리 사장과 친분이 두
터웠는데, TV 시대에 참고자료로 쓰라고 준 것이다. 책을 살펴보니 그리
스·이탈리아, 프랑스, 독일, 영국·아일랜드, 미국, 동유럽 등 여러 나라의
소설가와 시인 등 유명작가의 고향과 문학작품을 집필한 도시 등을 찾아
현지 르포로 쓴 내용이었고, 컬러 사진이 책의 반을 차지하고 있었다.

기획자는 이런 것을 볼 때, 금방 떠오르는 영감이 생긴다. 화면 효과가
매우 훌륭한 유럽 여러 나라를 배경으로 문학 다큐멘터리로 만들면 안성
맞춤이겠구나 하는 발상이다. 비슷한 제목의 일본 책도 본 일이 있고 해

서 서두른 것이 바로 세계문학기행 〈명작의 고향〉으로 탄생되었다.

　1985년 2월 7일에 첫 방송이 나갔다. 주간 1회 방송(목요일 22:55~23:45)이기 때문에 어느 때는 우리 취재팀이 3팀씩이나 유럽에서 촬영을 하고 있을 정도였다. 정규방송으로 나가자 대단한 시청자의 반응이 나왔고, 시청률도 상당했다. 아마 이런 유형의 프로가 TV에서 선보인 적이 없었기 때문이 아닌가 추측된다. 일일이 다 생각이 나지 않지만 교양 프로로서 질적으로 수준 높은 것들이 주로 제작되었다. 빅토르 위고의 〈레미제라블(Les Miserables)〉에서부터 너대니얼 호손의 〈주홍글씨(The Scarlet Letter)〉까지 20편이 방송되고 1986년 4월 1일에 종료되었다. 후에 19편이 더 나가 총 39편이나 제작되었다. '고향' 시리즈가 나감으로써 시청자들의 유럽의 문화·예술에 대한 갈증을 적지 아니 풀어주었고, 국내 소재에 머물러 있던 TV 다큐멘터리의 지평을 넓혔다는 평가를 받을 수 있었으며, PD들의 해외취재 경험도 축척되었다. 또한 당시에는 제작비 항목에서 해외취재 부분은 정확한 룰이 없었다. 나는 다른 방송의 경우를 참작하고 해외지사에도 연락해 1일 통역 및 가이드 비용, 차량 렌트비, 평균적인 호텔 비용, 식사비 등 1인 1일 생활비, 전화료, 예비비 등의 정보를 수집하고 종목과 항목을 정리해 경리부에 제출하여 승인을 받았다. 이렇게 해서 영수증 등 정산서류도 확정되어 해외취재의 기준표를 만드는데 일조했다.

　〈명작의 고향〉이 성과가 좋아 후속으로 〈명곡의 고향〉을 기획해 1986년 11월 6일 '모차르트'를 첫 프로로 내고, 1987년 4월 16일 '베토벤(2)'을 방송함으로써 음악의 유럽 일주 20편을 모두 마쳤다. 모든 프로그램들이 다 그렇지만 제작 중에 여러 가지 난관이 발생한다. 6번째 프로인 '쇼팽' 의 무대는 폴란드였다. 당시 폴란드는 공산권이었기 때문에 입국을 위해 그 쪽에 전화연락을 하게 되었는데, 정보당국에 사전 허가 없이 일을 하 다가 통신감청에 걸려 진행이 지연되는 등 PD가 어려움도 겪었다. 그때에 비하면 지금은 여건이 너무도 좋아졌다. 못갈 곳이 없고, 안 되는 취재가 없으니 말이다.

하지만 이 무렵, 좋은 일들이 자주 생겼다. 앞에서 거론한 영화 〈빨간 마후라〉의 주제가 작사를 담배 은박지에 순식간에 썼다는 한운사(韓雲史) 선생이 우리 기획제작부에서 만들어 방송한 작품들을 보고는 사장에게 전화를 걸어 "매우 우수한 프로라 감동을 받았다" 고 말한 모양이다. 이 때 사장은 당대의 유명한 소설가요, 방송작가인 한운사 선생의 평가라 기 분이 좋아 요즘 돈으로 300만 원 정도의 격려금을 하사했다. 그것도 한 두 번이 아니라 꽤 여러 번이었다. 나는 부원들은 몽땅 데리고 가서 그 돈 으로 마음껏 고기도 먹고, 저급한 룸살롱에도 가 원기를 북돋웠다.

예술가의 혈맥은 참으로 끈끈하다고 생각한다. 한운사 선생의 자제 중 에는 유명한 기타리스트 한상원 씨가 있다. 그는 KBS-2TV에서 나간 〈밴 드서바이벌 Top밴드〉에서 멘토 역할을 하는 등 우리에게도 낯익은 얼굴 이다. 내가 동덕여대 공연예술대학장으로 근무하던 때, 그가 교수로 재직 했다는 인연도 있어 한운사 선생에 대해 늘 호감을 갖고 있다. 작가와 팝 음악가, 안 어울리는 것 같으면서도 어떤 맥이 닿아 있지 않은가 하는 느 낌이다.

8. 인사의 난맥상

1987년 3월 어느 날, 한 친구가 전화를 걸어와 "당신은 라디오로 다시 갈 거야" 하는 것이다. 그래서 알아보니 맞는 것 같았다. 여러 경로로 교양국에 남겠다는 의사를 전했다.

그날 종합중역실 소파에서 결재를 기다리고 있는데, 전무 방에 있던 제작 이사가 나오다가 나를 흘낏 보더니 알 수 없는 표정을 짓는 것이었다. 그러더니 비서에게 자를 달라고 해서 서류에 줄을 긋고는 다시 전무실로 들어갔다. 무슨 내용인가를 수정한 것이다. 나중에 알았지만, 그것이 나를 라디오국 제작위원으로 발령을 내고자 하는데 본인이 반발하니까 도로 교양제작국 제작위원으로 남게 한 인사발령 수정의 과정이었다. 사실 월급쟁이들이 부서를 옮기는 것은 다반사이다. 그러나 이상하지 않은가? 기획제작부장이 된지 1년 밖에 되지 않았고 우수한 작품을 수없이 생산해냈는데, 차장하던 친구는 부장으로 올리고 나는 아예 그 친구 눈에 안 띄는 라디오로 다시 보내려 했다니 끓어오르는 속을 가라앉힐 수가 없었다.

백방으로 수소문했더니 전무가 외부기관으로 승진해 가는데, 나가기 전에 자신이 업고들어온(데려온) 차장을 부장시켜주고 가겠다는 의도에서 나온 것이란다. MBC에서는 전혀 듣도 보도 못한 맹랑한 사건이었다. 그들은 정말 무소불위였다.

1987년 3월 20일 나는 제작위원으로, 그 친구는 내 자리를 뺏어 기획제작부장으로 발령이 났다. 그 차장 친구는 전무가 부임하고 얼마 지나지 않아 들어온 케이스다. 앞서 '언론인 강제해직, 1980년' 이라는 내용에서 언급한 바 있는 '1980년 이후 MBC에 196명의 낙하산 인사가 투입됐다'는 설의 한 명으로 생각한다. 그는 워낙 크렘린(Kremlin: 중세 러시아 도시 중심부에 있던 요새. 속을 알 수 없는 사람을 지칭하기도 한다) 타입이라 속에 있는 말을 하지 않아 상세히 알 수는 없지만, 그의 부친이 TK와 관련이 있다는 설이 돌고 있었다. 교양제작국에서의 내 체면도 말이 아니고 출근하기도 괴로웠다. 동네 구멍가게도 아니고 공기업이며 대기업의 인사가 이따위라니 정말 분노가 치밀었다. 부모도 자기 자식을 맘대로 못하는 세상인데, 아내와 아이들 보기가 부끄러웠다. 집사람은 KBS 기자를 지냈고, 나와 MBC 입사 동기이다.

9. 이사와 다찌마와리

사나흘 동안 고민하다가 늦은 저녁에 이사실에 전화를 걸었다. 마침 이사는 혼자 있다고 비서가 알려주었다. 방에 들어갔더니 "웬 일이냐" 고 마땅치 않은 표정이다.

"이번에 인사이동이 된 이유를 알고 싶습니다."

순간적으로 멈칫한 그는 한참 뜸을 들이더니 천천히 입을 열었다.

"당신이 그립(Grip: 쥐는 힘, 곧 장악력)이 약해 부하직원 통솔이 잘 안 된다는 평가가 있어. 알아?"

그의 답변은 초등학생 글짓기 수준이었다.

"그립이 약해 부하 통솔이 안 되는데 어떻게 그렇게 좋은 프로를 만들어 사장 격려금을 매번 받을 수 있습니까?"

"그거야 PD들이 잘 해서 그런 거 아니야?"

"그러면 이사님은 부장 때 가만 있었고, 부하들만 잘해서 이 자리까지 올라왔습니까?"

나는 자리에서 일어나 열려 있던 이사실 문을 닫았다.

"외압이 있었다고 고백하십시오."

나는 공세를 늦추지 않았다. 시간은 자꾸 흘러가 밤 8시가 다 되었다. 그의 술 약속시간이 점점 지연되는 것이다.

"저는 이번 일의 진상을 알 때가지 여기서 나가지 않겠습니다."

그는 평소에는 못 보던 나의 독한 면을 본 모양이다.

"이 사람 왜 이래? 그러면 못 써."

내가 꿈쩍도 하지 않자, 그도 지쳤는데 작전을 바꾸었다.

"어이, 최 형, 이러지 마! 내가 머지않아 외국 갈 기회를 만들어줄 테니 해외 바람이나 좀 쐬고 와."

아무리 급해도 그렇지 '최 형'이라니? 달달 볶고 실컷 부려먹다가 윗사람이 찍어 누른다고 부하직원을 감싸기는커녕 항변 한 번 못하고, 그립이 약하다는 어줍지 않은 핑계를 대기는… 혼자 욕을 하며 방을 나왔다. 부장하고도 다찌마와리, 이사하고도 다찌마와리, 이러다가 다찌마와리 전문가 되는 것 아닌가 하는 생각도 들었다.

회사라는 조직은 그물에 갇힌 물고기처럼 여간해서는 함부로 빠져나갈 수 없는 것이 월급쟁이의 숙명이다. 창피함을 무릅쓰고 매일 출근을 했다. 점심을 하자는 둥 술 한 잔 사겠다는 둥 위로하는 주변이 있는가 하면, '일 좀 한다고 상금 타먹고 설치더니 꼴 좋다' 는 느낌의 친구도 있었다. 일하는 능력은 별로인데 승진연한이 되어 차장이나 부장 자리를 노리는 PD들이다. 앞차가 빠져야 뒤차가 나간다는 논리이고, 남의 불행이 나의 행복임을 고소해 하는 부류들이다.

이런 와중에 기막힌 일이 또 생겼다. 앞의 차장이었던 친구가 기획했던 프로 중에 〈사하라 사막〉 특집이 있었는데, 새로 온 국장은 내게 그 프로를 제작하라고 명령하는 것이다. 차장에서 부장이 된 그 친구가 기획한 것인데, 내가 부장 시절 그가 차일피일 '사하라' 착수를 미루기에 그 이유를 물었더니 최종 단계의 조사에서 사하라의 모래 폭풍이 얼마나 심한지 승용차의 도색 페인트가 벗겨질 정도로 위험하다고 말한 바 있다. 아마 전무로부터 곧 승진할 것이라는 말을 들어서 그럴 수도 있다. 이 친구가 권력지향형으로 알려진 국장에게 뭐라고 속살거렸는지 자기 대신 나를 박아 넣어 대학 선배라 더욱 껄끄러운 나를 자기 눈앞에서 상당 기간 사라지게 하려는 기막힌 수작을 부린 것이다. 자기는 위험해 빠져나가고 보기 싫은 나에게 뒤집어씌우다니 프로그램보다 모사(謀事)질에 대단히 능한 친구라는 생각이 들었다.

국장은 '제작위원이니까 제작을 해야 할 것 아니냐' 며 국장의 권위를 내세우며 다그치기까지 했다. 뭘 모르면 가만 있으면 될 것을… 나는 눈에 시퍼런 빛을 내뿜으며 강력하게 거부했다. 이것이 받아들여지지 않으

면 이번 인사와 사하라 특집의 배경을 회사 전체에 공개하겠다고 맞받아
쳤다. 그 결과 나의 사하라 행은 없던 일이 되었다.

10. 〈명화의 고향〉

그러나 나름대로 살길을 찾아야 했다. 그냥 책상에 앉아 조간신문 보
고 점심 먹고, 석간신문 보고 집에 갈 수는 없는 노릇이다. 나는 그때까지
'창가 족'을 해본 일이 없다. 이런 대목에서는 필드(field) 곧 야전(野戰)에서
진정한 CP(Chief Producer: 주임제작자)의 모습을 보여야 생존할 수 있다는 데
생각이 미치자 바로 프로그램 기획에 들어갔다. 일주일의 장고(長考) 끝에
〈명화의 고향〉 카드를 만지작거렸고 간이 계획서를 국장에게 제출했더니
별 말이 없었다. 반대는 하지 않는 눈치다.

내가 〈명화의 고향〉을 생각하게 된 데에는 두 가지 측면이 있다. 하나
는 〈TV 문화기행〉에서 미술이 '화면(그림)'이라는 측면에서 대단한 강점을
가지고 있음이 증명된 바 있기 때문이다. 다만 'PD에게 돈을 얼마 주면
나를 넣어주느냐'로 도중하차 했는데, 세계 유명화가를 다루면 그런 일
은 발생하지 않겠다는 이점도 있었다. 다른 하나는 앞서 내보낸 〈명작의
고향〉, 〈명곡의 고향〉이 절찬을 받아 그 후속으로 '그림' 프로그램을 만들
면 '고향' 시리즈를 통한 연계성에서 덕을 볼 수 있지 않겠느냐 하는 면에
서 착안했다.

나는 세부기획안 작성에 들어갔다. 자료실에서 금성출판사가 발행한

〈세계미술대사전〉, 〈현대세계미술대전집(고야, 피카소, 세잔느 등 37명의 작가)〉 등
의 화집(畵集)을 책상 위에 높이 쌓아놓고 하루 종일 명화를 섭렵하기 시
작했다. 그리고 당시 이화여대 미술대학원에서 수학하던 조은정이라는
학생을 고용하고(지금은 교수일 것이다) 자료를 정리하고 중요한 그림과 관계된
대본을 만들어 나갔다. 미켈란젤로, 라파엘로, 레오나르도 다빈치 순서로
해서 마지막에 피카소로 대장정의 점을 찍도록 구성했다.

뜻하지 않은 호재(好材)도 나를 도와주었다.[68] 「취재여행을 떠나기 전인
6월 초, 아침 간부회의 때 TV 모니터에(아침 뉴스) 스쳐가는 외국 여성의 얼
굴, 루브르 박물관 무슨… 하는 자막이 지나갔다. 나는 그 주인공을 추
적했고, 그녀는 루브르 박물관 공보 담당인 '줄리엣 우르' 여사였다. 한국
의 전통미가 물씬 풍기는 '고와(古瓦)' 라는 음식점에서 한식을 대접하면서
〈명화의 고향〉의 기획의도를 설명하고, 많은 이야기를 나누었다. 더욱이
그녀의 시어머니는 〈루브르에서의 나의 반생(半生)〉을 저술한 루브르의 대
모(代母) '마들렌느 우르' 였으니. 이런 연고로 우리는 그 어려운 루브르의
촬영을 할 수 있었고, 노 라이트(No Light)였지만 〈모나리자〉도 ENG로 담
을 수 있었다. 뿐만 아니라 줄리엣 우르는 오르세 기차역을 교묘히 개조
해 지난 해 개관한 인상파 미술관까지도 손을 써주어 〈명화의 고향〉 1차
취재팀의 마무리를 한결 수월하게 해주었다.

1차 취재팀(기획 최양묵, 연출 윤영관, 카메라 정치조, 오디오 정규)을 꾸리고 1987년
6월 19일부터 8월 21일까지 64일의 대장정에 올랐다. 프랑스, 이탈리아,

---

[68] 월간 방송문화, 1987년 11월호, 한국방송협회 간행. 최양묵. p.27.

스페인, 영국, 독일, 오스트리아, 벨기에, 네덜란드, 스위스와 유럽의 소국(小國)들인 바티칸 시국(Vatican City State), 산마리노 공화국(San Marino), 리히텐슈타인 공국(Liechtenstein)의 여러 도시들에 산재해 있는 미술관들을 찾아 미켈란젤로·라파엘로·레오나르도 다빈치·루벤스·렘브란트·고야·밀레의 작품들을 촬영하고 미술관장, 미술평론가, 유족, 관계자들을 취재했다.

이때 내가 촬영을 위해 방문한 곳은 로마의 베드로 성당·바티칸 미술관·서명의 방·시스티나 성당·보르게제 화랑, 피렌체의 우피치 미술관과 피티 미술관·아카데미아 미술관·메디치 궁전, 밀라노의 산타 마리아 델 그라치에 성당, 리히텐슈타인의 왕립미술관, 빈의 미술사 박물관, 뮌헨의 알테피나코테크, 암스테르담의 레익스뮤지엄, 헤이그의 국립미술관, 브뤼셀의 왕립미술관, 안트워프의 왕립미술관, 마드리드의 프라도 미술관·산 페르난도 미술아카데미, 파리의 루브르 미술관과 오르세 미술관 등이다.」

미켈란젤로가 첫 방송으로 나가면서부터 인기는 폭발했다. 책에서만 보았던 명화를 우리가 직접 찍은 화면으로 볼 수 있고, 돈 없어 해외여행을 못 가던 시절에 유럽 도시의 풍경은 정말 당장이라도 달려가 보고 싶은 충동을 자아내기에 충분했다. 명작, 명곡 시리즈와는 다른 어떤 차별성을 도모하기 위하여 새로운 신예(구성)작가를 투입해 변화를 모색했다. 윤명숙은 숙명여대 국문과 대학원에서 시(詩)전공 박사과정에 있었다. 방송이 처음이라 좀 고생을 했지만, 다소 과장돼 들리는 그녀의 시어(詩語) 같은 내레이션(성우 장유진)은 고급스런 아우라를 뿜어냈다. 요즘 젊은이들 표현으로 '왕대박' 이 났다. 나는 이로써 절체절명의 막다른 함정에서 탈출하게 되었다.

당시는 그런 생각을 못했지만 〈명화의 고향〉은 나에게 평생 경험할 수 없는 행복을 누리게 해주었다. 앞에 열거한 유럽의 도시와 미술관들은 어떤 대부호도, 그리고 대통령일지라도 다 가볼 수 없는 곳들이다. 그들이 돈이 없어 못가는 것이 아니고 시간과 계기, 목적이 없이는 가기 어렵기 때문이다. 나는 양복 안주머니에 여행자수표 10만 달러를 넣고 있었으며, 3명의 취재팀이 있고, 각 나라마다 가이드가 있고, 도요타 SUV 차량을 타고 어느 도시든지 자유롭게 갈 수 있었으니 이것은 생애의 호사(好事)라는 표현으로도 부족하다. 그래서 지금도 나는 29년 동안 봉직(奉職)한 문화방송에 대해 진정으로 감사한 마음을 지니고 산다.

야구경기의 예를 보면, 상대팀에 점수를 내준 뒤 다음 회에 승기를 얻어 대량 득점하는 경우를 볼 수 있다. 내 이야기에 이 관행을 대입하면 나는 부장자리를 빼앗기고 〈명화의 고향〉으로 득점했다고 생각할 수 있다. 그리고 TK의 농간으로 나를 딛고 올라간 부장이 자의로 다른 부서로 옮겨감으로써 나는 부장을 빼앗긴 지 정확히 6개월 만인 1987년 9월 30일 기획제작부 특집담당 부장, 원래의 자리로 복귀했다.

여기서 당시 소수의 TK가 휘두른 인사 시스템에 대해 말하지 않을 수 없다. 수십 년의 역사를 지닌 유서 깊은 회사에 낙하산으로 내려와 사사로이 인사 전횡을 일삼은 것은 아무리 시대적 상황임을 감안하더라도 매우 지나친 처사임이 분명하다. 그 부장 친구가 자진해서 다른 부서로 간 것도 전무가 이 친구의 부탁을 들어준 것으로 당시 주위에서 보고 있었다. 그 친구는 '자신은 보따리 장사' 라고 말한 적이 있다. 올림픽특집국이라는 새로운 부서에 장마당(?)이 섰기 때문이다. 가만히 있는 직원을 아무런 과오가 없는 데도 공깃돌 놀리듯 이리 던졌다 저리 던졌다 하는 것은 시대의 불행, 불운이라고 밖에 덧붙일 말이 없다.

11. 참아야 했는데

부장 자리를 탈취당한 것은 나에게 큰 심리적 충격을 주었지만, 대신 〈명화의 고향〉을 제작하게 되어 평생 경험할 수 없는 행복을 안겨주었다. 그러나 유럽 취재에서 돌아온 날과 방송이 끝난 날의 사건은 기억하기 싫은 수치스러운 행위로 오랫동안 나를 괴롭혔다. 사단은 이렇다.

1987년 9월 하순, 취재를 마치고 귀국해 출근한 날은 비가 하루 종일 거세게 쏟아 부었다. 퇴근 무렵에 나를 밀어내고 부장이 된 친구가 저녁 회의 끝에 나에게 와, 오늘 저녁 국장이 술을 한 잔 하고 싶다고 전했다. 술을 사라는 얘기다. 파리에서 서울 오는 시간은 약 13시간이 걸리는데다 시차 등으로 초주검 상태인데, 더구나 이렇게 비가 퍼붓는데 술이라니… 내일 하면 어떻겠느냐고 의사를 물어보라고 했다. 그러나 오늘 하자는 것이다. 어차피 한 번은 해야 하니까 연출자에게 술집을 섭외하라고 이르고, 저녁 7시 30분엔가 여의도를 떠나 빗속을 뚫고 압구정동 룸살롱에 도착했다.

비는 술을 부른다. 어차피 이렇게 된 것, 술이나 마시자며 권하는 대로 몇 잔인가 마셨는데… 갑자기 자리가 소란스러워졌다. 국장이 옆에 앉은 아가씨가 마음에 들지 않는다며 대놓고 타박을 해댄다. 즉시 마담에게 부탁해 다른 아가씨로 바꾸었다. 오랜만에 국장에게 대접하는 것이니 그의 마음에 들게 하는 것이 좋을 것이라는 생각이 들었기 때문이다. 그러나 들어오는 아가씨마다 계속 퇴짜를 놓고 있다. 네 번쯤 될 것이다. 아! 이 문제는 아가씨 때문이 아니구나, 나에게 원인이 있는 모양이다. 이런 느낌이 드는 즈음 그는 아가씨에게 더욱 언사가 거칠게 나가는 것이 아닌가.

나도 분노가 폭발해 더는 참지 못하고 술이 담긴 온더록스 잔과 맥주병 등을 벽을 향해 마구 던졌다. 그리고 국장을 지칭하지는 않았지만 고함과 함께 무수한 욕설을 뱉어냈다. 내 감정에 공감하고 있었던 연출자도 그 큰 덩치로 닥치는 대로 접시 등 보이는 것을 모두 내던졌다. 순식간에 소파를 제외한 모든 집기와 물건들은 깨어지고, 우리가 술을 마시던 방은 글자 그대로 초토화되었다. 술도 거의 안 마신 상태에서 완전히 이성의 마비 현상이 온 것이다. 국장은 놀란 듯 잠시 말을 잃고 있었다. 기분 좋자고 만든 술판이 정말 엉망진창으로 변했다. 그 부장 친구는 다른 술집으로 장소를 옮겨 사태를 수습하자고 제안했다. 모두 동의했고, 우리는 빗속을 전진해 두 번째 룸살롱에 도착했다. 이 집을 예약한 사람이 뭐라고 이야기했는지 문 앞에는 놀라운 광경이 우리를 기다리고 있었다. 우산을 쓴 8명의 아가씨들이 좌우 4명씩 두 줄로 도열해 마치 사열하듯 우리는 맞이하고 있는 것이다. 나는 이 모습을 보고 국장의 마음이 풀어지리라고 확신했다.

그러나 내 예측은 빗나갔다. 조금 전에 들렀던 집에서와 마찬가지로 아가씨 트집이 반복됐고, 우리는 또 방 안 기물을 모두 부서버렸다. 조금 달라진 것은 국장의 태도가 다소 누그러진 정도였다. 삼 세 번이라고 우리는 다른 집으로 옮겼고, 꽤 많은 술을 마시고 별 탈 없이 헤어졌다.

나는 그가 전무의 명을 받아 나를 꼼짝 못하게 하려는 것으로 생각했다. 그는 무슨 이유로 그렇게 고참 부장을 함부로 대했는지는 지금도 알 길이 없다. 나이도 동갑으로 그가 나보다 석 달 생일이 빠를 뿐이다. 보도국 근무로 승진이 좀 빨랐다. 그의 주사(酒邪)를 경험한 적은 있지만 나와 관련돼 그렇게 심하게 한 것도 처음이며, 내가 만용에 가까운 행동을 한 것도 생애 최초였다.

〈명화의 고향〉 20편이 성황리에 끝나고 종료되었다. 성과라면 유럽 미술관의 작품들을 실컷 시청자들에게 보여주었고, 서양미술사를 공부하게 한 점도 꼽을 수 있고, 또한 유럽에 가지 않고도 그곳의 풍물을 현장에 간 것처럼 느끼게 한 것도 잘한 일이다. PD들에게도 그들이 평생 가기 힘든 미술관 투어를 마음껏 경험하게 한 것도 호사(好事)였다.

종방과 함께 프로의 기획자로서 소위 쫑파티를 주선해야 한다. 많은 편수를 방송했기 때문에 PD, 조연출, 카메라, 구성작가, 성우, 작곡가, 음악담당 등 수고해준 스태프들이 아주 많았다. 1988년 4월 중순, 여의도의 한 빌딩에 있는 '열빈'이라는 중국음식점에서 거창한 파티를 열었다. 그때는 노래방이 없을 때라 오브리밴드(즉석 1인 밴드)도 불러 정말 모두 즐겁게 놀았다. 참석자 가운데 여성이 많아 밤 10시가 넘어 행사를 정리했다.

국장도 기분이 좋은 듯 했고, 집에 데려다 주어야 하지만 모두 차가 없었다. 택시를 잡으려 하는데 〈명화의 고향〉 테마음악을 작곡한 섹소폰 연주자로 후에 KBS 관현악단장을 지낸 정성조 씨가 같은 방향이니까 모셔다 드리겠다고 제안했다. 우리는 밤길을 달려 양재동 네거리에서 좌회전을 하고자 정차해 있었다. 이때 국장이 내 이름을 부르면서 "너 건방져, 까불면 혼낼 거야" 하고 큰 소리로 외쳤다.

"국장님, 술이 많이 취하신 모양입니다."

"이 새끼, 정말 형편없어."

"국장님, 잘못을 용서해 주세요. 앞으로 잘할 게요."

나는 계속 달렸지만 국장의 행패는 수위를 더해갔다. 차가 지금의 교육방송 앞에까지 오는 동안 그의 돌연한 행위는 그치지 않았다. 우선 외부사람인 정성조 씨에게 체면이 말이 아니었다. 마음을 가다듬고 있는데, 무슨 욕 같은 것이 또 날아왔다. 더 이상 참을 수 없었던 나는 팔을 뻗어 그의 머리카락을 움켜쥐었다. 그리고 그의 정수리를 사정없이 내려치기 시작했다. 아마 20대 이상 가격했을 것이다. 때리면서도 그가 뇌진탕에 걸리지 않을까 걱정될 정도였다. 놀란 정성조 씨가 차를 돌려 그의 집 부근에 내려주었는데, 차에서 내리는 그의 몸이 흔들리고 있었다.

나는 과음한 데다 극도로 긴장한 탓으로 집에 도착해서는 옷을 입은 채 깊은 잠에 빠졌다. 새벽 5시에 깨니 오른손 주먹이 퉁퉁 부어 있다. 어젯밤의 일이 생각났다. 서둘러 회사로 달려가 국장실 앞에 의자를 놓고 앉아 국장을 기다렸다. 그가 나타났다. 나는 석고대죄 하는 자세로 허리를 굽혀 "죽을죄를 졌다" 고 진심으로 사과했다. 어제 술이 과해 실수를 했다며 앞으로 잘 보필하겠다고 재삼 강조했다. 악수를 청하니 마지못해 손을 내밀었다. 이것으로 이 사건은 종결되었다. 그러나 나는 지금도 '남자가 큰마음으로 그런 정도의 모욕 또는 행패는 꾹 참았어야 한다' 고 후회를 하고 있다.

국장도, 나도 MBC 프로덕션의 사장을 지냈다. 그래서 요즘도 가끔 만나 식사를 하는 기회가 있다. 세월이라는 나이테 때문인지 그는 너무 변해 있었다. 우선 표정이 인자하고 나뿐만 아니라 모두에게 친절하다. 나와 갈등을 빚을 당시에는 교양국 신입사원들의 인사도 받지 않아 그들이 나에게 고자질하고 했는데, 모가 없이 아주 둥글둥글하다. 이런 인품이 16년 전에는 왜 그렇게 거칠었는지 아직도 참으로 궁금하다. 그런 한편 나이 드는 것이 철들게 하는 것인지 나는 그를 만날 때마다 미안함과 죄송한 마음을 금치 못하고 있다.

12. 결재 시스템

TV 프로그램을 제작하자면 많은 비용이 필요하다. 요즘 시세로 대충 어림잡아도 보통의 생활정보 프로 한 편에 3~5천만 원 정도 들고, 다큐멘터리는 1억 원 가까이 되며, 드라마는 웬만한 것은 1억 원을 훌쩍 넘긴다.

특집방송이나 해외취재의 경우는 제작이 종료되면 곧바로 사용비용을 정산(精算)해 결재를 끝내야 방송에 참여한 외부 인사들에게 돈을 줄 수 있다. 취재비 등 방송사 내부 제작비는 선급을 받아 사용하지만 차후 정산을 끝내야 마무리된다. 여기에는 작가, 출연자, 외부업체 등 많은 스태프들이 돈을 받기 위해 이 결재를 기다린다. 그래서 PD들이 방송을 종료한 프로를 신속하게 결재를 득(得)해 오는 것이 부장의 중요한 업무 중의 하나이다.

당시는 소속 국장의 결재 후 소속 이사부터 사장까지 포함해 결재 라인이 7명이었다. 결재 선상에 있는 한 인사는 외부에서 유입된 TK였는데, 결재를 받으러 가면 없는 날이 상당히 많았다. 정치에 뜻을 두었다는 소문이 있었는데, 비서가 인사장이나 연하장 등을 봉투에 넣는 모습을 자주 보았다. 한 프로그램이 종료되어 여러 번 그 방에 갔지만 만나지 못해 결재를 실패했다. 그 방을 끝내야 '다음' 으로 넘어갈 수 있다.

그런데 어느 날, 국의 행정직원이 결재서류를 여러 개 가지고 10층으로 올라가기에 그를 불러 세웠다. 내가 서류를 주면서 "부장이 여러 번 왔다가 결재를 못 받아 급한 것이라 제가 대신 왔습니다, 죄송합니다" 라고 말씀드리고 대신 결재를 받아오라고 이야기했다.

얼마 후 그 직원이 얼굴이 하얗게 돼서 돌아왔다. 결재를 못 받았다는 것이다. '무슨 일이 있었느냐' 고 물어도 '별일 없었다' 고 대답했다. 잠시 후, 나는 그를 다시 불러 내 책상 옆에 앉히고 차근차근 물었더니, 마지못해 이야기하는 그의 대답에 나는 놀라지 않을 수 없었다.

비서에게 물으니 결재가 가능하다고 해서 그 방에 들어갔다. 결재자는 책상에 좌정하고 내방객과 한가히 담소하고 있었다. 내가 시킨 대로 말하고 결재서류를 올렸다는 것이다. 그는 힐끗 서류를 보는 둥 마는 둥 하더니 그 직원의 면상을 향해 던져 버린 것이다. 결재를 간부가 안 오고 누가 일반직원에게 시키느냐고 호통을 쳤다. 자신이 늘 자리를 비우고 업무에 태만한 것은 전혀 문제가 안 된다는 태도이다. 놀고먹어도 된다는 심보이리라. 사원은 소파와 카펫에 떨어진 서류를 주워들고 꾸뻑 절을 하고 나왔다는 스토리다. 아마 '내가 MBC에서 이렇게 세다' 는 것을 외부인사에게 보여주고 싶었던 모양이다.

나는 밖으로만 나돌면서 결재도 제대로 안 하고 유세를 떠는 그의 자세가 몹시도 못마땅하지만 별도리가 없었다. 그래서 TK에 속하는, 나중에 내 부장 자리를 찬탈한 차장을 대신 보냈더니 즉시 맡아왔다. 그 후 그 사람의 결재에는 내 대신 차장을 보냈다. 차장의 말로는 취재차 하와이에 갔다가 그를 만나 미국식 주지육림(酒池肉林) 쇼에 초청을 했더니 매우 좋아하더라고 말했다. 그 인사는 결국 국회의원이 됐고, 나중에 다른 기관에서 문제가 일어나 신문에 난 일도 있다. 소위 급(級)이 안 되는 인사가 MBC에서 큰 소리 치면서 재직했다는 것은 참으로 불행한 일이다.

이와는 종류가 좀 다른 사례도 있다. 한 결재 라인에서 결재서류를 두고 가라고 하기에 결재자에게 맡겨놓고 왔다. 서류를 꼼꼼히 보겠다는 뜻이다. 물론 직접적인 관련부서도 아니라 이상하게 생각했지만, 비서에게 물어봐도 '결재가 끝나지 않았다' 고만 했다. 가만히 생각해보니 그가 서류를 '고무판' 밑에 깔아 놓은 것이다. 간부의 힘은 '도장찍기(사인)에 있다' 는 말도 있지만 나는 결국 결재를 거부당한 꼴이다. 전말에 대한 조사를 시작했다. 단서는 아주 간단히 풀렸다. 유럽 취재팀이 차량 렌트와 운전기사 임차를 했는데 그 주인공이 결재자의 인척이었고, 취재 도중 그을(乙)과 불화가 생겨 중간에 교체했다는 내용이다. 시간을 끌 수가 없었다. 그의 방으로 들어가 마주 앉았다. 결재자는 시집을 음미하듯 아주 천천히 서류를 검토하면서 이것저것 관련이 없는 것에 대한 질문을 계속했다. 인척문제로 사단이 발생한 것을 확신할 수 있었다. 나는 그의 인척을 거론하면서 PD가 잘 모르고 한 행위니 이해해 달라고 간곡히 말하고, 다음 시리즈에는 반드시 다시 그 차를 쓰겠다고 약속했다. '아! 그래' 하면서 그는 즉시 도장을 찍었다. 자신의 사사로운 인척관계 때문에 결재에 시간을 끌고 항복을 받아내는 고급간부가 있었으니 참고 당하는 수밖에 별도리가 없었다. 그것 말고도 아주 고약한 결재 관련 경우는 또 있었다.

1980년 이후 고위 수뇌부가 새로 보임되었다. 이례적으로 비(非) 제작 분야의 인사가 제작을 총괄하게 되었는데, 그가 새 사장과 같은 일류대학 출신이라 보임되었다는 소문들이 파다했다. 그것은 상관없는 일이다. 다만 문제는 제작비 결재가 자꾸 지연돼 한 달 두 달을 끌고, 어떤 것은 6개월이 돼서야 해결된 것도 있다. 당시 나는 주 7회의 생방송을 담당하고 있어서 하루에도 많으면 5~8명의 출연자가 나왔다. 이때의 시스템은 분기 개편에서 정규 프로로 편성되면 기획안과 바우처(voucher)를 올린다. 결재가 끝난 이 바우처는 출연료 등을 지불하는 방송국에서 발행한 일종의 전표 또는 쿠폰을 말한다. 방송이 끝나면 출연자에게 이 바우처를 전달하고 경리부에서 현금을 지급하는 식이었다. 내가 하던 프로의 출연자를 하루에 5명만 쳐도 1주일에 35명, 한 달이면 140명이 출연료를 못 받게 되는 것이다. 결과는 방송국 부도와 같은 형태가 발생한다. PD가 부장에게, 부장이 국장에게, 국장이 다시 위로 상황을 전해도 해결의 실마리가 보이지 않았다. 그 결재자가 PD들이 모두 돈을 떼어먹기 때문에 제작비와 출연료를 철저히 보겠다는 뜻으로 이해하고 제작국 PD들은 속을 태웠다.

어느 날 경리부 직원이 나에게 전화를 했다. 소설가 아무개가 자신에게 전화를 해왔는데, PD인 최 모가 출연료를 안 주는데 그 이유를 알려 달라고 얘기했다는 것이다. 경리부 직원이라 회사가 지금 어떤 상황에 있어 지급이 늦어지니 양해해 주시고 해결되면 곧 연락드리겠다고 말했더니, 그 친구(나)가 가로챈 것 아니냐는 뉘앙스를 풍기면서 그 큰 회사에서 출연료 지급을 연기하니 그게 말이 되느냐고 화를 냈다는 것이다. 그녀의 남편은 영화감독이었고, 내 프로에도 종종 나와 '나' 라는 인물에 대해 알고 있었을 텐데도 도둑놈 취급을 하니 기가 막힐 노릇이다. 앞에서 거론된 '인척 차량 관련 결재' 의 인물은 당시 중간 간부였는데, 회사 소문도 못 들었는지 자기 친구가 당신 프로에 출연했는데 '돈을 왜 안 주느냐'고 거칠게 항의하기도 했다. 문제가 풀린 후 밀린 바우처를 처리하는데, 프로그램 외에 다른 일은 대강 제쳐놓고 밤늦게까지 매일 매일 쓰는데도 한 달 가량이 소요되었다.

제5장
MBC 10대 가수 청백전

1. 38년의 대항해 〈MBC 10대 가수〉

한국인들은 노래 듣기와 부르기를 매우 좋아하는 민족성을 갖고 있다고 말해도 지나치지 않을 것 같다. 왜냐하면 다른 예술 부문, 특히 영화의 경우는 국제적인 영화제의 본상을(아카데미 외국영화상, 황금종려상, 황금사자상, 금곰상 등) 아직까지 받은 바가 없다. 그러나 가요 부문은 2010년대에 이르러 소위 'K-Pop' 장르로 세계를 휘젓고 있으니 국민들이 모두 노래를 즐기고 사랑하기 때문에 그런 가수들이 등장하지 않았겠는가 하는 추단을 할 수 있다.

K-Pop은 매출도 대단하다. SM 엔터테인먼트가 최근 금융감독원 전자고시 시스템에 올린 투자설명서 자료에 따르면, 2009년부터 2011년 3분기까지 음반과 광고 출연료 등에서 매출액 기준으로 소속 다섯 아티스트들의 총 매출액은 약 1,619억 원이고, 특히 '소녀시대'는 같은 기간 688억 원의 매출을 올린 것으로 기록되어 있다. K-Pop은 호황이다. 오늘날의 음악은 과거의 노래들과 같지 않다. 우리들은 남녀노소를 불문하고 회식이라도 있으면 2차로 노래방에 가는 습관이 뿌리 깊게 자리 잡고 있다. 그래서 2009년 말 현재 전국의 노래방이 3만5,684개(한국콘텐츠진흥원 조사)라는 통계도 있다. 혹자는 그 숫자가 늘어 9만 개라는 주장도 내놓고 있다. 이런 배경이 K-Pop도 만들었다고 생각한다.

과연 노래방에서는 어떤 노래를 부를까? 팝송이나 가곡을 부르는 사람들도 있겠지만 대개는 가요를 부를 것이다. 한국 가요의 감성, 정서적인 위로에 대한 그 동기를 지속적으로 제공한 것은 〈MBC 10대 가수 가요제〉라고 필자는 주장하고 싶다. 물론 가요의 작사가, 작곡가, 가수가 있지만 통합적으로 그 내용을 공포(公布), 홍보되지 않으면 그 노래를 자세히 인식할 수 없다. 국민들은 일 년에 한 번 하는 10대 가수 행사를 통해 가요에 대한 과외공부를 충분히 한 셈이 된다. 그것도 무려 38년 동안. 그 긴 세월을 쫓아가 보면 노래 장르의 변화, 새로운 가수들, 국민 각자의 나이 들어감, 가요계의 지도를 살펴볼 수 있다. 다소 지루한 여행이 될지 모르지만 '10대 가수 투어' 에서 흥미로운 점들을 발견할 수도 있을 것이다.

〈MBC 10대 가수〉 행사는 1966년 창사기념일인 12월 2일에 처음 시행되었다. 청취자 인기투표와 엽서 80%, 그 해 가요계에 끼친 공로 20%를 합쳐 남녀 가수 5명씩 10명의 가수를 선정해 시상하는 것이다. 또 10대 가수 청백전 기념공연에 참석한 입장객 투표로 최고 인기가수상을 선정하는 방식이다. 〈나는 가수다〉나 〈불후의 명곡〉 등에서 버튼을 눌러서 하는 현장 참가자 투표와 같은 형태이다. 그러나 자세히 생각해보면 일본 NHK의 〈홍백가합전〉에서 힌트를 얻어 벤치마킹하지 않았나 하는 생각도 든다. 1960년대 일본 방송은 우리보다 상당히 앞서 있어서 한국 방송의 선생 노릇을 하던 시절이다. 그래서 MBC의 간부들은 일본 방송의 책들을 자주 읽었다.

「NHK 홍백가합전(紅白歌合戰) 69)은 매년 12월 31일 밤에 NHK에서 방송하는 가요 프로그램으로, 약칭은 '고하쿠(紅白)' 이다. 도쿄 시부야의 NHK 홀에서 열린다. 기원은 제2차 세계대전이 끝난 1945년 말 '홍백음악시합'

---

69) 위키 백과

이라는 라디오 프로그램이 방송되었다. 당초의 명칭 또한 '홍백가합전' 이었지만, 연합군총사령부의 허가가 나지 않아 시합이 된 것이다. 이후 1951년에 '홍백가합전' 이라는 이름으로 첫 방송을 시작하게 되었다. 1회성 기획프로였으나 높은 호평으로 인해 계속 방송하게 되었으며, 1953년부터는 텔레비전 시험방송이 실시되었다.

1962년 시청률을 계산하기 시작하고부터 높은 시청률의 대명사로 일컬어지며, 1963년(제14회)에는 최고 시청률인 81.4%를 기록했다. 하지만 여러 가지 시대상의 변화로 인하여 해가 갈수록 시청률이 떨어졌다. 1980년대 전반에는 70%, 1990년대에는 50% 전후까지 떨어지게 되었으며, 2004년(제55회)에는 최저 시청률인 39.3%를 기록했다.

홍백가합전에는 한국 가수들도 초청되었다. 조용필=38, 39, 40, 41, 43회로 5번 출연했고, 계은숙=39~45회로 7번, 김연자=40, 45회로 2번, 패티김=40회, 이정현=55회, 튜=55회, 보아=53~58회로 6번, 동방신기=59, 60, 62회로 3번, 카라=62회, 소녀시대=62회에 출연했다.

2012년 1월 5일 일본 언론 〈스포니치〉는 지난해 12월 31일 도쿄 시부야 NHK 홀에서 생방송으로 진행된 제62회 NHK 홍백가합전에 출연한 가수별 시청률 집계 결과를 공개했다. 이 집계에 따르면 처음으로 홍백가합전에 출연한 소녀시대 무대의 시청률은 39.9%로 일본 최고의 걸그룹이라고 꼽히는 AKB48가 기록한 38.9%를 웃돈다.[70] 함께 출연한 카라 무대

---

70) 티브이데일리, 윤효정 기자. 2012년 1월 5일.
71) MBC 10대 가수 관련 내용은 '문화방송 30년 연표' 와 일간지 기사 등을 참조해 구성하였다.

의 시청률은 38.4%를 기록했다. 한편 최고 시청률을 올린 가수는 국민그룹이라고 불리는 스마프로 48.2%의 시청률을 기록했다. 한국 아이돌들이 대단히 선전한 것이다.」

본론으로 돌아가 〈MBC 10대 가수〉의 여정을 시작한다. 「1966년 12월 2일 문화방송 창사 6주년을 기념해 "10대 가수 청백전" 이라는 이름으로 MBC 라디오를 통해 지금의 세종문화회관의 전신인 서울시민회관에서 생방송되었다. 당해 년에 왕성하게 활동한 10명의 가수를 선정한 뒤 그중 한 가수를 뽑아 '10대 가수왕' 으로 시상하는 행사였다. 1969년 텔레비전 개국 이후 1970년 12월 2일부터는 라디오와 TV로도 방송되기 시작했다.

1972년 행사 직후 서울시민회관이 화재로 인하여 건물이 전소되자, 1973년부터 1987년까지 정동에 있는 문화체육관에서 개최되었다. 1975년에는 문화방송이 경향신문과 합병 이후 문화방송과 경향신문과의 합병 기념일인 11월 1일에 열렸고, 1974년에는 방송 프로그램 이름을 "10대 가수 가요제" 로 바꾸고 10월의 마지막 주 토요일에 열렸다. 1979년에 10월의 마지막 토요일인 10월 27일에 열릴 예정이었으나 10·26 사건으로 인해 그해 12월 31일로 연기된 것을 계기로 그 후 매년 12월 31일에 열렸다.」[71]

2. 연도별 수상 내역

▷ 1966년
*최고 인기가수(가수왕)—최희준(하숙생)

*10대 가수—최희준, 남일해, 유주용, 위키리, 정원, 문주란, 이금희, 이미자, 최양숙, 현미

▷ 1967년
*최고 인기가수—이미자(엘레지의 여왕)
*10대 가수—최희준, 남진, 배호, 남일해, 유주용, 이미자, 김상희, 문주란, 현미, 이금희
*신인가수상—차중락, 정훈희
*특별가수상—패티김

▷ 1968년
*최고 인기가수—이미자(여자의 일생)
*10대 가수—배호, 유주용, 이상열, 최희준, 한상일, 강소희, 김상희, 문주란, 박재란, 이미자
*특별가수상—김세레나
*신인가수상—태원, 리타김

▷ 1969년
*최고 인기가수—펄 씨스터즈(님아)
*10대 가수—최희준, 나훈아, 배호, 조영남, 이상열, 이미자, 펄 씨스터즈, 김세레나, 김상희, 패티김

▷ 1970년
*최고 인기가수—이미자(섬마을 선생님)
*10대 가수—나훈아, 최희준, 배호, 이상열, 한상일, 이미자, 펄 씨스터즈, 김부자, 최정자, 정훈희

▷ 1971년
*최고 인기가수—남진(마음이 고와야지)
*10대 가수—최희준, 남진, 나훈아, 이상열, 김상진, 이미자, 김상희, 조미미, 하춘화, 펄
씨스터즈
*신인가수상—이용복, 김은희
*특별가수상—김세레나

▷ 1972년
*최고 인기가수—남진(님과 함께)
*10대 가수—김상진, 나훈아, 남진, 이상열, 이용복, 김상희, 문주란, 정훈희, 조미미,
하춘화
*신인가수상—김세환, 정미조
*특별상—김추자

　1972년 12월 2일(토요일) 서울시민회관(현 세종문화회관)에서 문화방송 개국
11주년 '10대 가수 청백전' 공연이 끝나 관객이 밖으로 나오고 있던 밤 8
시 27분경, 갑자기 무대 쪽에서 화재가 발생했다. 그 즈음 관객의 3분의
2 정도는 퇴장했으나 나머지 사람들은 나오지 못해 대혼란이 일어났다.
원인은 전기 과열로 생긴 합선으로 조사되었다. 시민회관의 거의 전부인
3,000평을 태웠고, 51명 사망에 76명이 부상하는 큰 피해를 내었다. MBC
가 개재(介在)된 참담한 사건이었다. 그 후 세종문화회관으로 이름을 바꾸
어 1978년 4월 14일 다시 개관되었다.

▷ 1973년

*최고 인기가수-남진(그대여 변치마오)

*10대 가수-김상진, 남진, 이상열, 이용복, 이현, 김상희, 김세레나, 문주란, 이미자, 하춘화

▷ 1974년(※장충체육관)

*최고 인기가수-하춘화(난생 처음)

*인기가요상-내곁에 있어주(이수미)

*10대 가수-남진, 김세환, 송창식, 윤항기, 이현, 김상희, 문주란, 이미자, 하춘화, 김세레나

*신인가수상-태진아, 이승연, 양파들, 토끼소녀

▷ 1975년(※이 해부터 경향신문과 통합 1주년 기념일인 11월 1일에 행사)

*최고 인기가수-송창식(왜 불러)

*10대 가수-김세환, 남진, 박상규, 송창식, 박상규, 옥희, 이미자, 이수미, 정미조, 하춘화

*신인가수상-이종용

*중창상-김도향, 손창철

*특별가수상-윤복희

▷ 1976년 10월 30일

*최고 인기가수-송대관(해뜰날)

*10대 가수-금과은, 김훈, 박상규, 송대관, 송창식, 김상희, 김인순, 정미조, 조미미, 하춘화

*신인가수상-이수만, 백남숙

*특별가수상-이미자

▷ 1977년 10월 29일
*최고 인기가수-혜은이(당신만을 사랑해)
*10대 가수-금과은, 김만수, 김훈, 송대관, 이수만, 김인순, 이미자, 이은하, 혜은이, 하춘화
*신인가수상-최백호, 선우혜경
*특별가수상-박상규
*격려상-하수영

▷ 1978년 10월 28일(※장충체육관)
*최고 인기가수-최헌(앵두)
*10대 가수-송대관, 윤수일, 조경수, 최헌, 최병걸, 이미자, 이은하, 전영, 정종숙, 혜은이

▷ 1979년 12월 31일
*최고 인기가수-혜은이(제3한강교)
*10대 가수-송창식, 윤수일, 조경수, 전영록, 최헌, 심수봉, 양희은, 이은하, 정종숙, 혜은이
*신인가수상-정태춘, 정윤선
*중창상-사랑과 평화, 희자매

▷ 1980년 12월 31일
*최고 인기가수-조용필(창밖의 여자)
*10대 가수-송창식, 윤수일, 전영록, 조용필, 최헌, 이은하, 박경애, 윤시내, 현숙, 혜은이

▷ 1981년 12월 31일
*최고 인기가수-조용필(고추잠자리)

*10대 가수—조용필, 함중아, 김만수, 윤수일, 전영록, 윤시내, 혜은이, 이은하, 현숙, 이정희

▷ 1982년 12월 31일
*최고 인기가수—이용(잊혀진 계절)
*10대 가수—나훈아, 이용, 송골매, 전영록, 조용필, 민해경, 윤시내, 이은하, 현숙, 남궁옥분

▷ 1983년 12월 31일
*최고 인기가수—조용필(나는 너 좋아)
*10대 가수—조용필, 송골매, 이용, 전영록, 최백호, 윤시내, 이은하, 혜은이, 방미, 김연자
*신인가수상—이동기, 정수라
*특별상—고운봉

▷ 1984년 12월 31일
*최고 인기가수—조용필(친구여)
*인기가요상—J에게(이선희)
*10대 가수—김수철, 송골매, 이용, 전영록, 조용필, 김연자, 윤시내, 이선희, 이은하, 정수라
*신인가수상—임병수, 이선희
*특별상—최희준

▷ 1985년
*최고 인기가수—조용필(어제 오늘 그리고)
*10대 가수—조용필, 구창모, 전영록, 송골매, 김수철, 김수희, 이은하, 나미, 정수라, 이선희
*신인가수상—김범룡, 주현미

▷ 1986년 12월 31일(※시청자 인기투표=272,400명)
*최고 인기가수─조용필(허공)
*10대 가수─구창모, 김병룡, 윤수일, 전영록, 조용필, 나미, 이선희, 정수라, 주현미, 최진희
*신인가수상─김승진, 유미라, 높은음자리
*특별상─황금심

▷ 1987년
1987년에는 공식적인 MBC 10대 가수 가요제는 개최되지 않았고, 'MBC 가요 대제전'으로 대체되었다. 그 이유는 대상 수상자의 불참 때문이었다.
*최고 인기가수─전영록 (※여러 기록을 참조하면 가수왕으로 간주됨)

▷ 1988년
1988년에는 MBC 가요 대제전이라는 이름으로 방송되었다. 예외로 시상식 형태로 진행되었다.
*최고 인기가수─주현미(신사동 그 사람) (※위와 같은 이유로 간주됨)

▷ 1989년
*최고 인기가수─주현미(짝사랑)

▷ 1990년 12월 31일
*최고 인기가수─변진섭(희망사항)
*10대 가수─변진섭, 설운도, 신해철, 태진아, 현철, 김지애, 민해경, 이선희, 주현미, 최진희

▷ 1991년
*최고 인기가수─노사연(만남) (※간주됨)

▷ 1992년
*최고 인기가수―서태지와 아이들(난 알아요) (※간주됨)

▷ 1993년(※1993~1998년까지는 'MBC 한국 가요제전'으로 방송됨)
*최고 인기가수―김수희(애모) (※간주됨)

▷ 1994년
*최고 인기가수―김건모(핑계) (※간주됨)

▷ 1995년
*최고 인기가수―서태지와 아이들(컴백홈)

▷ 1996년
*최고 인기가수―김건모(미련)

▷ 1997년
*최고 인기가수―HOT(행복)

1993년부터 1998년까지는 'MBC 한국 가요제전'이라는 이름으로 방송되었다. 1994년 최고 인기가요상은 김건모의 〈핑계〉가 차지하였고, 1995년 최고 인기가요상은 서태지와 아이들의 〈컴백홈〉이 가져갔다. 1997년 최고 인기가수상은 HOT가 수상하였고, 1998년에는 30세 이상, 30세 미만으로 구분하여 최고 인기가수상을 주었는데, 30세 이상 최고 인기가수상은 김종환이, 30세 미만 최고 인기가수상은 HOT가 차지하였다.

2005년 10대 가수로 선정된 대부분의 출연 예정 가수들이 불참하기로 결정함에 따라 10대 가수 가요제가 사실상 38년 만에 폐지되었다. 가수들에 대한 경합 시상이 없는 축제 형식으로 변경함과 함께 'MBC 가요 대제전'으로 명칭을 대체해 12월 31일에 방송되었다. 2006년에는 임진각 평화누리에서 개최되었으며, 2007년부터 2009년까지는 MBC 드림센터와 2원 생방송으로 진행되었다. 지상파 방송 3사에서 가요대상 폐지 결정을 내려서 앞으로 이런 형태는 계속 유지될 것으로 보인다.

▷ 1998년(※세대별로 최고 가수를 선정함)
*30세 이하—HOT(열 맞춰)
*30세 이상—김종환(사랑을 위하여)

▷ 1999년
*30세 이하—이정현, 유승준, 베이비복스, 조성모, 신화, 엄정화, 핑클, S.E.S., 젝스키스, HOT.
*30세 이상—설운도, 현철, 송대관, 태진아
*30세 미만이 뽑은 최고 인기가요—조성모(For your Soul)
*30세 이상이 뽑은 최고 인기가요—송대관(네 박자)

▷ 2000년
*30세 미만—김현정, 유승준, 신승훈, 조성모, 서태지, HOT., 핑클, god, 백지영, 컨츄리꼬꼬
*30세 이상—설운도, 현철, 송대관, 태진아
*신인상—샤크라
*30세 미만이 뽑은 최고 인기가요—조성모(아시나요)
*30세 이상이 뽑은 최고 인기가요—태진아(사랑은 아무나 하나)

▷ 2001년
*30세 미만—신화, 유승준, 임창정, 조성모, SES., 왁스, 핑클, god, 김건모, 강타
*30세 이상—설운도, 이선희, 송대관, 태진아, god, 유승준, 김현정, 김건모, 엄정화
*신인상—성시경, 장나라
*30세 미만이 뽑은 최고 인기가요—god(촛불 하나)
*30세 이상이 뽑은 최고 인기가요—태진아(잘났어 정말)

▷ 2002년
*10대 가수상—신화, 비, 성시경, 태진아, 윤도현밴드, 보아, 장나라, god, 이수영, 강타
*신인상—휘성
*최고 인기가수상—장나라(Sweet Dream)

▷ 2003년
*10대 가수상—조성모, 비, 성시경, 빅마마, NRG, 보아, 이효리, 코요태, 이수영, 휘성
*신인상—렉시, 세븐
*트로트 최고 인기상—태진아
*최고 인기가수상—이수영(덩그러니)

▷ 2004년
*10대 가수상—동방신기, 비, 세븐, 김종국, 신화, 보아, 이승철, 코요태, 이수영, 휘성
*신인상—이승기, 장윤정
*트로트 최고 인기상—태진아
*최고 인기가수상—이수영(훨릴리)

▷ 2005년부터 수상자 없음

3. 10대 가수 행사 폐지

「매년 연말이 되면 연례행사로 진행되는 방송국들의 가요 시상식이 가수들의 반발에 의해 다시 한 번 도마에 오르면서 결국 가장 큰 표적이 된 〈MBC 10대 가수 가요제〉 행사가 취소되기에 이르렀다. 38년간 지속된 이 프로그램은 가수의 수상 거부와 출연 거부가 잇따르면서 진행 자체가 불가능해져 결국 무산되는 방송 사상 전례 없는 일을 만들어 냈다. [72] …(중략)… 우선, 12월 12일 SG 워너비가 수상을 거부한 이후 동방신기, 보아, 윤도현 등이 개인적인 스케줄을 이유로 들어 수상식 불참 의사를 밝혔다. 사회자로 내정됐던 이효리도 솔로 2집 준비를 들어 MBC 측의 출연 요청을 거부했다. 이에 MBC는 (2005년) 12월 31일 오후 9시 30분부터 장충체육관에서 3시간 동안 진행될 예정이던 '10대 가수 가요제' 를 취소했다.

사건의 발단은 12월 12일 MBC 측에서 김종국, 버즈, 장윤정, 휘성, god, MC몽 등을 포함한 10대 가수의 명단을 발표한 직후 SG 워너비가 "지난 2년 간 MBC 음악 프로그램에 출연한 바 없는데 MBC에서 상을 주는 것에 이해할 수 없고 받을 명분도 없다" 는 이유로 수상을 거부하면서부터이다.

하지만 MBC 측은 출연과 수상을 거부하더라도 SG 워너비는 10대 가수 명단에 포함되고 프로그램은 예정대로 진행될 것이라며 강행 의지를 내비쳤지만, 윤도현이 내년 초까지 일본 공연과 앨범 녹음 일정으로 불참 의사를 밝혔고, 보아는 12월 31일 일본 NHK '홍백가합전' 출전이 확정되

---

[72] 음악계 뉴스. 2005년 12월 19일.

어 참석이 어렵다는 뜻을 전했다. 동방신기도 일본 일정으로 출연이 불가능하게 된 것이다.

수상 거부와 불참 선언 등으로 프로그램 전면 취소라는 초유의 사태가 벌어지자, 가요계에서는 불공정하지 못한 연말 가요 시상 프로그램에 대한 반성의 목소리와 방송사와 거대 연예 기획사 간의 '힘겨루기' 여파라는 우려의 목소리가 나오고 있다. 하지만 SG 워너비는 그동안 자신들을 가요 프로그램에 출연시켜 준 KBS와 SBS의 연말 가요 시상식에는 출연할 것으로 알려져 있고, 동방신기의 경우도 MBC보다 하루 전에 방송될 예정인 KBS에는 출연할 것으로 전해졌다.」

이에 MBC 예능국의 고재형 부장은 "시상식의 결함을 이유로 들지만 실제로 '10대 가요제' 는 한국 갤럽과 공동으로 실시하는 선호도 조사(40%)와 모니터 방송 횟수 집계(20%), 온라인 음원 판매를 포함한 음반 판매량(40%)을 기준으로 객관적으로 선정된다" 고 심사기준을 밝히면서 "다른 방송사가 가수의 출연 여부를 먼저 타진한 뒤 수상하는 방식이 더 문제" 라고 지적했다.

2005년 'MBC 10대 가수' 는 폐지되었다. 38년간 한국 가요계를 종횡무진 항해해온 호화유람선이 좌초(坐礁)된 것이다. 대단히 안타까운 사건이었다. 그 원인은 노래 소비자의 연령이 매우 젊어졌고, 그 수용 방식도 라디오나 TV를 벗어나 CD, 컴퓨터, MP3, 아이폰, 각종 음원 차트 등을(소리바다, 올레뮤직, 뮤직뱅크, 멜론 등) 내려 받고 이용해 개인적으로 노래를 감상할 수 있다. 꼭 라디오나 TV에 의존할 필요가 없다. 또 1992년 '서태지와 아이들'

이 등장한 이래 한국의 노래·음악은 '귀로 듣는 것'이 아니라 '눈으로 보는' 형태로 빠르게 변했다. 따라서 기획사의 매출도 종전 레코드 몇 십만 장 파는 것과는 달리 거액의 자본을 구축할 수 있었다. 가수들의 힘도 강력해졌다.

과거 MBC는 갑(甲)이었고, 음반회사들은 을(乙)이었다. 그러나 2000년을 전후해 그들도 갑으로 변신했다. 갑과 갑이 충돌하니 갈등을 피하기 어려워졌다. 위의 내용은 그런 이유로 발생했다고 본다. MBC 음악 파트가 다소 강력한 카리스마를 갖고 있었고, 또 그들의 출연을 소홀히 했을 수가 있었기 때문에 기획사와 가수들은 일말의 유감이 있었을는지도 모를 일이다. 그러나 결론적으로 말하면 양측이 모두 대화가 부족했지 않았나 하는 생각을 하게 된다. NHK와 MBC는 이런 문제에 관한 한 환경이 아주 다른 것은 아니다. NHK는 62회를 잘 이어오고 있는데 MBC는 폐지 사태를 맞은 것이다. 매우 아쉽다. 역사적으로 계속 그래왔지만, 노래는 사람들의 중요한 친구요 취미요 동반자이다. 과거에 좀 눌렸었으나 지금 세월이 좋아졌다고 겸손하지 못한 자세는 바람직하지 않다.

위의 자료를 분석해보면, 조용필은 6회(1980, 1981, 1983, 1984, 1985, 1986)에 걸쳐 가수왕으로 등극했고, 7회(1980, 1981, 1982, 1983, 1984, 1985, 1986)에 걸쳐 10대 가수로 선정되었다. 이미자는 가수왕 3회(1967, 1968, 1970)를 지냈고, 10대 가수는 9회(1968, 1969, 1970, 1971, 1973, 1974, 1975, 1977, 1978) 동안 뽑혔다. 남진은 가수왕 연속 3회(1971, 1972, 1973)를 기록했고, 10대 가수는 6회(1967, 1971, 1972, 1973, 1974, 1975)에 올랐다. 그러나 당시 최고 인기가수 반열에 속해 있던 나

훈아는 가수왕과는 한 번도 인연이 없었고, 10대 가수에만 5회(1969, 1970, 1971, 1972, 1982) 이름을 올렸다. 이렇게 보면 2000년 이전 최고 인기가수는 이미자, 조용필, 남진, 나훈아로 나타난다.

너무 옛날이야기만 했는데, 최근 젊은 시청자들이 매우 즐기는 〈놀러와〉 〈쇼! 음악중심〉 〈무한도전〉 〈황금어장〉 〈세바퀴〉 〈우리 결혼했어요〉 〈위대한 탄생〉 〈나는 가수다〉 등의 프로그램들도 상당한 인기를 끌고 있다. 특히 〈나는 가수다〉는 포맷의 독창성과 가수들의 연습 때 보여주는 열정과 경연에서의 모습에서 시청자들은 커다란 감동을 받게 된다. 각 방송국에서 나가는 고만고만한 예능 프로에 비해 출중한 장점을 보여준다. 지난해(2011년)는 명실 공히 〈나는 가수다〉의 해였고, 그것이 MBC의 체면을 사회적으로 업그레이드 하는 프로였음을 강조하고자 한다. 시즌2를 기대하는 것도 그런 이유에서이다. 앞에서 본 '10대 가수' 등 과거 프로그램의 영광을 거울삼아 디지털 시대에 걸맞는 새로운 형태의 프로그램이 창조되어야 할 것으로 생각된다.

제6장

자랑스러운 MBC 프로그램들

1. MBC는 드라마 제국

MBC는 1961년 창사 이래 드라마의 최고 강자였고, 또 드라마 재벌이기도 했다. 라디오의 개국과 동시에 1961년 12월 4일 연속방송극 〈하늘과 땅 사이(극본 조남사, 연출 이보라)〉를 필두로 〈인목대비(극본, 연출 이서구)〉 〈주유천하(극본 조흔파)〉 〈검은 불연속선(극본 이경재)〉 〈절망은 없다(청취자 수기 각색, 1964. 4. 17 첫 방송)〉 〈아빠의 청춘〉 〈전설 따라 삼천리(1966. 5. 2 첫 방송)〉 등 강력한 함포 사격이 계속되었고, 후에는 〈법창야화(1974~1980)〉 〈사랑의 계절(내레이션 김자옥)〉 등으로 이어졌다.

드라마는 그것이 라디오든 TV든 간에 잘만 만들면 대포이고 미사일이다. 드라마에는 신탁(CM)이 많이 붙어 수입이 막대하다. 따라서 드라마는 곧 실탄(實彈)이다. 그런 의미에서 드라마는 50년 동안 MBC의 금고(金庫) 역할을 충실히 수행했다.

1981년 1월 20일 한국방송광고공사(KOBACO)가 설립되고 이들이 지상파 방송의 광고판매를 독점·대행하고부터 방송사들은 드라마와 시청률에 신경을 곤두세우기 시작했다. 73) 「만약 60분짜리 프로그램이 방송되면 그 1/10인 6분, 360초의 광고를 방송할 수 있다. 15초 기준으로 보면 24개의 광고를 내보내게 된다. 황금시간대 SA급 15초 광고를 한 번 방송할 때 약 1,100~1,300만 원 정도가 소요된다. KOBACO는 '특별기획' 등은 다소 다른 계산방법을 적용한다. 즉 전용 세트장을 갖추고 있고, 시리즈가 20회 이상으로 제작비가 많이 드는 특별기획 드라마는 특별 판매

---

73) 대중문화의 이론과 현장, 최양묵. p.77.

한다. MBC의 〈태왕사신기〉의 경우는 시청률이 25%를 초과하면 기본 단가의 130%를 받기로 계약했는데, 시청률이 35% 내외를 기록해서 15초 광고 단가는 1,525만5천 원을 받을 수 있다. 드라마가 70분으로 편성되어 15초짜리 광고 28개를 넣을 수 있어, 1회 방송에 모두 4억2,700만 원의 막대한 광고수입을 올린 바 있다. 이러니 방송사가 시청률에 목매이지 않을 수 없을 터이다.」 따라서 방송사의 황금은 드라마라 하지 않을 수가 없는 것이다.

한국방송광고공사가 펴낸 〈2008 소비자행태 조사보고서〉에 따르면 여성의 TV 드라마 선호도는 무려 63.9%에 이른다(남성=12.6%, 전체 응답자 6,000명 중). 그러나 조사 자료가 없어 당시 분위기로 추측한다면 라디오 드라마의 선호도는 95%를 넘었을 것으로 추측된다. 2008~2009년 129부작 SBS의 〈아내의 유혹〉 등 또다시 드라마의 돌풍이 불어 닥친 것은 이미 1950년대 후반부터 시작되었다고 보아야 무리가 없을 것이다.

모든 방송사들이 그랬고, 지난해 출범한 '종편' 까지도 드라마에 총력을 기울이고 있다. 영화제작도 아닌데 심지어 「〈한반도〉라는 블록버스터 드라마의 제작비가 무려 100억 원이 들었다는 기사가 나오고 있는 형편이다.」[74] 그래서 지상파의 시청자를 빼앗아오고 신탁을 늘리겠다는 전략이다. 드라마의 주인(主人)은 여성들, 특히 주부들이다. 그들은 실제적으로 경제권을 갖고 있어 광고에도 지대한 영향을 미친다. 그러니 소재는 당연히 100% 여성 대상이다. 근래에는 '출생의 비밀' 이 아직도 판을 친다. 창

---

[74] 조선일보, 2012년 2월 3일.

의적이었고 스토리의 화려함으로 일관했던 MBC 드라마 전성시대로 여행을 떠나기 전에, 최근의 드라마 경향을 잠시 짚어보고 'MBC 드라마' 로 넘어가고자 한다.

2. 최근 TV 드라마의 경향

「텔레비전 드라마는 2009년과 2010년에 이르러 영화적 특성을 다수 차용하고 있는 경향이다.[75] 즉 영화를 닮아가고 있다. 드라마 대본도 영화의 시나리오 작가를 기용하는가 하면, 강력한 액션과 폭력, 농도 있는 애정 장면을 삽입하기에 주저하지 않는다. 영화 제작과 유사한 스케일 큰 로케이션을 일삼으면서 제작비를 퍼붓는다. 화면이 시원하고 장대하지 않으면 시청자들이 외면한다는 이유에서이다. 이런 시스템에서 '아침 드라마' 는 그저 시간 때우기 소모품으로 전락하는 사례도 자주 발생한다. 콘텐츠라기보다는 일회용 칫솔 같은 신세일 수도 있다. 그래서 드라마 비용만 계속 소모되고 낭비되는 것이다.

또 TV 드라마의 형식과 내용은 불륜 드라마, 막장 드라마, 남자 기생화(化) 드라마, 분노 드라마, 스피드 드라마, 미드식(式) 드라마, 아이돌 출연 드라마, 로맨틱(또는 판타지) 사극 등 다양하게 변화하고 있다. 평균 40%대의 시청률을 올린 SBS의 〈아내의 유혹〉은 막장 드라마의 대표선수이다. 왜 막장 드라마로 호칭되었는지는 분명치 않다. '막장' 의 사전적 의미는 '갱

75) 대중문화의 이론과 현장, 최양묵, pp.18~21.

266

도(坑道)의 막다른 정면(正面)'과 '허드레로 먹기 위해 담은 된장'의 두 가지이다. 전자, 후자 모두 막장 드라마의 의미를 내포하고 있다고 할 수 있다. 이 드라마에서 폭력과 분노는 폭발한다. 여성 탤런트 김서형은 분노의 독보적 존재이다. 또 보통 드라마의 진전 속도보다 4~5배 빠르다는 것이다. 즉 한 달 정도가 지나야 도달될 이야기가 이틀 만에 끝나버리는 경우도 있어 시청자는 내용이 어떻게 돌아가는지 모르고 그냥 그런가보다 하고 시청한다. 스피드 드라마는 드라마 작법(문법)이 파괴된 상태이다. 막장 드라마의 의미가 축약·변형되어 '막드'라고도 지칭된다. "막가야(막 만들어야) 시청자들이 막 보게 된다"는 의미라고 한다. 막드의 관련자들은 좀 부끄러움을 느껴야 할 것으로 생각하는 전문가들이 많다.

'불륜'은 TV 드라마에 있어 토착화된 전통이지만, 남자 기생화(化) 드라마는 〈꽃보다 남자〉를 통해서 강력하게 대두되었다. 남자의 강인함, 신중함은 실종되고, 여성 같은 예쁜 얼굴과 몸매가 강조되면서 '제멋대로의 젊은 남성'을 칭송하기에 여념이 없다. 〈꽃보다 남자〉는 일본 만화 〈화4(花4)〉에서 비롯되었다. 이 일본 만화가 한국 변형 드라마를 통해서 "대한민국의 젊은 남성들이여! 이제 당신들은 모두 꽃으로 변신해야 산다"를 외치고 있다. 이런 TV 드라마의 영향으로 일반사회에서도 남성들의 차림과 말투는 여성화되어 가고 있다. 이렇게 한국 TV 드라마는 "메시지는 상관없이 비주얼을 파는 시청률만 올리면 그만이다"가 주조(主調)이다. 이것들이 시청률 지상주의의 현주소이다.

2009년에는 〈아이리스〉가 관심을 끌었다. 방송사에서는 '한국형 첩보액

션 드라마'로 이름지었다. 미드의 〈과학수사대〉(CSI-Crime Scene Investigation)
와 할리우드 액션이 혼합된 듯한 냄새를 풍긴다. 스토리의 핵심은 '군산(軍
産) 복합체' 조직이 무기 등을 팔아먹기 위해 한국과 북한 간의 전쟁 도발
을 시도하고 남·북의 정보원들이 이들을 막기 위해 목숨을 건다는 내용
이다. 광화문광장에서의 총격전, 남북 정보원들의 등장, 김태희와 이병헌
의 출연이 신선하다는 옹호론자도 있고, 남북관계라는 가장 심각·미묘한
내용을 TV 드라마가 가지고 놀았다는 비판도 만만치 않다. 재미(시청률)만
있으면 된다. 그래서 그들은 무소불위이다.」

최근(2012년 2월 현재) MBC 드라마가 기세를 올리고 있다. 제목은 〈해를
품은 달〉. 조선시대 가상의 왕 이훤과 비밀에 싸인 무녀 월의 애절한 사
랑 이야기를 그린 '궁중 로맨스' 드라마이다. 사랑과 권력을 되찾기 위해
가혹한 운명에 맞선 왕의 이야기다. 특히 남자 주인공 왕 이훤 역의 김수
현의 인기가 대단하다. 이 드라마는 로맨스 소설 작가 정은궐의 동명소설
을 줄거리로 하고 있다.

이렇게 TV 회사들은 다른 장르의 프로그램들은 안중에 없는 듯 드라
마 대박에만 목을 매고 있다. 고(高)시청률 드라마에서 제시되는 대사, 말
투, 의상, 시추에이션(극의 상황), 배경이 되는 상품, 심지어 점포 스타일까지
도 즉시 유행을 타게 된다. 이 틈에 여러 가지 종류의 상업적 이해관계가
(PPL 등) 끼어들어 혼탁해지고, TV 드라마의 분위기는 우리가 따라가지 않
으면 안 되고 지키지 않으면 큰일 날 규범으로 인식된다.

한편 드라마 소비자들은 텔레비전 드라마는 천박하다느니 하는 비

판을 하면서도 어느새 자신도 모르는 사이에 드라마에 빠져 들게 된다. "이슬비에 옷 젖는다" 는 이야기가 있지만, 거기서 나오는 내용들은 무엇이고 간에 정당하고 진실하고 또 멋있다는 결론에 도달한다. 세뇌 당하고 마는 것이다. 그래서 drama pepole, drama wife가 생겨나게 된다. 드라마는 무슨 유사종교 비슷한 성격이 되고, 하나의 신앙처럼 떠받들어진다.

이런 원인을 딱 잘라 정확하게 판단내리기는 매우 어렵다. 전문가들은 세대의 변화, 즉 젊은이들의 사고방식과 생활태도를 거론하기도 한다. 전쟁을 겪지 않은 그들은 어려움과 인내를 모르고, 경제적 풍요는 단지 소비하면 되고 그것이 최대의 목표와 미덕이라는 주장도 있다. 텔레비전 와이프인 여성들의 입장도 비슷하다. 과거처럼 곤궁한 삶도 아니고, 많은 부분 시어머니 등쌀에 고통 받는 처지도 아니다. 핵가족 바람으로 아내의 권리 및 의무가 동등하게 되고, 여성화된 남편 아니면 구조조정이니 명예퇴직이니 하는 사회적 변화에 희생된 가장(家長), 그 위에 군림하는 아내와 가정도 적지 않을 것이다. 그러니 무엇이 문제겠는가? 텔레비전 드라마에 깊이 탐닉하면서 그것을 즐기고, 사족을 달고, 모방하면 그만일 터이다.

중국의 마오쩌둥(毛澤東)은 1949년 정권을 잡으면서 "중국 하늘의 반을 여성이 이고 있다" 는 발언을 한 적이 있다. 이 말은 자신을 지지할 수 있는 사람의 반이 여성이라는 계산에서 나온 것이다. 그래서 여성을 중시하겠다는 뜻이다. 이런 전략이 우리나라 텔레비전 공식에도 대입되고, 정치판에서도 이용되고 있다. 또 일부 단체들을 통해 무섭게 불고 있는 페미니즘의 바람과 남성에 비해 소비욕구가 보다 큰 여성을 노리는 제조회사들의 상혼도 한 몫을 톡톡히 하고 있다. 홈쇼핑의 거대한 매출이 그것을 증명하고 있다. 이런 다양한 요인 때문에 텔레비전은 날로 욱일충천하며, TV 드라마는 그 위세가 하늘을 찌르고 있다.

국가는 사람을 키우고, 국민은 국가를 강건하게 만든다. MBC는 드라마를 키웠고, 김수현은 MBC 드라마를 증폭시켰다. 김수현은 1968년 문화방송 개국 7주년 라디오 연속극 공모에 〈그 해 겨울의 우화〉가 당선되어 방송작가로 데뷔했다. 그 첫 작품은 〈저 눈밭에 사슴이〉라는 제목으로 바뀌어 라디오 드라마로 나갔다. 라디오에서 약 4년 동안 작품 활동을 했던 김수현은 MBC-TV로 가서 1972년 〈무지개〉를 썼다. 〈무지개〉의 후속작 〈새엄마〉는 총 411회로 일일연속극 사상 최장수 드라마라는 대기록을 세웠다. 라디오가 뽑은 김수현을 MBC-TV는 드라마계의 거목으로 키워냈다.

초창기부터 MBC-TV의 드라마를 추적해보고자 한다. 여기서 제목, 방송연도, 연출 또는 주인공, 상대사와의 경쟁적 상황의 고찰, 사회적 분위기 등을 살펴볼 예정이다. 즉, 족보(族譜)를 찾아보는 것이다. 만약 방송연도는 2011년 12월 20일에 시작했다고 가정할 때 2011년으로 할 것이냐, 아니면 드라마가 본궤도에 오른 2012년으로 할 것이냐는 약간의 오해가 발생할 수도 있어 그 점에 대한 양해의 말씀을 미리 부탁드리고자 한다. 텔레비전 드라마는 당시 사람들의 사고, 생활상, 유행, 사랑과 연애 등 시대상(像)을 반영해 일별(一瞥)해 보면 매우 흥미로운 측면들을 발견해낼 수 있다. 또 〈안녕〉과 〈청춘의 덫〉은 히트했다기보다 당시의 분위기를 살펴기 위해 넣었다. MBC를 빛낸 기라성 같은 MBC 텔레비전의 간추린 필모그래피(filmography, 드라마 목록)는 다음과 같다. 76)

3. MBC 히트 드라마 내역

(1) 개구리 남편(1969.11.17~1970.3.13)

*극본 김동현 *연출 표재순 *출연 최불암, 김혜자

"개구리는 뭍에서도 살고 물에서도 산다. 댁의 남편은 어디서 살고 있죠? 조심하세요, 개구리 남편."

1969년 11월 17일부터 방영된 〈개구리 남편〉은 불륜을 다루었다고 해서 방영 첫 회부터 화제를 불러일으켰고, 청와대의 지적으로 100회 예정이던 것이 60회로 종영되었다. 영화관에서나 접할 수 있는 소재였는데, 홈드라마를 표방하고 나선 일일연속극이 '불륜'을 대담하게 묘사하고 나섰기 때문이라는 이유에서이다. 그래서 일부에서는 '막장 드라마의 원조'라고 깎아내리기도 한다. 드라마치고 막장 끼가 없는 드라마가 어디 있겠는가.

(2) 장희빈(1971.7.18~1972.1.31)

*극본 이서구 *연출 유흥렬 *출연 윤여정, 박근형, 이재정, 양정화, 김용림, 김금지, 정규택

---

76) 이 내용들은 MBC 프로덕션(현 MBC C&I)의 'MBC 드라마 프로그램' 자료, 〈한국사회와 텔레비전 드라마, 김승현·한진만 공저〉, 위키 백과 자료 등을 참고로 구성했다.

1971년도 일일연속극 시청률 1위. 윤여정이 인기 스타로 등극했고, 그녀의 악역으로 분노한 시민들 때문에 거리를 나다니기 어려웠다는 이야기도 있다.

(3) 수사반장(1971.3.6~1989.10.12, 총 880회)

*극본 김정환, 윤대성, 신명순, 이상현, 박찬성 *연출 허규, 박철, 유흥렬, 이연헌 *출연 최불암, 박암, 김호경, 조경환 등

MBC는 주간 단막극 〈수사반장〉으로 도약의 발판을 마련하며 18년간 880편(1989.10.12.까지)이나 방송되어 '수사반장 신화'를 낳게 된다. 최불암의 영원한 히트작으로 그 이름을 당당히 남긴 〈수사반장〉은 MBC 드라마의 지평을 넓히며 대중의 열렬한 찬사를 받았고 MBC뿐 아니라 한국 대중문화사에 기념비적 작품으로 그 위치를 확고히 하기에 이르렀다.

(4) 새엄마(1972.8.30~1973.12.28, 총 411회)

*극본 김수현 *연출 박철 *출연 전양자, 최불암, 조경환, 정혜선, 박규채, 윤여정, 양정화, 김경옥, 김용건

1972년 KBS의 〈여로〉가 폭발적인 인기 속에 방송됨으로써 MBC가 약간 궁지에 몰리기는 하나, 같은 해 김수현의 출세작 〈새엄마〉가 최고 시청률 85%를 올리며 〈여로〉를 능가하는 대 히트를 치면서 분위기가 반전됐다. 〈새엄마〉로 제1회 한국방송대상 극본상을 수상한 김수현은 여세를 몰아 〈새엄마〉 종영 후 3일 만에 다시 일일극 〈강남가족〉을 집필해 화제

를 모았고, 〈강남가족〉이 종영되자 다시 이틀 만에 〈수선화〉의 작가로 발탁되어 최고 작가에다 다산 작가로 등극한다. 이 시기에 MBC에는 김수현과 신봉승이라는 거대한 쌍두마차에 승차해 드라마 가도를 질주했다. 그러나 김수현에게 시련도 있었다. '퇴폐' 라는 덫에 걸린 것이다.

(5) 안녕(1975.2.17~5.17)

*극본 김수현 *연출 이효영 *출연 양정화, 송재호, 김미영, 박근형

음대 졸업반 학생이 동급생과 기혼자 사이에서 애정의 갈등을 겪는 내용인데, 문공부의 퇴폐풍조 일소정책에 따라 78회로 조기 종영된다.

(6) 청춘의 덫(1978.6.22~11.3)

*극본 김수현 *연출 박철, 이효영 *출연 이정길, 이효춘, 정혜선, 김무생, 김영애, 한미영, 이성자, 남능미

혼전동거, 혼전임신 등 윤리문제로 방송심의위원회의 '검열' 에 걸려 20회로 끝내게 되었다.

(7) 전원일기(1980.10.21~2002.12.29)

*극본 김정수 *연출 김한영 *출연 최불암, 김혜자, 고두심, 김용건, 유인촌, 김수미, 박순천

MBC는 드라마 역사에 길이 남을 농촌 드라마 〈전원일기〉를 방송해 큰 성공을 거둔다. 이 드라마에 최고의 연기파들을 캐스팅해 화제를 불러 일으켰고, 당시 무너져가는 농촌의 아픔을 어루만져 시청자들로부터

호평을 받았다.

(8) 제1공화국(1981.4.2~1982.2.11)

*극본 김기인 *연출 고석만, 이연헌 *출연 최불암, 이영후, 김무생, 이정길, 정욱, 이도련, 박규채, 최명수, 국정환 등

등장인물이 하도 많아 모든 연극인, 성우들이 총출동했다는 기록이 있다. 박정희 정권이 무너지고 본격적인 민주화의 물결이 싹 트려는 즈음 MBC는 정치 드라마 〈제1공화국〉을 터트린다. 상당히 인기가 높았던 〈제1공화국〉(40편)은 여러 번 정권과의 문제들을 극복하고 〈제5공화국〉까지 도달해 정치 드라마의 지평을 넓힐 수 있었다.

(9) 제2공화국(1989)

*극본 이상현 *연출 고석만 *출연 이순재, 심양홍, 길용우, 변희봉

(10) 제3공화국(1993)

*극본 이영신 *연출 고석만 *출연 이정길, 오지명, 이진숙, 노주현

(11) 제4공화국(1995)

*극본 이호 *연출 장수봉 *출연 김기섭, 박용식, 이창환

(12) 제5공화국(2005)

*극본 유정수 *연출 임태우, 김상래 *출연 이덕화, 박인환, 김형일, 홍학표, 차광수, 이진우

(13) 조선왕조 500년(1983.3.31~)

*극본 신봉승 *연출 이병훈 *출연 김무생, 이정길, 김영란 등

제1화 추동궁 마마, 제2화 뿌리깊은 나무(세종과 장영실), 제3화 설중매(인수대비), 제4화 풍란(정난정), 제5화 임진왜란(이순신), 제6화 회천문(김개시와 광해군), 제7화 남한산성(임경업 장군), 제8화 인현왕후(전인화), 제9화 한중록(최명길, 최수종), 제10화 파문(정조의 삶), 제11화 대원군(명성황후 역 김희애) 등으로 이어져 〈조선왕조 500년〉은 태조부터 고종에 이르는 방대한 역사를 8년여에 걸쳐 방송함으로써 한국 사극의 최고봉이라는 위업을 달성했으며, 최초의 대하 드라마라 할 수 있다.

(14) 사랑과 진실(1984.5.12~11.25까지 56회로 1부 종료, 1985.1.19부터 2부 시작)

*극본 김수현 *연출 박철 *출연 정애리, 원미경, 김윤경, 임채무, 김무생, 나문희, 한은진, 김기일, 김연자, 김길호, 유인촌, 이덕화

언니와 동생의 뒤바뀐 운명을 소재로 한 〈사랑과 진실〉은 1984년 5월 12일부터 11월 25일까지 1부가 방송되고 김수현의 건강문제로 방송이 중단되었다가 1985년 1월 19일부터 2부가 방송되었고 1부를 능가하는 인기를 모으며 최고 시청률 75%라는 경이로운 시청률 기록을 세웠다. 드라마 최초로 미국 로케도 시행됐다.

(15) 베스트셀러극장 〈완장〉(1984.1.8)

*극본 윤흥길, 박성조 *연출 정지영

이 작품 이후 184화가 나갔다. 소설, 희곡, 시니리오 등 베스트셀러를 각색해 제작 방송했다. 나중에 제목을 베스트극장으로 변경해 1991년 7

월 1일까지 모두 267편이 나갔다. 단막극이라는 포맷을 정착시킨 공로가 있다.

(16) 한 지붕 세 가족(1986.11.9)

*극본 윤대성 *연출 이승열 *출연 오미연, 현석, 심양홍, 임현식, 박원숙

중산층 3가족을 대상으로 한 홈드라마로 인기를 끌었으며, 144편이 나갔다. 제목의 특이성 때문에 신문 등 정치기사에서 '한 지붕 세 가족' 이라는 말이 자주 등장한다.

(17) 미니시리즈 〈불새〉(1987.2.2~2.24)

*극본 최인호, 장춘태 *연출 김한영 *출연 이미숙, 유인촌, 현석, 윤석화

미니시리즈 첫 번째 작품이고, 42편이 더 나갔다.

(18) 겨울안개(1989.1.9~1.31)

*극본 김정수 *연출 김한영 *출연 김혜자, 임동진, 정동환, 김영란 등

매우 좋았다는 평가이다.

(19) 사랑과 야망(1987. 〈사랑과 진실〉의 2부에 해당)

*극본 김수현 *연출 최종수 *출연 김용림, 남성훈, 이덕화, 차화연, 남능미, 김청, 임예진 등

1987년 1월 10일 전파를 타기 시작해 12월 27일까지 1년 동안 엄청난 화제를 불러일으키며 평균 시청률 76%라는 경이적인 성과를 올렸다.

(20) 여명의 눈동자(1991)

*극본 김성종, 송지나 *연출 김종학 *출연 최재성, 채시라, 박상원

국내 드라마 중 최초로 사전제작을 했고, 1991년 10월 7일 첫 방송 후 1992년 2월 6일까지 36부작으로 종방되었다. 당시로선 파격적인 화면과 세트, 폭력과 욕설이 난무해 방송 심의의 저촉 우려가 있었으나 50%가 넘는 시청률을 기록했다.

(21) 사랑이 뭐길래(1991)

*극본 김수현 *연출 박철 *출연 이순재, 김혜자, 최민수, 하희라

"김수현 드라마가 방송될 때 남의 집에 전화를 거는 것은 실례", "김수현 드라마가 방송되면 택시가 텅텅 빈다." "김수현 드라마가 시작되면 전국의 수돗물 사용량이 10% 이상 줄어든다" 는 전설 같은 이야기들이 나돌았다.

〈사랑이 뭐길래〉는 이른바 '대발이 신드롬' 을 불러일으키며 가부장적 사고에 젖어있는 아버지 세대와 새로운 생각과 생활을 추구하는 그 자녀 세대와의 대조와 대립으로 드라마는 메시지와 웃음을 풍요롭게 선사했다. 이 드라마의 인기로 '대발이 아버지' 역의 이순재는 국회에 딩딩히 입성했다.

하지만 행복 뒤에 불행이 오고, 에베레스트 고봉이 있는가 하면 요르단 깊은 계곡이 있듯이 그 후 김수현은 MBC 수뇌부와 잦은 갈등을 이유로 20년간 생사고락을 함께 해온 MBC를 떠난다. 김수현이 "MBC 쪽에는 이

제 침도 안 뱉겠다" 라는 소문이 들릴 정도로 애증(愛憎)의 골이 깊었던 모양이다. 김수현이 떠난 자리는 너무도 컸을 것이다. 1972년 〈새엄마〉 이후 모두 19편의 MBC 드라마를 집필했는데, 연속극이 많아 기록이 확인된 것만 1,947편이다. 일일연속극이 몇 개 빠져 각각 몇 회가 더 나갔는지 알 수 없으나 대체로 2,200~2,300편 수준이 되지 않을까 추측된다. MBC에서 김수현 작가의 공로를 허술히 보면 안 될 대목이다.

MBC는 그간 주전 투수로 활약했던 '김수현, 신봉승' 대신 '김정수, 김운경, 박진숙 등' 과 당시 인기 스타 중의 한 명인 최진실을 전속시켜 진용을 보강했다.

(22) 질투(1992.6.1~7.21, 16부작)

*극본 최연지 *연출 이승렬 *출연 최수종, 최진실, 이응경, 김혜리, 이효정, 김창숙

「최초의 트렌디 드라마로 호칭된다. 최수종-최진실 커플 신화를 만들어 낸 1992년 작 〈질투〉는 77) 그야말로 MBC의 승리임에 분명했다. 그동안 시도되지 않았던 '트렌디 드라마' 의 물꼬를 튼 〈질투〉는 시청률 50%를 넘나드는 대성공을 거두며 MBC 드라마의 위대함을 그대로 증명했고, MBC는 〈질투〉를 시작으로 차인표, 신애라 주연의 〈사랑을 그대 품안에〉 〈파일럿〉 심은하의 〈마지막 승부〉 최지우-류시원 주연의 〈진실〉 등을 제작하며 젊은 층을 TV 앞으로 끌어다 앉혔다.」

「트렌디 드라마는 깊은 사색이나 심각한 정치적인 내용보다는 감각적이

---

77) 네이버 지식사전.

고 즉흥적인 행동이나 내용을 담은 TV 드라마를 지칭하는 용어이다.[78] 방송학자들은 작고 가볍고 협소한 화면을 특징으로 한 TV 매체의 한계로 인해 시청자들은 진득한 내용보다는 자극적이고 말초적인 성향의 프로를 요구하고 있는 추세에 부응하기 위해 트렌디 드라마가 번성하고 있다는 평을 내리고 있다.

이 때문에 이들 드라마는 극중 주인공들이 경제적 풍요를 누리면서 세련된 치장을 하고 있는 것으로 설정해 소비와 유행 심리를 자극시키는 것도 큰 특징이다. 20대 여성을 주인공으로 부각시켜 여성의 입장을 옹호하고 이들의 가치관과 의식을 반영해 여권주의 확대에 대한 긍정적 역할을 했다. 1988년 후지 TV에서 방영한 〈포옹〉이 트렌디 드라마의 효시작으로 손꼽히고 있는데, 이들 작품 중 〈101번째 프로포즈〉의 경우는 국내에서 영화로도 제작되었다.」

이 같은 형식의 드라마는 곧바로 국내 방송계로 유입돼 죽마고우 사이인 남녀가 느끼는 애증의 감정을 다룬 최진실, 최수종 출연의 MBC 미니시리즈 〈질투〉와 KBS-2TV의 〈프로포즈〉 등이 국내 방송계에 트렌디 드라마 붐을 몰고 오는 기폭제 역할을 했다.

위의 내용 중 트렌디 드라마는 지금도 방송되는 드라마들 중에도 그런 특징과 성향이 혼재되어 있어 상술하게 된 것이다. 또한 평균 시청률 76%니 하는 부분도 있는데, 이는 조사기관에서 공인된 것인지는 확실치 않다. 시청률이 매우 높다는 상황으로 이해해주길 바란다.

---

78) 네이버 지식사전.

(23) 아들과 딸(1992.10.03~1993.05.09)

*극본 박진숙 *연출 장수봉 *출연 최수종, 김희애, 한석규, 채시라, 정혜선, 백일섭

남아선호 사상이 깊게 뿌리내린 집에서 태어난 이란성 쌍둥이 이야기.

(24) 엄마의 바다(1993)

*극본 김정수 *연출 박철 *출연 김혜자, 박근형, 고현정, 최민수

1993년 5월 15일부터 12월 26일까지 66부작으로 나갔다. 갑작스런 가장의 죽음으로 경제적 빈곤과 삶의 방향을 상실한 채 어렵고 힘든 홀로서기를 해야 하는 가족. 나약한 여자에서 굳센 어머니로 변모하는 엄마와 그에 굴하지 않고 자신의 앞길을 개척해 나가는 성실한 큰딸과 운명에 순응하는 신세대 젊은이 둘째딸 등 온실 속 화초 같던 네 자녀가 생활고를 온몸으로 느끼며 차갑고 냉정한 사회에 서서히 적응해 나가는 과정을 그린, 대조적인 인생살이를 보여주는 홈 멜로드라마이다.

(25) 폭풍의 계절(1993.05.12~1993.12.30)

*극본 최성실 *연출 이관희 *출연 최진실, 김희애, 도지원

젊은이들이 인생을 선택하고 성장해가는 모습을 그린 드라마이다.

(26) 파일럿(1993.9.3~11.2)

*극본 이선미 *연출 이승렬 *출연 최수종, 한석규, 음정희, 김혜수, 채시라

최초의 항공 주제 드라마이다.

(27) 서울의 달(1994.1.8~10.16)

*극본 김운경 *연출 정인 *출연 한석규, 채시라, 최민식, 김원희 등

MBC 프로덕션 작품. 그러나 'MBC 주말극 신화' 라는 말이 탄생할 정
도로 기세등등한 세월을 보낸 MBC는 1995년 KBS에 김수현의 주말극
〈목욕탕집 남자들〉이 등장하면서 주말극 패권을 내주고야 말았다.

(28) 마지막 승부(1994.4.11~5.31)

*극본 손영목 *연출 장두익 *출연 손지창, 장동건, 심은하, 이상아, 이종원

국내 농구 열풍을 일으키며 스포츠 드라마의 성공신화를 이룩했다.

(29) 종합병원(1994.4.17~1996.3.3)

*극본 최완규 *연출 최윤석 *출연 이재룡, 전광렬, 홍지나, 신은경, 조경환, 심양홍, 전도연

최초의 의학정보 드라마.

(30) 까레이스키(1994.12.19)

*극본 이상현 *연출 장수봉 *출연 김희애, 김병세, 도지원, 최종원, 차인표, 정혜선

스탈린에 의해 연해주에서 동쪽 황무지로 쫓겨난 우리 동포의 이야기.
MBC에서 SBS로 이적한 김종학 PD의 연출과 송지나 극본의 〈모래시계〉
와 맞붙어 대패하는 과정에서 MBC 드라마는 상당 기간 흔들리고 중심
을 다시 잡는데 시간이 걸렸다. 그 이유는 〈모래시계〉는 조폭들의 액션
등 화면이 자극적이었고, 〈까레이스키〉는 역사적 사실을 그리고 있어 자

극적이 아니었다. 그리고 SBS는 두 편을 연이어 편성함으로써 시청자의 흡인력을 극대화해 보다 시청률을 높일 수 있었다.

(31) 아이싱(1996)

*극본 최윤정 *연출 장두익 *출연 장동건, 이승연, 전혜진, 김명수, 유태웅, 강석우, 윤손하, 이제니, 최강희

1996년 7월 1일부터 8월 4일까지 17부작으로 방송된 아이스하키 선수들의 꿈과 좌절, 사랑 이야기. 주제가도 호평을 받았다.

(32) 애인(1996)

*극본 최연지 *연출 이창순 *출연 황신혜, 유동근, 이응경

황신혜 신드롬과 함께 '아름다운 불륜' 이란 유행어를 낳은 화제의 드라마 〈애인〉은 사회적으로 안정되었으나 저마다의 고독을 안고 살아가는 30대 남성이 겪는 사랑의 갈등을 그렸다. 결국 '아름다움' 을 뺀 불륜을 합리화하는 과정이 노출되었고, "강남의 아줌마들은 밥만 먹고는 못산다. 젊은 애인을 하나쯤 애완견처럼 길러야 된다" 는 발칙한 화제들이 구름처럼 떠다니기도 했다. OST로 사용됐던 Carr & Ron의 I.O.U(I owe you)도 인기를 끌었으며, 유동근이 입었던 다크블루 와이셔츠도 불티나게 팔려나갔다.

(33) 별은 내 가슴에(1997)

*극본 김기호 *연출 이진석, 이창한 *출연 최진실, 안재욱, 차인표

1997년 한류 드라마로 홍콩에 수출되어 큰 반응을 얻었다.

(34) 의가형제(1997.1.3~97.3.4)

*극본 김지수 *연출 신호균 *출연 장동건, 이영애, 손창민, 신주리, 정욱

의료현장에서 가족 간 사랑과 남녀의 순애보를 그렸다. 〈의가형제〉는 베트남에 수출되어 한류(韓流) 주역으로서의 역할을 톡톡히 해냈다.

(35) 그대 그리고 나(1997년)

*극본 김정수 *연출 최종수 *출연 최진실, 박상원, 차인표, 송승헌, 최불암, 김혜자, 박원숙, 서유정

1997년 10월 11일부터 1998년 4월 26일까지 주말연속극으로 나갔고, 방영 내내 관심과 화제를 불러일으키며 경이로운 시청률(마지막 회 66.9%)을 기록하였다.

(36) 허준(1999)

*극본 이은성, 최완규 *연출 이병훈, 이정표 *출연 전광렬, 황수정, 임현식, 최란

주연과 조연의 섬세한 조화, 방대한 자료와 디테일한 집필, 감탄할 정도로 놀라운 연출력으로 인해 시청률 60%를 넘나들며 화제를 일으켰던 드라마이다.

(37) 아줌마(2000)

*극본 정성주 *연출 안판석, 장두익 *출연 원미경, 강석우, 심혜진, 송승환, 김병세 등

〈아줌마〉가 KBS 〈가을동화〉와 맞붙는 바람에 초반 다소 부진을 보였지만 〈가을동화〉 종영과 함께 〈아줌마〉의 시청률이 30%대를 치고 올라가면서 MBC는 한숨을 돌릴 수 있었다. 〈아줌마〉는 2000년 9월 18일부터 2001년 2월 27일까지 매주 월, 화요일 21시 55분에 방영되었다. 〈아줌마〉에 대해서는 사회학적 의미도 있어 논란의 대상이 되었다.

제목 "2001년 한국에서의 〈아줌마〉"

「MBC의 〈아줌마〉는 한 여성의 홀로서기만 그린 것이 아니다. 한국 가정과 사회, 기득권층의 모순을 적나라하게 묘파했다. 대학교수 사회의 허위의식까지 송두리째 드러냈다.[79] 결혼 전에는 잘난 오빠 때문에 대학도 못가는 찬밥 신세로, 결혼 후에는 권위적이고 위선적인 남편과 잘난 시집식구들로 인해 가정부로 전락한 주인공 오삼숙은 많은 우리 아줌마들의 초상이다. 그녀에게 무한한 희생만 강요하는 가부장적인 시댁 식구는 허울뿐인 권위의 상징이다. 또한 대학교수인 남편 장진구(강석우), 오빠 오일권(김병세)은 사회에서 우월적 지위를 누리고 있는 남성으로서, 지식인으로서, 그리고 386세대로서 보일 수 있는 허위의식과 이중성의 집합체다.

못 배우고 대우받지 못하는 우리 사회의 약자인 아줌마 오삼숙 대(對)시댁·남성의 대결이 긴장감 있게 전개되면서 가족과 사회가 안고 있는 문

---

79) 한국일보, 2001년 3월 8일.

제점이 때로는 희화적으로, 때로는 통렬히 드러났다. 드라마가 다른 면에서 의미를 갖는 것은 종래의 드라마와는 구별되는 여성상과 가족문제 해결책을 제시했다는 점이다. 김훈순 이화여대 언론홍보영상학부 교수는 "억압구조에서 벗어나 당당하게 자기 길을 가는 오삼숙은 요즘 여성들이 지향하는 여성상이다. 그리고 다른 드라마와 달리 오삼숙과 이혼의 빌미가 된 장진구의 애인(심혜진)이 유대를 맺는 것, 친정어머니가 딸의 홀로서기를 돕는 것은 상당 부분 페미니즘적 요소를 도입한 진보적인 내용들이다" 라고 분석되고 있다.」

여성에게 어떤 성찰(省察)을 권하는 페미니즘 드라마는 이전에도 있었다. 〈여자는 무엇으로 사는가(1990, *극본 주찬옥 *연출 황인뢰 *출연 김혜자, 김희애, 하희라)〉와 〈고개숙인 남자(1991, *극본 주찬옥 *연출 황인뢰 *출연 최불암, 김창숙, 이미숙, 최민수)〉. 이 두 드라마도 스토리는 모두 다르나 여권(女權) 신장을 강조한 측면이 있다. 권위주의 가부장제도의 잔재를 타파하고 그간 남성이 누려왔던 독재적 권위에 대한 도전이 도처에 깔려 있다. 이제 세상은 바뀌었다. 철의 여인이라고 불렸던 '마가렛 대처' 도 1979년에서 1990년까지 영국의 총리를 지냈고, 앙겔라 메르켈도 독일 최초의 여성총리로 2005년부터 지금까지 독일과 EU를 이끌고 있다. 또 줄리아 길러드는 2010년 6월부터 호주의 여성총리로 활약하고 있으며 2012년 2월 27일에 재신임되었다.

여성해방, 남녀평등으로 이어지는 종착역은 결국 '섹스' 이고, 그 결정판은 '프리섹스' 이다. 2000년 이후 소위 골드미스를 포함해서 20~30대 젊은 여성들에게 대중문화 차원에서, 또 섹스 콘셉트(개념)와 관련해서 가장 많은 영향을 미친 것은 미국의 TV 드라마 〈섹스 앤 더 시티(1988)〉가 아닐까 생각한다. 미국의 HBO사는 여성의 자유로운 섹스를 찬양하는 드라마로 정말 큰 재미를 보았다. 80)

「이야기 줄거리는 비교적 간단하다. 뉴욕에 사는 미혼 중년 여성 4명이 자유분방하게 성생활을 구가하면서 패션(구두와 핸드백)과 남자 이야기에 탐닉한다는 것으로 요약할 수 있다. 세계 최첨단 뉴욕 여성들의 삶을 페미니즘에 입각해 극대화한 판타지 극(劇)이라는 분석도 가능하다. 출연여성들의 모습이 너무 멋있고, 화면에 나오는 패션들은 더 이상 근사할 수가 없어 눈요기 감으로도 그만이다. 대사들은 세련 그 자체다. 남자들에 대한 갈등도 고급스럽다. 여성들의 꿈과 로망을 81) 자극하는 한편, 각자 삶의 갈등과 피로를 해소해주는 아이스크림 또는 향 좋은 원두커피이다. 한국 상황으로 보면 파격 그 자체이다. 극중 주인공들은 〈뉴욕 스타〉라는 가상의 신문에 '섹스 앤 더 시티' 라는 칼럼을 쓰는 캐리, PR 회사 중역인 사만다, 변호사인 미란다, 화랑 매니저인 샬럿이다. 이들의 화끈한 데이트에 부럽지 않은 여성이 어디 있겠는가?

이 드라마 속에서 오가는 '섹시 수다' 들은 글자 그대로 기상천외다. '여자도 남자처럼 섹스 할 수 있는가?' '사정(射精) 바이브레이터' '20대 남자는 값비싼 마약인가?' '스리섬 섹스는 프런티어인가?' 등 퇴폐 일색의 내용들이다.

---

80) 대중문화의 이론과 현장, 최양묵. pp.493~495.
81) 불어의 roman, 영어의 romance, 우리말 '낭만' , 일본어 발음 '로-망' 에서 차용된 단어이다. 뜻은 공상·환상적인 것, 정열적인 것, 서정적인 것을 의미한다.

　또 하나의 중요 축은 '다섯 번째 주인공' 인 구두이다. 캐리가 거의 미친 듯이 집착(숭배)하는 마놀로 블라닉(Manolo Blahnik)과 지미 추(Jimmy Choo) 구두는 그녀의 좌절이나 불만을 대리만족시켜 주는 특별한 장치이다. "남자보다는 구두가 더 좋다" 는 공식이 만들어진다. 구두의 값은 약 500달러로 이해되는데, 남자보다 구두가 더 좋다면 남자 값은 500달러에도 못 미치는 셈이다. 우리나라 TV 광고에 소년이 아버지에게 "엄마가 무서워? 남자로 살기가 어렵지?" 하는 대사가 나오는데, 한국에서도 남자 가격이 떨어졌기 때문에 그런 카피가 나오지 않았나 생각된다.」

　「 '마놀로 블라닉' 구두는 82) 튼튼한 발목만 받쳐준다면 이 구두를 신는 순간 다리가 길어 보이게 한다. 엉덩이와 가슴을 내밀어서 제 아무리 얌전한 척하는 여자라도 섹시한 자신감을 드러내도록 '힙 업' 자세를 취하게 한다. 훨씬 젊고 유행에 민감한 구두인 '지미 추' 와 비교하면 블라닉 구두는 도시적 모더니티와 여성성을 의미하고, 따라서 패션을 웅장한 상징적 균형미의 수준까지 끌어올린다. 이 구두의 중요성이 얼마나 대단한가를 상징하는 에피소드도 있다. SATC 〈시즌 3의 에피소드 17〉에서 캐리가 구두 강도를 당하는 장면이다. 캐리가 걷다가 길을 잃어버려 마침 앞에서 다가오는 남자에게 길을 물으려 하는데, 그는 총을 꺼내 캐리를 위협하면서 캐리의 백과 마놀로 블라닉을 벗으라고 한다. 샘플 세일 때 산 것이라 안 된다고 하지만 총 앞에서 어쩔 수 없어 결국 그냥 백도 아니고 'FENDI' 바게트 백과 소중한 마놀로 슈즈를 주고 만다. 역시 백보다는

---

82) 킴 아키스, 재닛 맥커이브 지음, 홍정은 옮김, 『섹스 엔 더 시티 제대로 읽기』, EW. p.114.

마놀로 블라닉 때문에 속상해 죽을 지경인 캐리 표정이 우리에게는 재미있다.

이 드라마에서 남자는 구두보다 더 자주 바뀐다. "한 자릿수로 잔 남자는 처음부터 기억을 안 한다" 는 대사가 나올 만큼 남자를 '섹스용 소비재'로 간주한다. 이 시리즈를 기획한 총괄 프로듀서는 대런 스타(Darren Star)이다. 1988년 미국 케이블 HBO를 통해 처음 방송된 후, 그는 이 드라마를 통해 미국뿐만 아니라 한국에서까지 자신의 성적 경험을 털어놓는 것이 '쿨' 한 것이라는 '불손한 철학' 과 '발칙한 사고' 를 만들어낸 장본인이다. "상처를 어루만져주는 것은 남자가 아닌 구두나 핸드백" 이라는 대사가 나온다.」 '기가 꽉 막힌다' 는 한국 남자들이 많다.

이 드라마는 1998년에서 2004년까지 6개 시즌을 종료했다. 위에서 본 대로 대중문화적 텍스트를 뛰어넘는 혁명적 섹스 스토리, 그리고 패션과 그 소비에 대한 물신적 숭배가 넘쳐흐른다. 그러나 이것들은 드라마가 제공하는 판타지일 뿐이다. 한국에서도 특히 20, 30대 여성들의 열광을 이끌어냈다. 여주인공이 섹스 칼럼니스트로 설정된 MBC-TV 수목 드라마 〈여우야 뭐하니〉(2006, *극본 김도우 *연출 권석창 *출연 고현정, 천정명)도 나왔다. 한국 사회도 어떤 변화를 향해 달려갈지 흥미로운 예측을 해볼 수 있다.

(38) 상도(2002)

*극본 최인호, 최완규 *연출 이병훈 *출연 이재룡, 김현주, 정보석, 홍은희

(39) 옥탑방 고양이(2003)

*극본 민효정, 구선경 *연출 김사현 *출연 김래원, 정다빈, 이현우, 최정은

'…고양이'는 2003년 6월 2일부터 7월 22일까지 방영된 MBC 월화 미니
시리즈다. 김유리의 인터넷 소설을 원작으로 했다. 세상의 모든 가치를 초
월한 사랑, 그 사랑의 완성은 결혼이라고 많은 사람들은 생각하지만 현실
의 결혼이라는 것은 그렇게 로맨틱하거나 완벽한 행복의 시작이 아니다.
결혼은 희생으로 살아가겠다는 약속이며 각종 의무와 책임이 무한대로
존재하는 그야말로 사랑이 현실의 바닥이다. 2003년 MBC 연기대상 남자
최우수상(김래원), 여자 신인상(정다빈)을 받았다. 젊은 시청자 층의 인기가
매우 높았다. 최근 뮤지컬로도 무대에 올려졌다.

그러나 탤런트 정다빈 씨가 2007년 2월 10일 오전 8시쯤 서울 강남구
삼성동 모 빌라 2층 집 화장실에서 수건으로 목을 매 숨져있는 것이 발견
되어 시청자들의 애도가 줄이어지기도 했다.

(40) 다모(2003)

*극본 정형수 *연출 이재규 *출연 하지원, 이서진, 김민준, 박영규

총 14부작으로 2003년 7월 28일부터 9월 9일까지 방송이 나갔다. 조선
에는 '다모'라는 여자 형사쯤 되는 직업여성이 있었다. 천민 신분의 사람
에게, 그것도 여성에게 '수사권'이라는 직업적인 책임을 부여했고, 그 다
모라는 여성들은 규방 사건의 수사, 염탐과 탐문을 통한 정보 수집, 여성
피의자 수색 등 잡다한 수사 권한을 가졌음은 물론 톡톡히 제 몫을 해냈

다고 하며, 나아가 궁궐에서 일했던 한 '다모' 는 역모 사건의 해결에 일조
를 하기도 했다는 그런 이야기다. 대단히 이색적인 소재이다.

(41) 대장금(2003)

*극본 김영현 *연출 이병훈 *출연 이영애, 지진희, 임호, 양미경

「〈대장금(大長今)〉은 조선시대 중종의 신임을 받은 의녀(醫女)였던 장금의
삶을 구성한 MBC 드라마이다. 83) 대장금은 주인공 서장금(徐長今, 이영애의
배역)이 폐비 윤씨의 폐위 사건 당시, 궁중 암투에 휘말려 부모를 잃고 수
라간 궁녀로서 궁궐에 들어가 중종의 주치의인 최초의 어의녀(御醫女)가 되
기까지의 과정을 통해 장금의 성공과 사랑을 그리고 있다. '장금' 이라는
이름은 조선왕조실록 가운데 중종실록에 여섯 번 가량 등장하며, 장금이
라는 의녀가 있었고, 왕의 신임을 받았다는 정도로 기록되어 있다. 그 밖
에는 장금의 본명이나 출신 등에 대한 자료는 전해져 있지 않으며, 드라
마에 등장하는 장금이라는 인물에 관한 내용은 대부분 작가의 상상력으
로 만들어진 픽션이다.

김영현 극본, 이병훈 연출의 〈대장금〉은 2003년 9월 15일부터 2004년 3
월 30일까지 방송되었는데, 지상파 3사 드라마 중 2003년 최고의 평균 시
청률(37.8%)을 기록한 바 있다. 제작비는 80여억 원이 들어간 것으로 알려
졌는데, 광고수입 190여억 원, 인터넷 다시보기 서비스 9억 원, 해외수출
24억 원(2004년 3월 현재), 상표사용권 30억 원 등 막대한 수입을 올린 것으로

---

83) 대중문화의 이론과 현장, 최양묵. pp.89~91.

290

추정된다. 수출 호조에 힘입어 배우 이영애는 한류 스타로 등극하게 되었다. MBC로서는 진정 대박을 터트린 것이다. 이런 바탕을 배경으로 해외에서 벌어진 〈대장금〉의 상황을 살펴보기로 하자.

요리에 특히 호감을 갖고 있는 인구 13억의 중국인들은 〈대장금〉의 매력에 깊이 빠졌다. 2005년 9월 현재 〈대장금〉을 방송한 31개 도시에서 14%의 시청률 1위를 기록하면서 경제, 사회, 문화 등 다방면에서 영향력을 발휘하고 있다. 홍보 차 중국을 방문한 배우들이 큰 환영을 받고, DVD 판매량이 늘고, '장금이 신부복' 이 유행을 타고, 후진타오 국가주석과 우방궈 전인대(전국인민대표회의) 상무위원장도 사석에서 〈대장금〉을 언급할 정도로 찬양일색이다.

일본에서 〈대장금('宮廷女官 장금의 맹세' 라는 제목)〉은 NHK-BS2에서 2004년 10월 7일부터 2005년 10월 27일까지 방영되었다. 그리고 지상파 방송은 2005년 10월부터 54부작의 재방송이 나갔다. 이것은 위성방송에서 인기를 확인하고 지상파 방송에 편성해 성공시킨 〈겨울연가〉의 방영 방식을 그대로 따라간 것이다. 상당한 시청률에도 불구하고 〈겨울연가〉와는 달리 '한국 음식' 이 강조되어 한국 전통음식축제, 한국 궁중음식강좌, 한국 궁중의상 패션쇼 등 이벤트로도 확산되었다. 〈겨울연가〉가 일본의 여성 시청자들의 큰 호응을 받았다면, 〈대장금〉은 남성 시청자들의 시청 비중이 높았다고 한다.

2005년 4월 홍콩 TVB에서 〈대장금〉의 방송이 나가자 시청자들의 많은 사랑을 받았다. 사극(史劇) 장르에다 음식과 의술, 성공담을 버무린 〈대장금)은 홍콩 방송사상 유례가 없는 47%의 시청률을 기록했다. 이는 홍콩 시민 690만 명 중 320만 명이 시청한 것이고, 2003년 스페인과 홍콩의 축구경기 시청률을 능가한 것이다.

2007년 4월 중국 언론들은 "홍콩의 교육계가 〈대장금〉 드라마 내용 중 '장금정신(長今精神)'을 뽑아 교재로 만들어 홍콩 전체 1,500개 초등학교에 보급할 예정"이라고 보도했다. 하나의 드라마 시리즈가 일으킨 '드라마'라고 표현하기에는 실로 대단한 영향력이 아닐 수 없다. 이런 배경에는 한류 영화와 TV 드라마가 있었다. 홍콩인들은 영화 〈8월의 크리스마스〉 〈엽기적인 그녀〉 〈너는 내 운명〉, TV 드라마 〈가을동화〉 등을 통해서 이미 한류에 익숙해진 점도 유리하게 작용했다.

이란에서 〈대장금〉은 국영방송인 IRIB 채널2에서 2006년 10월 27일부터 2007년 11월 9일까지 1년간 금요일 저녁 8시 프라임타임에 방영되었다. 이란 국영방송이 집계한 최고 시청률은 86%(수도 테헤란에서는 90% 이상)를 기록했다. 지리적으로도 한국에서 멀리 떨어져 있고, 이슬람 국가의 문화적인 차이에도 불구하고 폭발적인 인기를 얻은 것은 '콘텐츠 마술'의 효과로 평가해야 할 것이다. 그곳 사람들은 '장금이'를 '양금'으로 불렀고, 이런 영향으로 전자제품, 자동차 등 한국 상품의 판매 호조가 유지되었다.

우리 텔레비전 드라마 중에서 가장 많은 국가에 수출된 드라마는 역시 〈대장금〉이다. 대만, 베트남, 일본, 말레이시아, 홍콩, 중국, 싱가포르, 필리핀, 태국, 인도네시아, 우즈베키스탄, 호주, 유럽 Phoenix(위성), 이집트, 인도, 이란, 아랍/유럽 JSTV(위성), 카자흐스탄, 러시아, UAE, 터키, 헝가리, 탄자니아, 짐바브웨, 아프가니스탄, 케냐, 잠비아, 말라위, 에티오피아, 이스라엘 등에 수출되었고, 2008년 현재 여섯 나라가 방송 준비 중이다. 한 개의 드라마로서는 정말 놀랄 만한 대단한 성과이다. 총 수출액은 2008년 4월 현재 미화로 약 1,250만 달러이다.」

(42) 내 이름은 김삼순(2005)

*극본 김도우 *연출 김윤철 *출연 김선아, 현빈, 정려원, 다니엘 헤니

총 16부작으로 2005년 6월 1일부터 7월 21일까지 방송됐으며, 2005년 최고 시청률인 50.5%를 기록했다. 뚱뚱한 외모라는 컴플렉스를 갖고 있는 30대 노처녀 김삼순의 삶과 사랑을 경쾌한 터치로 그렸다. 주인공 김선아, 현빈, 정려원, 다니엘 헤니는 일약 인기 스타가 되었고, 김선아는 MBC 연기대상에서 대상도 받았다.

(43) 주몽(2006)

*극본 최완규, 정형수 *연출 이주환, 김근홍 *출연 송일국, 한혜진, 오연수, 전광렬, 허준호

모두 81부작이다. 2006년 5월 15일부터 2007년 3월 6일까지 방송되었다. 고조선 멸망 시기부터 고구려 건국 시기까지를 배경으로 동명성왕의 일생과 고구려 건국 과정을 그렸다. 평균 시청률은 45.5%.

(44) 하얀거탑(2007)

*극본 이기원 *연출 안판석 *출연 김명민, 이선균, 이정길, 변희봉, 김창완

총 20부작으로 2007년 1월 6일부터 3월 11일까지 방송되었다. 대학병원을 배경으로 한 천재 의사의 야망을 향한 끝없는 질주와 종말을 그린 이 작품은 의학계의 이면을 현미경처럼 보여줌과 동시에 다양한 인간군상의 모습을 제시해 시청자에게 '인간이란 무엇인가?' 에 대한 질문을 던지고 있다.

일본 후지 TV는 의학계의 이면과 인간 생명의 존엄을 그린 작가 야마자키 토요코(山崎豊子)의 대표작 〈하얀거탑(白い巨塔)〉을 25년 만에 연속극으로 리메이크해 2003년 10월 9일부터 2004년 3월 18일까지 이미 방송한 바 있다. 극본 이기원의 〈하얀거탑〉은 주말드라마였는데, 2007년 평균 시청률이 30%에 달했던 KBS 사극 〈대조영〉과 붙어 초기에 다소 고전했지만 선전을 거듭해 회복되었다.

(45) 커피프린스 1호점(2007)

*극본 이정아, 장현주 *연출 이윤정 *출연 공유, 윤은혜, 이선균, 채정안

〈커피프린스 1호점〉은 2007년 7월 2일부터 8월 27일까지 방영되었다. 원작은 '눈과 마음' 이 2006년 출간한 이선미의 로맨스 소설 〈커피프린스 1호점〉. 연출자 이윤정은 MBC 최초의 여성 드라마 연출자이다. 2007년 MBC 연기대상 시상식에서 TV 부문 여자 최우수상(윤은혜), 남자 우수상(공유), 황금연기상(이선균), PD상(김창완)을 수상했다. 또 2008년 제44회 백상예술대상에서 여주인공 역의 윤은혜가 TV 부문 최우수연기상을, 연출자 이윤정은 신인 연출상을 수상했다. 서울 지하철 2호선 홍대입구역 근처

에 있던 세트장은 현재 제목과 같은 상호로 영업 중이라고 한다.

(46) 이산(2007)

*극본 김이영, 에이스토리 *연출 이병훈, 김근홍 *출연 이순재, 조경환, 견미리, 신충식, 한인수 등

총 77부작으로 2007년 9월 17일부터 2008년 6월 16일까지 방영되었다. 조선조 제22대 임금 정조 이산의 삶을 그렸다. 500년 조선왕조사에서 가장 파란만장하고 굴곡진 인생을 살았으나, 가장 열린 생각을 갖고 가장 민주적인 방법으로 모두를 포용했던 현군. 그 극적인 인생의 기다림과 좌절과 성공, 안타까운 사랑을 엮고 있다.

※아래의 드라마들은 비교적 최근작들이기 때문에 상세 설명을 줄이고자 한다.

(47) 에덴의 동쪽(2008)

*극본 나연숙 *연출 김진만, 최병길 *출연 송승헌, 연정훈, 유동근, 한지혜, 이연희

(48) 베토벤 바이러스(2008)

*극본 홍진아, 홍자람 *연출 이재규 *출연 김명민, 장근석, 이지아, 이순재, 송옥숙

(49) 선덕여왕(2009)

*극본 김영현, 박상연 *연출 박홍균, 김근홍 *출연 고현정, 이요원, 엄태웅, 김남길, 유승호, 정성모

(50) 계백(2011)

*극본 정형수, 마창준, 정해리 *연출 김근홍, 이성준, 정대

(51) 거침없이 하이킥(2006, 시트콤)

*극본 송재정, 이영철, 이소 *연출 김병욱, 김창동, 김영 *출연 이순재, 나문희, 홍순창, 박해미, 정준하

(52) 지붕 뚫고 하이킥(2009)

*극본 이영철, 이소정, 조성희 *연출 김병욱, 김영기, 조찬주 *출연 이순재, 김자옥, 정보석, 오현경, 황정음

MBC 드라마들은 소재도 다양하면서 변화무쌍 그 자체였다. 불륜, 역사극, 수사극(수사반장, 다모), 정통 멜로, 농촌 드라마, 정치 드라마, 단막극, 미니 시리즈, 전쟁(여명의 눈동자, 로드 넘버 원), 트렌디 드라마, 항공 드라마, 스포츠(농구, 아이스하키), 의학·병원(종합병원, 의가형제, 허준, 하얀거탑), 장사 이야기(상도), 페미니즘, 음식(대장금), 인터넷 소설(옥탑방 고양이), 일본 수입 드라마(하얀거탑), 권선징악(에덴의 동쪽), 음악(베토벤 바이러스), 코믹(거침없이 하이킥, 지붕 뚫고 하이킥, 짧은 다리의 역습) 등 다양한 형식으로 시대에 맞게 적응하여 시청자들에게 값진 이야기들을 공급했다.

예전 드라마는 찡하게 울림을 주거나 목이 메었고, 젊은이들의 사랑을 다룬 드렌디 드라마는 아기자기한 스토리와 능수버들처럼 야들야들한 연기로 시청자를 사로잡았다. 이런 이유로 MBC 드라마는 늘 '강하다' 는 평가를 받아온 것이다.

「시청률 조사회사인 'AGB 닐슨 미디어리서치' 가 1992년부터 2003년 10월까지 12년간 방영된 한국의 TV 드라마 가운데 최고의 평균 시청률을 올

린 드라마 순위를 2003년 10월 22일에 발표한 바 있다. 다소 오래된 자료를 소개하는 이유는 당시 각 드라마의 시청률이 대단히 높았고, 특히 MBC가 발군의 경지에 있음을 주목했기 때문이다. 자료를 살펴보기로 한다. [84]

▷ 최고 시청률 히트 드라마(1992~2003. 10)

순위	제목	제작사	방영시기	시청률
1	사랑이 뭐길래	MBC	1992	59.5
2	아들과 딸	MBC	1992~1993	49.1
3	허준	MBC	1999~2000	48.9
4	첫사랑	KBS	1996~1997	47.1
5	모래시계	SBS	1995	45.4
6	보고 또 보고	MBC	1998~1999	45.0
7	여명의 눈동자	MBC	1992	44.4
8	질투	MBC	1992	43.1
9	그대 그리고 나	MBC	1997~1998	42.5
10	진실	MBC	2000	42.1
11	사랑할 때까지	KBS	1996~1997	40.2
12	별은 내 가슴에	MBC	1997	40.0
13	정 때문에	KBS	1997~1998	38.9
14	토마토	SBS	1999	38.6
15	M	MBC	1994	38.6
16	태조 왕건	KBS	2000	38.3
17	엄마의 바다	MBC	1993	37.9
18	목욕탕 집 남자	KBS	1995~1996	37.7
19	올인	SBS	2003	37.6
20	바람은 불어도	KBS	1995~1996	37.4

이 순위표에서 2000년대 이전에는 MBC가 최대의 드라마 강국이었음

84) 대중문화의 이론과 현장, 최양묵, W미디어, 2011. pp.69~71.

을 알 수 있다. 20위 중에서 10위까지에 8개 드라마가 포함되는 등 모두 11개가 들어 있기 때문이다. 평균 시청률의 경우는 〈사랑이 뭐길래〉가 59.5%로 최고였고, 지금까지도 이 기록은 깨지지 않고 있다. 현재와는 매우 다른 양상이다. 이런 원인이 여러 가지 있겠지만 AGB 닐슨 미디어리서치의 조사에 따르면, 2002년 10월 지상파 방송사의 시청 점유율은 71.7%, 케이블 방송사는 27.2%였던 것이 2007년 10월에는 지상파 56.5%, 케이블 방송 43.5%로 격차가 현저하게 좁혀지는 등 방송환경 변화가 중요 요인으로 작용한 것으로 분석되고 있다. 현재는 지상파와 케이블 간의 수입구조와 시청률이 역전되었다는 일부 분석도 나오고 있는 상황이다.」

4. 기타 부문의 내역

(53) 웃으면 복이 와요(1969)

우리가 살아온 1960년대 이후 경제적인 어려움, 정치적인 고단함 등으로 우리 국민은 모두 어깨를 펴고 활짝 웃으면서 살기가 어려웠다. 이 때 우리 얼굴에 웃음을 준 프로가 〈웃으면 복이 와요〉였고, 이것을 만들어 낸 주인공은 바로 MBC였다.

MBC-TV 개국 직후인 1969년 8월 14일 첫 방송을 냈다. 극본 백승찬, 오신근. 연출 김경태 씨로, 이 프로는 '코미디 쇼' 프로의 효시가 되었다. 1985년 4월 17일까지 방송이 계속되었고, 그 후 일시 중단되었다가 1992

년부터 1994년까지 방송된 바 있다. 그리고 2005년 3월 17일부터 〈코미디 쇼! 웃으면 복이 와요〉라는 명칭으로 부활하여 같은 해 10월 20일 최종회를 끝으로 프로그램 개편에 의해 폐지되었다.

1970년대와 1980년대, 그리고 1992~1994년 출연자는 다음과 같다. 구봉서, 권귀옥, 서영춘, 남철, 남성남, 이주일, 배연정, 양훈, 한무, 백남봉, 남보원, 양석천, 배삼룡, 정애자, 김영하, 이대성, 신소걸, 김명덕, 이영자, 이기철, 이규혁, 나도국, 전정희, 배일집, 김성은 등이다. 나이든 독자들은 이 이름들을 모두 기억하고 있을 것이다. 정말 대단한 코미디 사단(師團) 병력이었고, 이들이 MBC를 통해 세상을 웃음으로 빛냈다.

이 프로그램 중 옛날 손이 귀한 집에서 아들을 보자 오래 살라고 '김수한무거북이와두루미삼천갑자동방삭…' 이라는 긴 이름을 지어 주었다는 내용이 있었는데 그때 얼마나 우스웠던지 배를 잡고 구른 기억이 있다. 그런데 SBS 드라마 〈시크릿 가든〉에서 김주원(현빈)이 '김수한무거북이와두루미삼천갑자동방삭치치카포사리사리센타워리워리세부리깡무두세라구주미허리케인에담벼락서생원에고양이고양이는바둑이바둑이는돌돌이…' 식으로 패러디 환생하기도 했다. 〈웃으면 복이 와요〉는 MBC 역사의 한 페이지이다.

강력한 MBC의 코미디 전통은 많은 코미디언 또는 개그맨을 육성했다. 소극인(笑劇人)의 산실이라고 말해도 부족함이 없다. 그 면면을 보자.

특기: 주병진, 이홍렬
1기(1981): 최양락, 이경규, 최병서, 엄용수, 김정렬

2기(1988): 이원승, 황기순, 박미선, 이경실 등

3기(1991): 나경훈, 서승만, 최성훈, 이영자

1992 특기: 이휘재, 김한석

4기(1993): 박명수, 서경석, 이윤석, 김학도, 서춘화, 표영호

1993 특기: 강호동, 홍기훈 등.

현재 예능 프로에서 주축을 이루는 스타들이 모두 MBC가 길러낸 인재들이다. 하지만 1990년대 이후에는 특출한 재능을 가진 사람들이 나오지 못하고 있는 것이 아쉽다.

(54) 유쾌한 청백전(1969)

이 프로는 MBC-TV 개국 3개월 후인 1969년 11월 20일 처음 방송이 나갔고, 변웅전 아나운서의 재치 있는 진행과 함께 게임과 운동 대결을 벌이는 내용으로, 사회 저명인사들과 이야기도 나누었다. 1천여 가지의 게임을 개발해 연예인들의 대결을 보여주었고, 이기동, 심철호, 이순주, 임희춘 등 신인 코미디언 배출의 등용문 역할도 수행했다. 후에는 〈명랑운동회〉로 이어진 MBC 최초의 예능 프로이다.

(55) 부부만세(1970)

*극본 백승찬 *연출 김경태 *출연 구봉서, 배삼룡, 최경자, 유하나, 이기동, 박시명 등

1970년 9월 7일부터 나간 10분짜리 일일연속 코미디 프로이다. 이 프로도 최초라고 할 수 있다.

(56) 앵커맨 최초로 도입(1970)

MBC는 한국 텔레비전 방송사(史)에서 '최초' 라는 단어로 수식되는 내용이 허다하다. 1970년 추동계 프로그램 개편과 함께 10월 5일부터 뉴스 전문 프로인 〈뉴스 데스크〉를 신설하고 한국 방송 사상 최초로 앵커맨 시스템을 도입하였다. 앵커는 박근숙, 김기주 씨였다. 여기서 잠시 앵커 시스템의 역사를 더듬어본다.

「앵커는 원래 배의 '닻' 을 뜻하는 말이다.[85] 앵커맨은 갖가지 뉴스 소재에 대한 기자들의 심층취재, 현장 리포팅을 매끄럽게 끌어들이고, 인터뷰나 해설 및 자신의 논평도 곁들이는가 하면, 때로는 자신이 현장에 직접 뛰어듦으로써 보도에 다양성과 깊이, 신뢰를 주는 역할을 담당한다. 앵커맨은 단순한 진행자의 차원을 뛰어넘어 해설자, 비평가, 인터뷰어에다 리포터까지 겸하게 된다. 이런 역할을 제대로 해내기 위해서는 뉴스의 기획에서부터 취재, 편집, 아이템 배열, 송출에 이르기까지 모든 뉴스 제작과정에 참여할 수 있어야 하고, 그에 따른 권한이 주어져야 한다.

미켈슨(Sig Mickelson)과 월터 크롱카이트(Walt Clonkite)는 1951년 미국 CBS에서 보도국을 라디오와 TV 뉴스국으로 각기 독립시키고, 미국 전역에 TV 뉴스 동시 방송이 가능한 케이블 공사를 완료했다. CBS 보도국장 미켈슨은 1952년 여름, 대통령선거를 위한 전당대회를 앞에 놓고 TV 뉴스 역사에 길이 남을 용단을 내렸다.

첫째, 뉴스 진행의 전담자로서 '앵커맨' 이란 신조어를 만들어 냈고, 둘

---

85) 대중문화의 이론과 현장, 최양묵. pp.345~346.

째, 1952년 전당대회의 앵커맨으로 풋내기 월터 크롱카이트를 과감히 발탁했다. 미켈슨은 전당대회를 전국에 생중계하자면 뉴스 현장의 조직과 취재를 지휘할 중심인물이 한가운데 장시간 버티고 있어야 한다고 생각했고, 그 역할을 담당할 뉴스 캐스터를 가리켜 배의 동요를 잡아매는 닻(anchor)을 비유하여 앵커맨이라 작명하였다. 물론 이 전략은 적중하여 TV 뉴스의 새로운 장을 열게 됐고, 앵커맨의 탄생을 가져왔다.

미국 CBS에 비하면 18년이 지난 뒤 시행되었지만 1970년 MBC 〈뉴스데스크〉를 시작으로 각 방송사가 앵커 제도를 도입하게 되었다.

앵커맨이 갖추어야 할 자질에 대해 1978년 헌터와 그로스의 조사에 따르면 ①용모 ②신뢰성 ③화술 ④뉴스에 대한 이해 ⑤매력 ⑥위트 ⑦임기응변 ⑧말쑥한 인상 ⑨젊음 ⑩퍼스낼리티(personality) ⑪똑똑한 발음 ⑫겸손 등이다. 이상 12가지는 뒤로 갈수록 중요성이 크고 마지막의 '겸손' 이 앵커맨 최대의 덕목이다. 그리고 천박하게 보이지 않아야 좋다.」

(57) 장학퀴즈(1973)

〈장학퀴즈〉는 1973년 2월 18일 고등학생을 대상으로 하는 퀴즈 프로그램으로 시작했다. 그 역사도 길다. 「경쾌한 리듬의 하이든 트럼펫 협주곡은 1970년대 MBC 〈장학퀴즈〉 시그널 음악으로 명성을 날렸다.[86] 당시 전국적인 열풍을 불러일으켰던 장학퀴즈는 한 시대를 풍미했던 문화 아이콘이었다. "전국 고등학생들의 건전한 지혜의 대결, 장학퀴즈." 차인

---

86) My Tistory, 경영 이야기/ 코즈(공익) 마케팅. 2011년 12월 6일.

태 아나운서의 오프닝 멘트와 함께 전국은 TV 삼매경 속으로 빠져들었다. 1974년 7월, 선경 회장 최종현은 프로그램의 순수성을 위해 방송 앞뒤에 붙는 제품광고를 없애고 공익광고를 제작해 방송하도록 조치했다. 당시로서는 처음 시도된 공익광고였다. 최종현 회장은 선경그룹(현 SK) 임원들과 장학퀴즈 제작진과 식사를 함께 하며 처음이자 마지막으로 "그동안 장학퀴즈에 투자한 돈이 모두 얼마냐" 고 물었다. 임원들은 "150~160억 원 가량 된다" 고 답했다. 이에 최종현은 "그럼 선경이 장학퀴즈로 번 돈이 얼마쯤 되느냐" 고 물었다. 임원들이 우물쭈물하자 최종현은 "7조 원쯤 된다" 는 답을 내놓았다. 기업 홍보 효과가 1~2조 원쯤 되고, 나머지는 우수한 학생들을 선발해서 교육시킨 효과라는 설명이었다.」

〈장학퀴즈〉는 1996년 10월 20일까지 방송을 냈고, 그 후 MBC에서 교육방송인 EBS로 무대를 옮겨 1997년 1월부터 지금까지 계속 방송이 되고 있다. KBS-1TV의 〈도전 골든벨〉도 장학퀴즈 유형이다.

그동안 출연자 수는 1만 명을 넘어섰고 의사, 법조인, 언론인, 교육자 등 사회지도층 인사들을 수도 없이 배출했다. 1975년 출전했던 송승환은 세계적인 문화 수출상품 '난타' 의 공연기획자가 됐고, 같은 해 출전한 이규형은 영화감독으로 이름을 날렸다. 1976년 주 차석을 차지한 후 "체육학과에 진학해 권투선수가 되고 싶다" 는 포부를 밝혔던 김두관은 2003년 행자부 장관에 임명됐다. 1986년 출전했던 한수진은 SBS의 뉴스 앵커가 됐다. 지금 생각하면 별로 중요하게 느껴지지 않지만 그때로서는 대단한 것으로, MBC는 참 잘한 일이 많다.

(58) 토요일 토요일 밤에 (1970년대)

이 쇼 프로그램은 1969년 8월 16일 〈OB 그랜드 쇼〉로 시작해서 1974년 2월 16일에 214회로 방송을 끝냈고, 1974년 2월 23일 토요일에 〈토요일 토요일 밤에〉로 이름을 바꾼 MBC 대표적인 쇼 프로이다. 1978년 1월에 400회 기념 특집방송을 내보냈다.[87] 「8년 4개월 동안 5,162명의 가수가 출연해 6,139곡의 노래를 불렀다. 소위 뽕짝(트로트)보다는 팝, 록 등 젊은 이 취향에 맞추어 제작돼 인기를 독차지했다. 특히 1973년 10월 부상으로 한때 가요활동을 중단했던 가수 김추자(金秋子)의 재기 리사이틀이 이 프로를 통해 방송될 때, 전국 모든 다방에서 권투 중계처럼 시청 안내문을 써 붙일 정도였다고 한다.」

(59) 카메라 출동(1978)

〈카메라 출동〉은 1978년 이전에도 독립 프로그램으로 존재했으나 1978년 3월 19일부터 〈뉴스 데스크〉 코너로 삽입되어 사회 부조리 등을 화면을 통해 고발해 해결하는 '고발 뉴스'의 효시가 되었다. 제보가 폭주했고, 해결 성과도 컸다.

(60) 뽀뽀뽀(1981)

〈뽀뽀뽀〉는 이제 30세 정도 되는 어른들이 유아 때 TV에 코를 박고 보았던 정말 유서 깊은 프로그램이다. 1981년 5월 25일 육아교육 프로그램

---

87) 경향신문, 1978년 1월 25일.

으로 첫 방송을 냈다. 진행자 뽀미언니 왕영은은 주부와 아이들에게 최고 인기스타였다. 주제가도 요즘 표현으로 '샤방샤방' 했다. 이 단어의 의미는 눈부심이라는 뜻에서 온 것인데 '정말 눈에 띄게 이쁘고, 화려해서 반짝반짝 한다' 는 의태어를 샤방샤방으로 쓴다. 뽀뽀뽀 노래가 바로 그랬다.

> 아빠가 출근할 때 뽀뽀뽀
> 엄마가 안아줘도 뽀뽀뽀
> 만나면 반갑다고 뽀뽀뽀
> 헤어질 때 또 만나요 뽀뽀뽀
> 우리는 귀염둥이 뽀뽀뽀 친구
> 뽀뽀뽀 뽀뽀뽀 뽀뽀뽀 친구

꽃보다 예쁜 아기들이 귀엽게 부를 만한 노래이다. 〈뽀뽀뽀〉 주제가는 초대 프로듀서 이재휘 씨가 직접 작사·작곡한 것으로, 그는 음대를 나온 피아니스트였다.

「MBC 어린이 프로그램 〈뽀뽀뽀〉가 오는 25일 방송 30년을 맞는다.[88] 16일 MBC에 따르면 〈뽀뽀뽀〉는 1981년 5월 25일 방송을 시작해 2007년 4월 〈뽀뽀뽀 아이조아〉로 프로그램 명을 바꾸고 국내 최장수 어린이 프로그램의 명맥을 이어왔다. 현재까지 방송 횟수는 7,400여 회에 달하며 전체 방송시간은 4,000시간을 넘는다. 지금까지 이 프로그램을 거쳐 간 PD의 숫자만 100여 명, 작가는 200여 명에 달한다.」

〈뽀뽀뽀〉는 취학 전 어린이를 대상으로 동요, 체조, 그림그리기, 율동 등을 쉬우면서도 흥미롭게 익힐 수 있도록 꾸며진 최초의 프로그램이었다는 점에서 방송사적 의미를 지닌다. 1993년 저조한 시청률로 주 1회 50분으로 축소됐으나 시청자 단체들의 '뽀뽀뽀 살리기 운동' 에 힘입어 원상 복귀되기도 했다. 2006년 기존 노래와 율동 중심에서 벗어나 놀이와 체험을 통한 교육적 오락 프로그램으로 탈바꿈해 지금까지 이어오고 있다. 진행자 '뽀미언니' 는 프로그램의 트레이드마크로, 현재까지 모두 23명의 '뽀미언니' 가 〈뽀뽀뽀〉 MC를 했다. 보조 출연자로 등장했던 이용식, 김병조는 1980년대를 풍미했던 코미디언으로 성장했고, 김국진, 서경석, 이윤석 등 인기 개그맨들도 〈뽀뽀뽀〉를 거쳐 갔다.

(61) MBC 마당놀이(1981)

마당놀이의 사전적 의미는 마당에서 하는 모든 민속놀이, 특히 절기나 계절에 따라 하는 여러 사람들이 겨루는 놀이를 말한다. 그 뜻은 매우 간단하나 MBC 마당놀이는 그런 의미와는 다소 차이가 있다. 「그러면 마당놀이란 무엇인가? [89) 오페라인가? 아니다. 그러면 뮤지컬인가? 그것도 아니다. 아니면 코미디인가? 그렇지 않다. 이도 저도 아니면 〈불효자는 웁니다〉와 같은 악극인가? 그것 또한 아니다. 이렇게 모두 다 아니지만 마당놀이는 오페라와도 비슷한 데가 있고, 뮤지컬과도 유사한 부분이 있으며, 코미디 같은 요소도 갖고 있고, 악극 같은 노래도 포함되며, 가면극의 분

---

88) 연합뉴스, 2011년 5월 16일.

위기도 가미된다.

그래서 굳이 MBC 마당놀이의 정의를 내린다면 공연예술의 여러 가지 형태와 메커니즘이 혼합된 종합예술무대라고 해야 할 것이다. 사람들은 고전 해학극이라고 부르는데, 내러티브(이야기 구조)는 우리의 고전(古典)에서 자주 빌려오고 있고, 장르는 해학, 즉 코미디 스타일을 사용한다. 이 '극'은 넓은 의미의 '쇼' 에 해당하는데 쇼에는 당연히 노래와 춤이 빠질 수 없으니 '종합' 이라는 단어를 사용해도 무방하리라.

이러한 공연물은 우리나라 어디에서도 시도된 바가 없었다. MBC의 강력했던 독창성과 기획에 의해 아주 오래 전에 고안된 성공한 브랜드이다. 이것이 끝없이 흘러가는 강물처럼 긴 세월을 지나 오늘에 이른 것이다. 마당놀이의 중요한 특징 중의 하나는 '겨울 드라마' 라 할 수 있다. 낙엽이 뒹굴고 바람이 차가운 11월과 12월에 전국 여러 지방과 서울에서 일년에 단 한 차례만 만날 수 있는 '계절 공연' 이다.

1980년 5월 드라마센터에서 있었던 안종관 작, 희곡 〈토선생전〉이 MBC 마당놀이 태동의 씨앗이 되었다고 한다(김지일의 글). 마당놀이는 문화방송 창사 기념일을 전후하여 매년 공연한 바 있다. 다만 첫 번째 공연은 '마당기획' 에 의해 이루어졌으나 2차 연도부터는 MBC 독자 사업으로 진행되어 왔다. 1981년 12월 18일 〈허생전〉을 시작으로 2000년까지 모두 20편이 제작 공연되었다. 공연이 녹화되어 MBC 프로그램으로도 나갔다. 극단은 미추, 연출은 손진책, 극본 김지일, 음악 박범훈, 안무 국수호, 출연

89) MBC 마당놀이 20년사, 중 최양묵의 글 마당놀이와 송년회. p.149.

윤문식, 김종엽, 김성녀 등이 주축이었다. 마당놀이가 히트하자 KBS와 SBS도 따로 살림을 차려 마당놀이는 여러 갈래로 진화되었다. 그러나 마당놀이의 씨앗은 MBC이다.」

(62) 우정의 무대(1989)

한국에는 군인도 많고, 제대군인은 더 많으며, 군인가족도 세기가 어렵다. 이 프로는 군인을 위문하는 목적 프로그램이다. 1989년 4월 22일부터 1997년 3월 2일까지 방송되었다. 진행자 이상룡은 과거 군복무 경험을 살려 군인들과의 대화에서 특히 빛났다. 아주 인기가 높았다. 후에 김병조가 MC를 이어 받았다. 군대 이야기는 한번 시작하면 끝이 없고, 축구시합 스토리는 각색이 더해져 흥미를 끈다. 훈련이 강한 해병 복무담도 늘 재미있다. 군인을 위문함과 함께 복무를 마친 어른들에게도 시청흡인력이 강한 프로였다.

(63) 그때를 아십니까(1986)

「〈그때를 아십니까〉는 회고 취미의 프로가 아니다.90) 망각에 빠지고 있는 우리의 어려웠던 시절의 이야기다. 그 괴로움 속에서 발버둥치며 인내하고 순응하면서 끈질기게 삶을 이어왔던 한 시대에 대한 검증이다. 특히 이 프로는 재현의 기법과 기술이 우수했다. 여기저기에서, 어디서인지 모를 곳에서 많은 생활용품과 도구들을 추적해 촬영해왔고, 사람들

---

90) 한국다큐멘터리 비평, 최양묵. 나남. 2004. pp.167~168.

의 증언도 빠트리지 않았다. 때로는 흑백화면으로, 다른 때는 모노크롬(monochrome: 단색)으로 '과거로의 여행'을 준비한 것이다. 재현은 미학상 개념으로 '현실 대상과 닮은 상(像)을 만들어 내는 것, 즉 모방과 유사한 개념'이다. 그러나 현실 대상은 거의 사라지고 찾기가 어려웠다. 없어진 원본(原本)을 확보해야 했고, 그것을 TV 화면에 옮겨 놓지 않으면 안 되었다. 다큐멘터리가 시도한 색다른 실험이었다. 전체적인 층위에서 보면 대단한 성공이었다.

이 프로그램은 1986년 9월 17일부터 1987년 4월 29일까지(방송시간 20분), 그리고 1993년 10월 24일부터 1994년 1월 16일까지(30분) 방송된 소형 다큐멘터리이다. '축구공의 이력서', '배 꺼질라 뛰지 마라', '전기 단다 일찍 자라' 등 우리가 못 살던 시절의 실상(實相)을 당시 필름을 통해 보여주고, 달라진 오늘날과 비교해 보여주는 프로그램이었다. 모두 60편이 나갔고, 제2편이 방송된 것이 10편이기 때문에 총 70편이 나갔다. 어른들에게는 이미 망각한 고통스러웠던 장면의 회고로, 젊은 시청자에게는 '정말 그랬을까?' 하는 의문을 던져주어 놀람과 충격을 주었던 프로로 유명했다.」

(64) MBC 청룡 프로야구팀(1982)

「'MBC 청룡'은 대한민국 서울특별시를 연고지로 한 프로 야구팀이었다.[91] 한국야구위원회 소속으로, 동대문야구장을 홈구장으로 사용했다. 역대 프로 야구팀 중 유일하게 구단 명칭을 영어식 이름이 아닌 한자식

---

91) 위키 백과.

이름으로 사용했다. 1982년 1월 26일에 창단되었고, 1982년 3월 27일 동대문야구장에서 삼성 라이온즈를 상대로 프로야구 첫 경기를 치렀다. 이날 경기에서 연장 10회 말 삼성의 투수 이선희를 상대로 이종도가 끝내기 만루 홈런을 터뜨리면서 11대 7로 극적인 승리를 거둬 한국 프로야구 사상 최초의 승리 팀으로 기록되었다.

1983년 후기 리그에서 우승을 차지하면서 한국 시리즈에 진출했으나 해태 타이거즈에게 1무 4패로 무릎을 꿇으면서 준우승을 차지했다. 하지만 이 해의 기록 이외에는 단 한 번도 포스트시즌에 진출한 적이 없다.

1989년 12월 14일 MBC 문화방송 노-사간 합의에 의하여 MBC 청룡을 매각하기로 의결했고, 1990년 1월 18일 럭키금성(현 LG) 그룹이 130억 원에 인수하여 3월 15일부터 LG 트윈스로 개명하면서 역사를 이어가고 있다.」

「프로야구가 힘찬 항해를 시작한 지 30년째이다.[92] 마침내 꿈의 기록, 한 시즌 600만 관중 돌파가 현실로 다가왔다. 어제까지 누적 관중 599만 6천여 명, 내일 경기를 치르면 600만을 돌파하게 된다. 한 시즌 600만 관중은 한국 스포츠 사상 최초이다. 프로야구의 식을 줄 모르는 인기는 박진감 넘치는 경기와 치열한 순위 싸움 덕이다.」

이런 뉴스를 보면서 지금부터 22년 전, 창단 8년 만에 왜 청룡을 양도했을까? 하는 매우 아쉬운 생각을 하게 된다.

프로야구는 현재 한국 최고의 프로 스포츠이다. 현재 8개 구단이 운영

---

92) MBC 뉴스, 2011년 9월 12일.

되고 있고, 2011년 2월 'NC 다이노스(NC Dinos)' 가 KBO에 의해 승인되었다. 따라서 2013년에는 9개 구단으로 경기가 열린다. 창단 비용은 150억 원 이상 200억 원까지도 추산되고 있다. 또한 제10구단 얘기도 나오고 있는데 전라북도, 수원, 부산 해운대, 용인, 성남이 후보지역으로 거론되고 있다. 경기장에는 여성 관중이 구름처럼 몰려들고 이채롭다.

MBC가 최초 단계에서 만든 야구단이 계속 운영되지 못하고 최후를 맞은 것은 결과론이지만 매우 안타까운 사안이다. 지금 만들려면 얼마나 절차도 까다롭고 힘들겠는가? 그리고 구름 같은 여성 관중은 모두 MBC 드라마와 프로를 응원하는 우군(友軍)이 될 수 있지 않을까 생각한다. 방송도 꿈을 먹고 살고, 프로야구도 판타지를 주식(主食)으로 하는데, 매우 중요한 동맹군을 하나 잃어버린 셈이다.

일본의 요미우리 신문은 1934년 일본 최초의 프로야구단인 현재의 요미우리 자이언츠를 창설해 대단한 인기를 끌면서 발행부수도 신장되었고 신문 이미지 고양에도 크게 도움이 되었다. MBC를 주인 없는 회사라고도 하고 'MBC 청룡' 을 애물단지라는 이야기도 있었다. 그러나 일본 요미우리 자이언츠를 벤치마킹해 강력히 보유를 밀어붙였으면 좋았겠다는 생각을 해본다. 특히 중계방송 시스템도 있었는데 이 점을 백안시한 것은 이해하기 어렵다.

잠실야구장 건너편에는 아시아선수촌 아파트가 있고, 그 북쪽 맞은편으로 신천동이 있다. 프로야구가 잠실경기장에서 열리기 전에 신천동은 낙후된 그냥의 주택가였다. 해태 경기 등 불꽃 튀는 경기에 목이 터져라

응원을 펼친 팬들이 경기가 끝나면 허전하고 목이 말라 소주나 맥주를 찾게 되었는데, 그런 수요 때문에 신천동에 술집과 음식점이 하나둘 생기기 시작해 오늘의 신천 타운으로 확장된 것이다. 프로야구의 힘은 대단하다.

제7장
교양 프로 부문

1. 자연 다큐멘터리(1984)

　　교양제작국이라는 곳은 생활정보와 사회교양, 더 나아가 다큐멘터리를 만드는 부서이다. 교양국의 다큐멘터리는 1986년 서울 아시안게임을 전후로 활발하게 제작되었다. 「그러나 더 거슬러 올라가면 일본 NHK의 〈실크로드〉의 영향도 있을 것으로 추측된다. 이 명품 다큐멘터리를 KBS가 NHK로부터 수입해 1984년 5월부터 12월까지 방송한 바 있다.93) 이 프로그램은 일반 시청자들에게도 매우 큰 반향을 일으켰지만, 특히 다큐멘터리 제작자들이 커다란 감동과 충격을 받았다. 왜냐하면 〈실크로드〉는 다큐멘터리 프로그램이 갖추어야 할 온갖 요소들을 30부작이라는 대하(大河) 프로그램을 통해 동양과 서양을 넘나들면서 담아냄과 동시에 유장(悠長)한 대서사시를 완성했기 때문이다. 당시 우리 방송계의 반응은 〈실크로드〉는 국내 프로그램과 비교할 때 전체적인 작품성, 완성도, 소재 추적, 흥미 등 면에서 거의 '파격적' 수준이라는 의견이 지배적이었다.」

　　물론 이 〈실크로드〉는 자연 다큐멘터리는 아니다. 오히려 문명과 문화의 탐사 프로그램에 가깝다. 그러나 이런 대작을 통해 다큐멘터리 PD들이 작품을 대하는 심도(深度)가 깊어졌고, 장르도 다양해졌다. 이와 같은 배경 아래 자연 다큐멘터리도 나오지 않았나 생각할 수 있다. MBC는 자연 다큐멘터리 제작도 한국 방송에서 거의 최초의 시기에 시작했다.

▷1984~1990년

「1980년 방송의 컬러화(1980년 12월 22일) 이후 시청자들의 색채 감각은 월

등히 높아졌고 화려한 총천연색에 알맞은 프로그램의 요구에 따라 자연 다큐멘터리 제작이 시작되었다.94) 이 시기의 자연 다큐멘터리 제작은 연속성을 갖기보다는 일회적이고 이벤트적인 성격이 짙었으며, 한국의 자연을 4계절에 걸쳐 자연도감 식으로 기록하던 시기라 할 수 있겠다. 비록 지금과 같이 특수 촬영 장비나 그래픽 기술이 부족해 정교한 장면이나, 재미있는 이야기 거리는 없어도 그 전까지 우리의 자연을 이렇게 오래 기록했던 적이 없었기 때문에 시청자들로부터 많은 관심을 끌었다.」

- 한국 야생화의 4계

- 한국의 나비(대통령상 수상)

- 삼다도 물 속 4계절

- 한국의 새

- 한국의 물고기

- 지리산의 4계(한국방송대상 수상)

- 해양조류의 낙원 무인도

- 한강의 4계

- 꿀벌의 세계

- 한국의 야생동물

- 휴전선의 4계

- 천적의 세계

- 거미의 신비

93) 텔레비전 다큐멘터리 제작론, 최양묵. 한울아카데미. 2003년. p.32
94) MBC 자연 다큐멘터리 역사.

▷1992~1998년

이 시기는 MBC만이 독점적으로 자연 다큐멘터리를 제작하던 시기가 끝나고, 타 방송국도 자연 다큐멘터리 제작 경쟁에 뛰어들었다. 바야흐로 지상파 방송 4사의 자연 다큐멘터리 프로그램 제작 경쟁시대가 시작되었다고 할 수 있겠다. 이 시기에는 우리나라 자연 다큐멘터리의 소재 선택의 폭이 넓어지고, 그 영역이 크게 확장되었다. 자연 다큐멘터리를 제작하는데 전폭적인 지원을 아끼지 않아 우리나라 자연 다큐멘터리 발달 역사상 태동기에서 발전기로 넘어오는데 역할이 매우 컸다.

- 곤충의 사랑
- 갯벌은 살아있다
- 한국의 버섯
- 어미새의 사랑
- 황새
- 잡초

▷1999년 이후

1999년부터 외부 자연생태 전문 촬영가들과 공동으로 제작하는 이른바 선진국 시스템을 도입하여 연간 5편씩 3년에 걸쳐 양질의 자연 다큐멘터리 15편을 제작 방영하였다. 또한 19개 지방 계열사에서도 독자적으로 자연 다큐멘터리를 제작하게 되어 열악한 제작환경을 극복하고 자연 다큐멘터리 제작에 자신감을 갖게 해주는 계기가 되었다. 이는 전국적으로 자연생태 전문가들이 활동할 수 있는 여건 기반이 조성되어 한국 TV 자연 다큐멘터리 제작에 있어서 도약의 전기가 되었다 할 수 있겠다.

- 양수리의 봄
- 팔색조의 여덟 가지 비밀
- 왕숙천을 아십니까
- 청호반새의 여름사냥
- 야생벌이 산사에 깃든 까닭은
- 겨울철새와의 여행
- 지난겨울 제주도
- 흰꼬리수리의 비행
- 참나무나라 이야기
- 연못 속의 작은 세상
- 개똥벌레의 비밀
- 희귀식물의 보고 울릉도
- DMZ의 산양
- 어미새의 사랑
- 독수리의 긴 여행
- 저어새의 꿈
- 500년의 비밀 광릉숲
- 태초의 땅 캄차카
- 나비
- 오대산 맑은 물엔
- 풀숲의 전쟁
- 갑사
- 생태기행 임진강
- 야생의 초원 세렝게티
- 백두산 야생화
- 바람의 승부사 치타

- 미샤와 마샤 2부작
- 알타이의 제왕 검독수리
- 불새와 물새
- 산골마을의 곤충일기
- 2부작 조선표범
- 2부작 푸른 늑대
- 갯벌의 멋쟁이
- DMZ 그곳엔 고라니가 산다
- 하늘의 사냥꾼 잠자리

위의 리스트 중에는 MBC 보도국에서 제작한 것들이 초기에는 많았다. 최근에 와서는 소위 '눈물 시리즈' 가 여러 편 있다.

- 북극의 눈물, 3부작(2008.12.17~12.28)
- 아마존의 눈물, 5부작(2009.12.18~2010.2.5)
- 아프리카의 눈물, 5부작(2010.12.3~2011.01.25)
- 남극의 눈물, 6부작, (2011.12.23)

'눈물 시리즈' 는 자연과 사람을 다루는 것이 주 대상이지만 여기에 문명사적, 문화사적 요소도 적지 아니 가미된 느낌이다. 이 시리즈들이 가능한 것은 최첨단 특수촬영장비와 기법이 계속 개발된 때문이라 할 수 있다. 위의 프로들을 일별해보니 MBC는 자연 다큐멘터리에 있어 재벌급(級)임이 분명하다.

MBC 자연 다큐멘터리와 관련해 1989년 교양국의 자연 다큐멘터리를 총괄했던 필자의 당시 소견(所見)을 되새겨보고자 한다. 95)

「한 가지 행위에 대한 효과 분석은 접근방법에 따라서 또는 그 평가자가 지닌 철학적 근거나 경험, 예지를 바탕으로 해서 볼 때 매우 상이할 수밖에 없다. 특히 방송이라는 '한 개의 화살' 을 아득한 창공에 쏘아 올렸을 때, 그것이 어떤 방향으로 어떤 속도로 날아가 무엇을 맞추었고, 어떻게 꽂혀 있을까를 측정하기란 진정 어려운 일이다. 대저 '텔레비전 방송이란 무엇인가?' , '다큐멘터리란 무엇인가?' 라고 물었을 때, 다큐 속에서 부대끼며 부서지고 썩어가는 '쟁이' 로서 그 대답은 망설여지지 않을 수 없다. 다소 미흡한 답변이 될 수도 있지만 MBC가 주도해온 '자연 다큐멘터리' 라는 특정 작업에 대한 평가를 시도해보고자 한다.

일컬어 '자연 다큐멘터리' 라는 상표를 달고 프로그램이 TV에 등장한 것은 1984년 3월 27일 방송된 〈한국 야생화의 사계(연출 권재홍, 유기철)〉가 최초라고 해도 무방하다. 물론 그 전에도 자연을 다룬 것이 없었던 것은 아니지만, 엄정하게 따져 그것들을 순수 자연 다큐멘터리라고 하기엔 미흡한 면이 있다. 그 후(1984년 이후) MBC에서만 모두 15편이 방송된 바 있다. 단지 6년이라는 짧은 기간에 15편의 비교적 양산(量産)을 이룩한 결과에 대해 형식, 기술, 화면구성, 연출력, 시청률, 메시지 등의 여섯 가지 관점에서 따져 보고자 한다.

먼저 형식의 면은 드라마 쇼 등 모든 장르를 통해서 'X Large' 급이라 할 수 있고, 90분이라는 장막극 형태로 극대화·통합화 되었다. 우리가 20년 동안 TV 방송을 해오면서 늘 시의성을 살린다는 미명하에 TV 종사

---

95) 문화방송, 1989년 7월호. pp.16~17.

자들은 거의 속도전(速度戰)·단기전에 익숙해 있었다. 이것은 어찌 보면 매우 능숙한 기획과 합리적인 제작인 듯싶지만, 뒤집어 놓고 보면 주먹구구식이라는 단정(斷定)이 맞다. 그 결과도 운수에 승부를 맡기는 폐단이 자주 있어 왔다. 자연 다큐멘터리는 '사계절 촬영' 이라는 장기전을 펼쳤다.

다음 총체적인 측면에서 보았을 때 한마디로 '극대화' 라는 표현이 적합하다. 왜냐하면 그 이전까지 인원, 장비, 제작비 등이 자연 다큐만큼 투입되었던 적이 없다. 단일 촬영 팀으로 평균 250일 정도의 출장, 그 출장 회수도 20회가 넘으니 대단한 작업이 아닐 수 없다.

세 번째, 화면구성은 종전에 시도되지 못한 '날카로운 희귀(稀貴) 화면', '정선(精選) 화면' 의 창출로 나타난다. 즉 10회전 정도 하던 권투시합이 15회로 늘었는데도 수많은 KO성(性) 강타 펀치가 작열·폭발했다는 비유이다.

네 번째, 구성·연출력인데 이 경우 보다 완벽한 '기승전결' 에 도달한 것으로 여겨진다. 이것은 '1년 제작' 이라는 시간적 장점과 함께 춘하추동 4계절을 통한 촬영과 화면구성이 자연스럽게 기승전결을 유도해준 결과이다. 그리고 디렉터 연출의 폭도 인위적으로 만드는 것보다 만들어지는 것을 기술적으로 포착하는 것에서 보다 유리한 득점을 하게 되는 장점도 있다.

다음은 시청률이다. 자연 다큐를 처음 방송할 때 요즘이나 마찬가지이지만 시청률에 대한 기대는 늘 불안하다. 하지만 총 15개 프로그램이 30%를 넘는 평균 시청률을 기록, 유지했다는 것은 대단한 성과가 아닐 수 없다. 따라서 결과적으로 교양 프로도 시청률이 높을 수 있다는 것을 자연 다큐멘터리를 통해 증명한 셈이 되었다. 또 드라마, 쇼, 뉴스 등에 밀려 도저히 범접할 수 없었던 골든타임에 진입하는 편성 패턴을 획득할 수 있었던 것도 무엇보다 큰 성과이다.

최종적으로 따져봐야 할 부분은 '메시지의 측면'이다. MBC 자연 다큐가 우리에게 준 것이 무엇인가? 그것은 인간정신에 있어서의 '순수성 추구'이다. 물론 다른 프로들이라고 해서 철학이 없는 것은 아니지만, 자연 다큐멘터리에는 장중한 자연이 우리에게 주는 외경(畏敬), 또 미세한 동식물이 인간에게 깨우쳐주는 무한한 생명력과 질서, TV 화면이 아니면 도저히 볼 수 없는 그들의 신비한 아름다움들이 담겨져 있다. 사람이 자연 속에 있을 때, 또 자연 근처에 있을 때만큼 순수해지고 지순해지며 겸손해지는 자정작용(自淨作用)을 일으키는 때도 드물다. 결국 자연의 테마가 어떤 것이든 시청자는 자연 다큐로 인해서 '순수성 추구'라는 정서적 메시지를 공급받게 된다.

또한 원론적 효과 이외에 'MBC'라는 측면에서 보면 사회적 순화기능과 순수성 추구라는 대외 이미지의 고양이라는 선물을 받게 된다. 그 동안 드라마와 쇼에 강한, 즉 다분히 상업방송적인 색채가 강하게 일관되었던 MBC 이미지의 쇄신이라는 성과도 가져다주었다. 위에서 본 바와 같이 자연 다큐멘터리는 무기에 비유한다면 대륙간 탄두탄(ICBM)에 해당하는 강력한 미사일이라고 할 수 있다.」

2. 〈인간시대〉(1985.5.9-1993.5.17)

「휴먼 다큐멘터리는 그 주제와 주인공이 사람이다.[96] 수많은 사람들 중에서 하필 왜 이 사람을 보여주는가? 그는 과연 어떻게 살고, 무엇을 하는가? 고난의 역경(逆境)을 어떤 방법으로 극복하며, 어떠한 목표에 도전하고 자기보다 가난한 사람들을 왜 돕고 있는가? 이러한 질문에 대한 대답들이 주제와 소재가 된다.

〈인간시대〉는 대한민국에 살고 있는 그리 많지 않은 '착한 사람들' 의 열전(列傳)이다. 1985년 5월 9일 삼보컴퓨터 사장 이윤기 씨의 '청계천에서 세계로' 를 시작으로 1993년 5월 17일 '김용의 미로 여행' 까지 8년간 335편을 방송했다. 당시 투입된 〈인간시대〉 PD는 40여 명에 이른다. 한국 텔레비전의 다큐멘터리 역사를 통해서 볼 때 한 시대를 풍미(風靡)한 셈이다. 월요일 밤 8시부터 60분간 방송된 이 프로그램은 경쟁사의 코미디 프로와 맞물리면서도 평균 시청률 30%를 웃돌았다. 더욱이 휴먼 다큐가 밤 8시 최고의 프라임타임에 진입한 것도 있기 어려운 성과이다. 정말 대단했던 〈인간시대〉이다.」

3. 우리는 특공대다(1987년경)

1986년이었는지 1987년인지 정확하지 않은데, 장시간의 특집 프로그램을 일주일 내에 만들라는 오더를 받았다. 70~90분 가량의 대형 구성프로

---

96) 앞의 책, p.193.

를 만들어야 하는 것이다. PD 5~6명이 달라붙어도 시간이 매우 부족했다. 기획안과 구성안을 짜고 각 아이템들을 배당받은 PD들과 조연출은 매일 나가서 찍어오고, 밤에는 편집하고, 또 다음날도 반복되는 생활이 조금도 쉴 겨를이 없었다. 이런 하드워크의 결과로 방송이 나가는 날 밤 8시경에 편집이 완료되어 주조정실에 완제품을 인계하게 되었다. 정말 단결과 협동을 바탕으로 한 소수정예가 이루어낸 노력의 산물이었다. 그렇게 밤을 밝히며 일하고 나니 모두들 너무 허탈한 기분에 빠지지 않을 수 없었다.

우리는 누가 제안한 것도 아닌데 차 2대에 나눠 타고 불광동의 '민 마담집' 으로 달렸다. 또 일부는 택시로 우리 뒤를 따라왔다. 민 마담집은 정동 사옥 시절부터 특히 TV 사람들이 매우 자주 가던 주점이었다. 정동에서 불광동은 가기에 비교적 교통편이 좋았고, 술값이 다소 저렴하고, 미인은 아니지만 민 마담은 술 취한 PD들을 스스럼없이 잘 받아 주고 외상도 느긋했다. 그러니 안 갈 수가 없었을 것이다. 더구나 TV 제작은 노동강도가 높아 심신의 피로가 늘 누적되고 있었다.

전쟁영화의 특공대는 작전을 펼치기 전에 꼭 대원들을 만취할 정도로 술을 먹인다. 그 이유라면 그들은 전투에 나가 대부분 목숨을 잃기 때문에 나중에는 술을 사줄 수가 없기 때문이다. 내가 소장하고 있는 전쟁영화 150여 편이 모두 그런 식이다. 우리는 전쟁영화처럼 목숨을 잃는 것이 아니기 때문에 작전을 끝내고 음주에 돌입하게 된다. 추운 겨울에 저녁조차 제대로 먹지 못한 청춘 PD들은 20병씩 큰 쟁반에 담아오는 맥주병을 게 눈 감추듯 비워버렸다. 정말 순식간에 한 쟁반이 비어버린다. 100미터 단거리 경주처럼 고속으로 달리던 술 속도가 늘어지면서 잡담이 꽃을 피웠고, 아가씨들의 교성 속에 밤은 깊어갔다. 나는 지쳤다. 새벽 1시가 지나자 술자리를 정리하면서 계산을 하도록 했는데 맥주 160병을 마신 것이다. 요새처럼 작은 병이 아니고 큰 병이다. 한 짝(박스)에 24병이 들었으니까 거의 6짝을 10여 명이 마셔버린 셈이다.

이 취객들은 무슨 노래를 합창하면서 여의도 사옥으로 돌아왔다. 심야라 정문 출입 철문도 이미 닫혀 있었다. 현관 앞을 지날 때 누군가 만세 삼창을 제안했다. 우리는 목청을 높여 '대한민국 만세'를 세 번 외쳤다. 밖이 소란해지자 안에 있던 수위(경비원) 몇 명이 달려 나와 "남북통일 되었냐?"고 흥분된 목소리로 물었다. 이것이 특공작전의 라스트신이었다.

이때까지만 해도 경력이 있는 PD, 또는 보다 젊은 PD나 조연출 간에 협동은 잘 이루어져 왔다. 그러니 힘들고 큰 프로도 별 걱정이 없었다. 이런 일심동체는 차후 점차, 또 사정없이 약화된다.

이 이야기와 관련해 생각나는 인사가 있다. 우리 팀은 아니었지만 다른 부서의 간부이다. 그의 별명은 한동안 '동체착륙(胴體着陸)'이었다. 사연은 이렇다. 앞에 등장한 민 마담집과 아마 다른 술집을 전전하다가 과음 상태에서 역촌동 자신의 집을 찾아가고 있었다. 역촌동에는 꽤 큰 냇가가 흐르고, 돌로 쌓은 2~3미터가 넘는 벽 위에 양쪽으로 길이 나 있었다. 지금은 아마 복개되었을 것이지만 당시는 안전 펜스조차 없었다. 그는 눈길에 중심을 잡지 못하고 갈지자(之)로 걸어가다가 미끄러져 냇가로 추락해 버렸다. 그러나 그는 새벽 네댓 시에 자기집 문을 두드렸다고 하는데, 기어왔는지 팔꿈이 다 벗겨지고 피가 나고 있었다는 이야기다. 같은 동네에 사는 동료들은 술이 엉망이 된 몸으로 그 높은 곳을 어떻게 올라왔는지, 그리고 다리도 다쳤는데 그것도 포복(匍匐)으로 어떻게 집에까지 당도했는지 알 수가 없다면서 괴이한 사건으로 치부하고 그 인사에게 '동체착륙' 이라는 애칭을 지어준 것이다.

그러면 우리 나이들은 왜 그리 술에 집착했을까? 아마도 어떤 불안 또는 불운에 대한 잠재적인 공포가 도사리고 있지 않았을까도 생각해본다. 6·25전쟁 때 초등학교에 들어갔을 정도이고, 1·4후퇴 때 꽁꽁 언 한강을 걸어서 시골로 피난 갔고, 다시 서울에 와서도 곤궁에 시달리고, 중고교 시절에는 규율을 바로 잡는다는 이유로 체육 선생에게 심하게 얻어맞고, 4·19혁명 때는 고3 학생으로 경무대(청와대)로 향하는 데모에 참가해 해무청(현 경복궁역)까지 밀려가 사람이 총에 맞아 죽는 모습도 목격했으며, 박정희 장군의 서울 진입으로 광화문(중앙청) 앞에 도열한 탱크부대도 구경한 바 있다. 물론 6·25 때 전쟁에 나가 전사하거나 부상한 분들보다는 훨씬 운이 좋았지만, 무엇인가 가슴 깊은 저변에 심리적인 슬픔, 불안 같은 것이 깔려 있어 휴화산처럼 꿈틀거리고 있었을 수도 있다.

1968년 11월 1일에 입사해 한 달쯤 지난 후 'MBC 10대 가수' 행사에 차출되었다. 화려한 10대 가수 쇼가 정신없이 끝나고 가수들과 막간을 즐겁게 해준 코미디언들이 추위를 뚫고 무교동에 있던 '코파카바나(코카파바나와는 다른 이름이라고 생각됨)' 라는 술집으로 일사불란하게 달려갔다. 나는 막내라 다른 일들을 돕다가 앉을자리를 찾는 즈음 코미디언 박시명 씨가 자기 앞자리에 앉으라고 불렀다. 채 엉덩이가 의자에 닿기도 전에 그는 앞에 있던 500cc 한 잔을 단숨에 마시더니 꽉 채워 나에게 건넸다. 젊은 탓에 오기도 있고, 어른이 주는 것을 피하는 것도 도리가 아니어서 역시 단숨에 비우고 그에게 건넸다. 채 10분도 안된 시간에 마치 탁구공이 왔다 갔다 하듯 500cc 10개가 오고 10개가 갔다. 맥주 5,000cc이다. 몸이 굳어지고 어지러웠다. 진퇴양난의 순간 누군가가 와서 그와 악수를 나누었다. 그 순간 나는 줄행랑을 놓았다.

나중에 〈송해입니다〉 라는 프로를 하면서 송해 씨와 술을 할 기회가 있었는데 그는 맥주를 마시다가 슬그머니 자리를 뜨더니 옆의 구멍가게에 가서 4홉들이 소주를 여러 병 사다가 '소맥' 을 수없이 마시는 것이었다. 이런 저런 이야기를 들었는데 군예대 시절, 전쟁이 끝나고 유랑극단으로 전국을 누빌 때, 또 경제적인 고통 등으로 술이 없으면 견디기 어려워서 자주 마시다보니 그렇게 되었다는 사실을 알게 되었다.

그들에게 있어 술은 아내와도 같은 동반자였고, 그 아래 세대인 우리도 그 전통을 배워버린 것이다. 술은 의지할 기둥이었고, 친구였다. TV 광고에 나오는 송해 씨의 최근 모습을 보면서 그렇게 거칠게 술을 마신 것으로 기억하고 있는데 얼굴이 참 좋아 다행스럽다.

4. MBC 교양제작국_(1987 후반~1988)

앞에서 이미 밝힌 대로 교양제작국은 1983년 8월 교양제작부로 출발한 바 있다. 초기에는 PD들이 부족해 매년 신입사원으로 충원했다. 이들은 대부분 서울의 소위 일류대학 출신으로 열정이 넘쳤고, '의식(意識)' 이라는 수준에서 볼 때 매우 자유분방했고, 당시 일반적으로 갖고 있는 방송사의 고답성(高踏性)에 대해 못마땅하게 생각했다. 어떻게 보면 당연한 상황이다. 1987년 노태우 대통령이 '민주화' 를 선언하자 이런 눌려 있던 상황들에 변화가 발생하기 시작하였다. 같은 해 9월 1일 문화방송 프로듀서협회 창립, 10월 5일 문화방송 기술인협회 창립, 11월 6일 MBC 기자협회 구성, 12월 5일에는 문화방송 카메라기자협회 창립, 그리고 12월 9일에는 보도국 기자 47명이 새벽 1시 30분 구내식당에 모여 '문화방송 노동조합' 을 창립했다.

교양제작국 PD들도 노동조합 활동에 적극성을 띠는 듯 보였다. 이전의 그들 선배들은 방송인들이 단결해 어떤 요구사항을 관철하는 시스템에서 살아보지 못했다. 상사나 선배가 무엇을 시키면 되도록 받아들이는 관습이 일반적이었다. 그들도 입사 후 대체로 같은 행로를 걸어왔다.

그러나 1987년 후반기가 되면서, 특히 노동조합이 생기고 결속력이 다져지면서 그들의 태도는 미세한 변화를 보이기 시작했다. 앞에서 소개한 '특공대' 적 전우애는 빠른 속도로 사라지는 것을 느낄 수 있었다. 모두 선배이고 동료이지만 노조가입 여부가 친불친(親不親)의 잣대가 되어갔다. 종전의 시스템에 대해 일종의 반기를 드는 상황들이 발생했다. 예컨대 어떤 프로의 경우, 판문점에서 시(詩)의 형식을 빌려 '가자! 가자!' 를 외치는 장면이 있어 부장 입장에서 내가 '오해의 소지가 있지 않겠느냐?' 고 우려를 제기했지만 막무가내였다. 이사에게 보고도 했는데, 이사조차도 당시 자신의 인사문제에서 어려운 일을 겪은 후라 그런지 '뭐 그 정도 가지고' 하면서 대수롭게 여기지 않아 그냥 방송을 내보냈다. 그 우려가 현실로 나타나 그것으로 인해 이사는 정문 게시판에 '경고장' 이 나붙는 수모를 당했다.

영화 〈오발탄(원작 이범선, 감독 유현목)〉은 1961년 상영되었다. 극중 김진규는 박봉에 시달리는 가난한 계리사이고, 그에게는 늘 '가자! 가자!' 를 외쳐대는 정신 이상의 노모가 있었다. 이 장면과 영화가 너무 어둡다는 이유로 박정희 정권은 상영금지 처분을 내린 바가 있었다. 이런 흐름이 있어 당시 정권은 제동을 건 것이다.

당시 신입사원들은 '장애자' , '원폭' , '핵 문제' 등에 관심을 나타내 주제 선정에도 어려움이 많았다. 한 PD는 김소월의 시 〈진달래꽃〉으로 프로를 만들었는데, 일 년이 다 지났는데도 그의 책상에 조화로 된 진달래 꽃 한 송이가 꽂혀 있었다. 왜냐고 물었더니 "예뻐서" 라고 천연덕스럽게 대답한다. 진달래는 북한의 국화가 아닌가! 관리자로서는 혼란이 생기지 않을 수 없는 시기였다. 그는 후에 노동조합의 가열찬 행동가로 변신했고, 점잖은 전무의 멱살을 잡고 따귀를 때리는 비상식적인 행동을 저질러 퇴사했다.

5. PD에게 테러를 당하다

이 시기에 몇몇 PD들은 종전과는 달리 '반(反) MBC' 적인 행동도 벌였다. 주제에 있어서도 수용하기 불편한 것들을 내밀며 "꼭 해야 된다" 고 고집을 피웠고, 제작비도 자의로 사용했는데, 어느 프로에서 조명 비용이 과다하게 올라와 검토해보니 야간 촬영 흔적이 전혀 없었다. 왜 조명 비용이 신청됐느냐 물었더니 "조명회사 사장이 너무 가난해서 도움을 주었다" 는 식이다. 전례 없이 막가기로 나갔다. 그런 프로들은 시청률도 바닥이었다. 특히 이 친구는 프로그램의 작품성과 시청률이 약해 내게는 고민의 대상이었다.

어느 날, 그가 나에게 오더니 걱정을 끼쳐 사죄하는 마음으로 저녁을 대접하겠다고 청해왔다. 나는 당시 심한 감기 몸살로 빨리 퇴근할 작정이었다. 하도 간청해 저녁을 먹었는데 내내 자신이 성실치 못했고 앞으로 잘하겠다는 다짐을 늘어놓았다.

부하 직원에게 밥을 얻어먹는 것이 미안해서 나는 술을 먹을 상황이 아니었지만 백상빌딩 1층에 있는 조그만 카페에 가서 작은 양주 한 병을 시켰다. 손님은 우리 둘뿐이었다. 술이 꽤 돌자, 그는 갑자기 위장 보호를 위해 마시던 우유병을 탁자에 쳐 깨트리고, 맥주병도 부셔 나에게 죽이겠다고 휘둘렀다. 그는 완전히 미친 인간으로 변신했다. 병 깨지는 소리에 카운터에 있던 마담과 아가씨가 비명을 지르자, 카페 바로 앞에 있던 경비원이 뛰어 들어와 말렸다. 다친 곳은 없었지만 경악했다. 그는 가버렸고 (도주), 나는 양복에 튄 우유 폭탄이 얼마나 심했는지 그녀들이 물수건으로 30분가량 닦아내주고 택시를 잡아주어 집으로 왔다.

이튿날 출근하자, 그가 '큰 죄를 졌다' 며 사표를 내겠다고 말했다. '곰곰이 생각해 보라' 고 말하고 이 사건은 내 머리에서도 잊혀졌다. 원인을 분석해 보니 이것은 그가 사전 기획한 이벤트였다. 이데올로기 성격의 소재에 접근한 경우가 많았고, 유독 그가 만든 프로는 시청률이 저조하자 부장의 기(氣)를 죽여 놓자는 극단적인 전술을 사용한 것이다.

주변의 친구가 메모지 한 장을 건네주었는데 '적군파(赤軍派) 수칙' 이었다. 모두 10가지였다. 그중에는 동료나 상사가 적군파의 동조를 피하면 '테러를 가해 그를 창피하게 만들고 기를 꺾어라' 라는 조항이 있었다. 적군파는 1970년대 활동한 일본의 좌파 테러 단체인데, 400여 명으로 구성된 이들은 일체의 기존체제를 파괴한다는 폭력제일주의를 주장하였다. 지난 1970년 일본 적군파 요원 9명이 승객 등 129명을 태우고 하네다 공항을 출발, 후쿠오카로 향하던 일본항공(JAL) 여객기를 납치해 북한에 망명한 '요도호 사건' 으로 세계에 알려짐으로써 유명해졌다. 프로그램 만들기에 정신을 쏟아야 할 PD가 적군파 수칙이나 숙지하고 그것을 실행에 옮기고 있으니 정말 한심하다는 생각이 떠나질 않았다.

그는 결혼식도 매우 독특한 형태로 치렀다. 결혼식장은 명동성당 건너편에 있는 YWCA 강당이었다. 주례는 시인 고은 씨였다. 그는 고은 씨와 일면식도 없기 때문에, 그가 만든 어떤 프로에 출연하도록 부탁해 내가 연락해준 일이 있었다. 고은 씨는 내가 라디오 시절 〈사랑을 위하여〉 라는 프로를 일 년 가까이 같이 한 인연이 있었다. 부서 동료들과 함께 식장을 향해 가는데 을지로 입구 롯데 호텔 부근에서 차가 멈추었다. 네거리에서 데모가 벌어진 것이다. 택시를 내려 걸어서 가는데 최루탄 연기가 심해 눈물을 흘리고 기침을 하면서 겨우 YWCA 강당에 도착했다. 신랑은 두루마기에 검은 고무신을 신고 입장했는데, 함석헌 선생을 흉내 낸 느낌이었다. 신부도 비슷한 차림이었다. 축가는 작은 키에 단발머리, 청바지를 입은 여성이 〈님을 위한 행진곡〉을 불렀고, 축가 여성과 많은 하객들이 마룻바닥에 발을 굴러댔다. 결혼식의 일부 장면이 시위현장을 재현한 듯했다. 인생에 단 한 번 한다는 결혼식을 그는 이렇게 남다르게 연출했다. YWCA 강당이라는 곳도 예사로운 장소가 아니었다.

그러고 보니 "YWCA 위장결혼 사건" 97)이 생각난다. 「1979년 11월 24일 오후 5시 30분, 서울의 명동 YWCA 강당. 500여 명의 하객들이 축의금을 전달하고, 신랑이 인사를 하는 모습이 영락없는 결혼식 풍경이다. 신랑은 홍성엽, 신부는 윤정민. 그런데 분위기가 이상하다. 신부('민정' 을 거꾸로 한 것)가 보이지 않음에도 불구하고 식이 시작된 것. 신랑 입장과 동시에 사방에서 여러 종류의 유인물이 뿌려졌다. 주례석에 선 전 국회의원 박종태 씨는 인사말을 하기 시작했다. 내용은 대충 이랬다. "신군부 세력의 계엄체제 때문에 위장결혼식을 하게 됐다. 통일주체국민회의 대의원에 의한 대통령 보궐선거를 반대한다."

잠시 후, 이미 대기하고 있던 계엄군이 들이닥쳤다. 바로 난투극이 벌어졌고, 98명이 그 자리에서 연행됐다. 자리를 빠져나온 참석자들은 코스

97) 조문호, news119@msnet.co.kr

모스백화점 앞에 모여 "유신철폐", "통대선거 반대" 등의 구호를 외쳤다. 그리고 조흥은행 본점까지 가두시위를 벌였다. 다시 44명이 경찰에 잡혀갔고, 시위대는 결국 해산됐다. 이들에겐 포고령 위반(불법 집회와 시위)이 적용됐다. 이튿날 내란음모로 그 혐의가 변했다. 수사 과정에서 참혹한 구타와 고문이 자행됐다. 대한민국 민주화 역사의 한 장을 장식하는 사건이었다.」

신랑은 자신이 민주투사임을 하객들에게 각인시키기 위해 장소와 주례, 축가 등을 세밀히 연출하기 위해 상당히 고심한 듯하다. 이런 행위가 자신의 변치 않는 신념에서 나온 것인지, 또는 시대상황에 맞게 멋을 부린 것인지 나는 아직도 알 수가 없다.

6. 광주 특집 〈어머니의 노래〉, 그 내막(1989.2.3)

이 다큐멘터리 프로그램은 1980년 광주항쟁 당시 사망한 고(故) 전영진 군의 어머니 김순희 씨가 큰아들을 잃고 통한의 세월을 살아온 이야기가 줄거리라 할 수 있다. 제작과정의 진통으로 유례없이 한국 사회를 발칵 뒤집어 놓았던 상황을 1989년 1월 26일자 한거레신문은 다음과 같이 장문으로 전하고 있다.

「▶ '광주' 담은 '어머니의 노래' 방영 진통 ▶제작진 양보할 만큼 양보…강행 태세 ▶ 간부진 처음 기획과 달라… 개작 요구

제작완성 단계에 있는 최초의 광주항쟁 텔레비전 다큐멘터리 〈어머니

의 노래〉가 "애초의 기획의도와 다르다" 는 회사 쪽의 반대에 부닥쳐 방영
문제가 진통을 겪고 있다. 어머니의 노래는 문화방송 노조와 일선 연출
자들이 합동으로 기획한 '민주방송 원년 기념 5대 특집' 중의 하나로 기획
단계에서부터 회사 쪽이 반대를 하고 나서 담당부서인 교양제작국 소속
프로듀서들이 총회를 열어 기획안을 통과시키는 등 우여곡절 끝에 회사
쪽과 합의가 이루어졌던 것.

당초 '광주, 그날의 상처를 넘어' 라는 제목으로 5·18광주항쟁 전반을
다룰 예정이었던 이 프로는 간부들과 밀고 당기는 과정에서 〈어머니의
노래〉로 바뀌었고, 내용도 항쟁 과정에서 큰 아들을 총탄에 잃은 한 어머
니와 그 가족의 비극에 초점을 맞추는 것으로 축소됐다. 간부진과의 마
찰은 〈어머니의 노래〉가 지난 2일 촬영이 끝난 뒤 편집과정에 들어가면서
부터 재연됐다. 편집 중인 필름을 본 간부들은 일부 화면이 자극적인데
다 내용도 '한 인간의 범위를 벗어난 것' 이라고 판단, 담당 프로듀서인 김
윤영 씨에게 '본래 의도대로' 개작해줄 것을 요구한 것으로 알려졌다.

담당 프로듀서가 '이미 양보할 만큼 양보한 것' 이라며 물러서지 않자
간부들은 대본과 내레이션 더빙(해설 녹음)을 허락지 않겠다는 강경자세를
취했다. 결국 담당 프로듀서가 독자적으로 편집, 더빙을 강행, 현재 음악
녹음과 자막처리만 남겨놓고 있는 상태다.

〈어머니의 노래〉를 둘러싼 간부들과 일선 제작자의 대립은 제작 중인
이 프로의 내용이 최근 일부 언론에 소개되면서 표면화되었다. 간부들은
"내부의 심의를 거치지도 않은 프로그램이 보도된 것은 일선 제작자의

실수"라며 담당자에게 이 프로와 관련, 일체 함구할 것을 요구한 것으로 전해졌다. 간부들은 또 전면개작이 이루어지지 않을 경우 제작중지까지도 고려하고 있는 것으로 알려졌다. 제작이 중지되면 제작비가 지급되지 않을 뿐 아니라 기계설비 사용도 할 수 없게 된다는 것이 관계자들의 설명이다.

간부들은 또 담당제작자들을 설득하는 과정에서 "여러 군데에서 전화가 걸려온다", "윗사람이 뭐라고 한다"는 등 내외부의 압력이 있음을 시사하는 발언도 한 것으로 알려져 충격을 더해 주고 있다.

그러나 김진희 교양제작국 부국장은 "외부 압력은 일체 없었다"며 이같은 소문을 일축한 뒤 "문제는 애초 기획의도에서 많이 이탈해 있다는 것"이라고 말했다. 한편 최양묵 교양제작부국장 겸 기획제작부장은 "이 작품은 공식적 채널을 거쳐서 제작되지 않은 만큼 언제 방송될 지 알 수 없다"고 말해 방영이 백지화될 가능성도 배제하지 않았다. 이와 관련, 교양제작국 프로듀서들은 지난 11월의 기획단계에서와 마찬가지로 25일 다시 총회를 열어 〈어머니의 노래〉를 공개 시사(試寫)한 후 방영문제를 논의키로 했으나 내부이견과 간부들의 설득으로 결국 뜻을 이루지 못했다.

오는 26, 27일의 마지막 광주청문회 이전에 이 프로를 내보내고자 노력했던 노조 쪽은 교양제작국의 자체 결정을 따른다는 방침 아래 교양제작국 총회결과가 나오는 대로 사내 시사회 및 공청회 개최 등 지원조치를 통해 이 프로의 조기방송을 여론화 할 계획이어서 파문은 계속 확산될 전망이다. 한편 광주항쟁의 피해 당사자인 5·18광주의거유족회 전계

334

량 회장은 "이 프로의 제작 방영을 저지하는 것은 5·18항쟁의 진상을 소박하게나마 알리려는 의지를 꺾는 일"이라고 말하고 "만약 그렇다면 국민의 지탄을 면치 못할 것이라고 유감을 표명했다. 〈최보은 기자〉」

나는 당시 기획제작부장으로서 이 프로의 '일선 지휘관' 역할을 담당했다. 처음 기획안을 가지고 왔을 때, 노조와의 합동기획이라는 말은 쏙 빼고 광주 다큐멘터리 제작은 교양제작국 PD들의 공통적인 의견이라는 점을 강조했다. 나는 다큐멘터리스트이기 때문에 기획안의 맥락을 즉시 파악할 수 있었다.

1922년 미국인 로버트 플레허티(Robert Flaherty)가 〈북극의 나누크(Nanook of the North)〉를 만들었는데, 그는 주제와 제작방법을 통해 자연(낭만파), 순수성(예술성), 개인 묘사, 인간 대 자연의 투쟁 등을 주로 다룬 반면, 영국인 그리어슨(John Grierson)은 1929년 〈유망선(Drifters)〉을 만들었다. 그의 핵심주제는 프로파간다이다. 사회성(목적성), 집단 묘사, 인간 대 사회(환경) 관계를 주로 해 작품을 만들었다.

앞의 기획안은 한 눈에 봐도 후자의 영역에 포함된다. 2~3일 검토 후 기획안 내용의 '순화(醇化)'를 주문하면서 '공정성, 정확성, 균형감각'을 요구하고 제작이사에게 보고했다. 나는 개인적으로 광주사건은 역사의 아픔이지만 시대적 상황 때문에 덮어 놓았던 것이기 때문에 감정에 치우치지 않고 공정하게 다룬다면 가치 있고 의미 있는 다큐멘터리가 될 수 있다는 신념을 갖고 있었다. 그래서 다소 연화(軟化)된 기획안을 승인했다.

그러나 그들이 나에게 제출한 기획안대로 만들 것이라고는 애초에 생각하지 않았다. 제작팀을 구성하는데 연예 파트 출신인 시니어를 CP(chief producer)로 지명하고, 그와 연예 프로에서 같이 일한 PD에게 촬영, 편집 등 실무를 맡겼다. 당시 MBC는 다른 어떤 부서보다도 연예 파트가 상명하복(上命下服)과 끈끈한 유대 관계를 보였기 때문이다. 또 그 PD가 호주에 연수(研修) 가는 것을 추천해 주었는데, 호주에서 부장인 나에게 자상한 편지를 자주 보내고 한국에 돌아가면 더 열심히 프로를 만들 것이라고 다짐한 바가 있다. 그래서 그를 신뢰한 것이다.

촬영은 2회에 걸쳐 약 20일간 진행되었다. 문제가 발생한 것은 편집에 들어가고부터이다. CP에게 진행상황을 물으니 대답이 모호했다. 시간이 지난 후 다시 확인하니 "그들이 자신을 따돌리고 있다" 고 고백했다. 보통 편집은 저녁식사 후 하는 것이 관행인데 이들은 저녁식사 후 편집실로 돌아오지 않고 밤 2~3시에 나타나 시작하는데, 그것도 CP가 보고 있을 때는 다른 일만 하고 편집을 안 하기 때문에 구체적인 진도와 편집상황은 알 수 없다는 기막힌 대답이 돌아왔다. PD에게 내가 보자고 해도 곧 완성되니 그 때 보라고 거절하는 것이다.

편집완성본이 나왔다고 편집실로 나를 불렀다. 시간이 무려 200분인가 210분이었다. 붙인 화면은 '자극의 극치' 그대로였다. 기획안과 다르니 다 들어내고 60분을 만들라고 지시했더니 여기서 1분도 못 자른다고 강력하게 반발한다. 표변(豹變)한 것이다. 부적절한 장면을 삭제해야 방송이 나간다고 설득을 해도 막무가내다. 부장과 PD 간의 지휘체계는 이미 무너지고 존재하지 않았다. 노조의 세력을 등에 업고 노골적인 항명이다.

부장은 없고 PD만 있다. 심지어 자신은 안중근과 윤봉길 의사 같은 독립투사이고, 나는 이토 히로부미나 이완용 같은 사람으로 여기면서 눈초리조차도 매섭게 뜨며 반항한다. 그제서야 이 친구가 '대학 시절 데모를 하다가 경찰봉에 머리를 심하게 맞았다' 는 이야기가 생각났다. 이 프로를 통해 독재정권에 보복하고 싶은 마음이 생기기 않았을까 하는 추측도 해보았다.

200분 이상에서 180분까지는 가능하지만 더는 못 줄인다고 완강히 버티었다. 이즈음에 이 친구가 이것을 한 프로로 구성할 생각이 아니구나 하는 의심마저 하게 되었다. 180분은 60분짜리 3부작이다. 바보가 아닌 바에 60~70분을 만드는데 200분을 넘어 찍어오겠는가? 한겨레신문은 '5차에 걸친 수정편집' 이 있었다고(1989.2.4) 되어 있으나 200분이 넘는 내용을 68분으로 만들었으니 '시간 줄이기' 편집을 다섯 번만 했겠는가? 최종편집에서 'MBC 소장 자료화면' 과 '5·27 충정작전' 부분에서 "미국의 개입은 이미 판명되었다" 는 전혀 확인되지 않은 내용의 성우 해설이 있었다. 이를 삭제하는데 대단히 오랜 시간이 걸렸다.

교양국 시사를 하기 직전, 노조에 기울어져 보이는 기생(期生)이 아닌 EBS 출신의 PD로부터 "잘 판단해라. 나중에 후회하게 된다" 는 그들의 협박 메모도 받았다. 1989년 2월 3일 밤 9시 50분에 방송되도록 편성이 잡혔다. 당시 나는 고립돼 매우 고독한 신세였다. 절친했던 PD들이 나를 극악무도한 인간인양 매도하는 태도를 보였고, 이사들조차 부재중일 때가 많아 만나기조차 어려웠다. 아무리 노력해도 나는 프로에 대한 파악이 쉽지 않았다. 한겨레신문 등을 보고 전황(戰況)을 짐작할 뿐이었다. 교양국 PD들과 노조는 이사인지 누군지 모를 상층부만 상대하고, 부장은 철저히 제외됐다.

나는 이 과정에서 이미 '옥쇄(玉碎)' 를 각오하고 있었다. 그 뜻은 우리가 다 아는 바와 같이 "옥처럼 아름답게 부서진다는 뜻으로, 대의(大義)나 충절(忠節)을 위한 깨끗한 죽음을 이르는 말" 이다. 이 특집 프로의 절제(節制)를 요구하는 것이 '대의' 라는 뜻은 전혀 아니다. 글자 그대로 광주사건을 '정도에 넘지 아니하도록 알맞게 조절하여 제한함' 을 원한다는 의미이다. 서릿발 같은 정권과 정치적으로 대단히 무거운 테마이기 때문에 '고도의 균형 감각' 을 요구한 것이다. MBC의 이 프로 담당부장으로서 다른 간부들이야 어떤 태도를 취하든 말든 나에게 주어진 임무와 사명을 다하고 산화(散華)하겠다는 결의를 다지고 있었다. MBC를 그만 둔다고 못 살 것은 아니지 않겠는가.

밤늦게까지 사무실에 있다가(그들은 늘 밤늦게만 떼를 지어 활동했다) 집에 막 도착했는데 제작이사의 다급한 전화가 왔다. "자기 허락도 없이 편성요청의 도장을 왜 찍었느냐" 고 화를 내는 것이다. 나는 도장 찍은 사실이 없다고 하자, 그는 "분명히 부서 책임자인 부장의 도장이 찍혀 있어 자기도 찍을 수밖에 없는 곤란한 처지가 됐다" 고 했다. 내 도장은 특이해서 태극(太極) 모양에 음각 양각으로 '양' 과 '묵' 두 글자를 새긴 것인데, 그런 도장이냐고 반문했더니 그냥 목도장이라고 말했다. 이 목도장은 교양국 행정사무 직원이 자기 책상서랍에 넣고 잠그고 다니는 도장으로 부장 부재시

간단한 사무절차를 위해 쓰는 인장이었다. 서랍을 열어 도장을 훔쳐 찍은 것이다. 절도죄와 사문서 위조죄에 해당한다. 수단 방법을 가리지 않았다. 어쨌든 방송은 나갔는데, 그 사이 기록이 확인되는 보도만 경향신문 24회, 한겨레신문 23회, 동아일보 22회의 관련기사가 나갔다. 중앙일보 등 다른 신문은 기록을 찾기가 어려웠다. 그들은 신문기사로 '노이즈 마케팅(noise marketing)' 수법을 활용해 완전한 성공을 거두었다.

1차 전투에서 대승을 거둔 그들은 2차 공격을 감행해 1989년 2월 21일 밤 10시 55분에 '재방송(再放)'을 따냈다. 시류라는 것이 묘해서 강한 세력이 나타나면 그 쪽으로 쏠리기 마련이다. 이 프로에 대해 찬반양론이 심하게 엇갈렸고, 심지어 같은 신문 내에서도 견해가 상치되는 경우도 생겼다. 그리고 재방이 나가고 나면 '모 부대에서 MBC로 쳐들어온다' 느니 하는 괴 소문도 돌았다. 재방송이 나가던 날, 나는 집에 들어가지 않았다. 당시는 그렇게 세상이 엄혹(嚴酷)하던 시절이었다.

이 프로그램은 다큐멘터리의 옷을 입고 있지만 한마디로 '탐사보도 프로그램(Investigative Reporting)' 이기에 앞서 정치 드라마의 색채를 띠고 있다. 프로테스와 그의 동료들은(Protess et al., 1991) 이 장르에 대한 명쾌한 기준을 제공해준다.98) 「즉, "국민의 공분(公憤)을 일으키는 폭로저널리즘" 이라면서 "세밀하고 분석적이며 때로는 지루하게 인내를 필요로 하는 취재과정을 거쳐 권력자의 부정부패나 사회비리를 파헤친다. 나아가 국민여론을 형성하고 사회정의를 위해 정책의 변화를 유도한다" 고 탐사보도를 규정하

---

98) 텔레비전 다큐멘터리 제작론, 최양묵. p91.

고 있다.」〈어머니의 노래〉는 탐사보도 유형에 정확하게 부합한다. 다분히 정치적인 목적도 내포하고 있다. 탐사보도에는 반드시 악역(惡役, villain)도 필요한데 그 대상은 설명을 안 해도 독자들이 짐작할 수 있을 것이다.

먼저 이 광주특집이 "세밀하고 분석적이며 때로는 지루하게 인내를 필요로 하는 취재과정을 거쳐 권력자의 부정부패나 사회비리를 파헤친다"는 프로테스의 개념 부분에서 기본원칙과 상당히 동떨어져 있는 것이 해당 프로그램을 다시 모니터한 결과 발견되고 있다.

또한 앞의 한겨레신문 기사에서 여러 가지 문제점들이 노정되고 있다.

① '문화방송 노조와 일선 연출자들이 합동으로 기획한' 이라는 부분에서 노조가 프로그램을 기획한다면 방송의 주체는 과연 누구인가? 하는 문제가 생긴다. 아무리 혼란 시기라도 MBC는 노조 맘대로 해도 되는지 그것이 매우 궁금하다. 후에 편성권이나 제작권이 회사의 소유인가, 제작자가 갖고 있는가에 대해 논란이 일어난 바 있다. 만약 노조의 소유가 맞다면 MBC는 허수아비이다. 이런 관행은 후에 노조파업 때 조연출이 〈인간시대〉 테이프를 집으로 가져가 정규방송이 파행된 사건이 발생했다. 그 이유를 조연출에게 물었더니 자신이 제작에 관여했기 때문에 그 〈인간시대〉 테이프는 자신의 소유라는 어처구니없는 대답이 나왔다. 서울의 일류대학 출신이었는데, 그 대학 교수들이 학생을 어떻게 가르쳐 이런 제자가 나왔나 하는 한숨을 내쉰 적이 있다.

② '담당 프로듀서가 독자적으로 편집, 더빙을 강행, 현재 음악녹음과 자막처리만 남겨놓고 있는 상태다' 는 내용도 말이 안 된다. '독자적' 이라

면 MBC의 편집실과 더빙실을 사용하지 않은 것으로 해석할 수 있는데 그럼 MBC 프로를 PD 개인 돈으로 외부시설을 빌렸다는 말인지 이해가 안 된다.

③ '양보할 만큼 양보한 것' 이라는 문안에서 회사 결재에 의해 확정된 '기획안' 을 제작자 마음대로 변경하고 나서, 깎아주고 덤을 주는 흥정의 대상이 된다는 것은 전대미문이고 어불성설이다. 어느 나라 방송에서 이런 일이 일어나겠는가?

④ '이 프로의 내용이 일부 언론에 소개되면서' 에서 담당 PD는 상사인 부장에게는 진행상황과 문제점을 보고하지 않고 일부 성향의 신문기자에게는 상세하게 미주알고주알 알려주었다면 그는 신문사 소속이란 말인가?

⑤ '여러 군데서 전화가 온다' , '윗사람이 뭐라고 한다' 에서 정보기관 사람들이나 권력자들이 부장, 부국장 정도에 전화를 걸어 상황을 물어보고 태클을 걸겠는가? 이 부분은 PD가 작문해 기자에게 흘린 것으로 본다.

⑥ 아들을 잃은 김순희 씨가 '마지막 광주청문회 이전에 이 프로를 내보내고자' 대목도 다분히 정치적이다. 이 부분은 〈어머니의 노래〉 내용 중 '핵심' 이다. 국회 청문회에 영향을 줄 수 있고, 당시 야당이 강력하게 요구하는 내용의 프로그램을 MBC가 왜 제작하고 편성해야 하는지 도무지 이해가 되지 않는다. 이 점은 뒤에 다시 언급하고자 한다.

⑦ '5·18항쟁의 진상을 소박하게나마 알리려는' 내용도 절대 소박하지

않았다. 화면편집의 처참함을 이미지를 통해 여기저기 극대화시켜서 프로그램의 편향성을 증폭시켰다.

담당 PD는 이 프로그램으로 해서 중앙 일간지·스포츠지·통신사 방송 담당기자들이 뽑은 '올해의 프로그램' 상을 받고 마치 독립투사나 민족의 영웅처럼 떠받들어졌다. 후에 지방사 사장 자리도 하나 받았다.

▷러닝타임 68분의 이 특집은 과도한 슬픔과 비장감을 고조시키는 배경음악을 BG라고 느끼기에는 너무 소리가 높은 음악을 다소 길게 8회에 걸쳐 사용했다(첫 장면, 10분 59초, 19분 20초, 31분 27초, 50분 51초, 52분 28초, 1시간 6분 10초, 1시간 6분 40초 등). '슬픔을 가져온 원인 제공자들을 복수해야 한다' 는 암호 또는 시그널로 쓰여졌다고 보아도 지나치지 않다.

▷팩트 장면들은 '계엄군의 시민가격(15분 51초)', '매 맞고 유혈이 낭자한 장면(17분 58초)', '시신 즐비한 장면(19분 13초)', '조비오 신부가 헬기가 공중에서 기총소사했다' 는 인터뷰(26분)', '수많은 관 앞에서 오열하는 유족들(32분 16초)', '시체 끌고 가는 장면(49분 31초)', '연행당한 시민들 아스팔트에 엎드려 있고(50분 51초)', '하얀 천에 덮인 많은 시신들(1시간 4분)', '망월동 묘지에 붉은 깃발 나부끼고(1시간 6분 15초)', '아들 묘소에 엎드려 김순희 씨 흐느끼며 부르는 '봉선화' 노래(1시간 6분 30초)' 등이 주요 구성 내용들이다. 클로징 부분의 망월동 묘지의 '붉은 깃발' 은 최초 편집본에서는 첫 장면에 클로즈업으로 몇 번에 걸쳐 등장했다. 이것은 토목공사에 쓰이는 표지로 보이는데, 모두(冒頭)에 붉은 깃발의 강조가 무엇을 뜻하는지 상당

히 묘한 분위기로 압도하고 있었다. 다행히 최종편집에서 모두 삭제됐지만 말이다.

▷프로그램 개시 부분에 "이것은 다만/ 5·18민주항쟁을 다룬/ 프로그램의 시작일 뿐이다/ 이 땅의 민주화를 위해 투쟁하다 먼저 가신/ 민주영령들께/ 이 프로그램을 바칩니다/ MBC" 라는 자막이 화면을 가득 채웠다.

여기서 문제가 되는 것은 "프로그램의 시작일 뿐이다" 와 "MBC" 라는 자막이다. 애초 기획안 결제를 통해 프로그램을 허가 받았을 때, 만약 방송 나간 프로와 같은 구성을 사전에 알았다면 결재가 거부됐을 것이다. 결재 내용과 아주 다르게 프로를 제작해놓고 이것을 MBC의 의지로 표현한 것은 매우 부적절하다. 그것은 개인적인 의견이지 MBC의 견해가 아니기 때문이다.

이 장면들을 보면서 시청자들은 놀람과 분노를 참을 수 없었을 것이다. 1988년 유족회 여성들이 국회에 진입해 시위를 벌인 장면 후, 김순희 씨의 다음과 같은 내용의 인터뷰 장면이 삽입되어 있다(1시간 2분 2초).「"치유방법은 이 사건의 진실이 밝혀져야 한다는 것이다. 밝혀져서 죄악을 저지른 사람이 책임을 져야 한다. 정권을 탈취해 7년을 호의호식한 사람(들)이 청문회에 나와 진실을 밝히고 자기가 지은 죄과를(형벌) 받고 넘어가야 한다"」고 말하고 있다.

이 부분은 당시 야당이 강하게 요구하고 있었던 청문회의 최대 쟁점 사항이었다. 설사 저널리즘의 정확한 사명에 따라서 또는 PD가 느끼는 공분에 의거해 프로그램을 만들었다 하더라도 결과적으로는 야당의 편을 든 것으로 해석할 수 있는 여지가 충분히 있다. 피해자인 김순희 씨가 청문회 출석을 주장하는 것은 당시 간부들이 편집본을 보고 '한 인간의 범위를 넘어선 것이다' 라고 평가한 부분과 일치하는 측면이다.

〈어머니의 노래〉에 대해 새로 MBC 사장이 된 최창봉 씨는 1989년 2월 14일자 한겨레신문과의 인터뷰에서

기자: 지난 3일 방영된 〈어머니의 노래〉에 대해

최 사장: "제작기술상 문제가 많은 작품이라고 생각한다" 고 잘라 말했다.

당시 최고의 방송전문가로 알려진 최 사장의 언급은 정확했다. 광주사건의 특집 프로를 만들자면 ①사건의 정의 ②역사적 배경 ③경과 ④결과 ⑤(방송 시점까지의) 의의와 평가가 기승전결로 구성되고 각 부분에 구체성이 적시되어야 마땅하다. 결국 피해를 당한 광주 시민의 잔인한 장면(구타당하는 모습, 마구 놓인 시신, 하얀 천에 쌓인 주검들…)을 주로 나열하고 있다. 광주사건의 사망자조차 적시하지 못하고 있다.

서울지방검찰청, 국방부 검찰부에서 1995년 7월 18일에 한 발표를 보면 민간인 166명, 군인 23명, 경찰 4명 등 모두 193명의 사망자를 낸 것으로 되어 있다. 방송일이 1989년 2월 3일이었기 때문에 그 시점까지의 사망자 취재도 이루어진 흔적이 보이지 않는다. 뿐만 아니라 부상당한 시민의 인터뷰는 한 사람 것도 싣지 못했다. 전무하다. 김순희 씨와 피해자 단체 인사, 거리에서 사건 장면을 목격했다는 2~3명의 시민, 조비오 신부의 말이

주요 부분이다. 대부분 강력한 팩트는 모두 자료화면이다. 20일 정도의 촬영은 70분을 만드는데 절대적으로 부족한 시간이다. 졸속 제작이라고 단정해도 무리가 없다.

영국 BBC의 다큐멘터리 제작 가이드라인을 보면 알 수 있다. BBC의 다큐멘터리는 세계적으로 그 작품성이 우수한 것으로 정평이 나 있고, 그 제작에 있어 규율과 엄정한 가이드라인을 준수하는 것으로도 유명하다.[99] 가이드라인은 총 15개 조항으로 되어 있다. 이 중 〈어머니의 노래〉와 관련 부분은 다음과 같다.

「제3항. 다큐멘터리는 단순한 현실의 재현이 아니라 기획자나 연출자와 같은 제작자의 주관적 관점에 근거한 '창조물' 이라는 것이다. 즉 만드는 사람이 다큐멘터리의 소재인 기존의 사실에 최소한 새로운 해석을 가한다는 점이 중요하다(이런 부분은 전무하다. 단지 '급조물' 성격이다).

제6항. 다큐멘터리 프로그램의 연출자는 뉴스나 시사 프로그램 연출자와는 달리 충분한 시간적 여유를 갖고 제작에 임해야 한다. '한 사람의 다큐멘터리 연출자가 1년에 제작할 수 있는 프로그램은 통상 50분짜리 2편 정도면 적당하다(이 내용에서 한국적 여건이 물론 다르지만 70분을 20일 취재하는 것은 더구나 복잡·미묘한 사건을 단지 20일간 취재하는 것은 그야 말로 '졸속 제작' 그 자체다. 무엇에 쫓기었는가?).

제11항. BBC는 다큐멘터리의 초보 제작자는 무엇보다 '균형감각을 지니고 있어야 한다' 는 조건을 확실하게 깨달아야 한다는 점을 강조하고

---

99) 텔레비전 다큐멘터리 제작론, 최양묵. pp.51~56.

있다(그는 초보 제작자가 아니지 않는가? 고참 PD다. 그러니까 맡겼지).

　제12항. BBC는 다큐멘터리의 대본작성에 대해 대학에서 연구 리포트를 작성하는 작업처럼 임할 것을 권고하고 있다. 리포트가 서론·본론·결론의 구조를 갖고 있어야 하듯이 대본에서도 이 같은 구조는 반드시 구축되어야 한다는 것이다(내레이터 성우 김종성 씨의 과장된 감정처리의 연기에 의존한 부분이 상당하다. 그도 잔인한 화면에서 감정 격앙의 느낌을 받은 것으로 보인다).」

　BBC의 가이드라인이 무슨 다큐멘터리의 10계명 같은 것은 아니지만 위에서 제시된 4개 항목만 보아도 특집 다큐멘터리의 작품성과 완성도는 높다고 말할 수는 없다. 다만 PD의 프로파간다 효과는 100% 이상 성공을 거둔 결과가 되었다. 전체적인 맥락에서 이와 유사한 다큐멘터리는 MBC에서 2008년 4월 29일과 5월 13일에 〈PD 수첩〉 "긴급취재, 미국산 쇠고기 광우병에서 안전한가" 가 방송되었는데, 이 또한 국내외에 걸쳐 막대한 사회적 논란을 야기시키고 법정의 문제로도 비화된 바 있다.

7. 사표 내세요

　이 프로그램의 포연(砲煙)이 가라앉은 후, 차장이 나를 보자고 했다. 지하다방에서 마주앉자 그는 "부장님 사표 내세요" 하는 것이다. "PD들도 그렇고 분위기가 그래요.", "찬스라는 게 있는데 찬스를 놓치시면 안돼요." 하고 그가 나를 정말로 생각해서 말하는 표정을 지었다. 아무리 차장이라도 노조의 생각에 가까우면 그 쪽에 동조해 싸우든가, 아니면 회사 입장을 적극 옹호하고 아래 PD들을 적극 설득하든가 하지 않고, 어정쩡하게 중간 입장을 취하다가 노조가 승리하자 "사표를 내라" 한다. 더욱이 차장이 부장에게 사표를 요구하다니, 이런 조직이 세상에 어디 있단 말인가! 당시 MBC는 정말 법이 없는 회사였다. 대단히 기회주의적인 발상이다. 나는 부국장인지 부국장 대우인지와 부장을 겸하고 있어 곧 국장을 바라보고 있는 처지였다. 그는 앞차를 빼야 자신이 나갈 수 있다는 이기적인 생각만 앞선 모양이다. 나는 "내 처신은 내가 알아서 한다(너나 똑바로 해라)" 하고 끝을 맺었다.

　나중에 들으니 나 이외의 다른 부국장에게도 다른 차장이 같은 말을 했다는 것이다. 다 지나간 일이지만 아직도 철이 덜 들어서인지 지금도 가슴이 아리다. 그들은 나중에 한 사람은 본사 고위임원이 되고, 다른 사람은 지방사 사장으로 나갔는데, 두 사람도 교양국 재직시 노조로부터 나와 유사한 일을 겪었다는 신문기사를 보았다. 〈어머니의 노래〉 CP를 맡았던 PD는 당시 받았던 모멸감과 부서 분위기를 이기지 못한 때문이었는지 SBS로 이적해갔다. 〈어머니의 노래〉를 칭송했던 사람들은 희희낙락했지만 자신의 신념과 판단으로 회사 입장에 섰던 사람들은 오래 동안 깊은 상처로 신음했다.

제8장
후유증

〈어머니의 노래〉 방송 후 1년쯤 지난 1990년 3월 23일, 나는 교양국을 떠나 '문화사업국' 으로 전보되었다. 사장이 나를 단독으로 부르더니 "당신이 문화·예술에 조예가 깊다고 들었다. 그 쪽으로 가서 좋은 예술 프로젝트를 많이 만들어 그것을 프로그램화(化) 할 수 있도록 하라" 고 당부했다. 열정을 불태워 좋은 프로그램도 많이 만들고, TV라는 파도에 휩쓸려 구토 등 배멀미도 잦아 힘든 고생도 했지만 교양국을 떠나니 심정은 착잡했다.

정동에 있던 옛 MBC 문화사업국 사무실은 평온했지만 열기는 없어 보였다. 문화사업국은 MBC에서 방송된 프로그램의 복사판매도 대행하고, TV의 CM도 제작했으며, 각종 공연·행사 등도 사업영역이었다.

부임하자마자 나는 '제1회 MBC 한국구상조각대전' , '정 트리오' 공연, '모스크바 합창단' , '1991 MBC 미술공모대전' , '체코필하모닉오케스트라 초청공연' , '소련국립교향악단 초청공연' , '백남준 퍼포먼스' , '파바로티 초청공연' , '호세카레라스 초청공연' , '비엔나필' 계약 등 대형 공연에 열을 올렸다. 어쩌면 내 적성에 잘 맞는 일이 아닌가도 생각되었다.

당시의 문화사업 부문은 조선일보, 동아일보, 중앙일보의 세 신문사가 독점하고 있었다. 그러나 그들은 텔레비전이 없었다. 신문 지면에 나가는 공연예고보다 TV의 예고가 훨씬 강력한데다 회수도 40회 이상을 내보내니 신문도 당할 재주가 없었다. 우리는 공연 부문에서 그들을 제치고 곧 정상에 오를 수 있었다. 그래서 그들은 자주 공동주최를 제의해왔다. 나는 교양국 못지않게 신바람을 냈고, 세종문화회관과 예술의 전당에서 시간을 보내는 날이 많아졌다.

기억이 새로운 것은 루치아노 파바로티(Luciano Pavarotti) 공연이다. 그는 이탈리아의 모데나 출신으로 1968년에는 뉴욕의 메트로폴리탄오페라단 〈라보엠〉에 출연해 명성을 얻고, 1990년 로마 월드컵 결승전 전야제 때 로마 오페라극장에서 열린 콘서트에 플라시도 도밍고(Placido Domingo), 호세 카레라스(Jose Carreras)와 함께 출연했다. 주빈 메타의 지휘와 마지오 뮤지칼레 피오렌티나 오케스트라와 테아트로 델 오페라 오케스트라의 연주로 〈오솔레미오(O Sole Mio)〉와 푸치니의 오페라 투란도트(Turandot) 중 3막에 등장하는 아리아 〈공주는 잠 못 이루고(Nessun Dorma)〉와 같은 노래를 불러 '3테너(Three Tenor)'의 명성을 세계에 알린 장본인이다. 그는 아우라와 파워가 대단했다. 하이C(높은 도)를 거침없이 올라가고 청아한 음색은 그의 주특기다. 카라얀(Herbert von Karajan)과 함께 대중적 인기도 높았다.

1990년 로마에서의 '3테너' 성공 후, 단지 3년 만에 MBC가 이 세계 성악계의 거인을 서울로 데려온 것이다. 물론 대행사의 역할도 컸다. 당시 그의 인기는 하늘을 찌를 정도였다. 담당자로서 정말 뿌듯했다. 공연 당일 올림픽공원 체조경기장은 입추의 여지없이 관람객으로 가득 찼다. 성황리에 공연이 끝나고 호텔에서 내빈을 초대한 식사모임이 있었는데, 그의 미소는 정말 친절하고 인자했으며 모든 내객과 일일이 사진촬영도 해주었다.

어느 회사나 부문 간의 벽은 높은 경우가 많다. 예고가 나가고 곧 표가 매진된다면 최상의 카드이다. 임프리사리오(impresario, 공연주)가 꿈꾸는 최고의 목표이다. 그러나 문제는 〈뉴스 데스크〉에 나가는 것이다. 담당이사에게 부탁했더니 보도이사와 점심을 하는 것이 좋겠다는 얘기다. 셋이서 마포의 가든 호텔에서 밥도 먹었는데 소식이 없다. 입사 동기인 보도국장에게 다시 전화를 했더니 표를 더 보내라는 것이다. 같은 회사라도, 특히 공무라도 주는 것이 없으면 아무것도 받을 수 없는 것이 당시의 분위기였다.

강력한 〈뉴스 데스크〉에 나가고, 파바로티의 명성도 있고 해서 입장권은 모두 솔드아웃(Sold Out) 즉 매진되었다. 이런 상황 이후 사장이나 이사들, 국장이나 직원들 모두 표를 사달라는 부탁 때문에 어려움을 겪었다는 후문이다. 그 후에도 소련국립교향악단(1992) 등 몇 공연이 완판 상태였고, 체코필(1991.11.27)의 '베토벤 교향곡 9번' 공연은 특히 '표 부탁' 시달림이 심했다. 공짜표를 달라는 것도 아니고 돈 내고 사겠다는데 그 부탁을 못 들어주니 정말 답답한 노릇이었다. 머리 좋은 이사는 저녁 7시부터 다른 프로를 모두 폐지하고 공연실황을 생중계하는 기지를 발휘해 어려움을 모면하기도 했다. 선거도 그렇지만 공연의 표는 더할 나위 없이 중요하다.

2. 세 번째 다찌마와리

MBC는 참 창의적인 인재가 많았던 모양이다. 일찍이 〈가을맞이 가곡의 밤〉도 만들었다. 1972년 9월 이화여대 대강당에서 시작한 MBC 〈가을

맞이 가곡의 밤〉은 2011년 40주년을 맞았다. 공연 불모지 시절, 국내 최고의 성악가들이 출연해 꾸며온 정통 한국 가곡 공연은 오늘날 국내 공연계의 모태라고 봐도 무방하다. 가을이 깊어가는 광화문 세종문화회관 앞에 바람이 불어오고 낙엽이 흩날릴 때 바바리코트 깃을 올리고 세종문화회관으로 들어가 가곡을 듣는다면 참으로 근사한 장면이 아닐 수 없다.

어느 해인가, 광진구 능동에 있는 리틀엔젤스 예술회관(현 유니버설아트센터)에서 〈가을맞이 가곡의 밤〉을 열었다. 중간 휴식시간이 끝나고, 2부를 시작하면서 가곡 발전에 기여한 인사에게 감사패를 수여하는 의식이 있었다. 시상은 이사가 담당했다. 이사는 인터미션이 약 30분 정도 남았을 때 도착했다. 프로토콜(Protocol: 의전)은 이미 도가 튼 터라 차문을 열어 맞았고, 로비로 올라갔다. 그는 공연장에 들어가지 않고 그곳에 좀 있자고 했다. 넓은 로비에는 나와 단 둘이다. 그는 나에게 뭔가 까칠한 얘기를 하기 시작했다. 일견 수긍하면서도 스토리가 길어지자 속이 뒤집혔다.

"이사님, 이렇게 조용히 뵐 기회가 없었는데, 질문 하나 드려도 될까요?"

"그래, 해봐."

그는 선선히 응했다.

"얼마 전, 승진 인사에서 왜 저를 누락시켰습니까?"

그는 약간 뜸을 들이더니 대수롭지 않게 말했다.

"그야 다음 기회에 올려주면 되지 뭘 그런 걸 가지고 그래."

"TV 1기생은 다 올려주고, 1기생이 아닌 사람도 올려주면서 저는 빼라고 했다면서요. 저도 라디오로 들어왔지만 분명한 기생(期生)입니다. 이사님이 교양국 만들 때 적임자라고 데려왔지 않습니까?”

1기생이 아닌 인물은 이사와 술도 자주하는 것으로 알려졌다. 그는 모든 인사를 TV 기생 위주로 전위대로 활용하는 경향이 있었다.

“누가 그래?”

“꼭 말해야 합니까?”

“누가 그딴 소리를 해!”

그가 언성을 높였다.

“인사부장이요.”

“뭐 인사부장이 그런 소리를 해? 그런 걸 인사부장한테 물어보면 어떻게 해?”

“그러면 이사님이 승진은 안 시켜주는데 저는 누구한테 물어봅니까?”

이사는 호불호가 뚜렷하고 카리스마가 강해 감히 불만을 말하는 사람이 거의 없었다. 나처럼 이판사판 덤빈 경우는 드물었을 것이다. 술 한 방울 마시고 않고 맑은 정신에 비록 말로 한 ‘다찌마와리’였지만 속이 후련했다.

다른 쪽에서도 내 불만을 전해 들었는지 한 달인가 두 달인가 만에 승진을 시켜주었다. 그러나 그는 나를 국장은 끝까지 시켜주지 않았다. 그가 본사를 떠나 자회사로 가던 날, 나는 국장 보직을 받았다. 이사에게 이임인사를 갔더니 ‘자신이 시켜주지는 못했지만 국장이 되어 축하한다’고 그 간의 미안한 마음을 전했다.

세상사는 참으로 엎치락뒤치락이다. 이때 그는 본사 이사에서 MBC 프로덕션 사장으로 전보되었고, 시간이 흘러 나도 MBC 프로덕션의 4대 사장으로 나갔다. 하늘처럼 높던 그의 뒤를 따라간 것이다.

덧붙일 것은 과거 MBC 사장들은 전 회사에 걸쳐 대체로 키가 큰 인사들을 선호했던 경향이 있다. 그들은 K, P, L, R, K, S, C씨 등이었는데 힘으로 하는 회사도 아닌데 키 크고 체격이 실한 사람들에게 주요 배역을 맡겼는지의 이유에 대해서는 아직도 알 수가 없다. 한두 명을 빼놓고는 그들은 사장도 했고, 전무 등 중역을 맡았고, 지방사 사장으로도 나갔다. MBC 인사의 여러 가지 상황에 대해서는 차후 분석해보기로 한다.

3. 문화사업부가 되다(1993)

문화사업국에서 기획한 행사들이 모두 히트하자 나에게는 사장을 모시고 앞장서서 다니는 임무가 자연히 뒤따르게 된다. 원래 사장은 비서실장 등이 에스코트하게 되어 있지만 행사의 성격상 사업국장이 모시고 가는 경우가 더 많았다. 행사 개관 테이프 커팅은 물론 리셉션과 공연 첫날 관람, 그 밖의 여러 성격의 모임에 안내를 맡게 되고, 거기서 저명인사들에게 인사를 할 기회도 생긴다. 다른 사람들의 눈에는 요즘 말로 대단히 잘 나가는 사람으로 보였을 것이다. 그래서 '사장을 차고 다닌다' 는 말도 들렸다.

당시 사장은 비(非)보도 출신이었다. 지금까지 전 지상파 방송사를 통해서 PD 출신 사장은 그 많은 사장들 중에 단 5명에 불과하다. 당시 사장은 MBC에서 유일한 PD 출신이었다. 그런데 "MBC를 라디오 것들이 다 말아먹는다" 는 이상한 말이 돌아다녔다. '라디오 것들' 은 편성이사, 관리이사, 기획이사, 라디오국장, 총무국장, 그리고 나였다. 진원지는 보도 쪽으로 생각했는데, 관리 쪽도 공감하는 눈치였다. 만약 보도 사이드라면 종래 보도 출신 사장들과 PD 출신 사장간에 여러 가지 측면에서 소통이 부족하고 기자 출신 사장 때보다 승진 등의 배려가 충분치 못했을 거라는 생각을 할 수 있다. 거론된 인사 중 한 명은 시작은 라디오에서 했지만 거의 보도국에서 근무한 인사였다. 그러려니 하면서도 'MBC에서의 내 팔자가 참으로 기구하구나' , '소수의 TK 인사처럼 내가 호가호위(狐假虎威)한 여우 새끼도 아니고 일을 열심히 한 죄 밖에 없는데 이렇게 몰고 가는구나' 하는 좋지 않은 생각을 품게 되었다.

그러나 PD 출신 사장이 퇴임하고 보도 출신 사장이 새로 임명되자마자 불길했던 내 예감은 적중했다. 새 사장은 화려한 행사로 MBC를 빛냈던 문화사업국을 없애고 '문화사업부' 로 격하시켜 버렸다. 전혀 예상치 못한 재빠른 칼놀림이었다. 만약 국장이 맘에 안 들면 바꾸면 되지 건강하고 패기에 넘치는 조직을 무슨 이유에선지 부숴버리니 아연실색하지 않을 수 없었다. 무엇인지 감정적인 보복이 아닌가도 여겨졌다.

내가 문화사업국에서 일을 시작한 1990년부터 1993년까지 4년간 모두 62개의 공연·행사 등을 성공리에 치러냈다. 그 중에는 정트리오, 소피아필, 모스크바합창단, 체코필, 소련국립교향악단, 백남준 퍼포먼스, 루치아

노 파바로티, 호세 카레라스, 볼쇼이 아이스쇼, 비엔나필 등 화려하고 쟁 쟁한 이벤트들이 포함되어 있었다. MBC의 이미지도 고양시켰고, 라이벌인 신문사의 문화사업도 눌렀으며, 수입도 좋았다. 방송 부문은 방송광고공사를 통해서 돈을 받는다. 그러나 문화사업국은 매년 10억 원 이상의 현찰을 회사에 입금했다. 매표 수입 등을 현금으로 받기 때문이다.

이런 무작스러운 칼질은 일본의 무사영화에서도 나오지 않는다. '무작스럽다' 의 뜻은 '보기에 무지하고 우악한 데가 있다' 는 형용사이다. '로닌(浪人)' 은 녹을 받는 사무라이가 주군을 잃거나 혹은 그 가문에서 이탈했거나 하는 '떠돌이 사무라이' 를 일컫는 단어이다. 이들조차 사람의 목을 벨 때는 함부로 칼을 휘두르지 않고, 자기 주군(主君)을 모욕하거나 가난한 자를 죽이려 할 때만 칼을 쓴다. 하물며 낭인도 아닌 한국 최고의 지상파 사장이 엉뚱한 곳에 칼을 사용한 것이다. 전무후무한 사건이 아닌가 한다.

사무라이 이야기를 하나 덧붙이고자 한다.

가난한 무사 집 옆에 떡장수 집이 있었는데 하루는 무사가 집에 돌아오니 어린 아들이 울고 있었다. 그 옆에는 도둑놈이라며 아들을 혼내는 떡장수가 있었다.

"당신 아들은 도둑놈이오. 내 떡을 훔쳐 먹고 도망갔으니 얼른 돈이나 내시오."

무사가 아들에게 물었다.

"떡을 훔쳐 먹었느냐?"

"아닙니다."

"정말이냐?"

"전 먹지 않았습니다."

아들의 대답에 무사는 칼을 빼내 아들의 배를 가른다. 뱃속에서 떡이 나오지 않자, 그 칼로 떡장수를 베고 본인도 그 자리에서 자결한다는 스토리이다.

많이 배운 바도 없고 오직 칼만 쓸 줄 알았던 옛날 사무라이조차 이처럼 사리를 따지고 행동했지 함부로 칼을 날리지 않았다.

국장 자리가 날아간 나는 국장급 심의위원으로 한가한 날을 보냈고, 문화사업부는 침체되었다. 재미있는 것은 '라디오 것들이 다 말아 먹는다'고 얘기한 것으로 의심되는 한 친구도 후에 심의실로 밀려서 왔지만 자신이 실세인 듯 큰 소리를 쳤다는 사실이다. 사장이 심의실의 사정을 살피기 위해 일부러 그를 간자(間者)로 심어놓은 것인지는 알 길이 없다.

세월이 흘러 1년 만에 나는 자회사인 'MBC 프로덕션' 사장으로 영전해 잠실에 있는 사옥으로 출근했다.

4. MBC 프로덕션 사장(1993.3)

나는 51세 나이에 사장에 올랐다. 신분은 MBC의 임원이었다. 군인으로 치면 별을 단 셈이다. MBC 체제에서 약간은 비켜나 독자의 의지로 회사를 운영해야 한다. 마치 부모의 품을 벗어나 결혼해 분가해 나간 것과 같은 심정이었다.

그러나 MBC 프로덕션은 안정되고 자리 잡힌 회사가 아니었다. 사장이 1년에 한 번씩 바뀌어 내가 4대 사장이고, PD들은 이런 저런 사유로 본사로부터 튕겨 나온 사람들도 있고, 그 밖의 직원들은 외인부대가 많았다. 회사 경영이 만만하지 않음을 직감할 수 있었다.

본사에서 파견 나온 한 PD는 드라마 제작이라는 이유로 미국 견학 기획안을 올렸는데, 미국 여러 도시를 여행하고 뉴욕에서 유명 뮤지컬을 관람하는 등 호화여행으로 실제 비용의 5배에 가까운 거액을 청구했다. 그는 사장이 바뀌면 즉시 상황을 파악하지 못할 것이기 때문에 과다한 비용을 받아내 한 몫 보자는 못된 심보를 가진 인물이었다. 예나 지금이나 그리고 어디나 그런 사람은 있는 법이다.

검토하게 기획안을 두고 가라고 했더니, 마음 착한 국장을 보내 결재를 해 달라고 떼를 쓴다. 한 사흘 정도 뜸을 들였더니 직접 와서 결제를 요구했다. 교양제작국 초기, 내가 최초로 MBC 해외취재 제작비 매뉴얼을 만들었던 사실을 그가 알 리가 없었다.

"당신이 제작비를 수정해 오겠는가, 아니면 내가 이 자리에서 고칠까?"

그는 자신이 검토해 오겠다고 사장실을 나갔다. 나는 다시 가져온 금액에서 40% 정도를 더 깎았다. 본사의 규정과 현지의 비용을 파악했기 때문이다. 그 친구는 나중에 다른 부문에 가서도 돈으로 인한 문제를 자주 일으켰다. 사장을 허수아비로 본 것이다.

또 직원들은 프로정신도 부족했다. 담당자가 영문계약서 결재를 가져왔는데 무엇인가 허술해 보였다. 그는 영어 실력이 우수하기로 이름난 사원이었다. 꼼꼼히 읽어 보니 영어 조사(助詞) 하나가 잘못 사용돼 몇 만 달러 손해를 볼 가능성도 있도록 기재되어 있었다. 다시 검토하도록 했는데 달라진 것이 별로 없었다. 조사를 지적했더니 그제서야 머리를 긁적이며 '죄송하다' 고 했다. 나는 대학시절 종로에 있는 영어학원의 '타임반' 장학시험에서 장원을 한 적도 있고, 초년에 출판사에서 영어 교과서 15권을 만든 경험이 있었기에 이런 실수를 지적할 수 있었다.

프로덕션이니까 프로를 제작해야 하고 그래야 수입이 확보되는데, 지금은 덜 하지만 당시는 본사에 상당히 의존하지 않으면 안 되었다. MBC 아침 드라마를 프로덕션이 제작해야 월급 같은 수입도 보장된다. 본사 담당 국장은 반말을 섞어가면서 거드름을 피우고, 그 밑 부장조차도 프로덕션 사장을 우습게 취급하기 일쑤다. 마치 다리 밑에서 얻어 온 자식 취급을 한다. 지금 중소기업의 하청업체와 비슷한 상황이었다. 제작한 프로그램을 편성해주는 일도 그들의 손에 달려 있다. 나는 을이고, 그들은 갑이기 때문이다. 본사 때보다 쉬운 일이 하나도 없다.

나는 사장으로서 물불 가리지 않고 돈벌이에 열중했다. 다행히 당시 새로 출범하는 케이블 TV들은 그 많은 시간을 메우기 위해 기존 MBC에서 방송된 프로그램을 절실하게 필요로 했다. 드라마 등 핫 아이템들을 정가(定價)대로 판매해 거액을 벌어들였다. 물론 이 수익들은 대부분 본사로 들어간다. 왜냐하면 MBC가 100% 출자했기 때문이다. 반면 신규 사업을 창출하고, 기존 비용은 절감하도록 애썼다. 경제과 출신인 내가 PD 노릇을 하면서는 전공 활용이 미미했는데, 이 때 만큼은 경제학·경영학·인사 관리 지식이 크게 도움이 되었다.

어느 정도 시간이 지나자 회사는 안정권에 들어섰다. 사장 첫 해에 120여억 원 매출에 세후이익 24억 원이라는 예상외의 성과를 올렸다. 사장 노릇이 재미도 생기고 뿌듯했다. 따라서 잉여금도 증가했다. 가을에 접어들어 중추절이 되었다. 추석 보너스를 주어야 하는데 이것이 문제가 된다. 급여도 본사보다 훨씬 작았고, 보너스는 본사의 70% 정도인가 하는 회사 규정에 묶여 있었다. 국장과 부장들은 "우리가 열심히 해 많은 수익을 올렸으니 보너스는 평소보다 증액해야 한다" 고 나에게 의견을 냈다. 무리한 청원이 아니었다. 본사와 사전 의견 교환을 했더니 엔지니어 출신인 기획부장은 불가(不可)를 통보했다.

고민에 고민을 거듭하지 않을 수 없었다. 사생결단으로 결론을 내야 사원들의 사기도 올리고 사장으로서 체면이 선다. 보너스 하루 전날 밤, 국장들은 나에게 저녁을 대접하면서 전무 댁에 찾아가 담판을 지을 것을 간절히 부탁했다. 프로덕션 상무와 함께 밤 10시에 전무의 집을 찾았으나 술을 좋아하는 전무는 귀가하지 않았다. 응접실에서 기다리는데, 새벽 1시가 돼서야 들어섰다. 사유를 설명하고 보너스 증액의 요구가 관철되지 않으면 응접실에서 한 발짝도 나가지 않겠다고 선언했다. 난감해진 전무는 나를 달래었고, 마지못해 나왔지만 성공여부는 확신이 서지 않았다. 그러나 다음 날 아침 MBC 프로덕션 보너스 증액은 승인되었다. 전무는 MBC에서는 드문 서울대 상대 출신으로, 합리적이었다.

MBC 프로덕션 사업에는 MBC 제작의 프로그램을 해외에 판매하고, 또 애니메이션 등을 수입해 공급하는 업무도 포함되어 있었다. 나는 직원들과 팀을 구성해 매년 4월 프랑스 칸에서 개최되는 '밉(Mip) TV'에 출장을 떠났다. '밉 TV'는 TV, 비디오(DVD), 다큐멘터리, 미니시리즈, 애니메이션 등을 전시 판매, 구입을 위한 세계적인 견본시(見本市)이다.

파견될 팀을 꾸리면서 담당부장에게 직원을 추천하라고 했더니 명단을 냈다. 그 중에는 A와 B가 후보였는데 입사연도와 직급이 비슷하지만 자신은 B를 선택했다고 말했다. 이유는 그가 영어와 일본어 등에서 약간 유리하다는 것이다. 나는 다시 A에게 내년에 꼭 보내주겠다는 약속을 전하라고 했고, A는 알겠다고 수긍했다고 해서 안심하였다.

'칸'이라는 지역은 프랑스에서도 가장 낙후된 작은 어촌이었다. 니스 공항에서 거슬러 올라가 차로 40분 거리에 있었다. 니스도 어촌이기는 마찬가지였는데, 비가 자주 오고 날씨가 나쁘기로 유명한 영국의 부호들이 작은 배를 타고 니스로 건너와 추위를 피하게 되어 유명한 도시로 발전한 역사를 갖고 있다. 그래서 '니스 이즈 나이스(Nice is nice)'라는 말이 생겨났을 정도이다. 1932년 이탈리아 정부가 베네치아 영화제를 개최하자, 프랑스 정부도 이에 질세라 1939년 9월 1일 제1회 개최를 목표로 칸 영화제를 기획하였으나 히틀러의 폴란드 침공으로 연기되었다가 1946년 9월 20일 임시정부의 승인 아래 18개국의 영화를 모아 영화제를 개최하였다.

칸 영화제는 영화의 예술적인 수준과 상업적 효과의 균형을 잘 맞춤으로써 세계 영화의 만남의 장으로서 명성을 얻게 되었고, 세계적으로 인정

받는 감독들이 많이 참여하여 세계적인 영화산업의 집결지가 되어 갔다. 칸 영화제의 명성을 배경으로 1963년 '밉 TV'가 개최되어 단시간에 유명해졌다. 그 후 칸은 팝송 등 몇 가지의 마켓이 추가되어 경쟁력 있는 견본시장으로 도약했다. 칸과 니스 해안가를 끼고 절경을 보면서 달리면 모나코의 몬테카를로가 나오고, 그곳에서 모나코 왕궁과 유명한 도박장을 구경할 수 있어 참가자들의 관심을 집중시켰다.

현지에서 KBS의 세력은 강력했으나 우리도 부스를 차려놓고 상담과 판매에 열중해 홍콩 Star-TV 등에 상당한 매출을 올리는 등 소기의 성과를 거두었고, 본사 영화부 직원들까지 니스 해산물 식당에 불러 단합대회도 열었다.

그런데 호사다마(好事多魔)라고 칸에 불운의 살(煞)이 끼었는지, 프로덕션에서 전화가 왔는데 앞의 A라는 친구가 연예담당국장의 비리를 본사 감사실에 투서해 발칵 뒤집혔다는 내용이었다. 해당 국장에게 보복하려는 것보다 사장인 내가 칸에 보내주지 않은 것에 앙심을 품고 저지른 행동으로 여겨졌다. 칸에서의 나머지 업무가 편할 리가 없었다.

5. 장도(長刀)에 찔려 절명하다(1995)

귀국해서 투서의 내용을 조사해보니, 투서를 당한 주인공인 국장이 조선일보 행사의 연출 등을 도와주고 500만 원인가를 받았는데 이것을 프로덕션에 보고도 하지 않고, 입금도 안 시키고 횡령했다는 것이었다. 그를 불러 사안을 확인했더니 모두 사실이었다. 그리고 그는 MBC 본사에서도 같은 사례가 여러 번 있었던 것을 알고 있어 별 문제가 없는 것으로 이해하고 이런 일을 했다는 진술과 함께 그 액수를 변상·입금하겠다고 말했다.

상무를 감사실에 보내 전말을 보고했더니 분위기가 냉랭했다. 그 이전에 감사 부문의 고위임원으로부터 전화를 받은 적이 있었다. "나에게 개별 보고도 없이 큰 사업을 맘대로 결정하느냐" 는 것이다. 사실은 사과할 일도 아니고, 정식 결재라인을 거쳤기 때문에 문제될 것이 없었다. 그러나 좋은 게 좋으니 하는 마음으로 사과하고, 점심도 대접했다.

그 꼬투리는 MBC 프로덕션이 (주)신세계 백화점으로부터 '홈쇼핑' 에 진출하자는 제의를 받은 바 있는데 그것으로부터 비롯되었다. 홈쇼핑의 운영은 자신들이 책임지고, 방송은 MBC 프로덕션이 맡아달라는 '딜' 이었다. 나로서는 전혀 나쁠 것이 없는 카드였다. 신세계와 컨소시엄을 만들어 서류를 제출했다. 그러나 정치적인 로비가 약했는지 신세계가 너무 센 회사여서인지 실패하고 말았다. 주무관청에서 완벽한 조건을 갖춘 후보를 떨어트린 것이 미안했던지 기(旣) 승인된 '삼구 홈쇼핑' 에 투자를 해도 좋다는 자격을 부여했다. 지금도 홈쇼핑은 돈을 잘 벌지만 그 때는 최초였으니 얼마나 전망이 좋았겠는가! 해외 자료를 모두 조사해보고 1억2천만 원을 투자했다. 감사실 고위임원은 이 건에 대해 자기에게 사전 보고가 없었다는 사실에 대해 계속 반감을 가졌던 모양이다. 이 주식은 내가 MBC 프로덕션을 떠난 지 한참 후 120억 원의 가치가 되었고, 그 주식을 팔아 MBC 프로덕션의 재정에 큰 도움을 준 바 있다.

감사실에서는 대대적인 수사(?)가 진행되었다. 여러 사람을 소환해 진술을 들었고, 여기에 상무와 나도 포함되었다. 감사실 직원들은 완전히 어떤 결론을 갖고 진행하는 느낌이 들었다. 우리는 피의자에서 범죄자 신분으로 점차 바뀌어 갔다. 그는 사장과 상무가 회사 업무를 태만하게 운영한 책임을 물어야 한다는 결론을 내고 본사 사장에게 이 사실을 보고했다.

임시 주총 하루 전날, MBC 사장이 나를 호출하더니 "이번 사건은 피할 수가 없으니 사표를 내줘" 라고 요구했다. 프로덕션 사장이 사원의 뒤를 일일이 따라다닐 수도 없는 일이고, 경고 등 여러 가지 조치가 가능할 텐데도 무조건 사표를 요구했다. 당시 본사 연예 파트에서 PD가 외부행사를 해주고 돈을 받은 유사 사례도 얘기했지만, 그것을 일거에 무시했다. 또한 1994년 MBC 프로덕션의 매출액은 124억 원이나 됐다. 영업이익이 34억 원을 기록했는데, 내가 사장이 되기 전년도는 9억5천만 원이었으니 3.57배나 신장시켰다. 세후이익은 24억 원이었다. 당시 관계회사의 수익으로는 정말 대단한 액수였다. 사장은 그런 실적은 안중에도 없는 모양이다. 그해 MBC 본사의 세전이익이 292억 원이었으니 조그만 회사가 본사의 1/10 수익을 올렸는데도 그것은 아무 상관이 없었다. 순전히 기획수사였으니까.

"사안의 경중을 따져 징계를 내리든지 하면 받아들이겠지만 사표는 못 내겠다" 고 버티었다. 그는 나를 달랬다.

"최 사장! 당신과 나는 대학동문이고, 당신과 척(원수)지고 싶지 않다."

"내가 내년 주총 때 지방사 사장 한 자리 줄 테니 걱정 말고 사표를 내."

"그럴 거면 지금 사표를 받지 말면 되지… 각서를 쓸 수 있습니까?"

그는 속이 다 들여다보이는 꼼수쓰기를 서슴지 않았다. 대화는 거기서 중단되었다. 나와 상무는 8월 임시 주총에서 해임되었다. 그들은 파리 한 마리를 죽인 정도였다. 경영자로서 무자비하고 무식한 처사였다.

나중에 취재력을 발휘해 알아낸 바로는, 나를 쫓아낸 감독·주연은 TK 출신으로 1980년 '언론인 강제해직' 이후 들어온 낙하산 196명으로 알려진 사람 중의 하나였다. 대구의 한 고등학교를 졸업한 인사였다. 그와 같은 반에서 공부했던 동창생에게(그도 MBC 출신이다) '홈쇼핑 건' 으로 인품을 물어봤더니 학생 때도 '모사꾼' 이었다는 얘기를 들은 적이 있다. 그는 TK 의 강력한 후원에다 두뇌 회전이 빨라 본래 MBC 출신보다 승진도 승승 가도였다. 그러나 평판은 좋지 않았다. 고위임원까지 천수(天壽)를 다하고도 재단에 몸담았다가 재주가 좋아 본사로 건너왔다. 비유하자면 2월에 '수사관' 으로 본사에 왔는데 3~4개월이 지나도록 범인체포 실적이 없자 이를 만회하고자 '기획수사' 에 착수해 성공한 것이다. 본사 사장도 자신의 영위를 위해 그때까지 잔존해 있던 TK 세력에 굴복하지 않을 수 없었을 것으로 추측한다. 자기 살자고 남을 죽이다니… 기획수사는 특정 목적 아래 혐의를 만들어 죄를 얽어매는 방법을 말한다.

후에 나는 재단이사장과 한 이사에게 이 내용을 들어 확인했다. 자기와 관계가 좋은 TK 인사에게는 두 번씩이나 사장 자리에 오르도록 도움을 주고, 사소한 감정을 갖고 나는 사장에서 잘렸으니 운수불통이라고 생각하기에는 사안의 중대성이 심각했다. 이미 본사의 임원자리에 오른 기생(期生)들, 심지어 라디오 동기조차 모두 무심했다. 요즘의 판사회의를 소집하는 판사들과는 아주 다르다. 사장에게 말 한마디 해준 사람이 없다. 미지의 경쟁자 한 사람이 낙마해 오히려 기분이 좋았을 수도 있다. '남의 불행이 나의 행복' 이라는 말이 딱 맞다. 세상은 그렇게 비정한 것이다. 그 TK 인사는 나중에 MBC를 고소한 바 있고, 매우 불행한 종말을 맞았다.

직장인으로서 또 나이 들어서 'TK와 사장이 자신의 체면과 업적을 올리기 위한 이유' 때문에 직업을 빼앗기니 마음은 절통했다. 변호사를 선임해 고소작업에 들어갔다. 수임료를 건네기 직전 다시 한 번 고소를 해야 할지를 고민했다. 마침, 내 사건 전에 지방사 사장으로 근무하다가 해임된 선배가 생각나 어렵게 전화 통화를 할 수 있었다. 그는 MBC를 고소한 바가 있었고, 당시는 신앙인이 되어 교회에서 살다시피 한다고 했다.

"남의 결정을 이래라 저래라 말하기 어렵다… 그러나 같은 사정을 미리 겪은 선배로서 지금의 심정을 표현하면 '자신이 오래 다닌 회사' 를 어떤 이유에서든지 고소의 방법으로 해결하려 한다면 '윤리적' 인 면에서 좋은 소리를 듣기 어렵다."

그는 정중하고 진실된 목소리로 충고를 해주면서 자신의 고소도 바람직하지 않았다는 소회를 비쳤다. 지금 생각해도 정말 존경스러운 선배였다.

골프를 쳐도 잘 맞지 않고, 영화를 봐도 내용이 들어오지 않고, 책을 읽어도 글자가 어지럽다. 분노를 이길 방법은 술 마시고 잠자면서 잊어버리는 것이 유일했다. 나는 그해 8월에서 12월까지 5개월 동안 집에 있는 술은 물론 친척집에 있는 술까지 전부 가져와 양주 40여 병을 모두 마셔버렸다. 건강도 나빠지고, 거의 폐인의 지경에 이르렀다.

다음해 1월부터 'MBC 아카데미' 교수가 되었다. 종전에는 연봉 1억 원 정도를 받았는데, 월 300만 원의 급여를 받았다. 그러나 그것은 매우 다행스러운 일이다. 돈보다는 일 할 곳이 생겼기 때문이다.

투서질을 한 장본인인 A는 얼마 후 이민을 떠났다. 자신을 돌보아준 다른 부 부장에게 거액의 돈을 빌려 갚지 않고 캐나다로 줄행랑을 쳤다. 젊은 친구가 어떻게 그런 식으로 인생을 사는지 어이가 없다.

덧붙일 것은, 이런 1년짜리 사장이 내 앞에 3명이 이미 있었고, 3년 임기를 채운 사장은 불과 손가락을 꼽을 정도였다. 이 회사는 2010년에도 1년 만에 사장과 이사를 바꾸었다. 집에 도착하자면 아직도 멀고 먼데 버스를 타고 한 정거장 만에 내린 꼴이다. 그들은 무엇을 타고 어떻게 집에 가야 하나? 돈도 없는데…

내가 이런 일을 당한 후에도 유사한 임기 중 '목 자르기' 인사가 자주 발생했다. (2005년) 3월 MBC 최문순(崔文洵) 사장 취임 후 교체된 MBC 전 지방사 및 계열사 임원 16명 중 8명이 11일 최 사장을 상대로 서울중앙지방법원에 총 1억 원의 '불법 행위로 인한 손해배상' 소송을 청구했다. MBC

계열사 임원들이 회사 측을 상대로 집단 소송을 내기는 이번이 처음이다.

이번 소송에는 H 전 춘천 MBC 사장, E 전 제주 MBC 사장, K 전 안동 MBC 사장, Y 전 삼척 MBC 사장, K 전 포항 MBC 사장, P 전 MBC 아카데미 사장과 C 전 MBC 프로덕션 이사, J 전 MBC 아카데미 이사가 참여했다.

이들은 소장에서 "법적으로 임기가 보장된 임원들에 대해 경영상 아무런 하자가 없는데도 불구하고 집단 사표를 제출하게 해 중도 퇴진시킨 것은 불법 부당한 처사" 라고 주장하고 "명예회복을 위해 법정 소송에 착수한다" 고 밝혔다.

6. MBC 퇴직 후 대학 교수로

MBC 아카데미는 기자나 PD, 구성작가, 카메라맨 등을 교육하는 직업교육기관이다. 나는 이곳에서 PD와 구성작가 부문을 하루 6시간씩 강의를 하면서 시간을 보냈다. 강의를 하자면 강의 자료가 충분해야 하고, 이론적 근거가 분명해야 하며, 비디오 모니터도 병행하지 않으면 안 된다. 가르치는 일이 적성에 맞았는지 지루한 줄 모르고 강의록을 만들어 갔다.

그 즈음 성균관대학교 신방과에서도 5학기를 강의하고, 1998년 2월 말 동덕여자대학교에서 '방송연예과' 가 신설되자 아예 자리를 옮겼다. 이로써 나의 29년간의 'MBC 드라마' 는 종료되었다.

이렇게 회고해 보니, 직장인으로 한 회사에서 29년을 봉직한 것은 대단한 행운이고 복이다. 더구나 내가 MBC에 다닌 기간은 화려하기 그지없는 시절이었다. 내가 거기에 조직의 일원으로 근무했다는 것은 자랑스럽고 자부심도 느낀다. 이미 술회한 바대로 크고 작은 일이 있었지만 어느 회사에 다녔어도 어찌 그런 일이 왜 없었겠는가? 만약 내가 라디오에 계속 있었다면 라디오 국장과 지방사 사장을 하면서 비교적 순탄하고 편안하게 MBC 생활을 영위하지 않았을까도 생각해본다. "교양의 장점이니 뭐니…" 해서 텔레비전으로 건너가 호된 시련을 겪었으니 좀 억울한 면도 없지는 않다. 그러나 현대의 총아인 TV를 경험한 것은 높은 산을 오른 것이라 후회는 없다. 단지 고단했을 뿐이다.

나 스스로에게 비록 나이가 젊었었지만 인내심이 매우 부족했다는 아쉬움 또는 결점을 반성한다. 그까짓 승진이 3개월 또는 반 년 늦었다고 아니 1년 더 걸렸다고 뭐 그리 큰 문제가 될까 하고 지금에야 생각하지만 연속극처럼 그런 굴곡과 갈등이 그치질 않았으니 인생사는 글자 그대로 '연극' 처럼 굴러갔다. 그러나 그때는 참을 수가 없었다. 수양이 부족한 탓이다.

또한 내 위에서 고위간부로 일했던 사람들도 때로는 너무 비이성적 개성에 치우친 경향을 보였고, TK 두 명과 한 명의 고위간부는 거대 조직을 이끌기에 과연 적합한 인물들이었는지 하는 의문을 지금도 갖고 있다. 내가 자리를 얻었으니 "내가 이익이 되고 유리한 대로 마음대로 하겠다" 는 자세는 언론사 고위간부로서 경영적·도덕적·윤리적으로 부적절한 처사이다. 이 문제는 원천적으로는 이들을 임명한 당시 정권에도 책임이 있다. 충성스러운 자세만 보이면 무조건 갖다 심었다. 그들이 정권의 충성 외에 무슨 짓을 하든 그들은 문제를 삼지 않았다. 그리고 그 권력 뒤에서 호가 호위하는 사람들조차 좋은 자리를 차지했다. 급(級)이 안 되는 사람들이 다. 당시 정권의 미숙이다. 뿐만 아니라 그들의 힘을 빌려 무소불위(無所不 爲)의 행동을 서슴없이 벌인 것에 대해 지금 어떤 생각을 하는지도 의문 이다. 이들을 '개털' 로 매도하는 사람들도 자주 목격한다. 그러나 이미 모 두 과거지사이다.

대학교는 방송사와는 체제와 환경이 너무 다르다. 8평 교수실에 묶여 주어진 강의에만 매달려야 하고, 또 방송 부문은 아마추어 교수로 취급받 기 일쑤이고 박봉이었다. 대학교는 무엇보다도 학위가 중요하다. 교수는 무조건 박사여야 하고, 예체능계라도 최소 석사는 있어야 한다. 내 최종 학력은 서울대학교 신문대학원 수료이다. PD로서 일도 바쁘고, 저녁에 술 먹을 일도 많아 논문을 마칠 3년 기한을 넘겨 석사논문을 쓰지 못했다. 그리고 그 효용성도 그다지 중요하게 여기지 않았다. 참 어리석은 생각이 었다.

대학에서 생성(生成)하자면 최소한 석사가 필요하기 때문에 연세대학교 언론홍보대학원 방송·영상 전공에 들어가 2년 반 만에 학위를 취득했다. 동덕여대에서 강의를 마치고 교수실에서 기다리다가 월곡동에서 내부순 환도로를 타고 거의 1시간을 걸려 홍보대학원 강의실에서 3시간짜리 강 의를 주 3일을 들었다. 한 강좌만 들어도 되는데 다른 한 강좌를 들어 한

번 가서 6시간을 공부했다. 강의를 하고, 또 강의를 듣는 만학(晩學)이라 고단한 일과이지만 재미가 있었다. 가락동 집에 오면 11시가 넘기 일쑤다.

그러다 동덕여대 공연예술대학 학장을 맡아 3년 동안 대학행정도 체험했다. 4년제 대학에서 학장직을 맡은 사람은 내 앞에 연출가 전세권 씨가 잠깐 학장을 수행했고, MBC 기자 출신인 하영석 씨가 동아방송예술대학에서, 또 KBS의 심갑섭 씨가 대구에서 학장을 지낸 바가 있다. 나는 후에 인하대 언론정보학부에서 7학기 동안 객원교수로도 일했고, 경원대 신방과에서 2년 동안 매스컴 관련 강의를 맡았다. 방송인으로서 교수로 자리를 잡는 것은 쉬운 일이 아니다. 모두 박사 학위가 없는 때문이다. 1998년 학과를 창설하고 초창기부터 일한 탓인지 지금도 동덕여대에서 강의를 계속하고 있다.

대학은 무엇보다 연구 실적이 중요하다. 저서가 있으면 큰 도움이 된다. 그래서 책을 쓸 작정을 하고 2003년 〈텔레비전 다큐멘터리 제작론〉이라는 558페이지 분량의 책을 냈다. 또 내쳐서 2004년 〈한국 다큐멘터리 비평〉을 출판했고, 2011년에 575페이지의 〈대중문화의 이론과 현장〉을 간행했다. PD에서 사장, 사장에서 교수, 교수에서 글 쓰는 길을 걷고 있는 셈이다. 처음 사회에 발을 디딘 것이 교과서 제작 출판사였고, 이어진 인쇄소 레이아웃맨, 방송잡지 기자 경험이 큰 도움이 되었다. 그리고 2002년부터 6년간 충남 홍성에 있는 케이블 TV '모두방송' 사장으로도 재직했다.

7. 영화의 강물에 빠지다

나는 교수 노릇을 하면서 1997년 공연윤리위원회(현 영화진흥위원회)에서
수입외화 심의위원으로 일한 적이 있다. 여기서는 영화를 보고 윤리문제,
문화적 측면, 폭력, 에로티즘 등을 판단한 후 위원들의 토의를 거쳐 이 영
화들을 수입해 국내에서 상영해도 문제가 없는지를 판단하는 것이 주요
임무였다. 물론 강제적인 수행을 해야 하는 것이지만, 방송국 시절에 시간
이 바빠 영화를 많이 못 본 갈증을 마음껏 풀 수 있어 좋았다. 이문동까
지 먼 길을 가야하는데도 심의날이 기다려지기까지 했다.

나는 초등학교 시절 부친이 중앙극장의 임원으로 계신 적이 있어 늘 극
장표가 있었고, 중학생이 돼서도 영화를 많이 봤다. 당시는 아침 7시경 학
생들을 위해 명화 특별상영을 했기에 어머니에게 극장 값을 받아 빠지지
않고 명화를 관람했던 기억이 난다. 고등학생 때도 중간시험을 마치고 명
동 시공관(옛 국립극장, 현 명동예술극장)으로 달려가 킹 비더 감독, 오드리 헵번,
헨리 폰다, 멜 퍼러, 비토리오 가스만이 출연한 〈전쟁과 평화〉를 연속으로
3번을 본 일이 있다. 톨스토이 원작을 영화화 한 것인데 작품성도 돋보였
고, 오드리 헵번의 연기와 '나타샤 월츠 장면' 등 고등학생의 감성을 자극
하기에 충분한 작품이었다. 이 영화는 당시로서는 대작으로 러닝타임이
3시간 28분으로 점심과 저녁을 쫄딱 굶고 보았는데, 극장을 나오니 밤 11
시가 넘어 기진맥진해 집으로 돌아갔다. 특히 대학에 들어가 경제학 공
부는 등한시하고 극장을 순회하면서 영화만 보러 다녔다. 지금의 조선일
보사에 붙어 있던 '시네마코리아'는 입장료도 싸고 '2본 동시상영'으로

두 편의 영화를 마음대로 볼 수 있어 자주 갔다.

　수입영화 심의로 내 침잠해 있던 영화의 불은 다시 점화된 셈이다. 이 위원회 임기가 끝나고 영화에 대한 애착을 이어가고자 당시 심의위원이었던 지금의 상지대 총장 유재천 교수, 이화여대 정치학자 진덕규 교수, 연세대 교육학자 김인회 교수, KBS 본부장을 역임한 강병우 씨, 영화전문가 김성원 씨와 나 이렇게 6명이 영화보기 모임을 만들어 한 달에 한두 번씩 영화를 보고 의견을 나누는 시간을 갖고 있다. 어느 새 15년의 세월이 지나갔다. 이 분들 중에 특히 김인회 교수는 영화 DVD 수집가였다. 그의 영향을 받아 나도 DVD 컬렉션에 뛰어 들어 그간 1,400여 장의 영화를 수집했다. 1년에 100장 정도 샀다. 돈도 많이 들었지만 희귀 영화를 수집하는 일은 정말 재미있다.

　이런 영화의 지식과 정보를 가지고 '영화의 이해' 강의도 하고 있고, 2011년에 출간한 〈대중문화의 이론과 현장〉이라는 책에서 상당 부분을 영화 이야기로 엮은 바 있다. 좋은 영화를 만나는 것은 낚시터에서 큰 고기를 낚아 올리는 것과 비슷한 느낌이다. 싱싱함이 있고 무게감이 있어 뿌듯하다. 영화는 세상과 인간의 축도(縮圖)이고, 전쟁·인생·사랑·희생·열정·이상(理想)·도전·좌절·극복·화해 등의 셀 수 없는 주제와 스토리들이 펼쳐진다. 이것들을 모두 머리와 눈으로 만져볼 수 있으니 얼마나 기분 좋은가! 영화는 아내와 함께 인생의 동반자이다.

8. 방송위원회의 '이 달의 좋은 프로그램' 심사위원(2000)

대학교는 교수의 대외활동에 호의적이다. 일종의 홍보효과와 네트워크 활용 때문이다. 나는 언론홍보대학원 시절 '편성론' 을 들었는데, 강사는 강대인 교수였다. 그는 대구 계명대 교수였다가 방송위원, 또 위원장이 된 바 있다. 그의 강의를 들으면서 나는 리포트를 매우 세밀하게 정성껏 써서 제출했다. 물론 좋은 학점을 받기 위한 목적이다. 나중에 어떤 기자를 통해 들었는데 강 교수는 이런 리포트들을 빨간 밑줄을 치면서까지 사무실에서 꼼꼼히 검토하는 광경을 목격했다는 것이다. 여기서 내 리포트가 그의 눈에 뜨인 모양이다. 그래서 나는 방송위원회 '이 달의 좋은 프로그램' 심사위원에 추천되었다. 1년이 임기인데 내리 3년을 했고, 2007년에도 1년을 더 했다. 모두 매우 이례적인 일이다. 또 EBS 시청자 위원도 3년이나 했다. 혹자는 MBC에서 많이 도와준 모양이라는 얘기들을 했지만, MBC는 단 한 번도 나를 거론한 적이 없다. 한번 나간 사람은 보도국 출신 외에는 거들떠보는 법이 없다.

'이 달의 좋은 프로그램' 으로 선정되면 해당 PD나 기자는 승진 등에서 약간의 가산점을 받고, 그 회사 사장도 하나의 업적으로 평가받는다는 얘기를 들었다. 또 연말에는 기획안 심사를 통해 당시 2,000만 원, 3,000만 원, 최대 5,000원까지 제작지원금을 주었다. 심사위원들은 나보다 경륜이 높은 분들이 많았고, 편성, 드라마, 보도, 라디오 전공자들로 KBS와 MBC, 교수 출신 등으로 구성되어 있었다. 수상을 가장 많이 하는 부문은 TV 다큐멘터리였고, 나는 다큐멘터리 전문가로 인정받고 있었다. 작품 선정은 매우 까다로운 절차를 거쳤는데, 방송위원회 직원들의 예심을 거친 작품들을(테이프, DVD) 사전 택배로 보내고 위원 개개인이 집에서 세밀히 모니터해 회의에 나오는 식이었다. 결선심사에는 KBS와 MBC 작품들이 많이 올라온다.

이때 KBS 출신 위원과 MBC 출신 위원 간에는 서로 눈치를 볼 수밖에 없다. 아무래도 내심 친정 편을 들어야 하는데 속내를 드러내기도 타 심사위원이 있어 어렵다. 나는 강력한 주장을 펴는 대신 설득적으로 의견을 개진했다. 더욱이 교수 일을 해 프로그램의 장·단점, 작품성과 완성도, 시청흡인력 등을 메모해 가서 설명함으로써 다른 위원들의 동의를 얻어내는 경우가 많았다. 그렇게 나는 MBC 쪽에 많은 상을 받게 했다. 물론 다 좋은 작품들이었지만 모두 고만고만한 것들이 올라오기 때문에 작품성과 완성도를 결정회의에서 어떻게 표현하느냐가 관건이다. 나의 이런 노력으로 본사와 MBC 지방사 프로그램들이 많이 수상했고, 연말 기획안 상에서도 5,000만원을 받게 해준 경우도 있었다. 어느 해인가 MBC를 밖에서 도와준 퇴직사원 몇 명을 김중배 사장이 주최해 모임을 가진 일이 있었는데, 나도 거기에 끼어 저녁을 얻어먹은 적이 있다. MBC 교양국, 또 MBC 프로덕션 시절에 PD로 내 속을 많이 썩이고 나간 과거 부하들에게도 그때를 잊고 도움을 주었다.

정확히 따지면, 내가 교수 노릇을 할 수 있고 또 방송 관련단체 일을 할 수 있었던 것은 모두 29년을 재직한 MBC의 덕이다. 그 은공은 잊을 수가 없다. MBC에 다니면서 아내를 만나 결혼을 했고, 아파트를 장만했으며, 아이를 낳아 유학도 보냈고, 결혼도 시켰다. 물론 앞에서 이야기했듯이 중간에 문제가 없었던 것은 아니지만 그것과 MBC라는 조직 자체는 별개의 문제라고 볼 수밖에 없다. 크게 보면 MBC에서 한 시절을 정말 잘 보낸 것이다.

1985년 이래 'TK의 MBC 상륙작전' 부대에 끼어들어와 MBC에서 후한 대우를 받고 지방사 사장직에 오르기까지 했으면서도 MBC에 대해 까칠한 목소리를 내는 경우를 듣고는 '배은망덕', '굴러온 돌 박힌 돌' 이라는 말이 생각난다.

제9장
방송사 경영

아래의 내용들은 MBC 내부의 문제라기보다 우리나라 방송정책을 세우고 수행하는 정치권 또는 정권으로부터 비롯됐다는 점을 전제하고자 한다. 따라서 최근 10~20년 동안, 또 현재 시점에서도 방송사는 전쟁터로 변하고 있는 점에 대해 매우 안타깝다는 배경에서 이야기를 펼치고자 한다. 그런 이유로 기자 출신 전체를 대상으로 한 견해가 아니라는 점을 미리 밝힌다. 어느 면에서는 기자가 피해자일 수도 있다는 사실도 지적한다.

앞으로 정권과 정치권은 언론을 이용해 덕을 보려는 그런 상황을 도출하지 않았으면 하는 간절한 염원을 가져본다. 즉, 정권이 언론을 공정하고 정당한 방향으로 나가도록 육성하지 않으면 안 된다는 취지이다. 여기에 꼭 맞는 기사가 있다. 제목은 '정부는 비판적 기사를 선물로 받아들이라' 이다. 101)

「워싱턴포스트는 3월 21일, 게이츠 전 미국 국방장관이 최근 미 행정학술원(NAPA)에서 공로패를 받으며 행한 연설을 소개하는 기사에서 "워런 버핏이 '오마하의 현인(sage)' 102) 이라면 로버트 게이츠는 곧 '위치타의 현자(wise)' 로 불리게 될지 모른다." 고 썼다. 부시 대통령과 오바마 대통령에게 연이어 신임을 받으며 4년 7개월간 펜타곤의 수장을 지내다 지난 해 7월 퇴임한 게이츠는 미 행정학술원 연설에서 "행정부는 비판적 기사를 '선물' 로 받아들이라" 고 충고했다. …(중략)… 게이츠는 "비판적 기사가 나오면

---

101) 조선일보, 2012년 3월 23일.
102) 워런 버핏은 오마하 출신이고, 게이츠는 위치타 출신이다.

방어적으로 움츠리지 말아라. 당신은 지금 '존재하는지도 몰랐던 문제를 고칠 수 있는 기회' 라는 선물을 받은 것" 이라고 했다. 」

정부와 언론 간의 올바른 관계를 매우 정확하게 또 설득적으로 표현한 명연설이다. 민주주의의 수준이 대단히 높은 미국에서의 상황도 이러할진대 우리가 희망을 가질 수 있는지는 미지수이고 불투명하다. 그러나 "정부는 비판적 기사를 선물로 받아들이라" 는 정부도 살고, 언론도 제 길을 찾는 대단히 훌륭한 표현이라고 생각한다.

1. 방송사의 지휘관, 기자 출신 사장 일색

MBC에는 참으로 기자 출신 사장이 많다. 기자 출신이 방송사 사장을 해서는 안 된다는 말이 절대 아니다. 그리고 그 분들이 방송사 경영능력이 부족하다는 뜻도 전혀 아니다. SBS를 제외하고 정권과 방송사의 사장을 임명하는데 있어서 기자 출신 사장에 어떤 연결고리가 되고 있지 않나 하는 의심과 위험성 때문이다. 1987년 12월 9일 MBC 노동조합이 설립된 이래, 정권의 비호를 받는다고 판단되는 사장들에 대한 문제 제기는 끊임없이 이어져 왔다. 노조와 젊은 사원들은 사장과 일부 임원, 고위간부들이 정권을 두둔하거나 눈치를 보고 있다고 심하게 반발해오고 있다. 노조와의 관계에서 전통적으로 대립관계를 야기해 방송사 자체의 문제를 발생시키고 시청자에게 '시청 권리' 를 침해하는 사례를 매우 자주 노정시키고 있는 것이 큰 문제이다.

현실 세계에서 방송사 수뇌부가 정권의 입장을 과감하게 분리할 수 있다면 금상첨화이리라. 그러나 방송과 관련한 법제도나 기타 다양한 문제에서 정부를 완전 외면하기도 쉽지 않으리라 생각된다. 그러면 노조나 사원의 주장을 그대로 수용하면 갈등과 분란이 해결될 수 있지 않을까도 상정(想定)해보지만 꼭 그렇지만은 않다고 본다. 어떻게 해야 해결이 가능할까? 수뇌부는 자신들의 정책과 주장을 굽히지 않고, 사원들은 파업으로 맞서고, 차장 이상 중간간부들은 이러지도 못하고 저러지도 못하는 어정쩡한 태도를 취하고, 프로그램들은 혈압이 떨어져가며 저체온증에 시달린다. 프로그램만 생사의 갈림길에서 헤매게 된다. 쟁의와 파업의 시기에는 방송사의 경영이라는 입장은 소멸돼 버린다. 무슨 방법이든 이 갈등의 고리를 끊어야 할 것이다.

아래의 표에서 보면 역대 사장이 재임명된 것을 제외하면 창사 50년 동안 모두 18명의 사장이 재임했다. 비(非) 보도 출신 사장이 5명이고, 기자 출신 사장은 13명이니까 비보도 출신 사장의 2배가 넘는 인물들이 사장을 지냈다. 비율로는 2.6배이다. 그래서 MBC는 '기자 사장의 왕국' 이라는 별명이 붙게 된다. 1971년 이환의 사장부터 13명이 거의 연속해서 기자 출신이 사장이 되었다. 이 사실에 대해 무슨 유감이 있어서 거론하는 것은 아니다.

이것이 본인들(기자 출신 사장들) 때문인지, 그들을 끌어들인 사람들 탓인지 구체적으로 잘잘못을 따지기도 어렵다. 만약 기자 출신 인사들이 로비를 해서 충성을 맹세하고 사장 자리를 거머쥐었다면 이것은 더욱 원인을 따지기가 사납다. '권언유착(權言癒着)'이라는 표현도 있지만 완전한 '권방유착(權放癒着)'이라 아니할 수 없다. 왜냐하면 최근 세계적으로 개인의 권리와 자유가 한없이 확장되는 추세가 대유행이다. 방송이라고 이런 상황에서 자유로울 수 없다고 진단된다. 그러면 파업 등의 사태는 쉬지 않고 계속될 것이다.

이와 연관된 문제가 하나 더 있다. 보도 출신이 본사 사장을 맡게 되면 자신의 권한으로 행사할 수 있는 지방사, 관계회사 사장 중 좋은 자리는 데리고 있던 기자 출신 부하들에게 자연스럽게 더 많이 돌아갈 수 있다는 개연성이 증가할 수 있다는 점이다. 다른 부문 출신들은 상대적인 박탈감이 생기고, 기자 출신 사장들에게 악의를 품게 된다. 그러면 조직은 원활히 돌아가기가 어렵다. 역대 MBC 사장 내역은 다음과 같다.

순서	연도	성명	전직	비고
초대~ 3대	1961.2~ 1963.3	①김지태	삼화그룹 회장, 부산일보 사장, 부산문화방송 사장, 민의원 의원	자유당 정부
4대	1963.3~ 1964.8	②고원증	제13대 법무부 장관	박정희 정부
5대	1964.8~ 1965.3	③황용주	부산일보 사장	박정희 정부
6대~ 8대	1965.3~ 1971.6	④조증출	의사	박정희 정부
9대~ 12대	1971.6~ 1980.7	⑤이환의	경향신문 정치부장, 전북 지사	박정희 정부
13대	1980.7~ 1982.6	⑥이진희	서울신문 논설위원	전두환 정부

※전두환 대통령 재임기간(1981.2.25~1988.2.24)

대수	기간	사장	경력	정부
14대~ 15대	1982.6~ 1986.2	⑦이웅희	동아일보 정치부장, 청와대 대변인	전두환 정부
16대	1986.2~ 1988.8	⑧황선필	동아일보 정치부, 문공부 보도국장	전두환 정부
17대~ 19대	1988~ 1989	⑨김영수	통신,방송,신문기자, MBC 보도국장	노태우 정부
※노태우 대통령 재임기간(1988.2.25~1993.2.24)				
20대	1989~ 1993	⑩최창봉	한국방송공사 부사장, 방송인	김영삼 정부
21대	1993.3~ 1996.6	⑪강성구	MBC 기자	김영삼 정부
22대	1996~ 1999	⑫이득렬	MBC 기자, 앵커	김영삼 정부
※김영삼 대통령 재임기간(1993.2.25~1998.2.24)				
23대	1999.3~ 2001.3	⑬노성대	MBC 기자	김대중 정부
24대	2001.3~ 2003.3	⑭김중배	동아일보 논설위원	김대중 정부
※김대중 대통령 재임기간(1998.2.25~2003.2.24)				
25대	2003.3~ 2005.1	⑮이긍희	MBC 교양국 PD	노무현 정부
26대	2005.1~ 2008.2	⑯최문순	MBC 기자	노무현 정부
※노무현 대통령 재임기간(2003.2.25~2008.2.24)				
27대	2008.2~ 2010.2	⑰엄기영	MBC 기자, 앵커	이명박 정부
28대	2010.2~	⑱김재철	MBC 기자	이명박 정부
※이명박 대통령 재임기간(2008.2.25~2013.2.24)				

본사의 사장이 기자 출신이 등용되었을 때, 지방사와 관계회사의 사장은 어떤 상황이 되는지 그 일부의 지형도를 살펴보고자 한다. 이들 회사

중에서 도청 소재지가 소위 갑(甲)지이다. 그리고 교통이 서울과 가까운 곳도 선호되고, 제주도 또는 사장으로 거론되는 인사 자신의 태생(고향) 지역도 인기가 있다. 전부는 아니지만 이때 기자 출신들은 다른 부분 인사들보다 적잖이 편의를 볼 수 있다. 다만 갑(甲)인가 아닌지와 경우에 따라서는 임원 인사에서 명수(名數)에도 의미를 부여할 수 있다. 몇몇의 예를 들어보고자 한다.

▷1988년 사장 황선필
*광주-김용균 *대전-이은명 *제주-김기주 *강릉-박기병 *포항-서창식 *마산-정기정. 총 13명 인사 중 6명이 기자 출신이다.

▷1989년 사장 최창봉
*부산-신건식 *춘천-박기병 *전주-김용균 *진주-형진한 *울산-이중 *삼척-박창신 *목포-남궁용문 *포항-장효상 *마산-정기정 *대전-이은명 총 20명 중 10명.

▷1994년 사장 강성구
*부산-이우현 *청주-이상욱 *원주-노영일 *삼척-이양길 *방송문화원-박창신. 총 7명 중 5명.

▷1995년 사장 강성구
*광주-노성대 *전주-이대우 *마산-강영구 *여수-정병수. 총 8명 중 4명.

▷1997년 사장 이득렬
*청주-편일평 *원주 하광언 *충주-신대근 *삼척-이양길(연임). 총 6명 중 4명.

▷1998년 사장 이득렬

*광주-노성대　*전주-장영배　*마산-강영구. 총 10명 중 3명.

▷1999년 사장 노성대

*대구-신대근 *대전-하영석 *청주-박우정　*진주-정국록　*충주-윤호찬　*삼척-김동진. 총 12명 중 6명.

▷2000년 사장 김중배

*울산-김정명 *목포-고진 *원주-윤호찬. 총 5명 중 3명.

▷2001년 사장 김중배

*전주-유희근　*춘천-김용철 *강릉-김동진 *제주-추성춘. 총 9명 중 4명.

▷2003년 사장 이긍희

*대구-김종오　*광주-김택곤 *포항-김승한. 9명 중 3명

▷2005년 사장 최문순

*여수-김상기　*안동-이상근　*충주-이재은　*삼척-구영회　*포항-정기평　*춘천-한병우　*울산-김재철　*대구-박노홍　*광주-김상균　*부산-강중묵.　18명 중 10명.

▷2009년 사장 엄기영

*마산-박노홍　*진주-정일윤　*춘천-정흥보　*삼척-신용진　*여수-서정훈　*대전-유기철　*청주-김재철. 총 19명 중 7명

▷2010년 사장 김재철

*대전-고대석　*전주-선동규　*마산·진주-김종국　*춘천-정흥보　*청주-윤정식 *충주-배대윤 *포항-강성주 *광주-정태성 *imbc-손관승　*스포츠-조기양. 총 26명 중 10명

386

▷2011년 사장 김재철

*충주+청주-윤정식 *목포-김성수 *MBC프로덕션+미디어텍-황희만

MBC는 초창기를 제외하고 딱 2명의 비보도 사장이 재임했다. KBS의 경우도 MBC와 별로 다르지 않다. 4대(1980년) 이후 서영훈, 서기원, 홍두표 사장을 제외하고 1998년부터 내리 5명이 모두 기자 출신이다. 정권이 직접 사장 선임에 관여하는 것은 아니겠지만 SBS의 경우도 윤혁기, 송도균, 안국정 이후에 하금렬, 우원길 등 최근에는 더욱 기자 출신들을 선호한다. 그렇다면 정권이 계속 바뀌어 갔는데도 방송사 사장으로 기자 경력이 있는 사람들을 선정하는 이유는 무엇인가? 그 원인을 살펴볼 필요가 있다.

우선 정권 수뇌부가 기자 출신을 고르려는 의지가 강했다는 가설(假說)이다. 그렇지 않다면 어떻게 한결같이 기자들만 방송사 사장에 오를 수 있는가? 이상하지 않은가? 방송사의 프로그램 구성은 보도(뉴스)보다 드라마, 예능, 교양 및 기타가 훨씬 더 많은 비중을 차지한다. 보도 출신들이 이 부분에 대해 경험과 컨트롤 능력이 뛰어나다고 주장하기는 쉽지 않다. 따라서 현재까지의 자료를 결과물로 본다면 애초부터 정권이 방송을 정권 운영과 권력 수호의 도구로 삼고 있다고 주장해도 아마 반론을 제기하기 어려우리라 생각된다.

둘째로, 각 정권마다 기자들을 선호해 하나의 전통으로 굳어졌을 가능성도 있다. 이런 올바르지 못한 관행은 앞으로 반드시 폐기되어야 옳다.

기자 외의 일반 방송인이 마음에 안 든다면 전문경영인이라든지 그 밖의 사회적으로 존경받는 인사를 앉힐 수도 있다. 그래야 방송사의 갈등과 분쟁은 줄어들 것으로 전망된다.

아래의 KBS의 예도 MBC와 다르지 않다.

※1973년 3월 3일 한국방송공사 창립

1·2대	홍경모	1973.2~1979.2		
3대	최세경	1979.3~1980.7		
4·5대	이원홍	1980.8~1985.2	기자	
6대	박현태	1985.2~1986.8	기자	
7대	정구호	1986.8~1988.11	기자, 청와대 대변인	전두환 정부
8대	서영훈	1988.11~1990.3		노태우 정부
9·10대	서기원	1990.4~1993.3		노태우 정부
11·12대	홍두표	1993.3~1998.4		김영삼 정부
13·14대	박권상	1998.4~2003.4	기자	김대중 정부
15대	서동구	2003.3~2003.4	기자	
16·17대	정연주	2004.4~2008.9	기자	노무현 정부
18대	이병순	2008.9~2009.11	기자	이명박 정부
19대	김인규	2009.11~	기자	이명박 정부

KBS의 도표를 보면 6명의 사장이 임기를 두 번씩 한 것이 하나의 특징이다. 아마도 경영능력이 뛰어났거나 아니면 당시 집권세력과 소통이 잘된 경우 5~6년씩 한 사장으로 묶어 놓아 어떤 갈등을 피한 것으로도 볼 수 있다. 그러나 4~6대까지는 소위 '땡전 뉴스' 라는 별명이 붙은 '정권의 나팔수' 라는 오명을 썼는데, 이때의 사장도 모두 기자 출신이었다.

또한 13대 박권상 사장 이후는 계속 기자 출신이 사장을 맡고 있다. 물론 이런 결과가 KBS 이사회에서 사장을 결정하는 것이기 때문에 민주적인 절차에 의해 이루어진 것은 사실이리라. 하지만 우연인지 필연인지 그 많은 간부들 중에 기자 출신만 사장에 임용되었다면 그 부분은 의심의 여지가 없는 것이 아닐까 한다. 즉 정권의 의지가 개입되었다고 보는 것이다. 앞에서 본 MBC의 사례와 유사하게 이제는 '정권의' '정권을 위한' '기자 출신에 의한' 방송사 경영은 지양(止揚)되어야 할 것이라고 생각한다. 방송사라는 곳은 파업과 쟁의가 난무하는 싸움터가 아니라 창의력이 넘실거리는 정보산업의 산실이 되어야 마땅하다. 뿐만 아니라 기자들 스스로도 정권과 거리를 두는 것도 필수적 사항이라고 판단된다. 디지털 시대의 미디어, 즉 방송·문화·예술 산업은 국가의 기간산업으로써 국제적으로도 강력한 경쟁력을 지니고 있어야 함에도 불구하고 포탄이 작렬하는 처절한 전쟁터에 서 있는 것이 현실이다.

2. 왜곡된 전통

언론인들의 권력 주변과의 연관 문제는 어제 오늘의 일은 아니다. 미국의 경우, 케네디 대통령 시절에 교수와 기자 등을 많이 스카우트해 관리로 등용시키면서 우리나라에까지 영향을 미치지 않았나 하는 생각을 할 수도 있다. 김강석 씨가 쓴 〈언론인의 권력이동〉이라는 저서에는 다음과 같은 내용들이 기술되어 있다. 103)

▷정부의 언론인 충원

1970년대 후반에는 문화공보부장관 김성진을 비롯하여 해외공보관 기구의 대부분이 언론인 출신들이었다. 문공부의 업무 활동 자체가 언론과 깊은 관계를 가지는 것이지만 윤주영이 장관으로 재임할 때부터 일선 기자의 채용이 괄목하게 늘어났다. 1977년 무렵 행정부에 소속된 언론인 출신은 다음과 같다.

＊ 행정부: 김성진(동양통신 정치부장, 문공부장관), 유혁인(동아일보 정치부장, 청와대 정무수석비서관), 이규현(중앙일보 편집국장, 총리 비서실장), 동 훈(경향신문 논설위원, 통일원 차관), 노석찬(서울신문 편집국장, 외무부 본부대기대사), 선우련(조선일보 정치부장, 청와대 공보비서관), 권숙정(대한일보 정치부장, 청와대 비서실장 보좌관), 이광표(중앙일보 편집국장 대리, 청와대 의전섭외 비서관), 한태열(동아일보 사회부, 청와대 공보비서관), 이재관(한국일보 외신부, 청와대 의전섭외 비서관), 박용근(코리아헤럴드 부국장, 청와대 공보담당 비서관), 이자헌(서울신문 제작총국장, 제2무임소장관실 정책조정실장), 이동복(한국일보 정치부 차장, 남북조절위 대변인), 민정기(대한일보 정치부, 총리 공보비서관), 송영대(MBC 정경부장 대우, 통일원 조정관), 문도상(동양통신 부국장, 문공부 홍보조사연구소장), 이경식(동아일보 정치부, 홍보조정관), 이수정(한국일보 정치부, 해외공보관 기획부장), 최재호(조선일보 정치부, 해외공보관 외보부장), 윤기병(중앙일보 정치부, 해외공보관 해외부장), 서병호(중앙일보 외신부, 문공부장관 비서관), 이종률(동아일보 외신부, 외무부 외교연구원 교수) 22명.

＊ 대변인: 임방현(한국일보 논설위원, 청와대 대변인), 서기원(중앙일보 논설위원, 총리실 대변인), 황선필(동아일보 정치부, 문공부 보도국장), 전신병(동화통신 정치부 차장, 통일주체국민회의 대변인), 염길정(한국일보 정치부; 감사원 대변인), 박용근(KBS 정치부장, 경제기획

---

103) 언론인의 권력이동, 김강석 지음, 출판: 새로운 사람들. 2001년 11월 30일. pp.257~258.

원 대변인), **장준봉**(경향신문 경제부장, 재무부 대변인), **노수정**(신아일보 사회부, 법무부 대변인), **정연춘**(동아일보 사회부 차장, 문교부 대변인), **정덕교**(중앙일보 사회부 차장, 체신부 대변인), **서병기**(동양통신 정치부 차장, 총무처 대변인), **이영일**(동양통신 외신부, 통일원 대변인), **이건중**(국제신문 정치부 차장, 원호처 대변인) 13명

 * **해외 홍보**: **이원홍**(한국일보 편집국장), **강범석**(한국일보 정치부), **김수득**(코리아타임스 편집부국장), **박신일**(경향신문 외신부), **박영길**(동양통신 정치부), **유지호**(서울신문 주미 특파원), **윤여준**(경향신문 정치부), **유태완**(한국일보 외신부), **이경문**(동아일보정치부), **양윤길**(코리아헤럴드 정치부), **장덕상**(중앙일보 외신부), **전규삼**(신아일보 정치부), **정기정**(동양통신 정치부 차장), **조봉균**(동양통신 정치부), **최규장**(중앙일보 사회부), **최태순**(동화통신 주일 특파원) 16명

 * **정치부 혹은 탈**(脫)**정치부** 104) : **이진희**(동아일보 청와대 출입기자, 서울신문 정치부장), **이덕주**(한국일보 최고회의 출입기자, 공화당 사전조직), **이만섭**(동아일보 최고회의 출입기자, 정치인) 3명.

 * 제3공화국에서 청와대 출입 후 정치인 변신

경향신문: 정재호, 정남, 윤상철, 김현섭, 김진배.

대한일보: 권숙정, 김준환.

동양통신: 문태갑.

동아일보: 이진희, 유혁인, 이웅희, 최영철, 유경현.

서울신문: 선우련, 이자헌.

신아일보: 김종하.

---

104) 앞의 책, pp.143~144.

조선일보: 이종식, 김용태.

한국일보: 임삼.

합동통신: 박경석.

MBC: 하순봉 21명.

위의 내용은 과거 정권·정치와 인연을 맺은 신문, 통신, 방송의 일부 유명 언론인들의 과거 풍속도이다. 그 숫자가 참으로 많다. 50여 명이 넘는다. 위의 분들 중에는 후에 장관, 국회의원, 방송사 사장 등 요직을 맡은 분들이 많다. 이런 언론계의 실력 있는 재사(才士)들이 저널리즘의 담을 넘어갔다면 언론의 자유, 자주, 독립은 누가 지켜야 하는가? 마치 기자는 정권을 위해 수습과 취재 편집을 마스터하고 바로 정권 곁으로 달려간 모양새이다. 당시는 '기자' 라는 정의롭고 명예스러운 직업의 서식환경이 교란되고 생태계가 정권에 의해 자연스럽게 파괴되고 있었다고도 볼 수 있다. 신문사나 방송사는 참으로 억울했을 것이다. 딸을 잘 키워 놓았더니 정권·정치권·관가(官家)로 재빨리 내뺐으니 얼마나 손실이 클까. 언론사가 공무원 훈련소란 말인가? 큰 그림으로 보면, 당시 청와대와 관가는 기자들의 숲이었다. 또 기자들의 '출세가도(出世街道)' 이기도 했다는 표현도 틀리지 않다.

그러나 위의 경우와는 달리 근래에는 많은 기자 출신들이 국회의원으로 진출하고 있다. 이들이 입법부에 진출한 것은 낙하산이 아니라 투표로 선출된 경우이기 때문에 문제가 될 수 없는 자력갱생이다. 앞의 경우와는 매우 다르다. '기자정신' 과 '정치인' 이라는 개념의 간극(間隙)을 어떻게 해석하고 이해해야 하는가가 포인트이다. 다만 현직 기자들이 자신들의 선배들을 동경하면서 모두 나도 국회의원이 되어야 하겠다는 생각을 한다면 어떻게 해야 하나 하는 걱정도 생긴다. 국회에 진출한 언론인 출신 국회의원 명단을 다음과 같다. 105)

▷15대 국회(임기 1996.5.30~2000.5.29)

*박범진(서울신문 논설위원) *이부영(동아일보 기자) *임채정(동아일보 기자) *김종하(신아일보 편집부국장) *정동채(한겨레신문 편집위원) *이규택(KBS 사업부장) *임진출(국제신문 기자) *장성원(동아일보 편집부국장) *이경재(동아일보 정치부장) *정동영(MBC 통일부 차장) *변웅전(MBC 아나운서 실장) *채영석(조선일보 정치부 기자) *김진배(경향신문 논설위원) *박성범(KBS 앵커) *손세일(동아일보 논설위원) *이협(중앙일보 기자) *이윤성(KBS 앵커) *하순봉(MBC 정치부장) *김형오(동아일보 기자) *홍사덕(중앙일보 기자) *강삼재(경남신문 정경부 기자) *신경식(대한일보 정치부장) *박원홍(동양통신 워싱턴 특파원) *맹형규(SBS 앵커) *남경필(경인일보 기자) *남평우(경인일보 발행인) *안택수(한국일보 사회부 차장) *최병렬(조선일보 편집국장) *강성재(동아일보 정치부 기자) *김윤환(조선일보 편집국장) *서청원(조선일보 기자) *이만섭(동아일보 기자). 총 32명으로 299명의 10.7%이다.

▷16대 국회(임기 2000.5.30~2004.5.29)

---

105) 신문과 방송, 2008년 4월호. 정대필·이상기. pp.24~28.

*심재철(MBC 기자) *이부영(동아일보 기자) *이규택(KBS 사업부장) *이정일(전남일보 회장) *고흥길(중앙일보 편집국장) *전용학(SBS 국제부장) *김성호(한겨레 정치부 기자) *김태홍(한국일보 기자) *김형오(동아일보 기자) *임진출(국제신문 기자) *남경필(경인일보 기자) *이낙연(동아일보 논설위원) *맹형규(SBS 앵커) *강인섭(동아일보 논설위원) *장성원(동아일보 편집부국장) *김병호(KBS 보도본부장) *박종희(동아일보 기자) *정철기(전남일보 기자) *박병윤(한국일보 부회장) *박병석(중앙일보 편집부국장) *정진석(한국일보 논설위원) *정동영(MBC 통일부 차장) *서청원(조선일보 기자) *조정무(한국일보 논설위원) *박원홍(동양통신 워싱턴 특파원) *홍사덕(중앙일보 기자) *이윤성(KBS 앵커) *정동채(한겨레신문 편집위원) *강삼재(경남신문 정경부 기자) *박용호(KBS 아나운서 실장) *안택수(한국일보 사회부 차장) *강성구(MBC 사장) *임채정(동아일보 기자) *윤여준(동아일보, 경향신문 기자) *이협(중앙일보 기자) *신경식(대한일보 정치부장) *하순봉(MBC 정치부장) *최병렬(조선일보 편집국장) *김원기(동아일보 기자) *이원창(경향신문 논설위원) *이만섭(동아일보 기자) *김종하(신아일보 편집부국장) *김한길(미주 중앙일보 지사장) *서영훈(KBS 사장). 총 44명. 16.1%이다.

▷17대 국회(임기 2004.5.30~2008.5.29)

*박찬숙(KBS 앵커) *이계경(여성신문사 대표이사) *심재철(MBC 기자) *한선교(MBC 아나운서) *노회찬(매일노동뉴스 발행인) *이낙연(동아일보 논설위원) *민병두(문화일보 정치부장) *박영선(MBC 경제부장) *최구식(조선일보 정치부 차장) *노웅래(MBC 사회부 차장) *이윤성(KBS 앵커) *맹형규(SBS 앵커) *최규식(한국일보 논설위원) *문학진(조선일보, 한겨레신문 기자) *정봉주(월간 말지 기자) *박형준(중앙일보 기자) *이규택

(KBS 사업부장) *윤원호(부산여성신문사 발행인) *박성범(KBS 앵커) *이계진(SBS 아나운서 실장) *이경재(동아일보 논설위원) *최경환(한국경제신문 편집부국장) *김태홍(한국일보 기자) *김병호(KBS 보도본부장) *안택수(한국일보 사회부 차장) *권영길(서울신문 파리특파원) *남경필(경인일보 기자) *전여옥(KBS 도쿄특파원) *박병석(중앙일보 편집부국장) *정진석(한국일보 논설위원) *김재홍(동아일보 논설위원) *신중식(시사저널 대표이사) *정희수(서울경제신문 논설위원) *고흥길(중앙일보 편집국장) *류근찬(KBS 보도본부장) *곽성문(MBC 기자) *김형오(동아일보 기자) *김한길(미주 중앙일보 지사장) *정동채(한겨레신문 편집위원) *임채정(동아일보 기자) *김원기(동아일보 기자) *이정일(전남일보 회장). 총 42명. 14.0%이다.

이상과 같이 15대에서 17대까지 국회의원으로 활동한 언론인 출신은 모두 76명이다. 그중 동아일보 출신이 13명으로 으뜸이다. 매체별로는 신문 출신이 50명(65.8%)으로 가장 많았으나 방송 출신의 비중이 점차 높아지고 있다. 직종은 기자 출신이 63명(83%)이나 된다.

위의 사람들은 이제 기자 출신이라는 꼬리표를 떼어야 한다. 왜냐하면 이들 중에는 국회의장도 나왔고 3선, 4선, 5선, 6선 의원까지 배출했으니까 그냥 정치인이라고 불러야 마땅할 것이다. 다른 관점에서 파악하면 기자 파트는 국회의원 양성의 전문기관에 해당하는 셈이다.

이러한 과거 유산의 한 줄기가 정치 상황이 종전과 매우 달라진 현재에도 간간이 엿보이고 있어 유감스러운 느낌이다. 지금도 기자에서 정당 대변인으로 직행하니 많이 달라지지는 않은 모양이다.

기자의 본분은 과연 무엇인가? 오늘의 현실에서 보면 세상이 바뀐 것을 망각하고 정권이나 기자나 구태를 연출한다면 갈등과 분쟁은 그치지 않을 것이다. 기자는 저널리즘을 위해 봉사하는 것이 임무이고 사명이며 책무이지 출세의 도구로 기자 신분을 활용하는 것은 지탄을 받을 수 있다는 점이 강조되어야 할 대목이다. 이것이 언론사의 쟁의(爭議)와 파업의 원인이 되고 있지 않은가.

언론인의 정계진출에 대해 부정적인 견해도 있다. 106) 「…물론 "언론인도 헌법이 보장하고 있는 직업선택의 자유가 있으며 정치개혁이나 정치안정을 위해 균형 감각이 있는 언론인 출신이 정치에 참여하는 것이 바람직하다" 는 의견도 일면 타당하다. "언론인의 정계진출이나 권력이동의 문제는 결국 언론인이 정치권력으로 옮겨가기 위해 재직 중 집중적이며 정기적으로 그 권력에 대해 우호적이거나 편향된 기사를 썼는가?" 가 핵심이란 지적도 언뜻 들으면 옳다. 문제는 그와 같은 검증을 하기가 현실적으로 어렵다는 점이다.

그러나 무엇보다 권력비판이 언론의 숙명이자 언론인 본연의 자세라는 점에서, 또 엄격히 지켜야 할 '경계선' 을 허문다는 점에서 언론인의 정계진출은 비판받아 마땅하다고 생각한다. 언론인은 언론인이고, 정치인은 정치인이기 때문이다.」

그러면 왜 기자만 가지고 야단인가? 하는 질문도 명분이 있다. 그러나 그 많은 PD들 중에는 국회의원이 된 사람은 단 한 명도 없다. 그렇기 때

---

106) 방짜(bangzza). 2009.2.24.

문에 일부 기자 출신 인사들을 거론하게 되는 이유이다. 15·16·17·18대 국회의원 중 PD 출신은 없다. PD 출신 국회의원은 왜 보기 어려운 것일까? 107)

「일단 유명 앵커나 방송 진행자 또는 방송 기자들에 비해 PD는 얼굴이 팔리지 않는다는 점을 먼저 생각해볼 수 있다. 이번 18대 국회 총선에서 SBS 아나운서 출신 '유정현 의원'을 통해 드러나듯 얼굴만 TV에 자주 나오면 금배지 달기 쉬운 정치 환경에서 PD에 대한 선호도는 떨어지기 마련이다. 하지만 이런 사정은 신문기자들도 마찬가지다. 그럼 또 다른 이유를 생각해봐야 한다. 그것은 바로 PD들에게는 출입처가 없다는 점이다. 기자들에게는 출입처와 취재원이 있다. 한 곳에 오래 출입하다보면 그들의 이해관계에 '관대'해지기 쉽다. 그러다 보면 내밀한 관계가 성립되는 경우도 생기고, '주고받고'라는 유혹을 뿌리치기 어려워진다.

반면 PD들은 고정적인 출입처가 없다. '원 샷 원 킬'이 가능하다. 황우석 교수 사건이나 얼마 전 용산 참사 사례에서 적나라하게 드러났듯 '출입처'가 꼭 의미 있는 특종을 의미하지 않는다는 것은 금방 알 수 있다. 물론 이와 같은 모습들이 저널리즘이 추구해야 할 '이상형'이란 뜻은 아니다. 이슈에 따라 취재원이 늘 바뀌다보니 상대적으로 '전문성'을 갖기 어렵다는 단점도 있다.」

PD와 기자 간에는 기본적인 특성이 서로 상이하다. PD의 영역은 드라마, 예능, 교양, 다큐멘터리 등이고, 기자는 행정부, 입법부, 사법부 등 소

---

107) 앞의 글.

위 권력이 집중된 지역이다. 애초에 노는 물이 다른 것이다. 또 다르게 비유하면 PD는 초식동물에 해당할 것이다. 넓고 아름다운 초원에서 풀을 뜯으면서 프로그램을 재미있게 만들면서 살면 된다. 반대로 기자는 육식동물이 아닌가 하는 생각을 하게 된다. 특종을 하려면 다른 종의 동물을 잡아먹어야 생존할 수 있다. 특종은 기자에게는 영광이지만 다른 한편 피해를 보는 사람이나 부류가 반드시 생긴다. 이렇게 다른 것이 국회의원을 지낸 사람 숫자에서 PD=0명, 기자=76명의 차이다. 기자 말고도 아나운서 출신도 꽤 있고, 탤런트 출신도 계속 있어 왔다. 이번 선거에서는 체육인도 나올 가능성이 있다. 그러나 국회 역사상 PD는 단 한 명도 없다는 것도 매우 특이한 현상이다. 잘된 일인지 아닌지 그 원인은 연구과제가 될 수도 있으리라.

또한 신문사나 방송사에서는 절대로 넘볼 수 없는 꿀단지가 국회에는 있기 때문에 민완기자들이 모여든다고도 생각해 보게 된다. 그 꿀의 당도(糖度)에 관한 인터뷰 기사를 소개한다. 108)

「이달 초 경기도 평택시 시내버스 정류장. 민주통합당 정장선 의원(54)에게 시내버스는 낯설기만 했다. 이곳에서 지역구 국회의원을 12년(3선)이나 했는데도…. 버스 요금을 내야 하는 순간 버스 요금(1000원)이 헷갈렸다. … (중략)… 정치권이 4월 총선의 '금배지 고지'를 향해 권력의지를 불태우고 있는 요즘, 정 의원은 거꾸로 '권력 내려놓기'를 연습하고 있다. 국회 지식경제위원장과 민주당 사무총장 등을 거친 그는 지난해 12월 민주당 의원

---

108) 동아일보, 이승연 기자. 2012년 2월 16일.

중 처음으로 총선 불출마를 선언했다.

…(중략)… 국회의원이 되는 순간 200여 가지의 특권이 따라붙는다. 세비로 통칭되는 연봉은 1억1300만 원이고, 세금으로 운전사를 포함한 보좌진을 6명까지 채용할 수 있다. KTX 등 국유 철도, 선박, 항공기를 대부분 무료로 이용한다. 배지를 떼면 65세부터 매달 120만 원의 지원금도 받는다. 차관급 고위직을 지내고 이번에 출마를 노리는 한 인사는 "자리에서 물러나자마자 운전사가 없어지는데 아내가 사라진 것보다 더 허전했다"며 농담 반 진담 반 '권력의 달콤한 맛'을 고백하기도 했다.

정 의원의 '내려놓기' 중 가장 고민되는 점은 생계유지다. 그가 지난해 신고한 재산은 3억9,800여만 원. 아직 젊어 120만 원의 지원금 대상도 아니다. 별다른 자격증이 없어 친구들이 하는 중소기업에서 사외이사를 맡을까 고민 중이라고 한다. 불출마 선언 후 어느 날 평택에서 택시를 탔을 때 "지역 경제가 엉망인데 혼자 폼 잡겠다는 거냐"며 꾸짖는 운전사의 말이 유혹처럼 다가왔다. 고민하다 아내(중학교 교사)에게 "다시 나서볼까"라고 했더니 "이혼하고 출마하라"는 답이 돌아왔다. 탈모 증세로 고생하던 아내는 남편의 불출마 선언 후 증세가 나아졌다고 한다.」

3. MBC의 사시사철 인사이동

최근에는 방송사들이 신입사원을 모집하면서 '방송 경영'이라는 부분을 신설해오고 있다. 이것은 아마도 '방송 사업'이라는 부분에 '경영'이라는 산업적 이론과 테크닉을 결합한 것이 아닌가 생각된다. 현재까지는 방송 프로그램을 만들게 되면 한국방송광고공사가 신탁(CM)을 붙여주고 송출 후 자동적으로 판매대금을 방송사에 입금해주는 시스템이었다. 여기에는 프로그램에 대한 쌍방간 또 다방(多方) 간의 경쟁은 치열하지 않다. 방송사는 벌어서 제작비 등을 쓰고 남는 돈은 잉여금으로 계정에 올리면 그만이다.

그러나 곧 시행될 디지털 방송은 그 사정이 매우 다르다. 엄청난 액수의 투자 자금이 들어가고, 기타 비용도 급격히 상승할 수밖에 없다. 비용을 줄이고 효율성을 재고하지 않으면 안 된다.

이러한 논제에 대한 이론적 근거를 제공하는 책 한 권이 있다. 바로 〈텔레비전 경제학〉109)이다. 연세대 최양수 교수는 역자 서문에서 다음과 같은 견해를 밝혔다. 「"그 화려함과 사회적 영향력에도 불구하고 텔레비전은 일종의 사업이다(Glamour and social influence not withstanding, television is a business)." '한 마디로 방송은 장사다' 라는 첫 문장을 읽고 당혹감에 책을 덮고 말았다. …(중략)… 1990년대 초의 우리나라 방송 상황은 매우 열악했다. 모호하고 임기응변식의 정책과 극도로 경직된 산업 구조 하에서 방송사는 방만하게 운영되었고, 편성은 '사상의 시장' 기능이나 '문화적 다양성' 과는 거리가 멀게 운용되고 있었다.

…(중략)… 우선 이 책은 최근 우리나라에서 흔히 범하고 있는 오류인 방송에 대한 공익론과 산업론의 이분법적인 사고를 시정하는데 도움이 될 것이다. 생산요소를 투입하여 산출물인 프로그램을 시청자에게 제공하

---

109) 텔레비전 경제학, 오웬·비비·매닝 공저, 최양수 번역. 나남출판. 1996. pp.5~7.

는 한 공영방송일지라도 산업의 범주를 벗어나지 않는다. 방송 산업에서 경제적 효율성을 추구해야 하는 것은 그것이 더 중요한 다른 목표에 위해(危害)가 되지 않는 한 재론의 여지가 없다. 이런 점에서 이 책의 저자들이 설정한 방송정책의 궁극적인 두 가지 목표, 즉 ‘경제적 효율성’ 과 ‘표현의 자유’ 는 방송에 대한 산업적인 접근이 공익을 구현하고자 하는 노력과 배치되지 않음을 잘 보여준다. 방송에 대한 경제학적 접근이 방송기업의 이윤극대화 방안이나 찾는 도구라고 생각하는 사람들의 오해도 이 책은 쉽게 풀어줄 것이다.」

예컨대, PD의 경우는 일 년에 드라마나 다큐멘터리 등 몇 편을 만들어야 그 사람에게 월급을 주고도 남을 수가 있는가도 따져봐야 할 부분이다. 이와 연동해 그 프로그램의 시청률도 측정되어야 마땅할 것이다. 시청률은 곧 그 방송사의 수익과 관련이 있다. 시청률은 PD나 기획자를 통해 창출되기 때문에 성과에 대한 보상도 필요하다. 여기에 제작비에 대한 유용이나 과다 사용, 스태프들과의 소통관계, 또는 도덕적 해이(외부 제작사로부터의 수뢰, 관련 여성과의 성문제 등)에 대한 측정(指數化)도 수요가 높아지고 있다. 왜냐하면 방송사는 점점 대형화되어 각 부분 세세한 문제에 대한 매뉴얼의 운영이 불가피하기 때문이다.

회사 연간 퇴직률(자연 소모)을 따져야 하고, 또 올림픽이나 월드컵 등을 예측해 인원 보충을 감안하는 지혜도 필요하다. 이제는 주먹구구의 시대가 아니다. 매우 작은 부분으로 볼 수도 있고, 의미를 부여하지 않을 수도 있지만 부장의 직권(職權)인 프로그램 분담도 하나의 인사이고, 기자들의 출입처 변경도 그 범주에 속하는 인사이동이다. 특히 PD나 기자들에게는 프로그램이나 취재에 있어 '전문성' 과 '개인적인 재능' 이 대단히 중요한 요소가 된다. 그러나 프로그램이 잘 되고 있거나 잘 되려고 하는 순간에 PD를 바꾸는 것은 개악(改惡)이 될 수도 있다. 만약 부장의 상대방에 대한 감정적인 호(好) 또는 불호(不好)의 이유로 변경된다면 프로그램 제작은 막대한 상처를 입게 된다. 그러나 이런 류의 인사는 어렵지 않게 일어날 수 있는 가능성이 있다. 방송 산업에 있어 첨단 경영기법의 도입이 요구되는 이유이다.

MBC 라디오는 과거 국에서 '라디오 본부' 라는 다소 거창한 이름을 갖고 있다. 다른 방송사들도 무슨 K본부, S본부의 명칭을 지니고 있는데, 다소 군사적 개념의 느낌을 주고 있다. 라디오는 제작 파트, 드라마 파트, FM 파트, 편성 등으로 구성되는 것이 관행이다. 인원이 많지 않은 조직에서 인원을 이리 저리 자주 돌린다면 그것은 안정성을 저해하는 인사이다. 필자가 근무하던 시절에는 그런 사례가 자주 일어났다. 승진조차도 정확한 기준이 없는 듯 보였다.

TV의 경우도 드라마, 예능, 사회교양, 다큐멘터리, 편성 등의 조직이 일반적일 것이다. 드라마는 특히 전문성이 요구되고, 예능도 그에 못지않다. 그 밖의 부문도 대부분 전문성이 뒷받침되어야 한다. 이런 각자의 본령을 흔들어 버리는 것은 효율성과 개인의 스타적 성격을 크게 저해할 수밖에 없다.

근래에 와서는 그런 일이 없겠지만 기자들의 출입처가 중추절과 설 명절 전후에 바뀐다는 속설이 있다. 이것이 무엇을 설명하는지 굳이 설명을 덧붙이지 않아도 눈치 빠른 독자들은 이해할 것이다.

정권(政權)에서조차도 '인사가 만사' 라고 강조하지만 늘 실패한 사례들을 우리는 자주 목격한다. 그러나 방송사들은 이런 인사문제에 크게 신경 쓰지 않은 사례들을 볼 수 있다.

1980년부터 11년간 MBC 인사 흐름의 예를 살펴보자.

*1980: 11회=총 125명(이진희)
*1981: 9회=86명(이진희)
*1982: 6회=44명(이진희·이웅희)
*1983: 3회=52명(이웅희)
*1984: 4회=89명(이웅희)
*1985: 5회=50명(이웅희)
*1986: 4회=126명(황선필)
*1987: 8회=106명(황선필)
*1988: 6회=166명(황선필)
*1989: 6회=184명(최창봉)
*1990: 13회=207명(최창봉)
*1991: 10회=167명(최창봉)

인사 대상자가 가장 많은 해가 207명이었는데, 만약 당시 총 사원수를 2,000명 정도로 잡는다면 10분의 1에 해당하는 인원을 모두 바꾼 결과가 된다. 이것이 회사 발전에 득이 되었는지 독이 되었는지는 지금 가늠하기 어렵다. 1987년과 1988년과 같이 올림픽을 준비하지 않으면 안 될 시기에 이동이 증가하는 것은 충분히 이해가 간다. 11년간의 자료로 전체를 파악하는 것은 무리가 있다. 그러나 새 사장이 오고 대형 인사를 단행하는 것은 과거의 인사 관행이 잘못되었으니까 바로 잡겠다는 의미와 새 술은 새 부대에 담는다는 쇄신적·긍정적 노력과 함께 새로운 권력에 대한 과시로도 파악할 수 있다.

보통 대기업들과 공무원들은 1년에 한 번 매년 12월이나 1월에 대형 인사를 단행하는 것이 관행이다. 1년간의 각 조직이나 인원에 대한 성과를 평가해 간부와 인원을 바꾸는 형태이다. 이 경우 최소 6개월에서 1년 동안은 조직과 인원이 안정을 유지할 수 있을 것이다. 비록 인원수가 많지 않더라도 사시사철 인사이동은 조직운영을 위해 어떤 긍정적 또는 부정적 영향을 미치는지에 대한 연구와 검토가 필요하지 않을까 사료된다. 작품성이 뛰어나고 시청률이 높은 프로그램은 사람이 만들고 그는 결국 방송사의 수익을 높여주게 되기 때문에 프로그램 분담을 포함해 인사이동은 매우 중요한 경영학적 이슈가 틀림없다. 왜냐하면 '방송은 장사' 이기 때문이다.

4. 노동조합 활동

MBC 노동조합은 1987년 12월 9일에 창립되었다. "보도국 기자 47명이 모여 새벽 1시 30분 구내식당에서 노동조합을 결성했다" 고 'MBC 연표' 는 기록하고 있다. 1987년은 우리 헌정사상 대단히 의미 있는 한 해였다. 즉 '민주화' 가 시작된 것이다. 1987년 6월 29일 대통령 후보였던 노태우(盧泰愚) 민주정의당(약칭 민정당) 대표위원이 당시 국민들의 민주화와 직선제 개헌요구를 받아들여 발표한 시국 수습을 위한 특별선언을 말한다. 5공 시대에 걸쳐 억눌려 있던 국민들의 자유를 풀어주는 계기가 된 것이다. 여기저기서 이와 관련된 행동들이 봇물처럼 넘쳐나기 시작했다.

특히 여러 모로 눈치를 살펴야 했던 MBC에도 따사로운 봄볕이 비취기 시작했다. 그해 9월 1일 문화방송 프로듀서협회 창립, 10월 5일 문화방송 기술인협회 창립, 11월 27일 문화방송 행정인협회 창립, 11월 28일 문화방송 아나운서협의회 창립, 12월 6일 MBC 기자협회 구성으로 노동조합을 구성하는 각 부문의 하부단체가 결성되고, 같은 해 12월 9일에 노조가 만들어진 것이다. 일반적인 '노사관계' 의 개념은 다음과 같이 인식된다.

노사관계는 노동조합과 사용자 간의 산업적 관계를 뜻한다. 여기에는 경영자, 근로자 및 정부 등 다자 관계가 존재하며 임금, 생산성, 고용보장, 고용관행, 노동조합의 정책 등과 같은 문제들이 다루어지게 된다. 각 회사와 노동조합 사이에는 특히 협동적 관계보다는 대립적 관계가 두드러지는 것이 특징이다. 회사는 봉급, 후생, 인사 등 경제적 관계에서 현 수준의 고수를 주장하고, 노동조합은 이 부분의 개선을 목표로 하기 때문에 분쟁과 쟁의, 파업으로 이어지기도 한다.

MBC 노동조합에 대한 자료는 외부인으로서는 접근하기가 매우 어렵다. 기록으로 확인이 가능한 'MBC 노동조합자료집, 제2집' (1989.3.28~1990.12.9) 과 제5집(1994.11.16~1995.2.17), 그리고 문화노보 22호(1989.4.7)~ 50호(1990.11.3), MBC 노조특보 30호(1989.3.28)~87호(1990.10.25) 등을 분석해보면 핵심 헤드라인은 수없이 많다. 임금협상, 국·실장 직선제, 공정방송, 방송 장악, 불공정한 편성, 공영체제, 노조가 제기한 소송, 단식농성, 사장의 불법인사, MBC 뉴스, 출연자의 부당하차, 경영진의 난맥상, 부당노동행위, 무임금 무노동…. 이런 내용들을 한마디로 정리하면 문화방송과 MBC 노동조합 간의 양자가 주장하는 '정책' 의 충돌이요 갈등이라는 의미를 내포하고 있다.

이와 같은 일종의 대결은 1987년 12월 9일 MBC 노동조합이 창립된 이래 25년간 계속되어 오고 있다. 노동조합 입장에서는 MBC 본사의 사장, 임원, 고위간부 등 핵심세력이 없어져야 방송이 바로 된다고 인식할 것이고, 회사 측은 그 반대로 생각을 할 것이다. 이제는 그 분쟁의 연륜이 두꺼워져 서로 간의 감정이 고조돼 불구대천지수(不俱戴天之讐)가 되었다. 즉, '하늘을 같이 이지 못할 원수' 라는 뜻이다. 아버지의 원수와는 같은 하늘을 이고 살 수 없어 반드시 죽여야 한다. 또 형제의 원수와 마주쳤을 때 집으로 무기를 가지러 갔다가 원수를 놓쳐서는 안 되기 때문에 칼을 차고 다니다가 그 자리에서 바로 죽여야 한다. 친구의 원수도 마찬가지로 반드시 죽여야 한다는 무서운 결의를 나타내는 표현이다. 같은 회사의 같은 구성원들인데 어쩌다 이 지경까지 되었는지 안타까울 뿐이다.

노조는 파업으로 투쟁하고, 회사는 해고로 대응하고…. 이러다 회사의 장래는 어떻게 되는가 하는 걱정이 앞선다. 어떻게 해서든지 회사와 노조의 공존과 화해가 성립되어야 하는데, 지금으로선 그 해법은 무엇인지 알길이 막막하다. 제갈량(諸葛亮, 공명) 같은 지략가가 현신(現身)되어야 하지 않을까 하는 희망을 가져본다. 어느 자동차 회사는 일 년에 한 번씩 꼭 대량 파업을 벌이면서도 세계적인 기업으로 성장했는데 어떻게 그럴 수 있는가 하는 의견들이 많다. MBC의 파업도 작은 횟수는 아니다.

*1988년 8월 26일 첫 방송 파업
*1989년 9월 8일 파업
*1992년 9월 15일 파업(최창봉 사장 퇴진 요구)
*1996년 3월 13일 파업(강성구 사장 연임 반대)
*1997년 1월 7일~18일 파업(96년 말 노동법 개정안 날치기 통과에 대하여)
*1999년 7월 13~28일 까지 MBC 노조 파업(개혁적 방송법 쟁취)
*2008년 12월 23일 파업
*2010년 4월 파업(39일간 계속)
*2012연 1월 30일 파업(김재철 사장 건, 2012. 5. 30일 현재 122일 파업 중)

위의 내용은 정확하다고 할 수 없다. 왜냐하면 기록을 찾는데 한계가 있기 때문이다. 노조 창립 이후 25년간 약 9번의 호된 파업이 일어났는데도 회사는 경영을 이어오고 있고, 2011년에는 역대 최대의 매출을 기록하면서 때때로 좋은 프로그램으로 시청자의 사랑을 받고 있는지 연구대상이 아닐 수 없다. 앞으로 50년을 이어갈 MBC의 가장 중요한 문제는 바로 이런 힘든 과제를 해결해야 하는 것이 아닐까 생각해본다.

50년의 세월을 거슬러 숨차게 뛰어 올라갔다가 천천히 걸어 내려와보니 "방송은 한갓 일장춘몽(一場春夢)이었노라" 라는 느낌이다. 따사로운 봄날 마루에 기대어 졸았던 한 조각 꿈이었으니… 애틋해도 그리워도 아무런 소용이 없다. 여기서 봄노래 한 곡이 내 방송생활 29년의 심사를 정확히 대변해준다.

연분홍 치마가 봄바람에 휘날리더라

오늘도 옷고름 씹어가며

산 제비 넘나드는 성황당 길에

꽃이 피면 같이 웃고 꽃이 지면 같이 울던

알뜰한 그 맹세에 봄날은 간다

새파란 풀잎이 물에 떠서 흘러가더라

오늘도 꽃 편지 내던지며

청노새 짤랑대는 역마차 길에

별이 뜨면 서로 웃고 별이 지면 서로 울던

실없는 그 기약에 봄날은 간다

열아홉 시절은 황혼 속에 슬퍼지더라

오늘도 앙가슴 두드리며

뜬구름 흘러가는 신작로 길에

새가 날면 따라 웃고 새가 울면 따라 울던

얄궂은 그 노래에 봄날은 간다

이 노래는 손로원 작사, 박시춘 작곡, 백설희가 부른 노래이다. 1953년 대구 유니버설 레코드가 발매해 백설희의 대표곡으로 자라났다. 노래는 곱게 애조를 띠고 있지만 절망의 냄새는 나지 않는다. '봄바람', '연분홍 치마', '열아홉'은 모두 얼마나 좋은 말들인가? 비단결 같은 서정(抒情)이다.

몇 년 전 〈시인세계〉에서 현역시인 100명을 대상으로 '시인들이 좋아하는 대중가요 노랫말 순위' 조사에서 1위를 차지했다고 한다. 시는 현실의 반영이기도 하고, 미래에 대한 조망이기도 하다. 사람들은 봄날의 화려한 꽃들을 무엇보다 좋아하지만 그 꽃이 곧 지기 때문에 더욱 애착에 매달린다. 사랑하는 것은 인간의, 아비의, 어미의 사명과 천명(天命)이지만 다른 각도에서 보면 대단히 큰 짐이다. 등에 보따리를 지고 가면 늘 힘들다. 그러나 짐을 내려놓기는 누구나 쉽지가 않다. 봄과 짐은 어떤 관계일까?

이제 봄날은 오래 전에 완전히 갔다. 녹음도 지고 단풍도 떨어졌다. 북풍한설(北風寒雪) 몰아치는 겨울 한가운데서 주저앉아 멀고 먼 하늘을 바라본다.

미지의 시간이 우리를 기다릴 것이다.

그래도 동지 달 밤하늘은 창창(蒼蒼)하다.

다시 날이 바뀌어도

해맑고 무심한 구름 한 조각이 한가로이 흘러서 지나간다.

'하늘' 이야기를 했는데 방송 시니어의 마음을 잘 표현한 노래가 또 하나 떠오른다. 그 노래가 내 이야기의 결론을 품고 있다. 그것은 〈한영애 3집/1992〉이라는 디스크의 세 번째 순서에 들어 있는 〈조율〉(노래 한영애, 작사·작곡 한돌)이라는 노래이다.

알고 있지 꽃들은

따뜻한 오월이면 꽃을 피워야 한다는 것을

알고 있지 철새들은

가을하늘 때가 되면 날아가야 한다는 것을

문제 무엇이 문제인가

가는 곳 모르면서 그저 달리고만 있었던 거야

지고지순했던 우리네 마음이

언제부터 진실을 외면해 왔었는지

잠자는 하늘 님이여 이제 그만 일어나요
그 옛날 하늘빛처럼 조율 한번 해 주세요

정다웠던 시냇물이 검게 검게 바다로 가고
드높았던 파란하늘
뿌옇게 뿌옇게 보이질 않으니
마지막 가꾸었던 우리의 사랑도
그렇게 끝이 나는 건 아닌지

잠자는 하늘 님이여 이제 그만 일어나요
그 옛날 하늘빛처럼 조율 한번 해 주세요

잠자는 하늘 님이여 이제 그만 일어나요
그 옛날 하늘빛처럼 조율 한번 해 주세요

미움이 사랑으로 분노는 용서로
고립은 위로로 충동이 인내로
모두 함께 손잡는다면
서성대는 외로운 그림자들
편안한 마음 서로 나눌 수 있을 텐데

잠자는 하늘 님이여 이제 그만 일어나요

그 옛날 하늘빛처럼 조율 한번 해 주세요

잠자는 하늘 님이여 이제 그만 일어나요

그 옛날 하늘빛처럼 조율 한번 해 주세요

(우… 내가 믿고 있는 건 이 땅과 하늘과 어린 아이들 내일 그들이 열린 가슴으로 사랑의 의미를 실천할 수 있
도록 잠자는 하늘 님이여 이제 그만 일어나요)

잠자는 하늘 님이여 이제 그만 일어나요

그 옛날 하늘빛처럼 조율 한번 해 주세요

잠자는 하늘 님이여 이제 그만 일어나요

그 옛날 하늘빛처럼 조율 한번 해 주세요

이 노래는 신형원의 노래로 유명한 〈개똥벌레〉를 작사 작곡한 한돌(본
명:이흥건, 59세)의 작품이다. 시의 내용은 비교적 쉬운 문체와 단어들로 엮어
졌지만 '분노는 용서' 로, '고립은 위로' 로, '충동은 인내' 로 함께 손잡을
수 있도록 하느님께 〈조율(調律)〉을 부탁드리는 내용이다.

아무리 좋은 피아노라도 조율을 거치지 않으면 명곡을 연주할 수 없
다. 별로 대중적으로 알려지지는 않았지만 이 아티스트는 현대 사회의 대
단히 중요한 요점을 노래로 읊조리고 있다. 즉 우리가 '푸른 하늘빛' 을 잃
어버렸다는 것이다. 때로는 나도 '푸른 하늘' 을 언제 보았는지조차 기억

이 가물거릴 때가 있다. 이 노래를 통해 나 자신을 조율해야 하고, 우리 사회와 정치인들도 조율되어야 하며, 특히 방송과 방송인도 조율이 필요하다고 생각한다. '정다웠던 시냇물이 검게 검게 바다로 가고' 는 오늘날 우리 사회가 당면하고 있는 경쟁 심리, 고약한 말투, 남 잘되는 것 못 참는 습관, 타인을 구박해야 내가 뜬다는 가증스러운 논리, 나라는 어찌 되든 나만 이익을 보면 된다는 심리들을 지적하는 듯하다. TV가 만들어낸 악습이 아닌가 하는 의문에 빠질 때가 있다. 나도 오늘부터라도 '조율' 을 실천해 보아야 하겠다.

올해 말이면 완전한 디지털 방송이 시작된다고 한다. 화면도 좋고 얼마나 향기로운 냄새가 뿜어져 나올 것인가? 그것을 매일 눈으로 귀로 가슴으로 느낄 수 있으니 그 날들은 우리에게 커다란 기쁨을 줄 것이다. 일장춘몽 속에서도 그 기대는 우리 세대의 생에 가슴 뛰는 생기를 불어넣어 줄 것이라는 희망과 염원을 가져본다.

2012년 5월   최 양 묵

MBC 50년, 인사이드 스토리

지은이/ 최양묵
펴낸이/ 박영발
펴낸곳/ W미디어
등록/ 제2005-000030호
1쇄 발행/ 2012년 6월 15일

주소/ 서울 양천구 목동 907 현대월드타워 1905호
전화/ 6678-0708   팩스/ 6678-0309
E-mail : wmedia@naver.com

ISBN 978-89-91761-58-2   03300
값 15,000원